अज्ञेय की कविता : परम्परा और प्रयोग

अज्ञेय की कविता
परम्परा और प्रयोग

रमेश ऋषिकल्प

वाणी प्रकाशन

वाणी प्रकाशन का 'लोगो'
विख्यात चित्रकार मक़बूल फ़िदा हुसेन की
कूची से

ISBN : 978-81-8143-924-6

वाणी प्रकाशन
21-ए, दरियागंज, नयी दिल्ली-110002
द्वारा प्रकाशित

फोन : 0091#11#23273167, 23275710
फैक्स : 0091#11#23275710
ई-मेल : vaniprakashan@gmail.com
vani_prakashan@yahoo.com
वेबसाइट : www.vaniprakashan.com

प्रथम संस्करण : 2008

मूल्य : 495.00

आवरण सज्जा : गोविन्द प्रसाद
जय भारत प्रिंटिंग प्रेस, शाहदरा, दिल्ली-110032
द्वारा मुद्रित

AGYEYA KI KAVITA : PARAMPARA AUR PRAYOG
by : Ramesh Rshikalp

समर्पण

आदरणीय

प्रोफ़ेसर डॉ. बहादुर सिंह के लिए

प्रीतिपूर्वक

जिनके साथ जर्मनी में शानदार दिन बिताये

अपनी बात

'अज्ञेय' की कविता हिन्दी कविता को एक ऐसा मोड़ देती है जहाँ से हिन्दी की नयी कविता की शुरुआत होती है। प्रो. जगदीश गुप्त ने इसीलिए 'अज्ञेय' को नयी कविता का शलाका पुरुष माना है। सच तो यह है कि 'अज्ञेय' के साहित्य और लेखन से हिन्दी में दूसरी आधुनिकता की शुरुआत माननी चाहिए क्योंकि 'अज्ञेय' ने कविता, कहानी, उपन्यास, चिंतन, यात्रा संस्मरण और पत्रकारिता सभी को न केवल पूरी तरह बदल दिया बल्कि आनेवाले समूचे साहित्य को एक ऐसी प्रयोगशील दृष्टि दी जिसने हिन्दी कविता और साहित्य की अन्य विधाओं को आधुनिक परिप्रेक्ष्य से जुड़ना सिखाया।

'अज्ञेय' की कविता ने भारतीय परंपरा के गतिशील तत्वों को पहचाना और उनका बुद्धिमानी से उपयोग भी किया लेकिन हमें हमेशा ध्यान रखना चाहिए कि अज्ञेय की दृष्टि सदैव आगे देखने की थी। उनका समूचा साहित्य विशेषकर उनकी कविता आधुनिकता की एक ऐसी सार्थक दृष्टि का निर्माण करती है जिसका उत्स भारतीय भावभूमि है। अज्ञेय की प्रयोगशील दृष्टि राष्ट्रीय और अंतर्राष्ट्रीय स्तर पर बदलते हुए जीवन और जीवन मूल्यों की स्पष्ट पहचान कराती है। 'अज्ञेय' का साहित्य बदलती हुई दुनिया और बदलते हुए मानवीय रिश्तों का साहित्य है। उनकी कविता अतीत को वर्तमान के परिप्रेक्ष्य में ही उसका इस्तेमाल करती है अन्यथा वो अपनी बुनियादी दृष्टि में आगे देखनेवाली कविता है। 'अज्ञेय' की कविता की इस पंक्ति में उनके दृष्टिकोण का यह सत्य छिपा हुआ है।—'मैं रुका नहीं मुड़कर पीछे तकने को/क्योंकि अभी भी मुझे सामने दीख रहा है।'

जिन लोगों ने 'अज्ञेय' की कविता को बिना किसी दुराग्रह के पढ़ा है और जिन लोगों में कविता की 'मैच्योरिटी' को समझने का सलीका है उन्होंने महसूस किया होगा कि 'अज्ञेय' की कविता पढ़ने के बाद भावना और संवेदना के ऐसे 'इलेक्ट्रोन' और 'न्यूट्रोन' को जन्म देती है जिनसे जीवन का 'न्यूक्लियस' बनता है। जिन लोगों के लिए जीवन सिर्फ़ सतह पर होता है उनकी बात मैं नहीं करता पर जिनके लिए जीवन की कई अंतर्धाराएँ होती है उनके लिए 'अज्ञेय' की कविता

एक पूरा 'कॉस्मस' है जिसमें संवदेना की अनेक आकशगंगा हैं, अनुभूति और विचारों के अनेक ग्रह और उपग्रह हैं। 'अज्ञेय' की कविता एक ऐसे मनुष्य की तलाश है जिसकी हमारे समय को सबसे ज्यादा ज़रूरत है। सकारात्मक ढंग से एक ऐसे मनुष्य की तलाश जिसमें संवदेनशीलता सक्रिय है। फ़्योदोर दोस्तोयेव्स्की ने 'ईडियट' उपन्यास में एक जगह लिखा है 'मुख्य विचार सकारात्मक रूप से एक बहुत अच्छे इंसान का चित्रण करना है। दुनिया में इससे कठिन कोई दूसरा काम नहीं है, विशेष रूप से इस समय।' 'अज्ञेय' की कविता में प्रयोग के विभिन्न स्तर हमें दिखायी देते हैं पर ये सभी प्रयोग बतौर फैशन नहीं किए गए। आज के मनुष्य की जटिल संवदेना को कविता में अभिव्यक्ति देने के लिए ही प्रयोग की आवश्यकता महसूस की गयी है। अतः 'अज्ञेय' को प्रयोगवादी कहना प्रयोग को न समझना है। वैसे भी ढर्रेदार ढंग के लोग प्रयोग नहीं करते। वो तो बनी बनायी लीक पर चलने में ही अपनी कुशल समझते हैं। 'अज्ञेय' ने तो हिन्दी नयी कविता की राहें बनायी हैं जिस पर आज तक की कविता चल रही है।

मैंने 'अज्ञेय' की कविता को समझने में न तो किसी दुराग्रह से काम लिया है और ही किसी भक्तिभाव से। एक पाठक की हैसियत से किसी भी कवि और कविता को पसंद करने का मेरा अधिकार है और मैंने अपने उसी अधिकार का उपयोग किया है। मुझे 'अज्ञेय' और 'अज्ञेय' की कविता इसलिए पसन्द है क्योंकि वहाँ कविता सबसे पहले कविता है जो पाठक के मन में भी कविता को जन्म देने की सामर्थ्य रखती है। 'अज्ञेय' को जब भी व्यक्ति के रूप में समय ने चुनौती दी तो उन्होंने उसे व्यक्ति के रूप में ही स्वीकार किया। उस समय उन्होंने कविता का सहारा नहीं लिया। 'अज्ञेय' अपने असल जीवन में महान् क्रांतिकारी थे जिन्होंने बर्तानिया सरकार से टक्कर ली। वाइसराय पर बम फेंकने के कारण फांसी के फंदे तक पहुँचे। मुझे बार-बार लगता है कि जो असली क्रांतिकारी होता है वह कविता में क्रांति न करके सड़क पर और जीवन में अपनी सक्रियता का प्रमाण देता है और कविता में अपरिचित लोगों के दर्द को और पीड़ा को शब्द देता है। दर्द से परिचित होता है। 'अज्ञेय' ने लिखा है—

वहीं अपरिचित दो आँखें ही चिर-माध्यम है।
सब आँखों से सब दर्दों से
मेरे चिर-परिचय का

छायावाद के बाद कविता में हमें एक प्रकार का 'ब्लॉकेज़' दिखायी देता है। उस 'ब्लॉकेज़' को 'अज्ञेय' की कविता ही तोड़ पाती है। कुछ लोग 'निराला' की बात करते हैं और उनकी दो-तीन कविताओं का उदाहरण भी देते हैं। पर मैं यह मानता हूँ कि निराला की कविता का मूल स्वभाव शुरू से आखिर तक छायावादी ही था।

वो कविता को 'अज्ञेय' की तरह नयी कविता नहीं बना पाये। अतः नयी कविता की शुरुआत हमें 'अज्ञेय' की कविता से ही दिखाई देती है। 'अज्ञेय' ने हिन्दी में भारतेन्दु के बाद दूसरी आधुनिकता का रथ हाँका और कविता से लेकर हिन्दी पत्रकारिता तक को नयी भाषा और नया आयाम दिया। टाइम्स ऑफ इंडिया की पत्रिका 'दिनमान' हिन्दी पत्रिका जगत में एक नयी शुरुआत है जिसने आधुनिक हिन्दी पत्रिका को संभव बनाया। इस 'दिनमान' पत्रिका के पहले सम्पादक 'अज्ञेय' ही थे। 'दिनमान' को दिनमान नाम भी 'अज्ञेय' ने ही दिया। यहीं से हिन्दी पत्रिकारिता एक नया रूप और आकार अख़्तियार करती है।

इस पुस्तक में मैंने जिन देशी-विदेशी विद्वानों के उदाहरण दिए हैं, उनके प्रति मैं अपना आभार प्रकट करता हूँ। अपने मित्र श्री अरुण माहेश्वरी के प्रति आभारी हूँ जिन्होंने सस्नेह इस पुस्तक को प्रकाशित किया। गुरुवर प्रो. नित्यानंद तिवारी के प्रति कृतज्ञ हूँ जिनकी निरंतर प्रेरणा, प्रोत्साहन और दिशा-निर्देश से यह पुस्तक लिखी गई। प्रोफ़ेसर कृष्णदत्त पालीवाल के प्रति भी आभार प्रकट करता हूँ जिनका स्नेह मुझे सदैव मिलता रहा।

—रमेश ऋषिकल्प

521- पॉकेट-2, पश्चिम पुरी,
नई दिल्ली-110063

अनुक्रम

परम्परा : एक आधुनिक समस्या के रूप में

(क) परम्परा : अनुभव और मूल्य की गहराई का आयाम

परम्परा के प्रति आधुनिक मनुष्य का सरोकार और व्यवहार सीधा नहीं है क्योंकि अपनी परिस्थिति की जटिलता में वह परम्परा को परस्पर विरुद्ध भूमिकाओं में अनुभव करता है। कहीं पर वह पाता है कि परम्परा उसे बल दे रही है और कहीं पर वह पाता है कि परम्परा उसके मार्ग में रोड़ा बनी हुई है। परम्परा को हम एक जातिगत अनुभव मानें तो परम्परा हमारे लिए अर्जित किये हुए मूल्यों के रूप में सामने आती है। कुछ लोग परम्परा को अर्जित करते हैं और कुछ लोग उसे ढोते हैं। रूढ़ि की रूढ़िग्रस्त परिभाषा हमें छोड़नी होगी, हमें उसका नया और विशालतर अर्थ लेना होगा। हमें सबसे पहले यह समझना होगा कि परम्परा पहले से ही कोई बना हुआ सामान नहीं है जिसे तुरन्त प्राप्त कर लें या तुरन्त त्याग दें बल्कि अज्ञेय के अनुसार 'परम्परा स्वयं लेखक पर हावी नहीं होती, बल्कि लेखक चाहे तो परिश्रम से उसे प्राप्त कर सकता है, लेखक की साधना से ही रूढ़ि बनती और मिटती है।" यह बात केवल लेखन परम्परा पर ही लागू नहीं होती बल्कि पूरी सामाजिक परम्परा पर भी लागू होती है। व्यक्ति के प्रयास से पुराने अनुभव परम्परा के रूप में अर्जित किये जा सकते हैं। जब परम्परा हमारे लिए अर्जित किया गया अनुभव बन जाती है तब वह हमें दिशा निर्देश करती है। हमें हमारी अस्मिता की पहचान कराती है। जब परम्परा को ढोना शुरू कर दिया जाता है तब वह एक सरलीकृत प्रतिमान बन जाती है। इस दोमुंहे बर्ताव को आधुनिक युग में तीव्रता से महसूस किया जाता रहा है। आज हम यह नहीं कह सकते कि हम परम्परा से कटकर विकास कर सकते हैं या परम्परा को नकार सकते हैं। परम्परा आधुनिक युग में हमें अनुभव और मूल्य की गहराई का आयाम देती है क्योंकि अनुभव, समष्टिगत, जातिगत, युग-युगान्त संचित है। अनुभव को हम कोई जड़ पिंड नहीं मान सकते हैं, अनुभव निरंतर विकासशील है। क्योंकि अनुभव विकासशील है इसलिए बुद्धि

भी विकासशील माननी होगी। मानव का विवेक भी विकासशील है। इस अर्थ में शाश्वत मूल्यों की बात अर्थहीन हो जाती है। यहीं पर हमें विकास का सही अर्थ समझ लेना चाहिए। बुद्धि का नये अनुभवों के आधार पर क्रमशः नया स्फुरण और प्रस्फुटन होता है। हमें यह भी ध्यान रखना चाहिए कि नया अनुभव पुराने अनुभव को मिटाता नहीं है, उसमें जुड़कर उसे नयी परिपक्वता देता है। परम्परा के क्षेत्र में तारतमिकता अनिवार्य है। जहां तक मूल्यों की गहराई का सवाल है तो मूल्य शब्दार्थ की दृष्टि से शाश्वत भले ही न हों, किंतु जातीय स्मृति को धारण करने के कारण स्थायी अवश्य होते हैं, और उनमें जो परिष्कार या संस्कार होता है उसमें पर्याप्त समय लगता है। निस्संदेह कुछ दूसरे द्रुत परिवर्तनशील मूल्य भी हैं–जो सामाजिक परिवर्तनों के साथ-साथ अपेक्षतया अधिक तेजी से बदलते हैं। यदि अधिक गहरे मूल्यों में भी द्रुतगति से संस्कार होता है, तो उसका कारण यही है कि जहां हमारी तर्कना या बुद्धि निरन्तर हमारे अनुभव को मांजती और सायास विश्लिष्ट-संश्लिष्ट करतीं चलती है, वहां कभी संचित अनुभव का दबाव सहसा हमें नयी दृष्टि भी दे देता है यानी बुद्धि का यह व्यापार एक प्रखरतर आलोक से दीप्त हो उठता है। इसलिए हम कह सकते हैं कि जो बुद्धि अनुभव के संचित आलोक से लाभ उठाकर नयी प्रतिपत्ति करती है, वह फिर उसके आविर्भाव का कारण भी खोजती और खोज लेती है। यहां यह भी स्पष्ट कर देना उचित होगा कि व्यक्तिगत अनुभव और समाज का समष्टिगत अनुभव, उसकी निजी अनुभूति के साथ गहरा सम्बन्ध रखते हैं और उसका मूल्य आंकने के लिए अवश्य विचारणीय है। इस प्रकार समष्टिगत अनुभव, अर्थात् जाति की परम्परा व्यक्ति के लिए प्रासंगिक अवश्य होती है। अपनी अनुभूति को जातिगत या समूहगत अनुभवों पर जांचते-परखते स्वयं व्यक्ति का व्यक्तित्व क्रमशः पुनर्निमित होता चलता है, और उससे परम्परा और सामाजिक मान्यताओं की भावना अधिक गहरी होती चलती है। जैसे-जैसे व्यक्ति अपनी निजी अनुभूति को समाज की अनुभूति पर घटित करता चलता है, अपनी अनुभूति को उसके प्रकाश में देखता चलता है, तैसे-तैसे उसका वह अंश, जिसे वह एकदम अपना और विशिष्ट समझता है, छोटा होता चलता है, असल में वह व्यक्ति की मौलिकता का घनीभूत रस है, प्राणतत्त्व है। यही अंश है जो परम्परा के अनुकूल अपने को नहीं बनाता बल्कि पूर्ण स्वीकृति चाहता है। वह परम्परा को गढ़ता है, उसे विकसित करता है। विशिष्ट व्यक्तिगत अनुभूति से जाति या समाज का अनुभूति-पुंज अधिक गहरा और समृद्ध होता है। परम्परा के अनुभव और मूल्यों की गहराई का आयाम इस बात से भी लक्षित होता है कि कोई भी सभ्यता एक सांस्कृतिक आधार के बिना जम नहीं सकती, और संस्कृति पारम्परिक-संचय और उस पर टिके हुए नैतिक, सामाजिक मान्यताओं का ही दूसरा नाम है।

परम्परा आधुनिक समस्या के रूप में हमारे सामने इस रूप में भी आती है कि क्या परम्परा पूर्णतया मूल्यवान है? असल में हमें आधुनिक युग में निर्मम बुद्धि से इतिहास और परम्परा का मूल्यांकन करना है क्योंकि परम्परा न सब की सब और ज्यों की त्यों मूल्यवान हैं, न ही सब की सब और ज्यों की त्यों कूड़ा है। लेकिन क्या मूल्यवान है और क्या कूड़ा, क्या ग्रहण करना है और क्या छोड़ना, किसको साथ मिलाना है और किसकी पेबंदी किस पर करनी है—यह आधुनिक समस्या है, या कह सकते हैं कि आधुनिक युग में यह एक समस्या बन गयी है। इसीलिए आज हम मूल्यों के बदलाव की बात करते हैं। यदि परम्परा को हम ज्ञान की, अनुभव की विकासमान स्थिति मान लें तो इसमें यह भी मानना होगा कि मूल्य भी बदलाव की इस प्रक्रिया में अपनी अर्थ-छायाएं बदलते हैं। यानी जिस समय में जो भी चीज़ मानव समाज के विकास में, उसके सुख में सहायक हो उस समय वही अवधारणा, वही चीज़ मूल्यवान है। यदि पुरानी धारणाएं आज के समाज के लिए हितकर और उसके विकास में सार्थक सहयोग दे रही हैं तो वह स्वीकारणीय है। परम्परा हमें कई बार प्राचीन मूल्यों की सार्थकता से परिचित भी कराती है। यानी विवेकवान होकर जब हम परम्परा को समझते हैं यानी पुराने अनुभवों को जानते हैं तो कई बार वह पुराने अनुभव हमें वर्तमान की बहुत-सी समस्याओं को सुलझाने में सहायक होते हैं पर यह तभी सम्भव है जब विवेकपूर्ण ढंग से पहचाना जाएगा और उसका मूल्यांकन किया जाएगा।

(ख) परम्परा जातीय अस्मिता की पहचान भी कराती है

जहां परम्परा हमें वर्तमान की समस्याओं को सुलझाने में सहायक होती है वहीं पर किसी भी समाज को उसकी अस्मिता पहचानने में मदद करती है। यहां परम्परा का यह तत्त्व किसी भी समाज को संगठित करने में सहायक होता है और उसकी अस्मिता को बरकरार रखता है। इसलिए परम्परा का यह तत्त्व हर युग में समाज के लिए गतिदायी रहा। इसका अभिप्राय यह हुआ कि परम्परा जातीय अस्मिता के लिए गतिदायिनी शक्ति बन सकती है। विश्व इतिहास में इसके काफी उदाहरण मिल सकते हैं कि समाज के बदलने के बावजूद उस समाज ने अपनी पुरानी अस्मिता कायम रखी। यह अस्मिता परम्परा के आधार पर ही निर्मित होती है। इसलिए परम्परा जातीय अस्मिता के लिए एक गतिदायिनी शक्ति भी बनती है। डॉ. रामविलास शर्मा ने लिखा है, "साहित्य के विकास में प्रतिभाशाली मनुष्यों की तरह जनसमुदायों और जातियों की विशेष भूमिका होती है। इसे कौन नहीं जानता कि यूरोप के सांस्कृतिक विकास में जो भूमिका प्राचीन यूनानियों की है, वह अन्य किसी जाति की नहीं है। जनसमुदाय जब एक व्यवस्था से दूसरी व्यवस्था में प्रवेश करते हैं तब उनकी अस्मिता नष्ट नहीं हो जाती। प्राचीन यूनान अनेक गण समाजों में बंटा हुआ था। आधुनिक यूनान एक राष्ट्र है। यह आधुनिक यूनान अपनी प्राचीन

संस्कृति से अपनी एकात्मकता स्वीकार करता है या नहीं? 19वीं सदी में शैली और बायरन ने अपनी स्वाधीनता के लिए लड़नेवाले यूनानियों को ऐसी एकात्मकता पहचानवाने में बड़ा परिश्रम किया। भारतीय स्वाधीनता आन्दोलन के दौरान इस देश ने इसी तरह अपनी एकात्मकता पहचानी। इतिहास का प्रवाह ही ऐसा है कि वह विच्छिन्न है और अविच्छिन्न भी। मानव समाज बदलता है और अपनी पुरानी अस्मिता कायम रखता है। जो तत्त्व मानव समुदाय को एक जाति के रूप में संगठित करते हैं, उनमें इतिहास और सांस्कृतिक परम्परा के आधार पर निर्मित यह अस्मिता का ज्ञान अत्यन्त महत्त्वपूर्ण है। बंगाल विभाजित हुआ और है, किन्तु जब तक पूर्वी और पश्चिमी बंगाल के लोगों को अपनी साहित्यिक परम्परा का ज्ञान रहेगा तब तक बंगाली जाति सांस्कृतिक रूप से अविभाजित रहेगी। विभाजित बंगला से विभाजित पंजाब की तुलना कीजिए, तो ज्ञात हो जायेगा कि साहित्य की परम्परा का ज्ञान कहां ज्यादा है, कहां कम है, और इस न्यूनाधिक ज्ञान के सामाजिक परिणाम क्या होते हैं।"[2]

(ग) परिवर्तन के लिए भी परम्परा आवश्यक है

आधुनिक युग में परिवर्तन या बदलाव को एक अनिवार्य मांग के रूप में महसूस किया जा रहा है। यह परिवर्तन साहित्य या किसी अन्य कला के क्षेत्र में ही होना हो ऐसा नहीं है। आज आवश्यकता इस बात की महसूस की जा रही है कि परिवर्तन पूरे समाज के ढांचे में किया जाये लेकिन यह परिर्वतन तभी हो सकता है जब हम समाज के उस पुराने ढांचे को पूरी तरह समझें यानी पुराने जीवन-मूल्यों को भलीभांति समझें और फिर उन बिंदुओं को उभारकर लाएं जहां पुराने को बदलकर नये को प्रचलन में लाए। युग परिवर्तन के लिए परम्परा का ज्ञान आवश्यक है। यही कारण है कि मानव सभ्यता का विकास सदैव एक पीढ़ी से दूसरी पीढ़ी के द्वारा परम्परा ग्रहण करने पर ही हुआ। जो लोग रूढ़ियां तोड़कर क्रान्तिकारी परिवर्तन लाना चाहते हैं उनके लिए परम्परा का ज्ञान आवश्यक है। परम्परा के ज्ञान से ही प्रगतिशील मान और मूल्य निर्मित हो सकते हैं। इसलिए मूल्यों के नये आयाम खोलने के लिए अपने पुराने जातिगत, समाजगत अनुभव की जानकारी आवश्यक है, ऐसा न होने पर अनुभव और मूल्यों की गहराई से हमारा उचित सरोकार कायम नहीं हो सकता। इस स्तर पर परम्परा हमारे लिए एक आधुनिक समस्या के रूप में हमें अपने सामने दिखाई देती है दूसरी ओर अनुभव और मूल्यों की परतों को उचित रूप से समझने की समस्या भी हमारे सामने आती है। यह कहना अनुचित न होगा कि अतीत के अनुभव को मिटाने की आवश्यकता नहीं है, उसे छोटा भी करने की आवश्यकता नहीं है लेकिन यह भी ध्यान रखना चाहिए कि हम लगातार अतीत की दुहाई ही न देते रहें, परास्त होकर उसके आगे झुकें भी नहीं। हमें चाहिए

कि हम अतीत के प्रति एक नये दृष्टिकोण की मांग करें, वर्तमान में उसके स्थान की एक नयी परिकल्पना करें। व्यस्कता शैशवावस्था का खण्डन नहीं है, उससे सम्बद्ध और प्रस्फुटनशील विकास का बोध है। हम परम्परा को वर्तमान के साथ अतीत की सम्बद्धता और उसके साथ तारतम्य के रूप में लें।

(घ) साहित्य के सन्दर्भ में परम्परा

साहित्य के सन्दर्भ में भी परम्परा एक व्यापक अनुभव के रूप में हमारे लिए, आज के लेखक और साहित्य के लिए सार्थक महत्त्व रखती है। साहित्य में नये आयाम प्रस्तुत करने के लिए अपनी साहित्यिक परम्परा का ज्ञान अनिवार्य है। इलियट ने कहा है–

> The dead writers are remote from us because we know so much more than they did.[3]

अर्थात् हम अपने से पहले लेखकों से इसलिए अलग हैं कि हम उनसे कहीं अधिक जानते हैं। वह अधिक क्या है? वह और कुछ नहीं शायद वे पूर्ववर्ती लेखक, जिन्हें हम जानते हैं। इसी को हम परम्परा के निर्माण और स्वीकार की क्रिया कह सकते हैं, प्रायः पूर्ववर्ती लेखकों से विद्रोह की बात की जाती है, परम्परा से विद्रोह की बात की जाती है। पर परम्परा से विद्रोह का वह स्वरूप क्या है? परम्परा से विद्रोह कुछ हो सकता है तो वह यही कि हम अपने को परम्परा के आगे जोड़ दें। इसका अभिप्राय यह हुआ कि साहित्यकार आत्मदान द्वारा पूर्ववर्ती परम्परा, पूर्ववर्ती अनुभव के आगे अपने अनुभव को जोड़ दे। ऐसा करना साहित्यकार की मृत्यु या उसका विलीन होना नहीं है बल्कि ऐसा करके वह समूची साहित्यिक परम्परा को परिवर्धित करता है। टी.एस. इलियट के शब्दों में–

> No Poet, No artist of any art, has his complete meaning alone, his significance, his appreciation is the appreciation of his relation to the dead poets and artists. You cannot value him alone; you must set him, for contrast and comparison, among the dead.[4]

टी.एस. इलियट की यह बात आज के उन अधिकांश साहित्यकारों के लिए महत्त्वपूर्ण निर्देश है जो साहित्य और लेखन को परम्परा से काटकर एकदम अलग से रखना चाहते हैं और ऐसा करने में ही वे आधुनिकता के आयाम खुलते देखते हैं। दूसरे अर्थों में यहीं पर परम्परा आज के लेखक के सामने चुनौती के रूप में खड़ी हुई दिखाई देती है। परम्परा नये लेखक को चुनौती देती है कि वह उससे आगे बढ़कर दिखाए, उसके आगे एक और कड़ी के रूप में जुड़कर दिखाए। किसी भी लेखक के लिए परम्परा की कड़ियों में एक अन्य कड़ी के रूप में जुड़ना तभी सम्भव होता है जब वह अपने से पूर्ववर्ती लेखन को पूरी तरह समझे। यही परम्परा

चुनौती और समस्या के रूप में आधुनिक लेखकों के सामने आती है। इस पूरी प्रक्रिया को इलियट सौन्दर्य शास्त्र का प्रमुख सिद्धान्त मानते हैं। वे कहते हैं–

> I mean this is as a principal of aesthetic, not merely historical, criticism.[5]

जब साहित्य में नया कुछ घटित होता है तो इसका अभिप्राय यह है कि वह साहित्य की पूरी परम्परा में घटित होता है इसलिए हम नये लेखन को पूर्ववर्ती लेखन से काटकर नहीं देख सकते। एलियट कहते हैं–

> When a new work of art is created is something that happens simultaneously to all the works of art which preceded it. The Existing order is complete before the new work arrives; for order to persist after the supervention of novelty, the whole existing order must be, if ever so slightly, altered; and so the relations, proportions, values of each work of art toward the whole are readjusted; and this is conformity between the old and the new.[6]

एलियट का यह विचार आधुनिक लेखन के सामने स्थिति का महत्त्वपूर्ण खुलासा है और इस बात का संकेत भी है कि हम लेखन को न तो आधुनिक कह सकते हैं और न एकदम पुराना। क्योंकि नया लेखन भी निरर्थक हो सकता है और पूर्ववर्ती लेखन भी प्रासंगिक हो सकता है। असल में पूर्ववर्ती लेखन और नया लेखन दोनों एक-दूसरे को परखने की कसौटी बन जाते हैं, जहां एक से दूसरे के महत्त्व को, उसकी गुणवत्ता को समझ सकते हैं। यदि हमारे पास हमारा पूर्ववर्ती लेखन उपलब्ध न हो तो हम नये लेखन के स्तर को नहीं जांच सकते। इसलिए पूर्ववर्ती लेखन हमारे लिए प्रतिमान भी बन जाता है। एलियट कहते हैं–

> In a peculiar sense he will be aware- also that he must inevitably be judged by the standards of the past. xxx It is a judgement, a comparison, in which two things are measured by each other.[7]

जब हम यह कहते हैं कि पुराना लेखन हमारे लिए प्रतिमान भी बन सकता है तो इसका अभिप्राय यह नहीं कि लेखक पूर्ववर्ती लेखन या लेखन शैली को ज्यों का त्यों स्वीकार कर ले, बल्कि कहने का आभिप्राय यह है कि नया लेखक साहित्यिक परम्परा की प्रवहमानता से परिचित हो, परम्परा के प्रति ऐतिहासिक जागरूकता उसे प्राप्त करनी चाहिए। इसी जागरूकता की बदौलत लेखक परम्परा का नवीरण भी करता है। साहित्यकार परम्परा के नवीकरण की नियति से उबर नहीं सकता। लेकिन यह नवीकरण परम्परा से जुड़कर ही हो पाता है। लेखक को एक ओर तो अपनी परम्परा से जुड़ना है, दूसरी ओर उसका नवीकरण भी करना है।

इसका अभिप्राय यह हुआ कि परम्परा के नवीकरण की इस प्रक्रिया की वजह से लेखक को अपने निजि मन के प्रति नहीं बल्कि उसे अपने समाज की सांस्कृतिक प्रवृत्ति के प्रति भी सचेतन होना होगा। उसे अपने अतीत की धरोहर के प्रति जागरूक होना होगा। जहां तक अतीत का प्रश्न है तो अतीत कुछ नहीं होता, केवल पहले से वर्तमान की यह परम्परा है जिसमें नया आया हुआ वर्तमान अपना स्थान बना लेता है। अज्ञेय ने भी लेखक और अतीत पर विचार करते हुए कहा है, "साहित्यकार को कला की, साहित्य-सृष्टि की मुख्य प्रवृत्ति से साहित्यिक परम्परा का निरन्तर विकासशील प्रवहमानता से परिचित होना ही होगा, अतीत में से निकट अतीत और उसमें से वर्तमान के विकास की भी परम्परा के प्रति ऐतिहासिक जागरूकता उसे पानी ही होगी। उसे अपने निजी, व्यक्तिगत, भिन्न, अकेले मन के प्रति ही नहीं, अपने साहित्य के, अपने समाज के, अपनी सांस्कृतिक परिवृत्ति के, अपने देश के समष्टिगत मन के–यदि उसकी क्षमता उतनी है तो जन-मन, विश्व मन के प्रति भी सचेतन होना होगा, क्योंकि उसे इसका भी अनुभव करना होगा कि यह विशालतर मन उसके निजी मन से कहीं अधिक गौरव रखता है, और जितने भी बड़े मन की जितनी ही गहरी चेतना उसमें है, उतना ही अपने युग के साथ उसका सम्बन्ध फलप्रद है। इतना ही नहीं उसे यह भी जानना होगा कि इस सामूहिक मन में परिवर्तन हो सकता है और होता है, वह विकासशील है, पर इस विकास और परिवर्तन में वह अपने किसी अंग का परित्याग अथवा बहिष्कार नहीं करता, केवल उसके प्रति एक नयी चेतना पैदा कर देता है। वाल्मीकि के लिए वेदों को, कालिदास के लिए वाल्मीकि को, तुलसीदास के लिए कालिदास को, या मैथिलीशरण गुप्त के लिए तुलसीदास को, वह छोड़ नहीं देता, वह इन सबको अपनी प्रवहमानता के लम्बे सूत्र में पिरोता चलता है। उस मन में 'अतीत' कुछ भी नहीं होता, केवल 'पहले से वर्तमान' की वह परम्परा बढ़ती चलती है जिसमें नया आया हुआ वर्तमान अपना स्थान बनाएगा।"[8]

(ड़) परम्परा : सतत वर्तमान का अनुभव

पूर्ववर्ती जातिगत अनुभव हमारे विचार को जब तक और जहां तक जड़ न होने दें तब तक वह स्वीकारणीय हैं। एक ऐसा अनुभव जो न कभी भूत हो, न भविष्यत, जो सतत वर्तमान हो, परम्परा कहलाता है। ऐसी स्थिति में परम्परा कभी सिद्ध नहीं होती, निरन्तर साध्य बनी रहती है। इसीलिए परम्परा को हम साधना का पर्याय मानते हैं। साधना का पर्याय इसलिए क्योंकि वह निष्ठा, आस्था और विवेक से अर्जित करनी पड़ती है। इसीलिए परम्परा सदैव आचार का अनुशासन मानकर चलती है जिससे वह विचार के प्रवाह को साधे रहे, उसे कभी जड़ न होने दे। यहीं पर आकर हम महसूस करते हैं कि यदि परम्परा को हम विवेकपूर्ण ढंग से

समझें तो परम्परा का विज्ञान से कोई विरोध नहीं है। विज्ञान मानव जीवन के नये-नये प्रश्नों को हल करता है, नये आविष्कार करता है, ऐसी स्थिति में पूर्ववर्ती अनुभव कहीं-न-कहीं सहायक ही बनता है। लेकिन यह तभी सम्भव है जब पूर्ववर्ती अनुभव को सिद्ध और आप्त न मानें बल्कि साधन मानें। डॉ. विद्यानिवास मिश्र के अनुसार, "परम्परा का अर्थ है : पर के भी जो परे हो, श्रेष्ठ से भी जो श्रेष्ठतर हो, जो कभी न भूत हो, न भविष्यत, तो सतत वर्तमान हो, जो कभी सिद्ध न हो, निरन्तर साध्य हो, पारम्परिक दृष्टि का, दूसरे शब्दों में वैज्ञानिक दृष्टि से कोई विरोध नहीं है।"[9] कई बार परम्परा को मुक्ति या स्वतन्त्रता के मार्ग में बाधा मान लिया जाता है। परन्तु वास्तव में ऐसा नहीं है। जब हम परम्परा की अवधारणा को स्वीकार करते हैं तो हम स्वेच्छा से अनुशासन को ही स्वीकार करते हैं, इसीलिए परम्परा हमें बल देनेवाली शक्ति के रूप में सामने आती है। डॉ. विद्यानिवास मिश्र का कहना है, "परम्परा अपने को ही काटकर-तोड़कर आगे बढ़ती है, इसलिए वह निरन्तर मनुष्य को अनुशासित रखते हुए भी स्वाधीनता के नये-नये आयामों में प्रतिष्ठित करती चलती है। परम्परा बन्धन नहीं है, वह मनुष्य की मुक्ति (अपने लिए ही नहीं, सबके लिए मुक्ति) की निरन्तर तलाश है।"[10] इसलिए जब भी किसी समाज पर संकट आया तो उसने अपनी परम्परा से ही जीवन रस प्राप्त किया। ऐसी घड़ी में परम्परा का मन्थन होता है और उसमें से गरल और अमृत दोनों अलग-अलग हो जाते हैं। परम्परा का यह मन्थन आत्ममन्थन के द्वारा ही होता है। अपने जातिगत अनुभव के आधार पर ही संकट की घड़ी में कोई भी समाज अपने जीवन के यथार्थ से निपटता है। अपनी अस्मिता के बोध होने पर ही वह एक प्रकार की शक्ति प्राप्त करता है और अस्मिता का यह बोध अपनी परम्परा को छानने पर ही होता है। निर्मल वर्मा का मानना है, "कोई भी जाति संकट की घड़ी में अपने अतीत, अपनी जड़ों को टटोलती है। संकट की घड़ी आत्ममन्थन की घड़ी है। और सही आत्ममन्थन हमेशा अतीत में लिए गये फैसलों के आसपास होता है, क्योंकि ठीक उन फैसलों के बीच हमारी नियति की धड़कन व्याप्त रहती है।"[11] यहां प्रश्न उत्पन्न होता है कि संकट की घड़ी में अपने अतीत की ही आवश्यकता क्यों होती है? क्या हम स्वयं को अतीत में समेट लेते हैं? नहीं, बल्कि इसका अभिप्राय यह है कि जातिगत अनुभव के आधार पर ही कोई समाज यथार्थ को छानता है, उसे पहचानता है और संकट की घड़ी में जातिगत अनुभव हमें अपनी अस्मिता की पहचान कराता है। क्या अस्मिता की पहचान की घड़ी संकट की घड़ी नहीं है? क्या हम अपने जातिगत अनुभव से कटकर अपनी अस्मिता को पहचान सकते हैं? हम मन्थन किस द्रव्य का करेंगे? मथने के लिए पहले से किसी द्रव्य या पदार्थ का होना अनिवार्य है। विवेक की मथानी से हम परम्परा को मथते हैं और अतीत में लिए गए फैसलों को हम अपने वर्तमान में निपटाते हैं क्योंकि हमारा वर्तमान कभी किसी का भविष्य

रहा होगा। उन लोगों ने अपने भविष्य के बारे में जो स्वप्न लिए होंगे, आज हम उन्हीं लिए गये स्वप्नों के भोक्ता और शिकार दोनों हैं। या तो हम उन्हें स्वीकार कर लेते हैं या फिर उनसे हम टकराते हैं। इसीलिए कोई भी जाति संकट की घड़ी में अपने अतीत और अपनी जड़ों को ही टटोलती है। इस अर्थ में परम्परा हमें अनुभव की गहराई का आयाम देती है। हर जाति अपनी परम्परा को मिथकों, बिम्बों और प्रतीकों के माध्यम से समझती है जो कि उसके अन्तरंग जीवन के साथ जुड़े हुए हैं। इनके माध्यम से समाज विशेष न केवल अपने आपको पहचानता है बल्कि इनके द्वारा वह बाहर के संसार को जांचता है, परखता है। ये मिथक, प्रतीक और बिम्ब अदृश्य कसौटी हैं। जिनसे हम मूल्यों की गहराई को नापते हैं। जैसे धर्म और अधर्म, नैतिकता और अनैतिकता के बीच भेद करते हैं। परम्परा सामूहिक मनीषा की उत्पत्ति है। यहीं पर यह कहना अनुचित न होगा कि परम्परा केवल तथ्यों का संकलन नहीं है या न वह रीति-रिवाजों तक ही सीमित है और न ही परम्परा कोई आख्यान है जिसे दत्तचित्त होकर सुनने में हम सार्थकता का अनुभव करें। फिर परम्परा क्या है? असल में परम्परा एक ऐसा विचार है जो जीवन के मान और मूल्यों का निर्णय करता है, उसका निर्धारण करता है। यह विचार ही किसी भी जाति के मूल्यों और मानदण्डों की व्याख्या करता है। जब हम परम्परा को जीवन के मूल्य और मानदण्डों को निर्धारित करनेवाला विचार या विचारधारा मान लेते हैं तो वह विचार ही हमारे लिए सत्य बन जाता है। शायद किसी लेखक ने परम्परा को इसी सन्दर्भ में 'सत्य' स्वीकार किया है। कार्ल जे. फ्रेडरिक का मानना है कि–

> "When one returns to tradition, it is not a revolution, but the return to sanity and truth"[12]

परम्परा : ऐतिहासिक सत्ता का प्रमाण

परम्परा के प्रश्न को ऐतिहासिक और गैर-ऐतिहासिक अनुशासन की दृष्टियों से भी उठाया जा सकता है। एक तो ऐतिहासिक अनुशान की दृष्टि है और दूसरी तत्त्व दार्शनिक अनुशासन की दृष्टि है। दोनों में अन्तर है। जब हम परम्परा को ऐतिहासिक अनुशासन से देखेंगे तो उसमें हमें परिवर्तन और निरन्तरता (Change and Continuity) दोनों एक साथ दिखाई देंगी। ऐतिहासिक अनुशासन में परिवर्तन और निरन्तरता के बिना हम परम्परा को समझ ही नहीं पाएंगे, क्योंकि परिवर्तन सदैव सामाजिक, राजनैतिक दबावों से होता है और निरन्तरता हमेशा एक विकासशील सांस्कृतिक धारा से सम्बद्ध है। जहां परम्परा एक ऐतिहासिक शक्ति के रूप में हमारे सामने आती है वहीं परम्परा को गैर ऐतिहासिक स्तर पर भी समझने का प्रयास किया जाता है। गैर ऐतिहासिक स्तर पर उसे सनातन सत्ता के रूप में स्वीकार किया जाता है। जब हम परम्परा को 'सनातन' का स्वीकार मानेंगे तो उसमें हमें सदा

वर्तमानता तो दिखाई देगी लेकिन परिवर्तन की सम्भावना दिखाई नहीं देगी। सनातन की अवधारणा मूल्यों को शाश्वत मानती है और शाश्वत मूल्यों के आधार पर परिस्थिति की व्याख्या भर करती है, जबकि ऐतिहासिक अनुशासन में परिवर्तन दोतरफ़ा है। एक तो मूल्यों के स्तर पर परिवर्तन होता है और दूसरा परिस्थिति के स्तर पर भी। यहां पर मूल्य और परिस्थिति दोनों एक-दूसरे को प्रभावित करते हैं। यानी मूल्य के बदलने से परिस्थिति बदलेगी और परिस्थिति के बदलाव से मूल्यों में भी परिवर्तन आयेगा। जैसे 'व्यक्ति स्वातन्त्र्य' एक मूल्य है। यह मूल्य परिस्थितियों के घात-प्रतिघात से परिवर्तित हुआ। स्वतन्त्रता का यह मूल्य सामन्तवादी युग में भी था लेकिन उस समय मजदूर स्वतन्त्र नहीं था। वह जमींदार के यहां मजदूरी करने के लिए बाध्य था या दास प्रथा के अन्दर स्वामी दास से काम लेने के लिए स्वतन्त्र था लेकिन दास काम न करने के लिए स्वतन्त्र नहीं था। परन्तु पूंजीवादी परिस्थितियों में मजदूर अपेक्षाकृत स्वतन्त्र हुआ। इस व्यवस्था में मजदूर किसी भी मिल में काम करने के लिए स्वतन्त्र था और किसी भी मिल में काम छोड़ने के लिए। मिल मालिक तो स्वतन्त्र था ही। भले ही परोक्ष रूप से मजदूर कहीं-न-कहीं, किसी-न-किसी मिल में काम करने के लिए बाध्य था लेकिन सामन्तवादी परिस्थितियों की अपेक्षा पूंजीवादी परिस्थितियों में 'व्यक्ति स्वातन्त्र्य' के मूल्य में बदलाव आया। इसका अभिप्राय यह हुआ कि परिस्थितियों के दबाव से मूल्य भी काफी दूर तक बदला, यानी 'व्यक्ति स्वातन्त्र्य' का मूल्य विकसनशील समाज में परिवर्तित हुआ। अगर हम समाजशास्त्रीय दृष्टि से विचार करें तो हम यह भी पाएंगे कि धरती पर रहनेवाला मनुष्य प्रकृति तथा समाज से प्रभावित होता है तथा उन्हें बदलता भी है और इसी प्रक्रिया में जीवन मूल्य बदलते हैं क्योंकि प्रकृति और समाज के प्रभाव और टकराव से ही परिस्थितियों का जन्म होता है और नयी परिस्थितियों के पनपने से जीवन मूल्य प्रभावित होते हैं, बदलते हैं। इस बदलने की प्रक्रिया के कुछ व्यापक सामाजिक नियम होते हैं जो इतिहास प्रवाह में खुलते मिलते हैं। प्रकृति का इतिहास और मानव का इतिहास अन्योन्याश्रित है। बारीकी से विचार करने पर ज्ञात होगा कि मानव अपने सामूहिक श्रम से प्रकृति की पुनर्रचना करता है। प्रकृति की वस्तुएं ही मानव के हाथों से मूर्त रूप में ढलकर और अमूर्त होकर सांस्कृतिक वस्तुएं हो जाती हैं। इस प्रकार 'परम्परा' निर्माण की प्रक्रिया में आती है। इस ढंग से सोचने पर परम्परा ऐतिहासिक अनुशासन दिखाई देने लगती है जहां निरन्तरता और परिवर्तन दोनों दिखाई देते हैं। क्या हमें ऐसा नहीं लगता कि परिस्थिति के घटित होने से हमारे सामाजिक और सांस्कृतिक जीवन में बदलाव आता है? और ऐसा होने पर समाज जो कि एक मानव समूह है उसके आन्तरिक ढांचे में परिवर्तन होता है। समाज के इस आन्तरिक ढांचे को सामाजिक, विचारधारात्मक, नैतिक कलात्मक, राजनीतिक और आर्थिक सम्बन्ध सामूहिक तौर पर बनाते हैं। यही

कारण है कि इससे समाज में निरन्तरता और परिवर्तन होता रहता है क्योंकि ये सब एक-दूसरे पर अन्योन्याश्रित तो हैं ही बल्कि एक-दूसरे से संवाद की स्थिति में भी हैं। निरन्तरता तभी काल का आयाम बनती है जब वह परिवर्तमान तथा विकासमान हो अर्थात् सामाजिक चेतना का अंग हो। ऐतिहासिक अनुशासन की दृष्टि से यदि परम्परा को देखें तो पाएंगे कि युगीन चेतना के क्रम में सांस्कृतिक मूल्य तथा सांस्कृतिक अनुभूतियां भी पुरानी पड़ जाती हैं। मूल्य और अनुभूतियों के पुराने पड़ जाने से शाश्वत मूल्यों की बात निरर्थक होने लगती है और यहां आकर हमें परिवर्तन की धारणा को स्वीकार करना पड़ता है और यह भी मानना पड़ता है कि युगीन चेतना तथा समकालीन बोध दोनों का ज्ञान ऐतिहासिक अनुशासन के लिए आवश्यक है। इस विषय में डॉ. मेघ ने लिखा है, "कई युगीन संस्कृतियां अपनी नयी जिम्मेदारियों को निभाने में अयोग्य सिद्ध हो जाती हैं। काल के आयाम में युगीन चेतना तथा समकालीन बोध की यह दूरी एवं प्रतीपता ही संस्कृति के 'उद्गम' (जेजेसिस) तथा 'प्रामाणिकता' (वैलिडिटी) के बीच उलझनें पैदा करती हैं। मार्क्स ने इसका सामना तब किया जब उन्होंने यह पाया कि होमर के महाकाव्योंवाली यूनानी दुनिया (युगीन चेतना) तथा उन्नीसवीं शती के यूनान में रहनेवाली यूरोपीय दुनिया (समसामयिक बोध) बिल्कुल भिन्न है। उनके बीच प्रामाणिकता का व्यवधान है। इसका मतलब यह हुआ कि सांस्कृतिक रूप अपने उद्गम के सूत्र से ढीले होकर स्वतंत्र यात्रा भी करने लगते हैं और अपने आन्तरिक गठन को स्वयं निर्मित कर लेते हैं।"[13]

यदि हम परम्परा को सनातन मान लेते हैं तो ऐसा मान लेने पर परम्परा का प्रसारण एक कालावधि तक होकर थम जाता है। जिस बिन्दु पर आकर परम्परा ठहर जाती है, ठहराव के उस बिन्दु पर पूर्ववर्ती सामाजिक तथा सांस्कृतिक परिस्थितियों के प्रभाव अभिप्राय रूढ़ियां बन जाते हैं। इससे एक ओर तो परम्परा में स्मृति सूत्र टूट जाता है, और दूसरी ओर नये देशकाल के अनुरूप उनका पर्यावरण भी बदल जाता है। तब केवल कुछ शब्द समूह ही मूल रूप तथा काल के निर्धारण का संकेत कर पाते हैं । असल में आज का युग परिवर्तन की आवश्यकता महसूस करता है और परम्परा की सनातनता की अवधारणा हमें केवल निरन्तरता का ज्ञान भर कराकर रह जाती है। इससे हम यह निष्कर्ष भी निकाल सकते हैं कि परिवर्तन हमें स्वतन्त्रता की ओर ले जाता है और केवल सदा वर्तमानता जो कि तत्त्व दार्शनिक परम्परा की विशेषता है, हमें अड़चनों और व्यवधानों की ओर सरकाती हुई ले जाती है। इससे परम्परा के तत्त्व दार्शनिक अनुशासन और ऐतिहासिक अनुशासन का द्वंद्व उभरकर आता है, जिसका हम सामना करते हैं। इस विषय पर विवेचन करते हुए एक बात समान रूप से जो उभरकर आती है, वह है 'निरन्तरता' यानी 'परम्परा' का स्वीकार। चाहे हम उसे ऐतिहासिक अनुशासन से जांचे या तत्त्व-दार्शनिक

अनुशासन से। क्योंकि निरन्तरता के बिना हम परिवेश के साथ अर्थवान सम्बन्ध स्थापित नहीं कर सकते। नये परिवेश के साथ भी जो रिश्ता कायम होता है उसकी अर्थवत्ता इसी निरन्तरता के कारण है। लेकिन प्रश्न यह उत्पन्न होता है कि क्या इस निरन्तरता में परिवर्तन स्वतः निहित है? क्योंकि इतिहास आकस्मिक घटना-परिवर्तन नहीं है। मनुष्य के विकास की मंजिलें हैं। इनमें एक आदिम अवस्था है।[14] जब हम तत्त्व दार्शनिक अनुशासन से परम्परा को जीते हैं तो इस बात का खतरा निरन्तर बना रहता है कि कहीं हम पुरानी मान्यताओं को रूढ़ ढंग से तो नहीं अपना रहे। वात्स्यायनजी कहते हैं, "संस्कृति की ओर उन्मुख होने वाले लोग प्रायः रूढ़िवादी हो जाते हैं। अतीत की मान्यताओं द्वारा अपनी जीवनचर्या को सिद्ध करने में यह खतरा रहता ही है। ऐसा होना अनिवार्य कदापि नहीं है। संस्कृति का महत्त्व ठीक समझने पर वह गतिदायिनी ही होती है, गतिनाशिनी नहीं।"[15]

परम्परा : एक ग़ैर ऐतिहासिक शक्ति भी

जो लोग परम्परा के प्रश्न पर ग़ैर ऐतिहासिक अनुशासन से विचार करते हैं, वे मानते हैं कि 'परम्परा' केवल इतिहास अथवा घटनाक्रम नहीं है, वह घटना क्रम से मिलनेवाला जातिगत अनुभव है। अनुभव ही नहीं बल्कि उस अनुभव का ऐसा जीवित स्पन्दन जो जाति को अभिप्रेरित करता है। असल में इतिहास-बोध के लिए अनुक्रमिकता अनिवार्य है यानी समय को सीधी रेखा के रूप में देखना आवश्यक है। भारतीय काल की अवधारणा काल को चक्रनेमिक्रमेण देखती है और काल की यह वृत्ताकार कल्पना ही इतिहास-बोध में बाधा है। अज्ञेय कहते हैं, "लेकिन एक जीवित संगठन की विशेषता है कि एक ऐन्द्रिय कमी या सीमा की पूर्ति दूसरी ऐन्द्रिय विशिष्टता या प्रतिभा से कर लेता है। संस्कृति नाम के प्राणवान संगठन के बारे में भी यह बात सच है। भारतवासी में अगर इतिहास-बोध की कमी है तो उस कमी की पूर्ति वह एक अत्यन्त सजग और समर्थ स्थितिबोध से कर लेता है : उसकी प्रतिभा प्रत्युत्पन्नमति की प्रतिभा है और ऐसा प्रत्युत्पन्नकर्मी दूसरे समाजों या संस्कृतियों में दुर्लभ ही होगा।"[16] असल में यहां पर दो दृष्टियों का भेद है। इतिहास को स्वीकारनेवाली दृष्टि पश्चिम के इतिहासबोध से प्रभावित है और यह भी ठीक है कि भारत में इतिहास बोध उस ढंग का नहीं है जिस ढंग का पश्चिम का है। परम्परा के प्रति भारतीय चिन्तकों, विचारकों का मत पश्चिम के चिन्तकों से भिन्न है। भारतीय विद्वानों के अनुसार, "इतिहास जीवित सत्य नहीं, वह अतीत का सत्य है।"[17] वे मानते हैं कि इतिहास का बोध मानव नियति को आबद्ध किए रहता है। उनके अनुसार, "इतिहास मनुष्य को काल, देश और जाति में आबद्ध मानकर चलता है और अब तक के इतिहास बोध का लक्ष्य मानव-समुदाय को जातीय ऋण, देशगत बोध और कालगत क्रम को बांधे रखना ही रहा है। इतिहास

की व्याख्या बदलती रही है। प्राचीन युग के हैरोदोतुस से लेकर मध्ययुग के इब्न खल्दून तक ही नहीं, आज भी इतिहास का बोध मानव-नियति को आबद्ध किये हुए है। भारत का दूसरे देशों से विलगाव सतही राजनैतिक कारणों से मात्र नहीं है। वह विलगाव बड़ा गहरा है। मसीही जीवन दृष्टि में पाप ओढ़ने का आग्रह, पैगम्बरी जीवन-दृष्टि में सर्वशक्तिमान का आतंक, द्वन्द्वात्मक भौतिकवाद की दृष्टि में सहज अधिकार का अस्वीकार, अस्तित्ववादी दृष्टि में अस्तित्व के ऐतिहासिक सन्दर्भ को स्वीकार करने की विवशता, इन सबसे शुद्ध भारतीय दृष्टि विलग है, पर विलग होती हुई भी वह इनमें से किसी का प्रत्याख्यान या खण्डन नहीं करती, अपने को किसी के विरोध में प्रस्थापित भी नहीं करती। बाहर के अत्यन्त प्रबुद्ध लोगों को भारत से खीज इसलिए और अधिक तीव्र होती है कि प्राचीनता से इस बुरी तरह बंधा हुआ यह देश हर आधुनिक मूल्य को सहज भाव से स्वीकार करके भी अपनी परम्परा से विलग नहीं होता।"[18] इसका अभिप्राय यह हुआ कि इतिहासबोध की भी अपनी सीमाएं हैं और भारत की परम्परा दृष्टि में भी स्वीकार का भाव अन्तर्निहित है। यहां पर प्रश्न पैदा होता है कि यदि भारतीय परम्परा दृष्टि स्वीकार का भाव लेकर चलती है तो इसका मतलब यह हुआ कि वह निरन्तरता के साथ-साथ परिवर्तन को भी स्वीकार करके चलती है यानी 'पूर्व' के साथ 'अपर' भी स्वीकारणीय है। "परम्परा के नाम पर जो सहस्र वर्ष या उससे अधिक पुराना है उसी को इंगित करने के हम इतने अभ्यस्त हो गये हैं कि इस बात को भूल ही जाते हैं कि परम्परा में जो पूर्वापरत्व निहित है वह तभी सार्थक हो सकता है जबकि 'पूर्व' के साथ 'अपर' भी हो। हम पूर्वोन्मुखता के नशे में अपने से यह पूछना ही भूल जाते हैं कि अपर क्या है।"[19] यदि हम परम्परा में 'पूर्व' के साथ 'अपर' को भी स्वीकार करते हैं तो ऐसा करके हम नये जीवन मूल्यों को भी स्वीकार करने की गुंजाइश रखते हैं और यदि हम ऐसा मानते हैं तो परम्परा को सिद्ध वस्तु के रूप में नहीं मानते बल्कि एक विकसनशील, परिवर्तन को स्वीकार करनेवाली अवधारणा मानते हैं जिसमें निरन्तर रचना होने की सम्भावना बनी रहती है।

डॉ. विद्यानिवास मिश्र का मानना है कि, "परम्परा में व्यक्ति की सिद्ध वस्तु के रूप में पूजा नहीं होती, व्यक्ति की निरन्तर उत्कृष्ट से उत्कृष्टतर रचना होती है। राम और कृष्ण कोरे ऐतिहासिक व्यक्ति रहते तो जाने कब मर गये होते। पर वे निरन्तर जन्म लेते रहे, निरन्तर बढ़ते रहे। वे पूजित हुए व्यक्ति के रूप में नहीं, विश्व सत्ता के प्रतिमान के रूप में। यह प्रतिमान जड़ नहीं है, सिद्ध नहीं है, पर प्रतिमानों की पिछलीशृंखला से असम्पृक्त भी नहीं है। व्यास ने महाभारत को इतिहास कहा, वह इतिहास आज की हिस्ट्री के अर्थ में प्रयुक्त नहीं हुआ। इतिहास का अर्थ है, 'ऐसा रहा है', आस-अस्...लिट्...पूर्ण वर्तमान के अर्थ में, न कि था या 'ऐसा हुआ था'। इसलिए महाभारत भूतकाल की घटना का विवरण मात्र नहीं है,

वह घटना के विवरण के ब्याज से मानव धर्म की शाश्वत अभिव्यंजना है। इसीलिए 'रहा है', 'केवल था' नहीं। सत्य कभी भूत नहीं बनता। सत्य कभी भविष्यत के सहारे टंगा नहीं रहता। वह सत् है, वर्तमान है।"[20] ऐसा माननेवाले विचारक परम्परा को एक गैर ऐतिहासिक शक्ति मानते हैं। वे मानते हैं कि इतिहास बराबर मनुष्य की देश और कालबद्ध सीमाओं की पुकार लगाता है और वह सीमाओं का विस्तार मांगता है, सीमाओं की प्रतिरक्षा मांगता है, पर वह सीमाओं से परे कभी सोच नहीं सकता। और परम्परा पर विचार करते समय वे मानते हैं कि परम्परा काल या देश को मनुष्य में स्थित या निवर्तमान देखती है। हां, वह मनुष्य विराट रूप है, गड़ही का घोंघा नहीं है। वह नयी उपलब्धि से घबराता या भागता नहीं, उसे सीखता है। परम्परा के विषय में भारतीय दृष्टि इसलिए गैर ऐतिहासिक है क्योंकि वह इतिहास के प्रमाण को न तो अस्वीकार करती है और न ही स्वीकार करती है बल्कि भारतीय दृष्टि इतिहास का अतिक्रमण करके एक नैरन्तर्य-बोध के द्वारा इतिहास को भी प्रमाणित करती रहती है। यहीं पर पश्चिम और भारतीय विद्वानों की परम्परा और इतिहास विषयक दृष्टि में भेद पनप उठता है। ठीक इसके विपरीत पश्चिम के विचारक यह मानते हैं कि कोई भी व्यक्ति अपने काल का अतिक्रमण नहीं कर सकता है और प्रत्येक विचारक अपने युग की सन्तान होता है। वह मानता है कि–

> Our resistance to history is no doubt ultimately to be accounted for by nothing less than the whole nature of our life today. It was said by Nietzsche—the real one, not the lay figure of cultural propaganda—that the historical sense was an actual faculty of the mind, "a sixth sense", and the credit for tht recognition of its status must go to nineteenth century.[21]

इतिहास विषयक चिन्तन को लेकर पश्चिम में सभी विद्वान एकमत हों ऐसी बात नहीं है। पश्चिम में भी चिन्तन की ऐसी धाराएं हैं जो इतिहास की अलग-अलग ढंग से व्याख्या करती हैं। यह कहना अनुचित न होगा कि आधुनिक पश्चिम के चिन्तन में भी एक धारा ऐसी है जो वर्तमान इतिहास में मानव की स्थिति से सन्तुष्ट नहीं है और इस विषय पर सन्देहपूर्ण है। उनके अनुसार–

> `Our coldness to historical thought may in part be explained by our feeling that it is precisely the past that caused all our troubles, the nineteenth century being the most blame worthy of all the culpable centuries. Karl Marx, for whom history was indeed a sixth sense, expressed what has come to be the secret hope of our time, that man's life is politics, which is to say, man's life in history, shall come to an end. History, as we now understand it, on visions its own extinction—that is really what we nowadays mean by `progress'—and with all

the passion of a desire kept secret even from ourselves, we yearn to elect a way of life which shall be satisfactory once and for all, time without end, and we do not want to be reminded the past of the considerable possibility that our present is but perpetuating mistakes and failures and instituting new troubles.'[22]

परन्तु एक बात निश्चित रूप से कही जा सकती है कि पश्चिम अपने यहां होनवाले तमाम परिवर्तनों को ऐतिहासिक सन्दर्भ से काटकर नहीं देखता है। चाहे वह फ्रांस की चर्चित क्रान्ति ही क्यों न हो। पश्चिम की अवधारणा के अनुसार परिवर्तन और ऐतिहासिक विकास एक-दूसरे के ऊपर आश्रित हैं।

`As we have seen, the central historical question was to demonstrate the necessity of the French Revolution, to show that revolution and historical development are not opposed to one another'[23]

यहां तक कि हीगेल भी मानव के सम्पूर्ण जीवन को ऐतिहासिक प्रक्रिया से काटकर नहीं देखता।

`Hegal, however, sees a process in history, a process propelled, on the one hand, by the inner motive forces of history and which, on the other, extends its influence to all the phenomena of human life, including thought. He sees the total life of humanity as a great historical process'[24]

जहां पश्चिम परम्परा को ऐतिहासिक अनुशासन से देखता है, वहां भारत की दृष्टि परम्परा के प्रति सनातन के स्वीकार की रही। यहां तो भारतीयता का पहला लक्षण या गुण ही सनातन की भावना, काल की भावना, काल के आदिहीन, अन्तहीन प्रवाह की भावना को माना जाता रहा है। और फिर काल को सिर्फ वैज्ञानिक दृष्टि से क्षणों की सारणी नहीं माना गया बल्कि काल को स्वयं से, भारतीय जाति से सम्बद्ध विशिष्ट और निजि क्षणों की सारणी माना गया है। यहां तो भारत के देवताओं के जीवन के जीवन की कल्पना ऐहिक काल की भावना को मिटाकर ही की जाती है। और जब हमारा काल ही यथार्थ नहीं रहता, तब उस काल में होनवाले व्यापार भी अयथार्थ हो जाते हैं। हमारे यथार्थ दुख-क्लेश, हमारी यथार्थ आशा-आकांक्षा, मानव के उद्योग-परिश्रम मानवी व्यापार-मात्र अयथार्थ हो जाते हैं। और यथार्थता से इस स्खलन का प्रभाव मानवी सम्बन्धों पर भी पड़ता है।[25] इसका अभिप्राय यह हुआ कि परम्परा के प्रति यह दृष्टि घटित होनेवाली परिस्थितियों को नकारती है कि हम परिवर्तन को नकारते हैं क्योंकि जब हमारा काल ही यथार्थ नहीं रहता तो उस काल में घटित होनेवाली परिस्थितियां और घटनाएं भी अयथार्थ

होकर रह जाती हैं। यहां प्रश्न उठता है कि क्या परिवर्तनहीन स्थिति में जड़ता पैदा नहीं हो जायेगी। क्या हम अतीत को ज्यों का त्यों स्वीकार कर लें? या वर्तमान की कसौटी पर हम अतीत को जांचे। हमारे विचार से हम अतीत को उसी रूप में परखते हैं जिस रूप में कि हमें हमारा जीवन उसे परखने के लिए विवश करता है, और हमारा यह जीवन न केवल हमारी विरासत से ही, बल्कि हमारे अपने समय के वर्ग-संघर्षों तथा आवेगों-आवेशों से भी निर्धारित होता है। यही कारण है कि कार्ल मार्क्स पश्चिम की प्लेटो से आरम्भ होनेवाली पूरी की पूरी प्राचीन परम्परा से विद्रोह करता है और वर्तमान जीवन के लिए एक नयी विचारधारा प्रस्तुत करता है। हैना एरेन्डेट ने कहा है कि–

> `Our tradition of political thought had its definite beginning in the teachings of plato andAristotle. I believe it came to a no less definite end in the theories of Karl Marx. xxx Marx own attitude to the tradition of political thought was one of conscious rebellion.'[26]

प्रत्येक नयी कृति में होनेवाले परिवर्तन भी इन्हीं ताकतों से निर्धारित होते हैं। हम केवल अतीत को ही नहीं देख सकते। हमें पहले वर्तमान को देखना है, जो सदा परिवर्तन की प्रक्रिया से गुजरता है और परिवर्तन की यह अवधारणा सनातन के स्वीकार से सहमत नहीं हो पाती। हमें देखना यह होगा कि परम्परा का कौन-सा अनुशासन हमारी आज की समस्याओं से सीधा जूझता है और उनसे निपटने का प्रयास करता है। तभी वह हमारे लिए उपयोगी होता है यदि वह हमें अमूर्त की ओर ले जा रहा है तो उस स्थिति में ज्ञान हमारे जीवन के लिए उस रूप में उपयोगी नहीं होगा। वैसे तो प्रत्येक युग में समस्याएं दो प्रकार की रही हैं। मूर्त और अमूर्त। मध्य युग में भी उस काल की अवधारणाएं मनुष्य को मूर्त की ओर भी ले जाती थीं और अमूर्त की ओर भी। इसी प्रकार आज विज्ञान अमूर्त की ओर भी ले जा रहा है और हमारे जीवन की मूर्त समस्याओं से भी निपट रहा है जहां विज्ञान हमारी मूर्त समस्याओं से निपट रहा है, वहीं वह हमारे लिए उपयोगी है। इसलिए परम्परा को समझने और जानने का वह ढंग जो हमारे जीवन-जगत से उसे सीधा जोड़ता है, वही अधिक उपयोगी है और प्रासंगिक है। जहां परम्परा हमें अमूर्त और रहस्यात्मक स्थितियों की ओर ले जाती है वहां वह हमारे लिए अनावश्यक सिद्ध होने लगती है। इसलिए परम्परा पर पूर्ण विवेचन करने पर लगने लगता है कि एक ओर परम्परा सार्थकता का प्रमाण भी है और चूकने पर वह सार्थकता का निषेध भी है। जहां वह ऐतिहासिक सत्ता का प्रमाण भी बनती है वहीं वह एक गैर ऐतिहासिक शक्ति के रूप में दिखाई देती है । इन्हीं अंतर्विरोधों के कारण आधुनिक युग में परम्परा हमारे सामने एक समस्या के रूप में है। एक ऐसी समस्या जिससे किनारा नहीं किया जा सकता।

सन्दर्भ

1. सच्चिदानन्द वात्स्यायन–त्रिशंकु, पृं 34 (सं. 1973)
2. परम्परा का मूल्यांकन–रामविलास शर्मा, पृ. 13-14 (प्रथम सं.)
3. T.S. Eliot—Selected Essays, p.16
4. Ibid., p.16
5. T.S. Eliot—Selected Essays, p.15
6. Ibid., p.15
7. T.S. Eliot—Selected Essays, p.15
8. सच्चिदानन्द वात्स्यायन–त्रिशंकु, पृ. 36-37 (सं. 1973)
9. विद्यानिवास मिश्र–परम्परा बन्धन नहीं है, पृ. 12 (द्वितीय सं.)
10. वही, पृ. 15
11. निर्मल वर्मा–शब्द और स्मृति, पृ. 62 (प्रथम सं.)
12. Carl J. Friedrich—Tradition andAuthority, Macmillan : Publisher, p.30
13. रमेश कुंतल मेघ–अथातो सौन्दर्य जिज्ञासा, पृ. 462 (प्रथम सं.)
14. रामविलास शर्मा–महावीर प्रसाद द्विवेदी और हिन्दी नवजागरण, पृ. 161 (प्रथम सं.)
15. सच्चिदानन्द वात्स्यायन–त्रिशंकु, पृ. 55 (सं. 1973)
16. अज्ञेय–आलवाल, पृ. 36-37–सच्चिदानंद वात्स्यायन–(द्वितीय सं.)
17. स. वात्स्यायन–आधुनिक हिन्दी साहित्य, पृ. 91 (प्र. सं)
18. विद्यानिवास मिश्र–परम्परा बन्धन नहीं है, पृ. 11 (द्वितीय सं.)
19. अज्ञेय–एक बूंद सहसा उछली, पृ. 11 (द्वितीय सं.)
20. विद्यानिवास मिश्र–परम्परा बन्धन नहीं है, पृ. 12-13 (द्वितीय सं.)
21. Lionel Trilling—The Liberal Imagination, p.187 (1949)
22. Lionel Trilling—The Liberal Imagination, p.195 (1949)
23. George Lukacs—The Historical Novel, p.28
24. Ibid., p.29
25. अज्ञेय–आत्मनेपद, पृ. 103-104 (द्वितीय सं.)
26. HannahArendt—Between Past and Future, 1961, p.17&21

प्रयोग की आवश्यकता और उसकी विचारधारा

(क) प्रयोग की आवश्यकता

परम्परा और भाव को जब हम सम्बन्धगत मानते हैं, प्राकृत नहीं मानते, तब प्रयोग की आवश्यकता होती है। परम्परा और भाव के सम्बन्धगत होने पर हमारे सुख-दुख का सम्बन्ध परिवर्तित वास्तविकता के साथ होता है लेकिन सुख-दुख की परम्परागत प्रणाली का दबाव भी हमारी मानसिकता पर होता है जिसकी अपर्याप्तता के प्रति चुनौती और विद्रोह का भाव भी होता है। असल में प्रयोग की आवश्यकता हमें तब पड़ती है जब नये के प्रति स्वीकार और पुरानी भाव प्रणाली की अपर्याप्तता के प्रति अस्वीकार या विद्रोह का भाव होता है। दूसरे शब्दों में कह सकते हैं कि जब रागबोध का स्वरूप जटिल हो जाता है तो उसे सम्प्रेषित करने के लिए प्रयोग करने की आवश्यकता होती है। जब हम परिवर्तन के साथ जुड़ते हैं, नये भावों के साथ सम्बन्ध कायम करते हैं, उनका आभ्यान्तरीकरण करते हैं तब हमारी मानसिकता जटिल बनती जाती है। मानसिकता की इस जटिलता से निबटने के लिए हमें प्रयोग की आवश्यकता होती है । यह मानने में किसी को कोई आपत्ति नहीं होगी कि सभ्यता के विकास के साथ-साथ हमारा अनुभूतियों का क्षेत्र भी विकसित होता गया है और उन अनुभूतियों को व्यक्त करने के लिए, उन्हें सम्प्रेषित करने के लिए हमारे उपकरण भी विकसित होते गये हैं। स. वात्स्यायन का कहना है कि, "हमारे मूल राग-विराग नहीं बदले, प्रेम अब भी प्रेम है, और घृणा अब भी घृणा, यह साधारणतया स्वीकार किया जा सकता है । पर यह भी ध्यान में रखना होगा कि राग वही रहने पर भी रागात्मक सम्बन्धों की प्रणालियां भी बदल गयी हैं।"[1] जब परिवर्तित वास्तविकता से हमारे मूल राग-विराग टकराते हैं तो हमारी मानसिकता जटिल बनती जाती है। जैसे-जैसे बाह्य वास्तविकता बदलती है वैसे-वैसे उसके साथ हमारे रागात्मक सम्बन्ध जोड़ने की प्रणालियां भी बदलती हैं—और अगर ऐसा नहीं होता तो बाह्य वास्तविकता से हमारा सम्बन्ध टूट जाता है। जो लोग इस परिवर्तन

को ठीक से नहीं समझ पाते हैं वे आज की वास्तविकता से टूट बैठते हैं। उससे रागात्मक सम्बन्ध जोड़ने में जो असमर्थ हैं वे इसे केवल बाह्य वास्तविकता मानते हैं। तो रागबोध की पूरी-की-पूरी इस जटिल स्थिति को व्यक्त करने के लिए, उसे सम्प्रेषित करने के लिए प्रयोग की आवश्यकता होती है। हम कह सकते हैं कि परम्परा को प्राकृत नहीं, सम्बन्धगत (Relational) मानने पर प्रयोग की आवश्यकता होती है।

प्रयोग करने का दृष्टिकोण जांच की मानसिकता का दृष्टिकोण है। हम परम्परा को जांचने और परखने के लिए नये-नये प्रयोग करते हैं क्योंकि परम्परा को हम बिना उसकी जांच-पड़ताल किये स्वीकार नहीं कर सकते। कई बार हमारे विकास में पुरानी विचारधारा, पुराने तौर-तरीके आड़े आते हैं और कई बार परम्परा हमें सार्थक की खोज में समर्थ दृष्टि भी देती है। ऐसी स्थिति में हमें प्रयोग के साधन से परम्परा की सार्थकता और उसकी अनावश्यकता को जांचना होगा। परम्परा, "कोई ऐसी पोटली बांधकर अलग रखी हुई चीज़ नहीं है जिसे उठाकर सिर पर लाद ले और चल निकले। परम्परा का कवि के लिए कोई अर्थ नहीं है जब तक उसे ठोक बजाकर, तोड़-मरोड़कर देखकर आत्मसात नहीं कर लेता।"[2] इसका अभिप्राय यह हुआ कि हम परम्परा को आत्मसात तभी कर सकते हैं जब वह हमारे लिए प्रासंगिक हो, हमारे सुख-दुख से जिसका सीधा सरोकार हो। यह तभी सम्भव है जब हम उसे वर्तमान में जांचें। और इसी बिन्दु पर आकर प्रयोग सामाजिक आवश्यकता बन जाता है, एक ऐसा साधन जिससे हम अपने जातिगत अनुभव और जातिगत मान्यताओं को परखते हैं। हम कह सकते हैं कि बिना प्रयोग की सहायता के हम अपनी जातिगत मान्यताओं का इस्तेमाल नहीं कर सकते, उनका फायदा नहीं उठा सकते। 'प्रयोग' का यह चरित्र हमारे लिए एक सक्षम साधन के रूप में आता है। बॉब बर्टन ब्राउन का मानना है कि–

> `Perhaps the most revolutionary characteristic of experimentalism is its belief that the use of the scientific method can be extended to solve the problems of men in the area of values 'and moral judgements—to open these traditionally `closed' regions of human experience to experimental inquiry.'[3]

इस आधार पर कहा जा सकता है कि प्रयोग और परम्परा के सम्बन्ध द्वन्द्वात्मक प्रणाली में होते हैं। दोनों एक-दूसरे को अमान्य भी करते हैं, पर एक-दूसरे को मान्य करते हुए। प्रयोग कई बार बल्कि प्राय: नयी चीज़ों का प्रचलन भी आरम्भ करती है जो कालान्तर में एक परम्परा का रूप धारण कर लेती है। इस तरह स्वयं प्रयोग कालान्तर में परम्परा बनने की प्रक्रिया में आ जाता है।

(ख) साहित्य में प्रयोग क्यों?

जहां तक कविता या साहित्य में प्रयोग की आवश्यकता का सवाल है तो हम इस क्षेत्र में होनवाले प्रयोगों को भी उसकी आवश्यकता से जोड़कर ही देख सकते हैं। किसी भी काल के उन कवियों में हम प्रयोग करने का दृष्टिकोण देख सकते हैं जो काव्य-परम्परा या साहित्य परम्परा में परिवर्तित वास्तविकता को एक नयी कड़ी के रूप में जोड़ते रहे हैं या जोड़ने का प्रयास करते रहे हैं। जब-जब कवि की दृष्टि का विकास हुआ है, उसने समाज में नया विस्तार या नयी गहराई देखी है, तब-तब उसे कविता करने के उन उपकरणों से जूझना पड़ा है जो समय के साथ-साथ पुराने पड़ गये होते हैं। जहां कवि अपने जीवन सत्य को सम्प्रेषित करने की कठिनाई महसूस करता है वहां वह प्रयोग करने की आवश्यकता महसूस करता है। कविता में प्रयोग करने पर यह भी सम्भव है कि कविता कुछ गूढ़, दुर्बोध हो जाये। ऐसा होना यद्यपि गुण नहीं माना जायेगा लेकिन फिर भी उस दुर्बोधता के कारण देखे बिना उसे दोष देना अन्याय होगा। क्योंकि कवि जब अपना सत्य दूसरे पर प्रकट करने चलता है, तब अनिवार्यतः वह मानता है कि वह सत्य जितने अधिक व्यक्तियों पर प्रकट हो, उतना ही काव्य सफल है।[4] अब सवाल यह पैदा होता है कि वह सत्य अधिक व्यक्तियों पर प्रकट कैसे हो? इस सत्य को अधिक व्यक्तियों तक प्रकट करने के लिए ही कवि को सम्प्रेषण के तमाम साधनों के स्तरों पर प्रयोग करने पड़ेंगे। कवि को प्रयोग करके ही कविता को बहुजन संवेद्य बनाना होगा। प्रयोग की आवश्यकता का एक अन्य बिन्दु यह भी है कि आधुनिक समाज में अनेक स्तरीयता के कारण सम्प्रेषण की कठिनाई महसूस की जा रही है जिसका सामना करने के लिए प्रयोग एक आवश्यक स्थिति बन जाता है। एक समय था जबकि काव्य एक छोटे-से समाज की थाती था। उस समाज के सभी लोगों का जीवन एक जैसा था, इसलिए उन लोगों की विचार-संयोजनाओं के सूत्र भी बहुत कुछ आपस में मिलते-जुलते थे। कोई एक शब्द या प्रतीक उनके मन में प्रायः समान चित्र या विचार या भाव उत्पन्न करता था लेकिन आज यह बात सच नहीं रही क्योंकि आज पाठकों की जीवन परिपाटियों में पर्याप्त वैषम्य आ गया है, एक ही सामाजिक स्तर के दो पाठकों की जीवन परिपाटियां इतनी भिन्न हो गयी हैं कि उनकी विचार-संयोजनाओं में समानता मिलती ही नहीं। ऐसी स्थिति में कवि अपनी रचना को सब लोगों तक कैसे सम्प्रेषित करे। साधारणीकरण और सम्प्रेषण कवि कर्म की ही मौलिक समस्या है और कवि या साहित्यकार को प्रयोगशीलता की ओर प्रेरित करनेवाली सबसे बड़ी शक्ति यही है। स. वात्स्यायन का मानना है कि, "कवि अनुभव करता है कि भाषा का पुराना व्यापकत्व उसमें नहीं है—शब्दों के साधारण अर्थ से बड़ा अर्थ हम उसमें भरना चाहते हैं, पर उस बड़े अर्थ को पाठकों के मन में उतार देने के साधन अपर्याप्त हैं। वह या तो अर्थ कम पाता

है, या कुछ भिन्न पाता है।"[5] इसका अभिप्राय यह हुआ कि आज के समाज में जो अनेक स्तरीयता देखने को मिल रही है उस स्तर की अनेकता तक कवि कैसे पहुंचे इसके लिए प्रयोग आवश्यक हो जाता है। जहां आधुनिक समाज में अनेक स्तरीयता के कारण सम्प्रेषण की कठिनाई का सामना करने के कारण प्रयोग की आवश्यकता महसूस की जाती है वहीं दूसरी ओर संकुचित होती हुई सार्थकता को व्यापक बनाने की अनिवार्यता के कारण भी प्रयोग की आवश्यकता होती है। प्रयोग हमारे ही काल की आवश्यकता हो ऐसी बात नहीं है। इतिहास हमें बताता है कि प्रयोग हर काल की आवश्यकता रही है और काल में प्रयोग होते भी रहे हैं। जब भी सामाजिक दृष्टिकोण विभिन्न कारणों से संकुचित होता जाता है तब समाज के सार्थक दृष्टिकोण को व्यापक बनाने के लिए प्रयोग किये जाते हैं। मनुष्य ने जब भी अपना इतिहास बनाया, वह अपनी मनचाही परिस्थितियों में नहीं बल्कि अपने अतीत से सीधा सामना करने के लिए। अपने अतीत से टकराना, उसके साथ नये-नये प्रयोग करना उसके लिए आवश्यक था। इतिहास के हर काल में मनुष्य को अपने अतीत से निपटना पड़ा है। अतीत से निपटने की मानसिकता ही प्रयोग की मानसिकता है। इस विषय में कार्ल मार्क्स का कहना है कि "मानव-जन अपना इतिहास स्वयं बनाते हैं, पर अपने मनचाहे ढंग से नहीं। वे उसे अपनी मनचाही परिस्थितियों में नहीं, अपितु ऐसी परिस्थितियों में बनाते हैं, जो उन्हें अतीत से प्राप्त और अतीत द्वारा सम्प्रेषित होती हैं और जिनका उन्हें सीधे-सीधे सामना करना पड़ता है।"[6] इस प्रकार हम कह सकते हैं कि समाज का कोई भी क्षेत्र क्यों न हो चाहे वह रीति-रिवाजों का सवाल हो या काव्य-परम्परा का। जब पुरानी रीतियां इस हद तक संकुचित हो जाती हैं, जिससे जीवन प्रवाह अवरुद्ध हो जाता है तब संकुचित होती जा रही उन रीतियों को तोड़ना, मोड़ना पड़ता है। कई बार उन्हें बदलना भी पड़ता है और उन पुरानी रीतियों के स्थान पर जांच-पड़ताल करके, प्रयोग करके, नयी रीतियों को प्रतिस्थापित भी किया जाता है। या फिर पुरानी रीतियों की संकुचित होती हुई सार्थकता को व्यापक भी किया जाता है। कविता के क्षेत्र में भी भाषा की संकुचित होती हुई सार्थकता को कवि प्रयोग के साधन से व्यापक बनाने का प्रयास करता है, उसमें अधिक सारगर्भित अर्थ भरना चाहता है। और ऐसा आज का कवि ही नहीं करना चाहता बल्कि आरम्भ से ही कवि क्रमशः विभिन्न क्षेत्रों में प्रयोग की आवश्यकता को महसूस करता आया है। "प्रयोग सभी कालों के कवियों ने किये हैं, यद्यपि किसी एक काल में किसी विशेष दिशा में प्रयोग करने की प्रवृत्ति होना स्वाभाविक ही है। किन्तु कवि क्रमशः अनुभव करता आया है कि जिन क्षेत्रों में प्रयोग हुए हैं, उनसे आगे बढ़कर अब उन क्षेत्रों का अन्वेषण करना चाहिए जिन्हें अभी छुआ नहीं गया, या जिनको अभेद्य मान लिया गया है। भाषा को अपर्याप्त पाकर विराम-संकेतों से, अंकों और सीधी-तिरछी लकीरों से,

छोटे-बड़े टाइप से, सीधे या उलटे अक्षरों से, लोगों और स्थानों के नामों से, अधूरे वाक्यों से–सभी प्रकार के इतर साधनों से कवि उद्योग करने लगा कि अपनी उलझी हुई संवेदना की सृष्टि को पाठकों तक अक्षुण्ण पहुंचा सके। पूरी सफलता उसे नहीं मिली–जहां वह पाठक के विचार-संयोजक सूत्रों को नहीं छू सका, वहां उसे पागल प्रलापी समझा गया, या अर्थ का अनर्थ पा लिया गया। बहुत-से लोग इस बात को भूल गये कि कवि आधुनिक जीवन की एक बहुत बड़ी समस्या का सामना कर रहा है–भाषा की क्रमशः संकुचित होती हुई सार्थकता की केंचुल फाड़कर उसमें नया, अधिक व्यापक, अधिक सारगर्भित अर्थ भरना चाहता है–और अहंकार के कारण नहीं, इसलिए कि वह 'व्यक्ति सत्य' को 'व्यापक सत्य' बनाने का सनातन उत्तरदायित्व अब भी निभाना चाहता है, पर देखता है कि साधारणीकरण की पुरानी प्रणालियां, जीवन के ज्वालामुखी से बहकर आते हुए लावों से ही भरकर और जमकर रुद्ध हो गयी हैं, प्राण संचार का मार्ग उनमें नहीं है । जो व्यक्ति का अनुभूत है, उसे समष्टि तक कैसे उसकी पूर्णता में पहुंचाया जाये–यही पहली समस्या है कि जो प्रयोगशीलता को ललकारती है।"[7] यानी प्रयोग के साधन से अवरुद्ध हो गयी पुरानी प्रणालियों को उपयोगी बनाया जाता है।

प्रयोग की आवश्यकता के इन तमाम मुद्दों पर बात करने से हम कह सकते हैं कि परिवर्तन की कोई भी स्थिति अन्तिम स्थिति नहीं है। बदलाव की सम्भावना सदैव बनी रहती है। मनुष्य सदैव उन क्षेत्रों को खोज निकालता है जिनमें प्रयोग की आवश्यकता होती है। हम कह सकते हैं कि हर काल में प्रयोग एक सामाजिक आवश्यकता बनी रही है। जब-जब मानव समाज को अपना विकास करने का प्रयास करना पड़ा तब-तब उसने जीवन के अनेकानेक क्षेत्रों में प्रयोग किये। जब मनुष्य को पहली बार आग की प्राप्ति हुई तब उसने आग को लेकर विभिन्न प्रयोग किये। आग का उसने तरह-तरह से इस्तेमाल करके देखा। उससे होनेवाले हानि-लाभ को जाना और अन्ततः आग का अपनी आवश्यकता के अनुरूप इस्तेमाल किया। इसी तरह भाषा को लेकर अनेकानेक प्रयोग किये और अन्ततः भाषा को संवेदन की हिस्सेदारी का जरिया बनाया। जैसे-जैसे सामाजिक परिवर्तन की प्रक्रिया तेज होती है वैसे-वैसे काव्य वस्तु भी बदलती जाती है, उसमें असाधारण विस्तार आता जाता है। कवि नये-नये सत्यों को देखता है। उन नये-नये सत्यों को कहने के लिए उसे भाषा को नया अर्थ देने की आवश्यकता होती है और इसी बिन्दु पर प्रयोग की आवश्यकता होती है। इस प्रकार काव्य के अन्दर भाषा प्रयोग एक प्रमुख बिन्दु है।

प्रयोग की आवश्यकता केवल नयी काव्य रचना के लिए ही नहीं बल्कि परवर्ती काव्य परम्परा का अध्ययन करने के लिए भी होती है। प्रयोगशील मानसिकता के साथ काव्य परम्परा का अध्ययन करने से हमें अपनी काव्य परम्परा की प्रासंगिकता की जानकारी होती है। उसमें निहित प्रगतिशील तत्त्वों को पहचान सकते हैं। इलियट काव्य में प्रयोग की मानसिकता के बारे में कहते हैं–

> ...The word experimentation' may be applied, and honourably applied, to the work of many poets who develop and change in maturity.As a man grows older, he may turn to new subject-matter, or he may treat the same material in a different way; as we age we both live in a different world, and become different men in the world'[8]

हिन्दी कविता में भी हिन्दी का कवि प्रयोग करने की इस मानसिकता को स्वीकार करता है। उसके अनुसार "हमारी पीढ़ी के कवि एक ऐसे स्थल पर पहुंच गये थे जहां उन्हें अपनी पिछली समूची परम्परा का अवलोकन करके आत्माभिव्यक्ति के नये प्रकार खोजने की आवश्यकता प्रतीत हो रही थी। यों तो हर काल में कवि अपने माध्यम में कुछ वृद्धि करता है और उक्ति में नया चमत्कार लाता रहता है, क्योंकि प्रत्येक चमत्कारिक उक्ति परिचित होकर चमत्कार-विहीन हो जाती है, रूपक और उपमाएं घिसकर साधारण अभिधा बन जाती हैं। भाषा के विकास का यह सहज क्रम है–प्रत्येक भाषा का शब्दकोष भरे हुए रूपकों का भण्डार है। किन्तु हमारे युग में रूपकों के जीर्ण होने की यह क्रिया विशेष तेजी से हुई, और साथ ही भारी सामाजिक परिवर्तनों के साथ काव्य की वस्तु में असाधारण विस्तार आया। कवि ने नये सत्य देखे–नये व्यक्ति सत्य भी और सामाजिक सत्य भी–और उनको कहने के लिए उसे भाषा को नये अर्थ देने की आवश्यकता हुई। आवश्यकता काव्य-क्षेत्र में भी प्रयोग की जननी है, और जिन-जिन कवियों ने अनुभूति के नये सत्यों की अभिव्यक्ति करनी चाही सभी ने नये प्रयोग किये। ये प्रयोग अनेक दिशाओं में हुए।"[9] यहीं पर प्रयोग को लेकर एक सवाल यह उठा सकता है कि यदि वही प्रयोग किसी दूसरी भाषा के साहित्य में पहले कर लिए गये हों तो फिर क्या अन्य किसी भाषा के साहित्य में वो प्रयोग अनावश्यक होंगे? इसके उत्तर में यह कहना उचित होगा कि जब तक कोई भाषा स्वयं उस प्रयोग की प्रक्रिया से नहीं गुजरती है तब तक वह उस वास्तविक सत्य को नहीं प्राप्त कर सकती जिसे दूसरी भाषा ने उस प्रक्रिया से गुजरकर हासिल किया है। इसलिए दूसरों के द्वारा किये गये प्रयोगों से हम ठीक उसी प्रकार लाभान्वित नहीं हो सकते जिस प्रकार वे स्वयं हुए हैं। यह दूसरी बात है कि दूसरों के अनुभव हमें प्रयोग करने में एक दृष्टि दे सकते हैं, हमारी कुछ हद तक मदद कर सकते हैं लेकिन स. वात्स्यायन के अनुसार, "किसी प्रयोग का एक भाषा में पहले किया जा चुकना, दूसरी भाषा के लिए उसके मूल्य का अन्तिम निर्णय नहीं कर देता। दूसरी भाषा जब तक स्वतन्त्र रूप से विकास के उस बिन्दु तक न पहुंचे जहां पर वह प्रयोग उसके लिए सार्थक हो सके, तब तक उस प्रयोग की उपयोगिता या अनुपयोगिता पर वह भाषा कोई अन्तिम निर्णय नहीं कर सकती। यों दूसरों के प्रयोग से हम लाभ उठा सकते हैं, और हिन्दी ने भी उठाया है। रैम्बो या मैलार्मे के

शब्द-संकेतों के प्रयोग फ्रांसीसी भाषा में फिर कभी नहीं होंगे, न ही फ्रांसीसी कवि फिर वैलेरी के साथ ध्वनियों का आध्यात्मिक अर्थ खोजेगा। किन्तु हिन्दी अगर प्रतीकों और ध्वनियों का अन्वेषण करती है तो वह न पिष्टपेषण है, न समय नष्ट करना, क्योंकि फ्रांसीसी ने अपने साहित्य में जिस सत्य को पा लिया, उसी सत्य को आत्मसात करने के लिए हिन्दी के—या किसी भी दूसरी भाषा के—पास कोई छोटा रास्ता नहीं है। हमें सुविधा है तो इतनी कि दूसरों का एक अनुभव हमारे सामने है जिसके सहारे हम स्वयं अपने अनुभव की परीक्षा कर सकें।"[10]

(ग) सनातन और शाश्वत के सन्दर्भ में प्रयोग

प्रयोग का दृष्टिकोण सनातन और शाश्वत के दृष्टिकोण को अस्वीकार करता है। वह जीवन और जगत की किसी भी स्थिति और किसी भी सत्य को अन्तिम नहीं मानता। उसका प्रत्येक अन्त हमें किसी-न-किसी आरम्भ तक पहुंचाकर अपना दायित्व पूरा करता है।

> `Every means is temporary end until we have attained it. Every end becomes a means of carrying activity further as soon as it is achieved"[11]

प्रयोग की मानसिकता जांच और पड़ताल करने की मानसिकता है इसलिए वह परम्परा को बिना जांचे और पड़ताल किये स्वीकार नहीं करती। इसका अभिप्राय यह हुआ कि प्रयोग का दृष्टिकोण तमाम मूल्यों को, समाज के व्यवहार और आचरण को, पुराने रीति-रिवाजों को, विचारों को बिना उसकी प्रासंगिकता समझे स्वीकार नहीं करता। प्रयोग की विचारधारा परिवर्तनशीलता की विचारधारा है जो विचारों की सत्यता को जांचने के लिए प्रयोग को एक आवश्यक साधन मानता है। विचारों की सत्यता का सम्बन्ध जब तक हम जीवन की परिवर्तित वास्तविकता और व्यवहारिकता से जोड़कर नहीं देखेंगे तब तक विचारों की सत्यता प्रामाणिक नहीं मानी जा सकती। कई बार समय के साथ-साथ विचारों की सत्यता भी परिवर्तित होती रहती है इसलिए प्रत्येक काल में परिवर्तित होती हुई वास्तविकता के साथ विचारों की सत्यता को जांचना आवश्यक है। ऐसा करने पर ही विचार विशेष हमारे लिए सत्य या असत्य बनता है इसलिए प्रयोग की मानसिकता को हम जड़ और अवरुद्ध हो गयी मानसिकता के प्रतिकूल पाते हैं। बॉब बर्टन ब्राउन का कहना है कि—

> `Inherent in the experimental approach is an opposition to fixed unchanging principles of reality, morality and conduct. Likewise, experimentalism rejects a dualism between intellect and action.'[12]

जो लोग शाश्वत और सनातनता की मानसिकता के होते हैं वे अतिमानवीय और अति प्राकृतिक शक्तियों में विश्वास करते हैं। वे मानते हैं कि बाह्य संसार

दैविक संसार से भिन्न है। मनुष्य में आत्मा का स्वतन्त्र अस्तित्व है जिसका शरीर के अन्य अवयवों एवं अंगों से कोई सम्बन्ध नहीं है। यह अवधारणा अलौकिक रहस्यवादी स्थितियों में विश्वास करती है जबकि परिवर्तन को स्वीकार करनेवाली, प्रयोग में विश्वास करनेवाली मानसिकता प्रकृति की निरन्तरता और उसकी परिवर्तनशीलता में यकीन करती है। वह हर तरीके की अलौकिकता को नकारती है। वह आत्मा और शरीर को अलग-अलग इयत्ता के रूप में स्वीकार न करके मानव को एक सचेतन प्राणी मानती है। प्रयोग की विचारधारा आत्मा (spirit) नाम की किसी चीज़ को स्वीकार नहीं करती। इसका अभिप्राय यह हुआ कि प्रयोग की मानसिकता जीवन की वास्तविकता को, उसके सुख-दुख को मानती है। और इन्हीं सुख-दुख से निपटने के लिए वह यथार्थ संसार में विभिन्न प्रकार के प्रयोग करने को प्रेरित करती है और इन प्रयोगों के जरिये वह जीवन की वास्तविकता को प्रमाणित करती हैं। विचार करने की बात यह है कि शाश्वत और सनातन में विश्वास करनेवाली मानसिकता जीवन की परिवर्तित वास्तविकता से अपने को काट लेती है और प्रयेाग की विचारधारा के ठीक विपरीत हो जाती है जबकि बॉब बर्टन ब्राउन लिखते हैं–

> `Experimental mind believes in the continuity of nature and rejects all forms of supernaturalism stemming from the dualistic beliefs of classical philosophy and theology that there is a spiritual realm which lies beyond experience. Mind and body are continuous, inseparable. Man doesn't really have a spirit which is separable from his body and the natural world.'[13]

(घ) प्रयोग : रहस्यमयी सत्ता को चुनौती

प्रयोग की विचारधारा किसी भी अन्त को अन्तिम नहीं मानती। उसके अनुसार कोई भी साधन सार्वकालिक नहीं होता। हर काल में नये-नये प्रयोग करके ही इस संसार को रहने योग्य बनाया जाता है। मानव विकास का इतिहास इस बात की गवाही देता है कि प्रत्येक युग में मनुष्य ने उपलब्धियों के लिए नये साधन अपनाये। यही कारण है कि प्रयोग कि विचारधारा मानव नियति को पूर्वनिर्धारित नहीं मानती। वह मानती है कि मानव नियति घटित होनेवाली परिस्थितियों और उनसे टकरानेवाली मानव क्षमता इन दोनों के सम्बन्धों पर निर्भर करती है। यानी घटित होनेवाली परिस्थितियों से मनुष्य कितनी आन्तरिक क्षमता से निपटता है। प्रयोग की विचारधारा जीवन की चुनौतियों को लौकिक धरातल पर स्वीकार करती है। वह जीवन की समस्याओं का हल रहस्यवादी विचारधारा में तलाश न करके मानव प्रयास से उसका हल स्वीकार करती है और मानव सामर्थ्य में यकीन भी करती है। जबकि शाश्वत

और सनातन को स्वीकार करनेवाली मानसिकता मानव सामर्थ्य की अपेक्षा अतिमानवीय और दैनिक सामर्थ्य में यकीन करती है। वह मानकर चलती है कि दुनिया में नया कुछ नहीं है जो कुछ है वह अनादिकाल से चला आ रहा है, सनातन है। मनुष्य अपने प्रयास और सामर्थ्य से प्रकृति की रहस्यमयी सत्ता को चुनौती नहीं दे सकता। वह तो मानकर चलता है कि–

> `There is nothing new under the Sun, Man can do nothing to alter the course of nature because all events have been predetermined by immutable natural and supernatural laws. Likes situations closed, settled, nailed down, fixes with as much certainty as possible. Reaching a condition in which there were no more problems would be the perfect life. Believes a statement of fact must be either true or untrue from all standpoints and conditions'[14]

इस प्रकार हम देखते हैं कि सनातनता को स्वीकार करनेवाली मानसिकता मानव प्रयास को प्राथमिकता न देकर किसी अरूप विश्वसनीयता में विश्वास करती है जो कि एक प्रतिगामी और जड़वादी मानसिकता है। वह मनुष्य की सामर्थ्य को प्रकृति से निपटने के लिए अत्यल्प मानती है। उसके अनुसार मनुष्य प्रकृति की सत्ता के सामने एक मामूली सा निष्क्रिय दर्शक भर है। वह प्राकृतिक घटनाओं में हस्तक्षेप करने के योग्य नहीं है। गैर प्रयोगशील विचारधारा यह भी मानती है कि मनुष्य इस संसार को ठीक उस रूप में कभी नहीं समझ सकता जिस रूप में यह विश्व या यह ब्राह्मण्ड वास्तव में है। काफी प्रयत्न करने पर भी वह वास्तविक विश्व की हलकी छाया ही देख सकता है। कुछ हलके-से प्रभाव ही अपने मस्तिष्क में ग्रहण कर सकता है और हमारे मन और मस्तिष्क किसी अरूप सत्ता के द्वारा ठीक वैसे ही बनाए गये हैं जैसे हम अपने हाथ से मिट्टी की मूर्तियां बनाते हैं। इस प्रकार की गैर प्रयोगशील विचारधारा सदैव ही पुरातनता की जड़ मान्यताओं की हामी रही है जबकि प्रयोगशील विचारधारा सदैव ही मानव के सक्रिय प्रयास को मानव विकास का सर्वोत्तम साधन मानती रही है। वह मानती है कि मनुष्य के क्रियाकलाप, उसकी चेष्टाएं, उसके प्रयास, प्रयोग करने की उसकी प्रवृत्ति सभी न केवल बाह्य वातावरण को प्रभावित करती हैं बल्कि वातावरण का निर्माण करती हैं। उसका रचनात्मक उपयोग करती है।

(ड़) प्रयोग से ज्ञान और अनुभव का विकास

मनुष्य की प्रयोगशील प्रवृत्ति ज्ञान का जहां रचनात्मक उपयोग करती है वहीं वह इतिहास में नयी जानकारी, नया ज्ञान जुटाती भी है। नये-नये आविष्कारों, नयी खोजों के जरिये प्रयोगशील मानवीय प्रवृत्ति ज्ञान की निरन्तरता को भी कायम रखती

है। प्रयोग के जरिये ही ज्ञान और अनुभव की परम्परा का विकास किया जा सकता है क्योंकि प्रयोग के जरिए ही ज्ञान ओर जानकारी को मानव उपयोगी बनाकर उसका उचित उपयोग किया जा सकता है। हम यह भी कह सकते हैं कि मानव उपयोगी गतिविधियों से ही ज्ञान का जन्म होता है। उससे ही हमारा अनुभव जगत व्यापक और गहनतम बनता है। गैर प्रयोगशील मानसिकता भावना और बुद्धि को अलग-अलग मानती है। वह मानती है कि ज्ञान एक प्रकार का दैविक आलोक है और भावना उस दैविक आलोक की चमक को कम करती है। उनके अनुसार ज्ञान अलौकिक सत्ता की ओर मुखातिब होता है जो कि मनुष्य के निजि सुख-दुख से परे होता है जबकि भावना केवल मनुष्य के निजि सुख-दुख तक ही सीमित होकर रह जाती है और मनुष्य के निजि सुख-दुख उस अलौकिक ज्ञान रूपी सत्ता के सामने बहुत छोटे होते हैं। इसका अभिप्राय यह हुआ कि गैर प्रयोगशील विचारधारा ज्ञान या बुद्धि और भावना को न केवल अलग-अलग मानते हैं बल्कि उनको एक-दूसरे के विरुद्ध भी मानते हैं। वे कहते हैं कि-

> 'Emotions are antithetical to the intellect. The intellect is pure light, the emotions are a disturbing heat.'[15]

इसके विपरीत प्रयोगशील विचारधारा भावना और बुद्धि को अलग-अलग न मानकर उन्हें आपस में सम्बद्ध मानती है। यदि हम गम्भीरता से विचार करें तो पायेंगे कि भावना और बुद्धि को अलग-अलग और उन्हें एक-दूसरे के विरुद्ध मानना अवैज्ञानिक दृष्टिकोण है क्योंकि ऐसा होना असम्भव है। मनुष्य के भावनात्मक आवेग न तो अच्छे कहे जा सकते हैं और न बुरे। उनका अच्छा और बुरा होना इस बात पर निर्भर करता है कि वे किस उद्देश्य के लिए काम में लाए जा रहे हैं। इसलिए महत्त्वपूर्ण वो उद्देश्य हुए जिनके लिए हम अपने भावनात्मक आवेगों को काम में लाते हैं। प्रयोगशील विचारधारा इस बात की भी कायल है कि वैज्ञानिक दृष्टिकोण और वैज्ञानिक पद्धति का प्रयोग जीवन मूल्यों के क्षेत्र में और नैतिक-अनैतिक का फ़ैसला करने के क्षेत्र में भी किया जा सकता है। यानी मूल्यों और मान्यताओं को सामाजिक सुख-दुख की सापेक्षता में रखकर देखना होगा। कोई भी मूल्य और कोई भी मान्यता यदि समाज के सुख-दुख से सरोकार नहीं रखती या उनसे नहीं निपटती है तो वह हमारे लिए कोई अर्थ नहीं रखती, वह हमारे लिए महत्त्वहीन है। जब तक समाज के मूल्यों को और मानों को प्रयोग करके उन्हें जांच और परख नहीं लेते तब तक उनकी प्रासंगिकता पर सन्देह बना रहेगा और यह तभी सम्भव है जब हम इनकी जांच-पड़ताल के लिए वैज्ञानिक दृष्टि से काम लें। इसीलिए बर्टन ब्राउन के अनुसार प्रयोगशील मानसिकता मानती है कि-

> 'Questions of values and morals ought to be open to experimentation and intelligent inquiry'[16]

सामाजिक मान्यताओं और मूल्यों को किताबों में रखे हुए पुराने ज्ञान से ही नहीं जांचा जा सकता बल्कि उनकी जांच करने की सबसे बड़ी कसौटी है उनकी सामाजिक उपयोगिता। यहां तक कि हम विज्ञान को भी वहीं तक स्वीकार करेंगे जहां तक वह समाज की समस्याओं को हल करता है। गैर प्रयोगशील मानसिकता ज्ञान को स्वांतः सुखाय मानती है जो व्यवहारिक उपयोगिता की अपेक्षा आत्मिक संतोष अधिक प्रदान करता है। जबकि प्रयोगशील विचारधारा ज्ञान को व्यावहारिक जीवन से काटकर नहीं देखती। गैर प्रयोगशील मानसिकता के अनुसार सत्य पूर्वनिर्धारित और पूर्वनिर्मित है । ज्ञानी व्यक्ति उसे खोज निकालता है। दूसरी ओर प्रयोगशील मानसिकता के अनुसार मनुष्य सदैव जांच और पड़ताल से, प्रयोग करके वह नये सत्यों को और नयी जानकारी को उद्‌घाटित करता है, स्थापित करता है। इसका अभिप्राय यह हुआ कि ज्ञान तटस्थ रहकर न तो जाना जा सकता है और न ही तटस्थ रहने में उसका कोई उपयोग है । उसका सही उपयोग तो सामाजिक समस्याओं से निपटने में है। जान डैबे के अनुसार–

> `Knowing is not the act of an outside spectator but of a participator inside the natural and social scene'[17]

(च) प्रयोग : वैशिष्ट्य के लिए नहीं, साधारणत्व के लिए

जैसा कि हम विचार कर चुके हैं कि प्रयोग नये सत्यों के आविष्कार के लिए और पुरान सत्यों की जांच-पड़ताल के लिए किये जाते हैं। इसीलिए प्रयोग एक साधन है जिसके जरिये हम अधिक-से-अधिक लोगों तक सत्य को सम्प्रेषित कर सकें, उन तक सहज रूप से उसे पहुंचा सकें। विशिष्ट को भी जब हम साधारण लोगों तक पहुंचाना चाहते हैं तो उसके लिए हमें विभिन्न प्रयोग करके उस जटिल प्रक्रिया को सहज बनाना पड़ता है। कोई चमत्कार करने के लिए या रहस्यमय स्थितियों को जन्म देने के लिए प्रयोग नहीं किया जाता। कविता में भी जब कवि नये सत्य को जानने का दबाव अपनी चेतना पर महसूस करता है तब वह प्रयोग की ओर प्रवृत्त होता है । टी.एस. एलियट मानते हैं कि–

> `the true experimentor is not impelled by restless curiosity, or by desire for novelty, or the wish to surprise and astonish, but by the compulsion to find, in every new poem as in his earliest, the right form for feelings over the development of which he has, as a poet, no control.'[18]

इस प्रकार हम कह सकते हैं कि प्रयोग के द्वारा हम अपने ज्ञान का परीक्षण करते हैं और ज्ञान की नयी सम्भावनाओं को इस प्रकार सम्भव बनाते हैं। प्रयोग के द्वारा ही विकास सम्भव है अतः प्रयोग ज्ञान के विकास की प्रक्रिया है। पश्चिम में शिक्षा के क्षेत्र में जान डैबे ने 'प्रेग्मेटीज़्म' के नाम से प्रयोग की विचारधारा को

विश्लेषित किया है। उन्होंने भी प्रयोग को मूल्यवान साधन के रूप में स्वीकार किया है। एक ऐसा साधन जिससे विचारों की सत्यता प्रमाणित होती है। वो विचार चाहे पुराने हों या नये हों, वो तब तक हमारे लिए उपयोगी नहीं हो सकते, या तब तक हम उन पर यकीन नहीं कर सकते जब तक हम उनकी उपयोगिता के प्रति आश्वस्त नहीं हो जाते। यह आश्वासन हमें तभी प्राप्त हो सकता है जब हम उन विचारों को प्रयोग के साधन से जांच और परख न लें। शिक्षा के क्षेत्र में जान डैबे ने अपने इस दर्शन को आधार बनाकर विभिन्न प्रयोग किये और प्रयोग के माध्यम से उसने शिक्षा पद्धति को लेकर कुछ नये निष्कर्ष भी निकाले। 'एक्सपेरिमेन्ट्लीज़्म' को ही उन्होंने 'इन्स्ट्रूमेन्ट्लीज़्म' के नाम से पुकारा।

> `Instrumentalism, also called Experimentalism, a philosophy advanced by John Dewey that holds that what is most important in a thing or idea is its value as an instrument of action and that the truth of an idea lies in its usefulness. "[19]

जब कोई भी विशिष्ट विचार या सत्य साधारण जनता तक पहुचांया जाता है या पहुंचाने का प्रयास किया जाता है तब-तब प्रयोग एक विशिष्ट साधन अवश्य होता है। आज हम आधुनिक युग में जी रहे हैं। आधुनिक से अभिप्राय है वैज्ञानिक युग में। विज्ञान हमें जीवन के बहुत-से क्षेत्रों में सुख-सुविधाएं प्रदान कर रहा है। यह सब कुछ हमें तभी उपलब्ध हो रहा है जब विज्ञान ने प्रकृति और समाज में विभिन्न प्रयोग किये। इसीलिए इसे हम एक वैज्ञानिक दृष्टिकोण मान सकते हैं जो मानव समाज के लिए नये सिद्धांतों और नये प्रभावों का प्रतिपादन करता है। इस पूरे विवेचन को हम यह कहकर समाप्त कर सकते हैं कि 'प्रयोग की मूल प्रवृत्ति परम्परागत स्थापनाओं से आगे बढ़कर नयी दिशाओं की स्थापना है। साथ ही प्रयोग यथार्थ को जीवन के परिप्रेक्ष्य में देखने का साधन है। प्रयोग की वास्तविक दृष्टि विवेक के आधार पर विकसित होती है। विवेक की प्रवृत्ति परीक्षण और उपलब्धि का बहुत बड़ा महत्त्व है, क्योंकि इसी के द्वारा सत्य के नये माध्यम को जाना जा सकता है।'[20]

(छ) भारतीय विचारकों के लिए परम्परा और प्रयोग की अवधारणा

परम्परा और प्रयोग हमारे लिए समस्या तब बनते हैं जब हम आधुनिकता से सीधे टकराते हैं। आधुनिकता से जूझने पर ही हमारे सामने यह सवाल पैदा होता है कि परम्परा को हम कहां तक स्वीकार करें और कहां तक अस्वीकार करें। यही बात प्रयोग के सन्दर्भ में उठती है। क्योंकि 'प्रयोग' सदैव ही पुराने को जांच-पड़ताल करके ही स्वीकार करता। वह परम्परा को बिना जांचे हुए ज्यों का त्यों स्वीकार नहीं करता। इस विषय पर आधुनिक युग में भारतीय विचारकों ने दो प्रकार से विचार किया है या हम कह सकते हैं कि इस विषय पर सोचनेवाले दो प्रकार के

विचारक हैं। एक तो वह विचारक हैं जो ये मानते हैं कि आधुनिकता परम्परा के मूलभूत मूल्यों को विकृत करती है इसलिए हमें आधुनिकता से टकराकर, उससे संघर्ष करके सनातन मूल्यों की रक्षा करनी चाहिए। यानी परम्परा का पुनरुत्थान करना चाहिए। आधुनिक युग में इस ढंग से सोचनेवाले विचारकों में दयानन्द सरस्वती, अरविन्द घोष, लाला लाजपत राय, बाल गंगाधर तिलक, बंकिमचन्द्र चटर्जी के नाम प्रमुख रूप से लिए जा सकते हैं। दूसरी प्रकार के विचारक वे हैं जो यह मानते हैं कि परम्परा और आधुनिकता का जीवन में विवेकसम्मत इस्तेमाल के लिए हम पर्याप्त सक्षम नहीं हैं क्योंकि भावों, विचारों में और व्यवहार में हम पर्याप्त आधुनिक नहीं हैं। इन विचारकों में राजा राममोहन राय, भारतेन्दु हरिश्चन्द्र, विवेकानन्द, महात्मा गांधी और जवाहरलाल नेहरू के नाम लिए जा सकते हैं। इन्हीं विचारकों के लिए परम्परा और प्रयोग समस्या बनते हैं। पहली प्रकार के विचारकों में प्रयोग की तो समस्या ही नहीं है। वहां अगर कोई समस्या है तो वह है परम्परा के पुर्नस्थापन की समस्या। इन्हें हम पुनरुत्थानवादी कह सकते हैं।

इन पुनरुत्थानवादी विचारकों की दृष्टि आधुनिक भावबोध को नकारने की दृष्टि थी। ये लोग परम्परा के साथ किसी भी प्रकार के प्रयोग करने के हामी नहीं थे। इनके सामाजिक और राजनैतिक क्रिया-क्लाप भारतीय दर्शन और संस्कृति के चिरप्रतिष्ठित मूल्यों पर आधारित थे। ये लोग चिर-प्रतिष्ठित मूल्यों और मान्यताओं को आधुनिक सन्दर्भ में वैज्ञानिक दृष्टि से जांचे-परखे बिना ही स्वीकार करने के हामी थे। यह बात अरविन्द घोष के इस वक्तव्य से जानी जा सकती है। "भारत में उन्नीसवीं शताब्दी दूसरों के अनुकरण, आत्म-विस्मरण और कृत्रिमता की शताब्दी थी। उसका लक्ष्य भारत में सफलता से एक योरोप खड़ा कर देना था। भारत के लोग गीता की इस गम्भीर उक्ति को भूल गए थे कि, 'अपने धर्म का असफल अनुसरण भी दूसरे के धर्म के सफलतापूर्ण अनुसरण से श्रेष्ठ है, दूसरे के धर्म का अनुसरण करना खतरनाक है जबकि अपने धर्म का अनुसरण करते हुए मर जाना बेहतर है। कारण यह कि स्वयं अपने धर्म का अनुसरण करते हुए मृत्यु, यश का नया जीवन प्रदान करती है, जबकि दूसरे के मार्ग पर चलने का अर्थ केवल सफलतापूर्वक आत्महत्या कर लेना होता है।"[21] ये पुनरुत्थानवादी भौतिकवादी संस्कृति के मुकाबले भारत की आध्यात्मिक संस्कृति को खड़ा करते थे। उनका दावा था कि भारतीय संस्कृति पश्चिमी संस्कृति से श्रेष्ठतर है, और वे हर किस्म के विदेशी सांस्कृतिक प्रभाव की निंदा करते थे। वे हिन्दू धर्म के परम्परागत रीति-रिवाजों, रस्मों और कर्मकाण्डों के दृढ़ता से पालन पर जोर देते थे, हालांकि वे कुछ पुराने सड़े-गले रिवाजों का विरोध भी करते थे। ये विचारक परम्परा को सनातन मानते थे जिसके फलस्वरूप प्रयोग की सम्भावनाएं समाप्त हो जाती हैं। आर्य समाज के संस्थापक दयानन्द सरस्वती का दृष्टिकोण भी परम्परा के प्रति

पुनरुत्थानवादी था। इसमें कोई सन्देह नहीं कि दयानन्द सरस्वती ने राष्ट्रीय एकता के लिए आवाज उठायी, किन्तु राष्ट्रीय एकता की उनकी अवधारणा सभी भारतवासियों द्वारा वेदों की सत्ता और हिन्दू धर्म को स्वीकार करने पर आधारित थी। उन्होंने वेदों को ईश्वर का वाक्य माना। इसका अभिप्राय यह हुआ कि वेदों में किसी भी प्रकार की त्रुटि की सम्भावना नहीं थी। 'राजा राममोहन राय तथा अन्य आधुनिक सुधारकों की गतिविधियों के विपरीत, स्वामी दयानन्द ने यज्ञों तथा अन्य वैदिक कर्मकाण्डों को पुनरुज्जीवित किया। वे वर्णाश्रम प्रथा और चातुर्वर्ण्य व्यवस्था का भी पुनरुत्थान करना चाहते थे।'[22] यही स्थिति बाल गंगाधर तिलक के साथ थी। वे भी धार्मिक पुनरुत्थान तथा प्रचलित रस्म-रिवाजों तथा परम्पराओं के संरक्षण के प्रयत्नों में जुटे थे। जैसे महादेव गोविंद रानाडे जब समाज के विभिन्न क्षेत्रों में सामाजिक सुधार संगठनों की स्थापना कर रहे थे, तब तिलक गणपति उत्सवों को संगठित करने में व्यस्त थे। इसके अतिरिक्त वो अन्य परम्परागत रस्म-रिवाजों तथा धर्म के अन्य कर्मकाण्डों का अनुसरण करने पर जोर देने से नहीं चूकते थे। हम कह सकते हैं कि 'लोकमान्य तिलक, जो कि कई अन्य दृष्टियों से जनवादी थे, चिन्तन की इस रूढ़िवादी प्रवृत्ति के शिकार बनने से नहीं बच सके। वे बालविवाह का समर्थन करते थे और इम्पीरियल काउंसिल में जब विवाह के लिए स्वीकृति की उम्र को बढ़ाकर बारह वर्ष करने का बिल पेश किया गया, तो उन्होंने उसका विरोध किया।'[23] विचार का यही स्वरूप हमें लाला लाजपत राय और बंकिमचंद्र चटर्जी में देखने को मिलता है। ये सभी पुनरुत्थानवादी विचारक जिनका जिक्र हमने ऊपर किया है, भारतीय परम्परा के विगत गौरव की दुहाई देकर जनता को उत्तेजित करने का प्रयत्न करते थे। ये लोग आधुनिकता को परम्परा के मूलभूत मूल्यों को विकृत करनेवाली स्थिति मानते थे। ये लोग आधुनिकता से टकराते तो थे लेकिन वह केवल इसलिए कि सनातन मूल्यों की रक्षा की जा सके जबकि दूसरी ओर वे सुधारवादी विचारक थे जो परम्परा और आधुनिकता का तर्कसंगत और समाज सापेक्ष इस्तेमाल करना चाहते थे। जैसे राजा राममोहन राय। राजा राममोहन राय उन तमाम रूढ़ि और कर्मकाण्डों के विरोधी थे। उन्होंने आधुनिक युग की वैज्ञानिक दृष्टि का समर्थन किया जिससे नये युग की चुनौती का सामना किया जा सके। वो यह महसूस कर रहे थे कि जिस रूढ़िवादी सामाजिक प्रणाली पर भारत चल रहा था वह भारतवासियों के राजनैतिक और सामाजिक हितों को बढ़ावा देनेवाली नहीं थी। 'राजा राममोहन राय पतनोन्मुख समाज व्यवस्था के बहुत-से आचार-विचारों और मान्यताओं के कट्टर विरोधी थे। वह हिन्दुओं के बहुदेववाद और कर्मकाण्डों, पुनर्जन्म और अवतारों की उनकी अवधारणा, मूर्ति-पूजा, पशु-बलि और सती-प्रथा जैसे उनके रस्म-रिवाजों को स्वीकार करने को तैयार नहीं थे, जो हिन्दू मतवाद के मूल आधारों के रूप में प्रचलित थे। उनके मतानुसार हिन्दू धर्म व्यापक

मानवतावादी आदर्शों पर आधारित था। यही कारण है कि उन्होंने हिन्दू धर्म को शुद्ध करने का काम अपने हाथों में लिया और सदियों से एकत्र हुए अन्धविश्वासों रूपी कूड़ा-करकट को बाहर फेंकने का बीड़ा उठाया। वह यह चाहते थे कि हिन्दू धर्म को एक ऐसे सच्चे राष्ट्रीय धर्म के रूप में पुनरुज्जीवित किया जाये, जो सामाजिक जीवन की परिस्थितियों के अनुरूप हो।'[24] असल में राजा राममोहन राय के अनुसार आधुनिक विज्ञान से हासिल प्रबुद्धता के बिना विभिन्न जनों के बीच आध्यात्मिक एकता का स्थापित होना असम्भव था। राजा साहब आदर्शवाद और विज्ञान को सम्मिश्रित करना चाहते थे। दूसरे शब्दों में हम कह सकते हैं कि वे परम्परा को विज्ञान की कसौटी पर कसकर स्वीकार करना चाहते थे। राजा राममोहन राय के अतिरिक्त स्वामी विवेकानन्द भी परम्परा का उपयोग विवेकसम्मत ढंग से करने के पक्ष में थे। वे मानते थे कि 'यह कहीं ज्यादा अच्छा है कि तर्क और युक्ति का अनुसरण करते हुए लोग अनीश्वरवादी बन जायें–बजाय इसके कि किसी के कह देने मात्र से अन्धों की तरह बीस करोड़ देवी-देवताओं को पूजने लगें।'[25] असल में विवेकानन्द की इच्छा थी कि इस देश की जनता में आत्मविश्वास और साहस पैदा हो। विवेकानन्द ने परम्परा को आंख मूंद अपनाने का विरोध किया। उन्होंने परिवर्तित परिस्थितियों में परम्परा को जांच-पड़ताल करने पर बल दिया। इसीलिए परम्परा और आधुनिकता एक अधुनातन प्रश्न के रूप में, समस्या के रूप में उनके सामने आती है। इसीलिए विज्ञान और धर्म का संघर्ष उनकी चेतना पर दबाव डालता है और इसी दबाव के फलस्वरूप वे इस निष्कर्ष पर पहुंचते हैं कि 'विज्ञान जैसे-जैसे प्रगति कर रहा है, उसने प्राकृतिक घटनाओं की व्याख्या को रुहों और देवदूतों के हाथ से अपने हाथ में ले लिया है।'[26] बीसवीं शताब्दी के भारतीय विचारकों में महात्मा गांधी ने भी परम्परा के अन्धानुकरण में अविश्वास व्यक्त किया है। गांधीजी ने पुराने रीति-रिवाजों, मान्यताओं और विचारों को तत्कालीन समाज के सुख-दुखों से जोड़कर देखा। जहां पुराने रीति-रिवाज समाज के सुख-दुख की समस्याओं को हल करते थे, वहां गांधीजी उन्हें स्वीकार कर लेते थे और जहां विकास में बाधक बनते थे वहां वे उन्हें बिना किसी मोह के त्याग देते थे। यानी आधुनिक परिस्थितियों में परम्परा की प्रासंगिकता को जांचकर उसे एकीकार करते थे। गांधीजी आधुनकिता से टकराते थे और साथ ही परम्परा से जूझते थे। जैसे धर्म उनके लिए एक आधुनिक सवाल था। आधुनिक सवाल इसलिए था क्योंकि वो उसे रूढ़ और प्रचलित अर्थ में ग्रहण करने के लिए तैयार नहीं थे। इसलिए 'गांधीजी का हिन्दू धर्म कोई कुंठित धर्म नहीं था, वरन् एक गतिशील धर्म था।'[27] इसी प्रकार जवाहरलाल नेहरू का चिन्तन मौजूदा हालातों को बदलने के पक्ष में था तथा शोषण, भूख, रोग तथा अज्ञान से मुक्त एक नयी समाज व्यवस्था का निर्माण करने की पद्धति और संचेतन पथ-निर्देशक था। उन्होंने जहां एक ओर पंचशील

के सिद्धान्तों को प्राचीन परम्परा में से खोज निकाला वहीं पुरानी सामन्तवादी व्यवस्था से विद्रोह भी किया। जहां वे शान्ति, अहिंसा आदि भारतीय परम्परा के आधारभूत सिद्धान्तों में यकीन करते थे वहीं वे मार्क्सवादी दृष्टि से प्रभावित थे। यानी मतवाद से वे असहमत थे चाहे वह मार्क्सवादी दल के हों या धर्म के। इसी चिन्तन परम्परा में भारतेन्दु हरिश्चन्द्र को पाते हैं। भारतेन्दु ने परम्परा के उन जीवन्त तत्त्वों को स्वीकार करते हुए नये प्रयोग भी किये। साहित्य के क्षेत्र में और चिन्तन के क्षेत्र में उन्होंने मतवाद और विदेशी अन्धानुकरण को नकारा। इसके बाद परम्परा और प्रयोग को वैज्ञानिक दृष्टि से समझनेवाले चिन्तकों में कवि मनीषि अज्ञेय का नाम ही लिया जा सकता है। जिसकी आगे चर्चा की जायेगी।

असल में उन्नीसवीं शताब्दी में भारत में परम्परा और आधुनिकता एक महत्त्वपूर्ण सवाल बन गयी थी। बदलती हुई परिस्थितियों में बुद्धिजीवियों का एक वर्ग तो राष्ट्रीय संस्कृति की सुरक्षा के लिए पुरानी परम्परा के पुनरुत्थान को एक महत्त्वपूर्ण तत्त्व मानता था। बुद्धिजीवियों का दूसरा वर्ग समय की आवश्यकताओं के अनुरूप परम्परा में सुधार का समर्थक था। इन दोनों ही प्रवृत्तियों का विवेचन हम ऊपर कर चुके हैं। यह समस्या आज भी हमारे सामने है और हम कह सकते हैं कि सदैव रहेगी। क्योंकि हर युग में समाज को अपनी परम्परा को जांचते-परखते चलना होगा। उसे स्वीकार भी करते चलना होगा और आवश्यकतानुसार उसे त्यागते भी चलना होगा। जहां हम पुराने को त्यागेंगे वहां यह भी विवेकसम्मत ढंग से विचारना होगा कि उसके स्थान पर नया क्या और कितना ग्रहण करें। इसमें हमें मददगार साबित होगी प्रयोगशील मानसिकता, प्रयोगशील दृष्टि।

सन्दर्भ

1. सच्चिदानन्द वात्स्यायन–आधुनिक हिन्दी साहित्य, पृ. 229-30 (प्रथम सं.)
2. सच्चिदानन्द वात्स्यायन–आधुनिक हिन्दी साहित्य, पृ. 227 (प्रथम सं.)
3. Bob Burton Brown—The Experimental Mind in Education, p.58 (1968)
4. सच्चिदानंद वात्स्यायन–आधुनिक हिन्दी साहित्य, पृ. 42 (प्रथम सं.)
5. सच्चिदानन्द वात्स्यायन–त्रिशंकु, पृ. 119 (सं 1973)
6. मार्क्स, एगेल्स–साहित्य तथा कला (1981) (प्रगति प्रकाशन–सोवियत संघ, मास्को), पृ. 93
7. सच्चिदानन्द वात्स्यायन–त्रिशंकु, पृ. 119 (सं. 1973)
8. T.S. Eliot—Selected Prose, Edited by Johan Hayward, Penguin Books, p.86 (1953)
9. सच्चिदानन्द वात्स्यायन–आधुनिक हिन्दी साहित्य, पृ. 40-41 (प्रथम सं.)
10. सच्चिदानन्द वात्स्यायन–आधुनिक हिन्दी साहित्य, पृ. 40-41 (प्रथम सं.)
11. Dewey—Democracy and Education, p.124
12. Bob Burton Brown—The Experimental Mind in Education, p.42 (1968)
13. Bob Burton Brown—The Experimental Mind in Education, p.43 (1968)
14. Bob Burton Brown—The Experimental Mind in Education. p.44 (1968)
15. Bob Burton Brown—The Experimental Mind in Education. p.45 (1968)
16. Bob Burton Brown—The Experimental Mind in Education, p.45 (1968)
17. John Dewey—The Quest of Certainty (New York) , p.196
18. T.S. Eliot—Selected Prose, Edited by Johan Hayward, Penguin Books, p.86 (1953)
19. The New Encyclopaedia Britannica—Vol.V 15th Edition, p.372
20. हिन्दी साहित्य कोष- भाग 1–प्रधान सम्पादक–धीरेन्द्र वर्मा, द्वि. सं. पृ. 528
21. अरविन्द घोष–उद्धृत : भारतीय चिन्तन परम्परा, के. दामोदरन, पृ. 428
22. के. दामोदरन–भारतीय चिन्तन परम्परा, पृ. 388
23. वही, पृ. 426
24. के. दामोदरन–भारतीय चिन्तन परम्परा, पृ. 362-63
25. स्वामी विवेकानन्द–कम्प्लीट वर्क्स, खण्ड दो, पृ. 334
26. स्लेक्शन्स फ्राम स्वामी विवेकानन्द, पृ. 279
27. के. दामोदरन–भारतीय चिन्तन परम्परा, पृ. 460

अज्ञेय के विचार-बिन्दु

अज्ञेय एक चिन्तक कवि हैं। उनकी कविता में भी हमें विचार और चिन्तन के वे बिन्दु मिलते हैं जिनसे आज का व्यक्ति प्रभावित हो रहा है। आधुनिक कवि होने के नाते अज्ञेय अपने समय के उन सवालों का सामना करते हैं जो उनके रचना कर्म को प्रभावित करते हैं। यह सवाल आज की राजनैतिक, सामाजिक, मनोवैज्ञानिक और आर्थिक स्थितियों से जुड़े हुए हैं। इसीलिए अज्ञेय ने कविता के अतिरिक्त अलग से इन सवालों पर विचार किया है। अज्ञेय के सामने बदले हुए परिवेश से बहुत-से सवाल उठते हैं जिनसे वह रू-ब-रू होते हैं। इसलिए अज्ञेय ने अपने साहित्य में विभिन्न विषयों पर अपने ढंग से विचार किया है। उनके द्वारा व्यक्त किये गये विचार उनकी कविता को समझने के लिए जरूरी हैं। अज्ञेय ने जिन प्रमुख मुद्दों को स्थान-स्थान पर अपने विचारों का केन्द्र बनाया है उसकी एक संक्षिप्त विवेचना यहां अपेक्षित होगी।

(क) व्यक्ति और समाज

मध्य युग में हमें देखने को मिलता है कि 'व्यक्ति और समाज' चिन्तन का मुद्दा उस प्रकार नहीं था जिस प्रकार वह आज आधुनिक युग में है। मध्य युग में चिन्तन के मुद्दे थे—जीव, ब्रह्म, मनुष्य, जीवन, जगत आदि। हम कह सकते हैं कि उस समय चिन्तन की प्रकृति आध्यात्मविद्यावादी थी। यह प्रकृति उस समय की चेतना की विशेषता थी। व्यक्ति और समाज का चिन्तन एक तरह से जीवन में लौकिक शक्तियों के महत्त्वपूर्ण हो उठने के कारण शुरू हुआ क्योंकि दृष्टि की भौतिकता और वस्तु की भौतिकता को आज का व्यक्ति अधिक महत्त्व दे रहा है। मध्ययुग का व्यक्ति तो भोजन तक को एक आध्यात्मिक क्रिया मानता था। आधुनिक युग में भी व्यक्ति और समाज के विषय में लोगों ने अलग-अलग ढंग से विचार किया है। जैसे कुछ लोग तो यह मानते हैं कि मनुष्य की सार्थकता के बिन्दु व्यक्ति (इन्डिविड्युल) में निहित हैं। यह मनुष्य की मजबूरी है कि वह समाज में रहता

है। इस ढंग से सोचनेवालों का अभिप्राय यह है कि व्यक्ति की सार्थकता का स्त्रोत समाज नहीं है बल्कि व्यक्ति खुद है। ऐसी स्थिति में समाज उसके लिए महत्त्वपूर्ण नहीं रह जायेगा। कुछ लोग इसके विपरीत यह मानते हैं कि व्यक्ति की सार्थकता का स्त्रोत समाज है।

अज्ञेय, व्यक्ति को मूल्यों का स्त्रष्टा और प्रतिष्ठाता मानते हुए भी व्यक्ति और समाज का सम्बन्ध परस्पर निर्भरता का सम्बन्ध मानते हैं। वह इस परस्परता को विवेक पर आश्रित मानते हैं और इसे स्वतन्त्रता के आधारभूत मूल्य की रक्षा और उसके विकास के लिए वांछनीय मानते हैं। वे मानते हैं कि 'समाज और व्यक्ति की परस्पर-निर्भरता भी उन मूल्यों में से एक है जिसका स्त्रष्टा और प्रतिष्ठाता मानव है। यह परस्परता विवेक पर आश्रित है और स्वतन्त्रता के आधारभूत मूल्य की रक्षा और उसके विकास के लिए भी वांछनीय है।'[1] यहां पर सवाल उठ सकता है कि परस्पर निर्भरता से क्या अभिप्राय है? अज्ञेय के अनुसार व्यक्ति मूल्यों का सृजन करता है, उनकी अवधारणा करता है। यह अवधारणा या यह सृजन समाज या कोई सामाजिक संगठन नहीं करता। उन मूल्यों के अनुरूप आचरण के सामान्य स्तर और नियम समाज द्वारा पारिभाषित होते हैं। इसका अभिप्राय यह हुआ कि व्यक्ति के द्वारा सिरजे गये मूल्यों, अभिमूल्यों का नियमन, मूल्यांकन और संशोधन समाज के जिम्मे रहता है। इस प्रकार व्यक्ति और समाज परस्पर एक-दूसरे के ऊपर निर्भर हैं। अज्ञेय मानते हैं कि 'मानव, मूल्यों का स्त्रष्टा है, अर्थात् मानव मात्र मूल्यों का स्त्रष्टा है। लेकिन मूल्यों की अवधारणा मानव व्यक्ति करता है, समूह रूप से मानव जाति नहीं और न मानव समाज अथवा उसके विभिन्न सामाजिक संगठन। मूल्यों के सन्दर्भ में व्यक्ति और समाज की परस्परता यों क्रियाशील होती है कि अभिमूल्यों की अवधारणा व्यक्ति करता है और अभिमूल्य के अनुरूप आचरण के सामान्य स्तर और नियम समाज द्वारा परिभाषित होते हैं और उनके अनुरूप सामाजिक आचरण का नियमन, मूल्यांकन और संशोधन समाज के जिम्मे रहता है। समय-समय पर इन सामान्य कसौटियों की ही कसौटी की आवश्यकता हो आती है और इसके लिए नए अभिमूल्य व्यक्ति के द्वारा आविष्कृत, निरूपित और प्रस्तुत किये जाते हैं।'[2] अज्ञेय की इस बात से एक जिज्ञासा यह पनपती है कि क्या व्यक्ति के द्वारा आविष्कृत और प्रस्तुत किये गये मूल्य समाज सहज रूप से स्वीकार कर लेता है? क्या यह आवश्यक है कि व्यक्ति के द्वारा प्रस्तुत किये गये मूल्य सामाजिक ढांचे के अनुकूल और अनुरूप हों? क्योंकि इतिहास में ऐसे क्षण कम नहीं आये हैं जब व्यक्ति और समाज के बीच भरपूर विरोध हुआ है। कई बार समाज की टक्कर पर व्यक्ति टूटा है और यह भी देखने को मिला है कि कालान्तर में समाज ने व्यक्ति के द्वारा प्रस्तुत मूल्यों को स्वीकारा है और अपनी गलती को महसूस किया है। तब इस प्रकार की स्थिति में व्यक्ति और समाज की परस्पर निर्भरता को हम कैसे और

किस हद तक स्वीकार करें? इस विषय में अज्ञेय मानते हैं कि इस प्रकार का संकट प्रायः बना रहेगा। व्यक्ति के द्वारा प्रस्तुत मूल्यों को समाज तुरन्त स्वीकार ही कर ले, यह आवश्यक नहीं। अज्ञेय के अनुसार इस बात के लिए कई बार व्यक्ति को लम्बी काल अवधि तक समाज के विरोध का सामना करना पड़ सकता है। अज्ञेय मानते हैं कि 'नये अभिमूल्यों को तुरन्त सामाजिक स्वीकृति मिल जाये, ऐसा आवश्यक नहीं है। बहुधा व्यक्ति को लम्बी अवधि तक समाज को चुनौती देते हुए खड़े रहना पड़ सकता है, भर्त्सना, अपमान और बहिष्कार भी सहना पड़ सकता है, कभी-कभी हिंसा का सामना भी करना पड़ सकता है। फिर भी परस्परता का जो आधार हमने बताया है वह ज्यों का त्यों बना रहता है—कि आदर्श अथवा अभिमूल्य प्रस्तुत करना व्यक्ति का क्षेत्र है और उनके अनुरूप सामान्य सामाजिक आचरण का नियमन समाज को क्षेत्र।'[3] अज्ञेय समाज और व्यक्ति पर विचार करते हुए यह भी मानते हैं कि व्यक्ति का समाज के प्रति एक दायित्व भी होता है। यानी समाज के प्रति दायित्वबोध व्यक्ति के अन्दर होना एक आवश्यक स्थिति है। बिना इस दायित्वबोध को स्वीकार किए व्यक्ति न तो समाज का अंग बन सकता है और न ही अपने व्यक्तित्व का विकास कर सकता है। व्यक्ति जिस सामाजिक परिवृत्ति में रहता है, उससे वह बहुत कुछ ग्रहण करता है और साथ-ही-साथ वह समाज को भी कुछ-न-कुछ नया प्रदान करता है। अज्ञेय व्यक्ति और समाज पर विचार करते हुए लिखते हैं कि 'समाज के प्रत्येक व्यक्ति का समाज के प्रति कुछ दायित्व होता है। समाज जितना ही कम विकसित हो, उतना ही वह दायित्व अधिक स्पष्ट और अनिवार्य होता है—अविकसित समाज में विकल्प की गुंजाइश कम रहती है। इसी बात को यों भी कहा जा सकता है कि समाज में प्रत्येक व्यक्ति का एक निश्चित धर्म (फंक्शन) होता है, और जितना ही समाज अविकसित होता है, उतना ही वह धर्म, रूढ़ और अनिवार्य।'[4] अज्ञेय के इस कथन से एक बात स्पष्ट रूप से उभरकर सामने आती है कि अज्ञेय समाज से काटकर व्यक्ति की स्थिति को स्वीकार नहीं करते और न ही वो दायित्वहीन व्यक्ति की कल्पना करते हैं। वो यदि व्यक्ति को महत्त्व देते हैं तो इस आधार पर कि वह समाज में रहकर समाज को परिवर्तित करने की क्षमता रखता है। समाज में जन्म लेकर, उससे अन्न पानी ग्रहण करके उसके प्रति एक दायित्वबोध से परिपूर्ण होता है और इस प्रकार समाज के विकास का माधयम बनता है। वह मानते हैं कि 'व्यक्ति महान है तो इसलिए नहीं कि वह सर्वथा अननुमेय, स्वच्छन्द और अनियमित है, वरन इसलिए कि वह एक अनुमेय और नियमित सामाजिक परिपाशर्व में रहता हुआ भी उसे परिवर्तित करता है और नयी दिशाएं तथा नयी गति दे सकता है। परिपाशर्व के साथ उसके अन्योन्याश्रय को न देखना व्यक्ति को ऐसी बेल मानना है जोकि अपने आधार को मार ही सकती है, और कुछ नहीं कर सकती। ऐसी कल्पना का परिणाम संपूर्ण

पराजय और निराशावाद ही हो सकता है।'[5] अज्ञेय की इस धारणा का अभिप्राय यह है कि व्यक्ति समाज के प्रति अपने दायित्व को नकारकर पूर्णतया स्वच्छन्द होने की कल्पना नहीं कर सकता और न ही उसे ऐसा करना चाहिए। बल्कि व्यक्ति के अन्दर उसकी वैयक्तिकता का थोड़ा-सा भी ज्ञान होने पर समाज में रहने की कामना करता है। उसकी इच्छा होती है कि उसकी भावनाएं, उसके अनुभव समाज के द्वारा स्वीकार किये जायें। वे मानते हैं कि 'वैयक्तिक्ता का अधूरा भी ज्ञान होते ही उसमें इच्छा होती है कि उसकी रुचियों, उसके विचार और दृष्टिकोण, उसकी भावनाएं, सामाजिक स्वीकृति पायें। यों कहा जाये कि व्यक्ति-ता का अनुभव होते ही उसमें मांग होती है कि वह अपने को एक सन्तोषजनक सामाजिक संगठन अथवा परिवृत्ति का अंग महसूस करे।'[6]

'व्यक्ति और समाज' के बारे में अज्ञेय के विचारों पर विचार करते समय हमें ध्यान रखना होगा कि अज्ञेय केवल भारतीय समाज को ही ध्यान में रखकर व्यक्ति और समाज की चर्चा नहीं करते बल्कि वे विश्वस्तर पर विशेषकर पश्चिम में पनपनेवाले औद्योगिक और पूंजीवादी समाज को भी दृष्टि में रखकर व्यक्ति और समाज की चर्चा करते हैं। जहां व्यक्ति और समाज के रिश्ते को सापेक्ष ढंग से जानने की कोशिश की गयी है। पश्चिम का समाजशास्त्री मानता है कि आज के परिवेश में समस्याएं व्यक्ति के अन्दर उभरती हैं लेकिन व्यक्ति का यह समस्यापूरित व्यक्तित्व उसके सम्पर्क में आनेवाले वातावरण से बनता है। पश्चिम के समाजशास्त्री राइट मिल्स ऐसा ही मानते हैं–

> 'Troubles occur with in the character of the individual and with in the range of his immediate relations with others; they have to do with his self and with those limited areas of social life of which he is directly and personally aware.'[7]

अज्ञेय भारत के संकटपूर्ण समाज के साथ-साथ पश्चिम के समाज को भी ध्यान में रखकर व्यक्ति और समाज के सम्बन्ध पर विचार करते हैं यद्यपि यह भी हमें मानना होगा कि पश्चिमी समाज दूसरे ढंग की संकटपूर्ण स्थितियों से गुजर रहा है परन्तु हिन्दुस्तानी समाज का संकट और पश्चिमी समाज का संकट मोटे तौर पर एक नहीं है। इसलिए दोनों समाज में और परिवेश में व्यक्ति और समाज के सम्बन्ध एक जैसे नहीं होंगे। अज्ञेय इस सम्बन्ध की समस्या को तात्विक रूप में ग्रहण करते हैं। उनके यहां व्यक्ति और समाज की सत्ताएं ऐतिहासिक-सामाजिक द्वन्द्वात्मक प्रक्रिया में अपेक्षाकृत कम हैं जो संघर्ष के दौरान एक-दूसरे को बदलते हुए अस्तित्व ग्रहण करते हैं। यानी व्यक्ति और समाज के सम्बन्ध और संघर्ष ऐतिहासिक निरन्तरता में अपने अस्तित्व का सारतत्त्व नहीं ग्रहण करते बल्कि वह बहुत कुछ एक प्रकार से प्राकृतिक सम्बन्ध हैं जो एक-दूसरे के लिए अनिवार्य होते

हैं। कहने का अभिप्राय यह है कि अज्ञेय व्यक्ति और समाज के सम्बन्ध को एक प्राकृतिक सम्बन्ध मानते हैं। उनके अनुसार यह प्राकृतिक सम्बन्ध ही एक-दूसरे के लिए अनिवार्य हैं।

(ख) संस्कृति और सांस्कृतिक चेतना

संस्कृति मूल्यों की एक संश्लिष्ट संस्था होती है जिसमें हमारे विचार, भाव, अनुभव और आचरण निर्मित और अनुशासित होते हैं। इसका स्वरूप व्याप्ति में चरितार्थ होता है। प्रायः संस्कृति के तत्त्व स्थूल स्तर पर अनुपयोगी होते हैं लेकिन जीवन के सार्थक होने की प्रतीति कराते हैं। जैसे सत्य बोलना, ईमानदार होना। ये तत्त्व स्थूल स्तर पर अनुपयोगी हो सकते हैं लेकिन देश और काल के विस्तार में मनुष्य की सार्थकता के लिए ये गहरे स्तर पर उपयोगी हैं। व्यक्तिगत, तात्कालिक और स्थूल स्तर पर मूल्यों की अनुपयोगिता और देशकाल के व्यापक विस्तार में गहरे मानवीय स्तर पर उनकी उपयोगिता का बोध संस्कृति का बोध है। संस्कृति की चेतना मनुष्य की सफलता और सार्थकता की धारणा से लड़ती है और सार्थक अर्थ छवियों को एक संस्कार के रूप में अर्जित करती है। क्योंकि यह आवश्यक नहीं कि एक सफल व्यक्ति सार्थक व्यक्ति भी हो। संस्कृति, भावों, विचारों और आचरण के संस्कार की प्रक्रिया है। अगर यह प्रक्रिया है तो इसकी कोई पद्धति भी होगी। अब सवाल यह पैदा होता है कि आधुनिक युग में इसकी क्या पद्धति है? संस्कृति के संकट के मुख्य लक्षण क्या हैं और अज्ञेय संस्कृति के इन लक्षणों के बारे में, इसकी अवधारणा के बारे में क्या कहते हैं?

अज्ञेय कहते हैं कि 'चेतना द्वारा अब तक जो कुछ अवगत हो सका है, संस्कृति उसी का तत्त्व भाग है, भविष्य में जो कुछ अवगत होगा, उसकी ओर हम इसी द्वार से बढ़ सकते हैं, इसकी उपेक्षा करके नहीं। चेतना का विकास मूलतः संस्कृति का विकास है।'[४] इस विकास का अभिप्राय यह हुआ कि व्यक्ति की चेतना का उन असंख्य संवेदनाओं तथा बोध दशाओं में प्रसारित होना, जिन्हें ऐतिहासिक मानव चेतना ने संचित कर रखा है। यह प्रगति अपने को उस बढ़ते हुए विवेक में प्रकट करती है जिसके द्वारा हम सांस्कृतिक अनुभव के उच्चतर तथा निम्नतर रूपों में भेद करना सीखते हैं और क्रमशः निम्नतर रूपों से विरत होकर उच्चतर रूपों के ग्रहण की ओर अग्रसर होते हैं। अज्ञेय मानते हैं कि भविष्य में मानव का विकास उसकी चेतना के विकास पर ही आधारित है। इसके साथ-ही-साथ अज्ञेय यह भी मानते हैं कि संस्कृति का आधार लौकिक होता है। उनके अनुसार मानववाद की उत्पत्ति संस्कृति को लौकिक प्रमाण देने के प्रयास से होती है। मानववाद और मार्क्सवाद दोनों ही संस्कृति का आधार लौकिक मानते हैं। अज्ञेय कहते हैं, 'मानववाद की उत्पत्ति संस्कृति को लौकिक प्रमाण देने की चेष्टा से होती है। मानववाद संस्कृति

को एक नैतिक आधार देना चाहता है, जिस प्रकार मार्क्सवाद उसे एक आर्थिक आधार देना चाहता है। मानववाद, मानव के विकास के आधार पर नैतिक मान्यताओं की अवधारणा करता है, और उसी से आर्थिक सम्बन्धों को भी अनुशासनीय मानता है। मार्क्सवाद आर्थिक सम्बन्धों को ही मूल आधार मानता है और उसी से नैतिक प्रतिमानों को सिद्ध करता है।'[9] यहां यह बात ध्यान देने योग्य है कि अज्ञेय संस्कृति के लौकिक आधार को स्वीकार करते हैं और इसको वो स्वस्थ आधुनिक प्रवृत्ति मानते हैं क्योंकि सांस्कृतिक क्रिया जब हमारी चेतना का विस्तार करती है, वह इसलिए नहीं कि वह विस्तार उपयोगी चीज़ है, बल्कि इसलिए कि उससे हमारे अस्तित्व का प्रसार होता है। सांस्कृतिक क्रिया हमें उन वस्तुओं तथा मूल्यों में अभिरुचि लेने को आमंत्रित करती है जिनका जीवित रहने के व्यापार से सीधा सम्बन्ध है इसलिए अज्ञेय संस्कृति का आधार लौकिक मानते हैं। ऐसा वे इसलिए मानते हैं क्योंकि वे समझते हैं कि किसी व्यक्ति की संस्कृति वह मूल्य चेतना है जिसका निर्माण उसके सम्पूर्ण बोध के आलोक में होता है। सांस्कृतिक चेतना जितनी मूल्य चेतना है उतनी ही वह तथ्य चेतना भी है। वह चेतना यथार्थ तथा सम्भाव्य को अर्थवत् के रूप में ग्रहण करती है। मनुष्य लगातार जीवन की नयी सम्भावनाओं का चित्र बनाता रहता है। यह सम्भाव्य चित्र ही वे मूल्य हैं जिनके लिए वह जीवित रहता है और जिनके लिए मानव अपने प्राण तक उत्सर्ग कर देता है। जिन आदर्शों एवं मूल्यों को लेकर मनुष्य जीवित रहता है उनकी गरिमा और सौन्दर्य उस मनुष्य के सांस्कृतिक महत्त्व का माप प्रस्तुत करते हैं इसलिए अज्ञेय संस्कृति के विकास को मानव चेतना का विकास मानते हैं और संस्कृति के आधार को लौकिक मानते हैं। यहां पर यह बात स्पष्ट कर लेनी आवश्यक है कि जब तक संस्कृति का परीक्षण ऐसी कसौटी पर होता रहा जिसकी विश्वसनीयता का आधार धर्म था, अर्थात् जो किसी अलौकिक या मानवापर आकार से मिलती थी, तब तक यह जरूरी था कि संस्कृति धर्म का ही आनुषंगिक रहे लेकिन आधुनिक युग में विशेषकर उन्नीसवीं शती से सामाजिक स्थितियों के टकराव से संस्कृति का आधार लौकिक बनने लगा। अज्ञेय मानते हैं कि 'संस्कृति समूहगत अनुभव और उससे सिद्ध नैतिक प्रतिमानों पर आश्रित एक नियमित जीवन परिपाटी का नाम है। जब तक इस समूहगत अनुभव का परीक्षण ऐसी कसौटी पर होता रहा जिसकी अपनी विश्वसनीयता का आधार धर्म था, अर्थात् जो किसी मानवापर अलौकिक आकर से मिलती थी, तब तक अनिवार्य था कि संस्कृति धर्म की ही आनुषंगिक रहे। जिसे हिन्दू संस्कृति कहा जाता है, उसका अनुशासन था भी इसी प्रकार धर्म अथवा मानवापर सत्ता पर आधारित। लेकिन उन्नीसवीं शती से क्रमशः स्पष्टतर होती हुई सामाजिक शक्तियों के घात-प्रतिघात में जब भारतीय सामाजिक आचरण के मानदण्ड लौकिक अथवा मानवीय आधारों पर बनने लगे तभी से संस्कृति की चर्चा अधिक होने लगी। तब

से 'धर्म' शब्द पर्याप्त नहीं रहा–या कह लीजिए कि उसमें अतिव्याप्ति आ गयी, क्योंकि संस्कृति को लौकिक आधारों पर आश्रित जीवन-परिपाटी ही माना जाने लगा।"[10] यानी मध्ययुग में संस्कृति के आधार लौकिक न होकर अलौकिक थे। यही कारण है कि संस्कृति नया शब्द है। आधुनिक युग से पहले कहीं भी इस शब्द का उल्लेख हमें देखने को नहीं मिलता। इसके स्थान पर धर्म का प्रयोग किया जाता था। अज्ञेय ने ही लिखा है कि 'संस्कृति नया शब्द है। प्राचीन भारत में कहीं इस शब्द का उल्लेख नहीं मिलता, यद्यपि हम यह कहने के अभ्यस्त हो गये हैं कि हमारी सांस्कृतिक परम्परा कम-से-कम छह हजार वर्ष लम्बी है।"[11]

अज्ञेय संस्कृति के लिए अनुशासन को महत्त्वपूर्ण मानते हैं क्योंकि अनुशासन के बिना सृजन सम्भव नहीं हो सकता। अज्ञेय कहते हैं, 'सारे समाज का पुंजित अनुभव रचना में लगने पर उससे जो आनन्दमयी सृष्टि होती है वही संस्कृति है। अगर वह सृष्टि नहीं है तो संस्कृति नहीं है, अगर आनन्दमयी नहीं है तो भी वह संस्कृति नहीं है और अगर उसका आधार पूरे समाज का अनुभव समाज व्यापी सत्य नहीं है तो भी वह संस्कृति नहीं है। समाज के अनुभव का वहन करने के लिए, व्यक्ति का संस्कारी होना आवश्यक है। संस्कृति दीक्षा और अनुशासन मांगती है। बिना अनुशासन के संस्कृति टिक नहीं सकती, आनन्दोपभोग की क्रिया का भी वह अनुशासन मांगती है । इन्द्रियों के और मन के प्रशिक्षण में, उपभोग्य के साथ-साथ विवेचन में, पहचानने, परखने, विविक्त करने, मूल्य आंकने और निर्देश देने में अधिकाधिक अनुशासन ही हमें वन्यता से संस्कृति की ओर ले जाता है, और संस्कृति से कला की ओर बढ़ सकने का सामर्थ्य देता है।"[12] अज्ञेय के इस कथन से यह बात स्पष्ट होती है कि संस्कृति के निर्माण में पूरे समाज के संचित अनुभव काम में आते हैं जो सामूहिक रूप से सक्रिय होकर सृष्टि करते हैं। यानी संस्कृति मनुष्य की कुछ क्रियाएं हैं। हम कह सकते हैं कि जब तक किसी संस्कृति को उत्पन्न करनेवाला वर्ग स्वयं प्रगतिशील रहता है, तब तक उसकी संस्कृति भी प्रगतिशील रहती है। जब वह प्रगतिशील नहीं रहता, तब उसकी संस्कृति भी प्रगतिशील नहीं रहती, बल्कि मूल्यहीन हो जाती है। यहीं पर हमें टी.एस. एलियट की याद आती है जिनका संस्कृति का निरूपण मूल्यात्मक है। अपनी पुस्तक 'Notes Toward a Definition of Culture' में जो कि महत्त्वपूर्ण विचारों तथा संकेतों से भरी है, इलियट ने संस्कृति के बारे में लिखा है कि व्यक्ति की संस्कृति समूह या वर्ग की संस्कृति पर, तथा वर्ग की संस्कृति उस सम्पूर्ण समाज की संस्कृति पर, जिसका वह वर्ग अंग है, निर्भर करती है। वे लिखते हैं कि–

> 'The term culture has different associations according to whether we have in mind the development of an individual, of a group or class, or of the whole society. It is a part of my

> thesis that the culture of the individual is dependent upon the culture of a group or class is dependent upon the culture of the whole society to which that group or class belongs."[13]

अज्ञेय भी समाज से काटकर संस्कृति की कल्पना नहीं करते बल्कि वे तो संस्कृति को एक ऐसी सत्ता मानकर चलते हैं जिसमें हिस्सा लेनेवालों को वह आपस में मिलाती है, उनमें यह विचार पैदा करती है कि संस्कृति में भाग लेनेवाले लोग एक हैं। वह लिखते हैं कि 'संस्कृति वह सत्ता है जो कि उसमें भाग लेनेवाले सब लोगों को सिर्फ मिलाती ही नहीं उनमें यह बोध भी जगाती है कि हम एक हैं।"[14] अज्ञेय संस्कृति और कला के सम्बन्ध की भी बात करते हैं। वे मानते हैं कि संस्कृति का सत्य व्यापक सत्य है जबकि कला का क्षेत्र विशिष्ट का क्षेत्र है। अज्ञेय मानते हैं कि "एक बिन्दु ऐसा है जहां कला का मार्ग संस्कृति के मार्ग से अलग हो जाता है। संस्कृति का आधार समाज है, उसका सत्य व्यापक सत्य है और उसकी दृष्टि भी तदनुकूल है। पर कला का क्षेत्र विशिष्ट का क्षेत्र है : उसका सत्य विशिष्ट, अद्वितीय और मौलिक सत्य है, और उसकी दृष्टि भी वैसी ही एक ओर अद्वितीय। यह नहीं कि इस प्रकार कला हमें समाज से काट देती है। बल्कि इसके प्रतिकूल साधारण अनुभव के आधार पर कला हमें अन्तश्चेतना के माध्यम से बोध देती है। इस प्रकार कला भी ज्ञान का साधन है, पर इस ज्ञान की कसौटियां विज्ञान की कसौटियां नहीं हैं।"[15] यहां पर अज्ञेय ने एक महत्त्वपूर्ण सवाल उठाया है कि "कला भी ज्ञान का साधन है, पर इस ज्ञान की कसौटियां विज्ञान की कसौटियां नहीं हैं।" सवाल पैदा होता है कि कला के ज्ञान की कसौटियां विज्ञान की कसौटियां क्यों नहीं हैं? इसका उत्तर यह हो सकता है कि विज्ञान में ज्ञान के प्राप्त करने की क्रिया सृजनात्मक भी होती है और बाहरी यथार्थ को प्रतिफलित करनेवाली भी। वैज्ञानिक बोध का संगठन जहां सृजन-क्रिया की अपेक्षा रखता है, वहां उसका फल या परिणाम बाहरी जगत का प्रतिफलन होता है। किन्तु कला के क्षेत्र में एक नये अनुभव संस्थान को प्रभावपूर्ण ढंग से कल्पना में प्रत्यक्ष करने का अर्थ वैसे संस्थान को उत्पन्न करके यथार्थ बना देना होता है। साहित्य में हम कल्पना द्वारा नवीन मनोदशाओं की सृष्टि करते हैं। यह सृष्टि अपने से बाहर किसी चीज़ को प्रतिफलित नहीं करती, जैसा कि विचार-सृष्टि करती है। इसलिए अज्ञेय कला, ज्ञान की कसौटियों को विज्ञान की कसौटियां नहीं मानते हैं। इसीलिए अज्ञेय कहते हैं कि "साहित्य एक अनन्य संस्कृति की अनन्य निजी अभिव्यक्ति होता है।"[16] अज्ञेय संस्कृति को ऐतिहासिक सन्दर्भ से जोड़कर देखते हैं। वह इतिहास के लिए सांस्कृतिक सन्दर्भ की अपेक्षा करते हैं और संस्कृति के लिए ऐतिहासिक सन्दर्भ की। वह मानते हैं कि "संस्कृति का एक ऐतिहासिक सन्दर्भ होता है जिसकी उपेक्षा नहीं हो सकती, उसी तरह यह भी सच है कि इतिहास का भी एक सांस्कृतिक

सन्दर्भ है जिसकी उपेक्षा नहीं हो सकती। ऐतिहासिक सन्दर्भ खोकर संस्कृति मरुस्थल में भटकने लगती है, उसे दिशा ज्ञान नहीं रहता। लेकिन सांस्कृतिक सन्दर्भ खोकर इतिहास तत्काल मर जाता है क्योंकि उसका संवेदन ही नष्ट हो जाता है।"[17] इसका अभिप्राय यह हुआ कि इतिहास मनुष्य की सभ्यता और संस्कृति का अध्ययन करता है तो दूसरी ओर यह बात भी स्पष्ट होती है कि संस्कृति और सभ्यता की धारणाओं का स्पष्टीकरण हुए बिना इतिहास अपना कार्य उचित रूप में नहीं कर सकता। इस बात को और खुलासा करें तो जानेंगे कि संस्कृति में जो बदलाव आते हैं, उन्हें समझने के लिए हमें मूल्यांकन करते हुए चलना पड़ेगा। मूल्यांकन को बचाकर हम यह निर्णय नहीं कर सकते कि सभ्यता और संस्कृति के इतिहास में होनेवाला कौन-सा परिवर्तन कितना महत्त्वपूर्ण है यानी हमें यह जानना होगा कि कौन-सी ऐतिहासिक शक्तियां होनेवाले परिवर्तन को प्रभावित करती रही हैं । इसलिए अज्ञेय की यह बात तर्कसंगत है कि संस्कृति का एक ऐतिहासक सन्दर्भ होता है और उसी तरह इतिहास का भी एक सांस्कृतिक सन्दर्भ होता है।

अज्ञेय संस्कृति को अस्मिता की पहचान भी मानते हैं। वे कहते हैं कि "आधुनिक राष्ट्र बनाने के लिए सांस्कृतिक अस्मिता और ऐतिहासिक दृष्टि खो देना न केवल आवश्यक ही नहीं है, बल्कि एक प्रकार से किस्तों में आत्मघात है। अगर देश एक सांस्कृतिक इकाई नहीं है, और वैसी अस्मिता का बोध उसमें नहीं है, तो वह आर्थिक प्रगति के बावजूद वेध्य बना रहेगा–विघटन की प्रवृत्ति किसी भी समय उसके भीतर उभर सकेगी और सांस्कृतिक अस्मिता नकल से नहीं बनती, विदेशी मनोवृत्तियां और मनोभाव आयातित करके भी नहीं बनती, अपनी ही सही पहचान से बनती है। सांस्कृतिक जीवन के बारे में ही यह बात सबसे अधिक सत्य है कि हम वही बन सकते हैं जो हम हैं।"[18] यहां अज्ञेय अपने जातिगत अनुभव से जोड़कर संस्कृति को, सांस्कृतिक चेतना को देखना चाहते हैं क्योंकि अन्धानुकरण के आधार पर सुसंस्कृत होने का दावा बड़ा ही हास्यास्पद है। संस्कृति के निर्माण के लिए अन्ततः अपना ही विस्तार करना पड़ता है। आत्मविस्तार ही संस्कृति को गतिवान बनाता है और अज्ञेय इसी बात पर बल देते हैं क्योंकि वह जानते हैं कि हरेक संस्कृति के मूल में एक अपना जीवन-दर्शन होता है। वह जीवन-दर्शन ही रोजमर्रा की जिन्दगी में व्यक्त भी होता है। इसलिए संस्कृति स्वीकार का भाव रखते हुए भी अन्ततः अपनी जड़ों से ही उगती है। हम कह सकते हैं कि हर संस्कृति एक प्रकार का जीवन प्रकार है जिन्हें हम संस्कृतियां कहते हैं वे वास्तव में विभिन्न जीवन प्रकार हैं जिन्हें विभिन्न समाजों या जातियों ने अपनी भिन्न ऐतिहासिक तथा भौतिक परिस्थितियों में विकसित किया है। अपने अतीत इतिहास के आलोक में देखे जाने पर विभिन्न "संस्कृतियां उन समाजों की उपलब्धियां कही जा सकती हैं। किन्तु जो संस्कृति इतिहास द्वारा उपस्थित की हुई नयी सम्भावनाओं के अवसर

का लाभ नहीं उठाती और सृजनात्मक ढंग से आत्म विस्तार नहीं करती, वह अप्रगतिशील अथवा पश्चाद्गामिनी बन जाती है।"[19] अन्ततः हम इस चर्चा को अज्ञेय के ही इस वक्तव्य से पूर्ण करते हैं कि "संस्कृति अनुशासन नहीं है : वह अनुशासन का सहज अभ्यान्तर बोध है। संस्कृत व्यक्ति नियम को मानकर नहीं चलता, नियम उसके भीतर निःसृत होता है।"[20]

(ग) विज्ञान और मानव-मूल्य

विज्ञान को मनुष्य ने सार्वभौम रूप में स्वीकार कर लिया है, इसके पीछे कारण यह हो सकता है कि विज्ञान अपने मन्तव्यों को मनवाने में व्यावहारिक अथवा उपयोगिता मूलक पद्धति पर निर्भर करता है क्योंकि विज्ञान मनुष्यों की अनुभव-मूलक सहमति की उपेक्षा नहीं कर सकता। यद्यपि यह बात भी ठीक है कि इस सहमति का सम्बन्ध प्रायः इन्द्रिय-प्रत्यक्ष तक सीमित होता है। हम यह भी पाते हैं कि अनुभवों के गुणात्मक पहलुओं की उपेक्षा करते हुए, विज्ञान ने यह सम्भव पाया है कि मनुष्य के भौतिक जगत सम्बन्धी अनुभवों को संगठित या सम्बद्ध कर दे। विज्ञान की दृष्टि से कार्य का अर्थ होता है वस्तुओं की गति अथवा स्थानान्तरण। और विज्ञान केवल उन्हीं प्रयोजनों को समझ पाता है जिनका सम्बन्ध वस्तुओं की गति से होता है। विज्ञान के अनुसार व्यावहारिक सफलता का अर्थ होता है वस्तुओं में अभीष्ट गतियां उत्पन्न करना। विज्ञान और मानव-मूल्यों के संकट की चर्चा प्रायः की जाती है जो निःसन्देह विचार करने योग्य है। क्योंकि विज्ञान के आविर्भाव से मानव व्यवहार में अन्तर आया है। सामाजिक ढांचे में भी एक बदलाव आया है। विज्ञान के द्वारा स्थापित यंत्रीकरण से मानव क्षमता भौतिकवादी सुख-सुविधाओं को जुटाने में तो लगी लेकिन इसके साथ-साथ ही समाज की पुरानी गतिविधियां इससे प्रभावित हुए बिना नहीं रह सकीं। हैल्ब्रोनर ने माना है कि यन्त्रीकरण ने आर्थिक उत्पादन के कुलाबे तो बनाए पर इससे समाज के चलते आ रहे स्वरूप पर गहरा असर पड़ा।

> The established machanism of a marked society continues to direct human energies into the accustomed economic channels, despite the declining social importance of the activities which fill those channels.[21]

सवाल पैदा होता है कि क्या आज का संकट यन्त्र के आविष्कार का संकट है? कहीं ऐसा तो नहीं कि आज का संकट मनुष्य के विवेक के पराभव का संकट हो? इसी सन्दर्भ में हम 'अज्ञेय' के विज्ञान और मानव मूल्यों से संबंधित विचारों पर दृष्टि डालेंगे।

अज्ञेय इस विषय में मानते हैं कि विज्ञान की उन्नति के साथ-साथ मानव का मूल्य बढ़ता गया है और मानवेतर का मूल्य घटता गया है। विज्ञान ने नैतिकता

को ईश्वर परक न मानकर मानव-सापेक्ष मान लिया है, मानव की उसकी परिकल्पना चाहे कितनी ही विस्तीर्ण हो। ईश्वर के दरबार में सब प्राणी समान हो सकते थे, मनुष्य के दरबार में स्वभावतः वैसा नहीं हो सकता क्योंकि वह मनुष्य का दरबार है। इस प्रकार संसार का मानदण्ड मनुष्य को मानते ही हमारी नैतिकता के आधार में बहुत-से अवश्यंभावी परिवर्तन होने लगे हैं। दूसरे शब्दों में, हमारी संवेदना का रूप बदल जाता है।'[22] इसका अभिप्राय यह हुआ कि अज्ञेय मानते है कि जिस प्रकार मध्य युग के अन्दर मूल्य ईश्वरपरक थे, आज वैसा न होकर मूल्य मनुष्यपरक हैं और ऐसा इसलिए हुआ है क्योंकि विज्ञान ने हमारे सोच-विचार में, हमारी जीवन-पद्धित में भारी बदलाव ला दिया है। हम कह सकते हैं कि जीवन में विज्ञान के दखल देने से मूल्यों के आधार बदल गये हैं जिसके फलस्वरूप हमारी संवेदना के स्तरों में भी परिवर्तन हुआ है। यहीं पर हम यह स्पष्ट करना आवश्यक समझते हैं कि संवेदना मूल्यों का पर्याय नहीं है पर इतना अवश्य है कि मूल्यों के प्रति भावना के बदलने से हमें प्रभावित करनेवाली परिस्थितियों का रूप भी बदल जाता है। हम अपनी बात अज्ञेय जी की ही बात से प्रमाणित करते हैं। उनका कहना है कि 'यही नहीं कि संवेदना नैतिक बोध का पर्याय है। किन्तु पाप-पुण्य की भावना बदलते ही हमें सुख या पीड़ा देने वाली परिस्थितियों का रूप भी बदल जाता है। हमें चिन्तित करने वाले या उत्साह देने वाले तत्त्व भी दूसरे हो जाते हैं। पुराने आदर्श हास्यास्पद या दुर्बोध हो जाते हैं, जो बातें एक समय नगण्य थीं वे जीवनादर्श का सामर्थ्य ग्रहण कर लेती हैं।'[23] अज्ञेय यह भी मानते हैं कि विज्ञान ने मानव को नयी दृष्टि दी है। जिससे वह प्रकृति को, अपने समाज को, जीवन को नये ढंग से समझ सके पर अज्ञेय यह भी मानते हैं कि विज्ञान के द्वारा नयी दृष्टि मिलने पर मानव की मान्यताओं में बदलाव आया है, यह दूसरी बात है कि उस बदलाव को पूरी तरह स्वीकार नहीं कर सके हैं। अज्ञेय कहते हैं कि 'वैज्ञानिक आविष्कारों ने मानव को नयी दृष्टि दी है, पर उसके कारण हमारी मान्यताओं में और उनके आधारों में जो परिवर्तन आते हैं उन्हें हम पूर्णतया स्वीकार नहीं कर सके हैं, जीवन और आचार में आत्मसात करना तो दूर का बात है। ज्ञान और आचार की अवस्थाओं का यह विपर्यय अनेक समस्याएं और संघर्ष उत्पन्न करता है जो आधुनिक जीवन का एक मूलभूत सत्य है।'[24] यहीं पर एक सवाल उठता है कि विज्ञान के कारण होने वाले परिवर्तनों को हम स्वीकार क्यों नहीं कर सके हैं? सम्भवतः इसलिये कि हमारी मानसिकता विज्ञान और तकनीक की तीव्र गति के साथ-साथ नहीं बदल पायी है। पुराने दैविक जीवन की धारणाओं से कई स्तर पर हमें मोह है। लेकिन इतना अवश्य कहा जा सकता है कि तकनीक या यन्त्र के विकास का कारण भी मानव की आवश्यकताओं का बढ़ना रहा है। इसलिए अन्ततः यन्त्र के कारण होने वाले परिवर्तन मानव की इच्छा से ही सम्भव हो पाये हैं और धीरे-धीरे व्यक्ति इनको

स्वीकार रहा है, इनकी उपयोगिता से प्रभावित भी हो रहा है। इसका मतलब यह हुआ कि यन्त्र के विकास ने, उसके आविष्कार ने जीवन मूल्यों को प्रभावित किया है, बल्कि कह सकते हैं कि तकनीकी विकास को अपने आप में एक प्रतिष्ठागत मूल्य मिल गया है। इसलिए कहा जा सकता है कि अधिक दायित्व उन्हीं लोगों पर है जो यान्त्रिक विकास की चरम स्थिति पर पहुंच गये हैं। उन्हीं लोगों का अधिक दायित्व है कि वे विज्ञान से मानव-मूल्य की अपेक्षा करें क्योंकि "मूल्यबोध से अपने को अलग करके विज्ञान रहस्यभेदन तो कर लेगा, पर रहस्य को समग्र रूप में देखने का सुख और अपने को उससे जोड़ने का सुख न पा सकेगा।"[25] अज्ञेय भी अपने चिन्तन में यह सवाल उठाते हैं कि विज्ञान ने मनुष्य को यंत्र तो बनाया है ही, साथ ही साथ नैतिक बोध को निरूपित करने वाला विज्ञान नैतिकता जैसे मानव-मूल्य को सन्दिग्ध भी बनाता गया है। वह कहते हैं कि "मनुष्य जाति का वैज्ञानिक नाम 'होमो सेपिएंस' (ज्ञान-सम्पन्न प्राणी) ही इस बात को स्पष्ट कर देता है कि विज्ञान ने मनुष्य को उसके विवेक के कारण दूसरे जीवों से विशिष्ट माना है। भारतीय परम्परा 'धर्मो की तैषामधिको विशेषः' मानती आयी थी, किन्तु विज्ञान ने जहां मनुष्य की बुद्धि को आत्यन्तिक माना वहां धर्म को सापेक्ष मान लिया क्योंकि विवेक या नैतिक भावना परिस्थितिजन्य और प्रभावों के अनुशासन द्वारा परिवर्तनीय मान ली गयी। इस प्रकार इतर जीवों से मनुष्य को विशिष्ट करने वाली बुद्धि ने मनुष्य की बुद्धि के लिए एक नया संकट उत्पन्न किया, विशिष्ट करने वाली बुद्धि ही यह बताने लगी कि मानव किसी तरह भी पशु से भिन्न नहीं है। कहा जा सकता है कि पशु से मनुष्य को पृथक करने वाला विज्ञान मनुष्य को पशु बनाने लगा–यन्त्र से मनुष्य को अलग करने वाला विज्ञान मनुष्य को यन्त्र बनाता गया, और नैतिक बोध को निरूपित करने वाला विज्ञान नैतिक को सन्दिग्ध करता गया।"[26] असल में विज्ञान और मानव मूल्यों की समस्या की धुरी यह है कि हम विज्ञान का इस्तेमाल किन मूल्यों के लिए करते हैं। यदि मानव के पास एक बुद्धिगम्य और स्पष्ट प्रयोजन मौजूद हो तो साध्नों के महत्त्व को बौद्धिक तरीकों से आंका जा सकता है। बुद्धि पर आधारित जीवन हम उसे कहेंगे जिसमें निश्चित लक्ष्यों की प्राप्ति के लिए उचित साधनों का प्रयोग किया जाता है। जब लक्ष्य या प्रयोजन निंश्चित हो तो साधनों का चयन बुद्धि के हिसाब की चीज़ बन जाती है, न कि व्यक्तिगत पसन्द-नापसन्द की। इसलिए विज्ञान का प्रयोजन वही होगा जो मानव विवेक या बुद्धि का होगा। क्योंकि यन्त्र को नैतिकता या अनैतिकता से कुछ मतलब नहीं है। पर मानव ऐसा नहीं सोच सकता। मानव के लिए यह सम्भव नहीं है कि उसे नैतिकता से कोई मतलब न रहे। अज्ञेय ने यन्त्र और नैतिकता के सम्बन्ध का जिक्र करते हुए कहा है कि "मानव समाज उन्नति कर रहा है। उन्नति का मार्ग यन्त्रीकरण का है। यन्त्र ही उन्नति का साधन है। किन्तु यन्त्र नैतिक नहीं है। उसे

हम अनैतिक न कह सकें तो कहें कि वह अतिनैतिक है। उसे नैतिकता से कोई मतलब नहीं है। तो मानव यन्त्र के सहारे उन्नति करता है, और यन्त्र को नैतिकता से कोई मतलब नहीं है, पर मानव ऐसा नहीं हो सकता कि उसे भी नैतिकता से कोई मतलब न रहे। यह तो हो सकता है कि वह कुछ अनैतिक करे, यह भी हो सकता है कि वह भरसक अनैतिक कुछ न करे। लेकिन नीति और अनीति के विचार से ही वह मुक्त हो जाय, यन्त्र के साथ यन्त्र हो जाय, ऐसा उसके लिए कम-से-कम अभी तक सम्भव नहीं हुआ है।"[27] असल में जिस प्रकार अध्यात्म रूढ़ियों में पड़कर गतिरोधक और विनाशक हो गया था इसी प्रकार इस बात का भी खतरा है कि विज्ञान भी विवेकहीनता के कारण मानव प्रगति में गतिरोधक और विनाशक न हो जाय क्योंकि वर्तमान स्थितियों में हम यह महसूस कर सकते हैं कि आज विज्ञान का दुरुपयोग हो रहा है और मूल्यों के विरुद्ध हो रहा है लेकिन हम इस बात को भी नहीं नकार सकते कि विज्ञान ने मानव को बहुत-सी रूढ़ियों से मुक्त भी किया है और नये-नये प्रयोग करके विभिन्न दिशाओं में नयी-नयी सम्भावनाओं को खोला है और यह सब इसलिए हुआ है कि विज्ञान की प्रकृति विश्लेषणात्मक है। विश्लेषण विज्ञान का एक पहलू है। आवश्यकता इस बात की है कि हम सामाजिक उपयोगिता के लिए विज्ञान का उपयोग करें। विज्ञान का पूरा अस्तित्व समाज की स्वीकृति पर टिका हुआ है। विज्ञान समाज से कटकर कोई स्वायत्त सत्ता नहीं है जो मनमानी करे। वह तो मानव सरोकारों के लिए ही है–

> Science exists only with the approval of society. It is no more autonomous and no more important than some other human concerns.[28]

ऐसा करके ही मानव मूल्यों के हित में विज्ञान की प्रतिष्ठा हो सकती है। अज्ञेय मानते हैं कि "जिस प्रकार अध्यात्म रूढ़ियों में पड़कर गतिरोधक और विनाशक हो सकता है और अतीत काल में हुआ है, उसी प्रकार विज्ञान भी एकांगी होकर घातक हो सकता है। यह भी ठीक है कि विज्ञान जीवन को बुद्धि की कसौटी पर परखता है, भावना की नहीं। यह भी मानने में किसी को आपत्ति न होगी कि विज्ञान का आधुनिक झुकाव विश्लेषणात्मक है, और विश्लेषण से जीवन का अखंड रूप नहीं दीखता, खंड ही दीखते हैं। किन्तु यह सब मान लेने पर भी इनकी अनिवार्यता सिद्ध नहीं होती। यह आवश्यक नहीं है कि विज्ञान मार्ग-रोधक ही हो। विश्लेषण विज्ञान का एक पहलू है। आज के अधिकांश वैज्ञानिक विज्ञान और दर्शन के समन्वय पर जोर दे रहे हैं। बुद्धिवादी भावना को अस्वीकार नहीं करता, वह मानता है कि भावना भी अनिवार्य है। उसका आग्रह केवल इतना है कि भावना को आत्यन्तिक न मानकर उसका, और उसे उत्पन्न करने वाली स्थूल परिस्थिति का, संबंध न भुलाया जाय। यह कहना ठीक नहीं है कि इस अन्वेषण से रागात्मक

सम्बन्ध की स्थापना नहीं हो सकती, बल्कि यह भी सोचना चाहिए कि सूक्ष्म और स्थूल के ऐसे अन्वेषण बिना वह निर्वैयक्तिकीकरण (डिपर्सनलाइजेशन) हो कैसे सकता है।"[29] इसका मतलब यह हुआ कि यदि विज्ञान और उसकी उपलब्धियों के साथ रागात्मक सम्बन्ध हो सके तो विज्ञान मानव के सुख-दुख की समस्याओं से निपट सकता है। बिना रागात्मक सम्बन्ध स्थापित किये विज्ञान मानव मूल्यों के लिए घातक सिद्ध हो सकता है। यही कारण है कि रागात्मक सम्बन्धों के अभाव में आज विज्ञान मूल्यों का घातक भी बनता जा रहा है। यह बुद्धि और भाव का सामंजस्य विज्ञान और दर्शन की अपेक्षा साहित्य अधिक कर सकता है। इसी विषय पर आगे विचार करते हुए हम कह सकते हैं कि दार्शनिक और वैज्ञानिक जीवन को केवल बुद्धि-पक्ष से देखते हैं। सम्भवतः इसलिए उनका चिन्तन एकपक्षीय हो जाता है और इसीलिए ही उनके द्वारा चित्रित या व्याख्यायित जीवन अधूरा भी होकर रह जाता है क्योंकि उनका जीवन के साथ रागात्मक सम्बन्ध नहीं होता यह सम्पूर्णता और सामंजस्य साहित्य में ही सम्भव है। जीवन को प्रेरणा देने का स्रोत जहां साहित्य बनता है वहां विज्ञान नहीं बन पाता क्योंकि यान्त्रिक उन्नति अधिकाधिक काम को तो सम्भव बनाती है। लेकिन यान्त्रिक उन्नति आत्मा को प्रेरणा नहीं देती। अज्ञेय लिखते हैं कि "यांत्रिक उन्नति इसे क्रमशः सुगमतर बनाती जाती है कि मानव अधिकाधिक काम बिना आत्मदान के कर सके। अर्थात् वह क्रमशः अधिकाधिक मानवों का अकेला होना अधिकाधिक सम्भव बनाती जा रही है, यदि वे यान्त्रिक उन्नति पर ही निर्भर करते हैं। यान्त्रिक उन्नति अपने-आप में दूषित नहीं है। वह मृत्यु को सुगमतर बनाती है, इसका अर्थ यह नहीं है कि वह जीवन को असम्भव बनाती है किन्तु यान्त्रिक आत्मा को प्रेरणा नहीं देती, और वह प्रेरणा आवश्यक है। उसे प्रेरणा के स्रोत की खोज आधुनिक मानव की खोज है।"[30] यहीं पर एक प्रश्न पैदा होता है कि यान्त्रिक उन्नति आत्मा को प्रेरणा क्यों नहीं देती? क्या कारण है कि विज्ञान हमें अभूतपूर्व सुख-सुविधाएं देकर भी हमारी अनुभूति का मूल्य दिन-प्रतिदिन कम करता जा रहा है। जहां विज्ञान हमें प्राकृतिक नियमों की जानकारी दे रहा है वहीं वह नैतिकता और अनैतिकता जैसे मूल्यों को सन्दिग्ध बना रहा है। इसका क्या कारण है? अज्ञेय ने लिखा है कि "विज्ञान द्वारा प्राकृतिक नियमों के शोध का जहां एक ओर यह परिणाम हुआ कि संसार के घटना-चक्र को हम विधि की वामता या स्वैर गति से संचालित न मानकर प्राकृतिक नियमों द्वारा संचालित मानने लगे और समझने लगे कि जीवन की प्रगति में एक स्पष्ट कार्य-कारण परम्परा और संगति है, वहां दूसरी ओर यह भी एक परिणाम हुआ कि प्रकृत प्रत्यक्ष की अनैतिकता या अतिनैतिकता से हमारे सद्सद्-विवेचन को निरर्थक सिद्ध कर दिया। पुण्य पुरस्कृत होता है, पाप का दंड मिलता है (इस लोक में या परलोक में) यह मानना असंभव हो गया : यह असन्दिग्ध था कि प्रकृति पापी और पुण्यवान में

कोई भेद नहीं करती।"[31] अब सवाल पैदा होता है कि पाप और पुण्य का फैसला कौन करे? हमें कहना पड़ेगा कि इसका फैसला मानव विवेक ही कर सकता है। आदमी और आदमी के बीच यन्त्र मध्यस्थता नहीं कर सकता, चाहे वह यन्त्र कितना ही प्रभावशली क्यों न हो। जब तक हम आदमी की पहचान आदमियत से न करेंगे तब तक यंत्र और विज्ञान का गैरआदमियत की ओर बढ़ते जाने का खतरा लगातार बना रहेगा। सम्भवत: इसीलिए अब वैज्ञानिक भी विज्ञान के दुरुपयोग को समझ रहे हैं। "हर वैज्ञानिक यह मानता और पहचानता है कि विज्ञान साधारण जन को अन्धविश्वास, रोग और दारिद्रय से मुक्ति देकर उच्चतर सामाजिक जीवन की संभावना की परिधि में ले आया है, हर वैज्ञानिक यह भी मानने को बाध्य है कि विज्ञान द्वारा सर्जित मशीन-सभ्यता मानवीय और सामाजिक मूल्यों को नष्ट भी कर देती है।"[32] शायद इसीलिए आइन्स्टाइन के मत में विज्ञान के प्रत्यय ही नहीं, दैनिक जीवन की धारणाएं भी हमारे चिन्तन की सृष्टियां होती हैं, जो प्रत्याहरण द्वारा प्राप्त नहीं की जा सकतीं। वे कहते हैं: "वे प्रत्यय जो हमारे चिन्तन और हमारी भाषा बद्ध अभिव्यक्ति में उदय होते हैं, तार्किक दृष्टि से देखने पर चिन्तन की स्वच्छन्द सृष्टियां प्रतीत होती हैं, उन्हें इन्द्रियों के अभाव से प्राप्त नहीं किया जा सकता।"[33] अज्ञेय एक वैज्ञानिक से इसीलिए अपेक्षा करते हैं कि वह नीतिज्ञ भी हो। अपने उपन्यास 'नदी के द्वीप' में एक पात्र 'भुवन' के माध्यम से अज्ञेय यह बात प्रस्तुत करते हैं कि "पुराने जमाने में जब वैज्ञानिक और नीतिज्ञ एक ही था, तब विज्ञान नीति को ही पुष्ट करता था, और विज्ञान के विकास का इतिहास पहले एक पुष्ट नैतिकता का ही इतिहास रहा : नैतिकता ने किसी दैवी, अलौकिक प्रतिमान पर आधारित एक अन्धविश्वास या तर्कातीत श्रद्धा से हटकर एक बुद्धिसंगत, लौकिक, मानववादी नैतिक बोध का रूप लिया। यहां तक वैज्ञानिक सब नीतिज्ञ नहीं तो नैतिक अवश्य थे, और यहां तक विज्ञान का रेकार्ड वैज्ञानिकों के लिए गौरव का विषय है। मध्ययुग में बुद्धि की महानिशा में वैज्ञानिक सन्तों ने ही ज्ञान के टिमटिमाते आलोक को अपनी गुदड़ी के भीतर छिपाकर उसकी रक्षा की-पर किसलिए? कि औद्योगिक क्रान्ति के साथ वह सुविधा का गुलाम बनकर एक के बाद एक विभ्राट् उत्पन्न करता चले? क्या यही मानव का भविष्य है, क्योंकि यह उसकी श्रेष्ठ उपलब्धि विज्ञान का भविष्य है? वह यह नहीं मान सकता-पर निस्सन्देह यह विज्ञान का सूक्ष्मकाल तो है ही, और उसके साथ नैतिकता का भी क्राइसिस है, संस्कृति का भी, क्योंकि विज्ञान का क्राइसिस वैज्ञानिक नैतिकता और वैज्ञानिक संस्कृति का भी क्राइसिस है। इससे यह सीखना होगा कि नीति से अलग विज्ञान बिना सवार का घोड़ा है, या बिना चालक का एंजिन : वह विनाश ही कर सकता है। और संस्कृति से अलग विज्ञान केवल सुविधाओं और सहूलियतों का संचय है, और वह संचय भी एक को संचित करके दूसरे के हक में, और इस अम्बार के नीचे मानव

की आत्मा कुचली जाती है, उसकी नैतिकता भी कुचली जाती है, वह एक सुविधावादी पशु हो जाती है।"[34] इससे हम इस निष्कर्ष पर पहुंच सकते हैं कि अज्ञेय विज्ञान के सार्थक उपयोग के लिए मानव विवेक और उसके नैतिकपरक दृष्टिकोण को महत्त्वपूर्ण मानते हैं। उनके अनुसार तभी विज्ञान मानव मूल्यों की प्रतिष्ठा करने में समर्थ बन सकेगा।

(घ) अज्ञेय का काल-चिन्तन

काल के ऐतिहासिक और भौतिक स्वरूप का दबाव आधुनिक सर्जनात्मक प्रतिभा पर आरम्भ से ही पड़ने लगा था। जैसे हिन्दी में ही हम देख सकते हैं कि भारतेन्दु के चिन्तन और उनकी कुछ कविताओं में भौतिक काल की तात्कालिकता पर बल दिया गया। धीरे-धीरे यह दबाव कमोबेश पूरे हिन्दी साहित्य पर रहा है और इसे मानववाद और संस्कृति को लौकिक प्रमाण देने की चेष्टा ही कहा जा सकता है। क्या अज्ञेय का काल चिंतन उसी परम्परा में है? यदि है तो सवाल पैदा होता है कि हमारे जीवन को उनके काल का तत्व दार्शनिक स्वरूप उनमथित करता है अथवा ऐतिहासिक स्वरूप। इन दोनों में से कौन सा अज्ञेय के काल-चिंतन का विशेष सन्दर्भ है? असल में अज्ञेय के काल-चिंतन में बिखरे हुए प्रसंग हैं जिनमें एकसूत्रता खोजने के लिए उनके काल-चिंतन के विशिष्ट स्त्रोतों और अभिप्रेरणाओं का विश्लेषण अपेक्षित होगा। हम संक्षिप्त रूप में अज्ञेय के काल विषयक चिन्तन को प्रस्तुत करते हैं।

काल के बारे में अज्ञेय मानते हैं कि "काल एक सुदूर आरम्भ बिन्दु से आरम्भ करके एक अन्त तक नहीं जाता, वह वर्तमान की चेतना से आरम्भ होता है—वर्तमान के अद्यतन क्षण से, और उसकी गति दोनों ओर हो सकती है—अतीत की ओर अथवा भविष्य की ओर। फलतः काल के सभी क्षणं सर्वदा वर्तमान हैं, सहकालिक हैं, अतीत अथवा भविष्य का परिप्रेक्ष्य किसी घटना के आत्यन्तिक रूप से 'हो गयी' या 'होने वाली' होने पर निर्भर नहीं करता, इस पर निर्भर करता है कि. हमारी वर्तमान की चेतना किस बिन्दु को अद्यतन वर्तमान मानकर चलती है। अनेक भारतीय भाषाओं में आगामी कल और गत कल दोनों 'कल' हैं—दोनों आज से वर्तमान चेतना के क्षण से, एक दिन की दूरी पर के दिन हैं, चाहे इधर चाहे उधर।"[35] इसका अभिप्राय यह हुआ कि वर्तमान का क्षण अतीत और भविष्य की सन्धि का एक सूक्ष्मतम बिन्दु है जहां हमारी चेतना स्थिर रहती है क्योंकि सन्धि के इस सूक्ष्मतम बिन्दु पर टिके रहकर ही अतीत और भविष्य की प्रतीति हो सकती है यानी काल की प्रतीति, गति की उन्मुखता या प्रतिमुखता की प्रतीति है। उन्मुखता की प्रतीति से भविष्य का और प्रतिमुखता से अतीत का बोध होता है या हो सकता है। यहां हमें यह भी समझ लेना होगा कि इस अति वर्तमान के क्षण का थोड़ा-सा विस्तार आवश्यक है, क्योंकि वर्तमान के इस क्षण के विस्तार में ही तो हमें काल

की प्रतीति हो सकती है। इस बात को स्पष्ट करने के लिंए अज्ञेय ने काल प्रतीक के रूप में डमरू की आकृति को प्रस्तुत किया है। वो कहते हैं कि 'डमरू का पारम्परिक प्रतीक मानवीय अनुभव में काल की प्रतीति का सांगोपांग प्रतीकन कर सकता है। डमरू की मूल आकृति एक दोहरे शंकु की है जिसमें दोनों शंकुओं के शिखर एक-दूसरे से मिले हुए हैं। यह सन्धि-स्थल डमरू की कटि है जहां से बढ़कर उसके डोरे की गांठ दोनों और दोनों शंकुओं के तल पर-आघात कर सकती है। यह सन्धि-स्थल ही वह बिन्दु है जहां से डमरू को बजाते समय उसे पकड़ा जाता है। काल के प्रतीक डमरू में-काल-डमरू-यही स्थल वर्तमान का क्षण है। वास्तव में शुद्ध वर्तमान यही हो भी सकता है : एक सन्धि का सूक्ष्मतम बिन्दु। दोनों शंकु अतीत और भविष्य हैं। हम हमारी चेतना सर्वदा वर्तमान के बिन्दु पर स्थिर रहती है : परिभाषा से ही 'अस्तित्व' वह स्थिति है। निरन्तर इसी एक बिन्दु पर टिके रहते हुए हमें अतीत और भविष्य की प्रतीति होती है-बजाये जाने पर डमरू की कौड़ी जिस भी पक्ष पर आघात करती है। यह कौड़ी हमारे चित्त का प्रतीक है। डमरू की गति काल की गत्यात्मकता या प्रवाहमयता को प्रतिरूपायित करती है और प्रवाह के इस बोध से हमें नैरन्तर्य अथवा सातत्य की प्रतीति होती है।"[36] अज्ञेय की काल की यह धारणा भारतीय काल-चिन्तन की धारणा को अभिव्यक्त करती है जहां काल को चक्र के रूप में प्रतिरूपायित किया गया है। भारत में काल की आवर्तीमूलक अवधारणा रही है। लेकिन पश्चिम में क्राल की परिकल्पना मूलत: रेखानुसारी है। परिश्चम में काल की अवधारणा एकदिगुन्मुख है जो सदैव एक अन्त की ओर इंगित करती है जिसका सदा अन्त निश्चित है। इस सिलसिले में हम टी.एस. एलियट की एक कविता याद कर सकते हैं-

Only in time can the moment in the rose-garden.
The moment in the arbor where the rain beat,
The moment in the smoky church at smokefall
Be remembered, involved with past and future
only through time is time conquered.[37]

यहां ध्यान देने की बात यह है कि एलियट 'क्षण' के साथ 'स्मरण करने' की बात जोड़ता है लेकिन अज्ञेय 'क्षण' के साथ 'स्मरण करने' की बात जोड़ने को हेतुवाद का सहारा लेना मानते हैं। वो कहते हैं कि 'मेरी निजि धारणा तो यह है कि एलियट जब 'क्षण' के साथ 'स्मरण करने' की बात जोड़ता है, तब वह एक हेतुवाद का सहारा लेता है। क्योंकि स्मृति की तो परिभाषा ही उसे कालबद्ध बना देती है। यदि काल पर विजय पाना सम्भव है-केवल कल्पना से नहीं, वास्तव में प्राप्त की हुई विजय के रूप में -तो वह विजय स्मृति के माध्यम से तो नहीं ही होगी। काल पर विजय केवल शुद्ध वर्तमान के आत्म-साक्षात्कार में ही हो सकती

है। यह तो सम्भव है कि एलियट का 'गुलाब-गाछी का क्षण' ऐसा एक क्षण रहा हो, पर यदि ऐसा था तो उस क्षण में काल पर पायी हुई विजय उसी क्षण की थी। यह भी हो सकता है कि वह क्षण दोबारा भी प्राप्त किया जा सके, और ऐसी उपलब्धि में स्मृति की भी एक भूमिका होगी। किन्तु इस स्थिति में हम पहले ही स्मृति की चर्चा एक कालातीत आयाम में कर रहे होंगे; उसकी पुनराहूत कर सकने की क्षमता की नहीं। वास्तव में स्मृति का यह रचनात्मक पक्ष ही है जो कि अनुभव को निरन्तर समायोजित, संश्लिष्ट और नियमित करता चलता है, और जो अस्ति अथवा आत्मा की एक सुसम्बद्ध, संघन, एकीकृत संरचना का उद्घाटन करता है। इसके बिना यह आत्मबोध हमारे अनुभव का एक तथ्य न होता–आत्मा का भी बोध हमें न होता।"[38] यानी अज्ञेय का बल लगातार इस बात पर दिखाई देता है कि हमारी स्थिति अतीत काल और भविष्यत काल के बीच में है, जिसे हम वर्तमान की चेतना कह सकते हैं। शायद चेतना की इसी स्थिति की बात टी.एस. एलियट ने अपनी इस प्रस्तुत कविता में की है–

> Time past and time future
> Allow but a little consciousness
> To be conscious is not to be in time.[39]

एलियट की इस बात का अभिप्राय यह हुआ है कि नितान्त वर्तमानता का क्षण नहीं प्राप्त किया जा सकता है क्योंकि अतीत और भविष्य के बीच वर्तमान की चेतना का हल्का-सा प्रसार है। इसी प्रसार से हम स्मृति और आकांक्षा के काल में ज़ीते हैं। यहीं पर सवाल उठ सकता है कि वह अत्यन्त वर्तमान का क्षण है क्या? क्या वह क्षण सम्भव भी है? क्या वास्तव में हम स्मृति और आकांक्षा के काल से हटकर शुद्ध वर्तमान के क्षण में भी जी सकते हैं? इन प्रश्नों से अज्ञेय टकराते हैं और महसूस करते हैं कि 'यदि काल-स्रोत अनिवार्यतया अतीत का अनुप्रवाही अथवा भविष्यत् का प्रतिवादी है, यदि हमारी काल चेतना अनिवार्यता अभिमुख या प्रतिमुख है, यदि वह अनिवार्यतया स्मरण पर अथवा प्रतीक्षा पर आधारित है, तो उस केवल वर्तमान का बोध कैसे हो? स्पष्ट है कि वर्तमानकाल भूतकाल और भविष्यत् काल के बीच में है। तब अत्यन्त वर्तमान वह क्षण अथवा बिन्दु है जहां स्मृत काल और प्रतीक्षित काल का आत्यन्तिक संक्रमण होता है : वह क्षण जिसकी न स्मृति है न प्रतीक्षा अथवा कामना। कोई ऐसा क्षण पाया जा सके, ऐसे क्षण को कोई पा सके, आत्मचेतन होकर स्मृति और आकांक्षा से परे जी सके, तो वह ऐसा व्यक्ति हो जायेगा जिसकी छाया नहीं होती–उसकी ऐसी शुद्ध काल-चेतना होगी कि वह काल-मुक्त हो जायेगी। क्योंकि जो अत्यन्त वर्तमान में, शुद्ध सत्ता में जी सकता है, उसके लिए दोनों शंकु सिमटकर शीर्षबिन्दु में लय हो जायेंगे। स्रोत थम जायेगा, सत्ता रह जायेगी। डमरू केवल बिन्दु में लय हो जायेगा,

शुद्ध नाद रह जायेगा। ऐसे जी सकने वाला कालजित होगा, जीवनमुक्त होगा : उसे चिरन्तन वर्तमान में अमरत्व प्राप्त हो गया होगा।"[40] अज्ञेय की इस बात का मतलब यह हुआ कि अत्यन्त वर्तमान में जीना सरल स्थिति नहीं है बल्कि असम्भव प्रायः स्थिति है क्योंकि हम काल के विभिन्न आयामों में ही जी पाते हैं। हम अतीत, वर्तमान और भविष्य तीनों कालों में एक साथ जीने के लिए बाध्य हैं। किसी योगी और सिद्ध पुरुष के लिए सम्भव हो तो हो, अन्यथा शुद्ध सत्ता में जी सकना एक दुर्लभ स्थिति है। हम कह सकते हैं कि काल चेतना अज्ञेय के अनुसार अनु या प्रति-गति की ही चेतना है-भविष्य की ओर गति या अतीत से परे गति है : स्मृति है अथवा प्रतीज्ञा है। काल की इस चेतना का सम्बन्ध निःसन्देह मूल्यवृद्धि से भी होता है। यदि हम काल के बृहत्तर आयाम से कटकर केवल जीवित क्षण में ही जीना शुरू कर देंगे तो इस बात का खतरा पैदा हो सकता है कि कहीं हम मूल्यों के सन्दर्भ तो नहीं बदल रहे हैं। इस विषय में अज्ञेय ने लिखा है कि 'काल के बृहत्तर आयाम की चेतना लगातार बनी न रहने के कारण पश्चिम के 'जीवित क्षण' की कहानी की मूल्य दृष्टि बिल्कुल दूसरी हो जाती है। जीवित क्षण के पकड़ने के प्रयत्न में पश्चिमी उपन्यासकार मूल्यवाही सभी शब्दों का बहिष्कार कर देता है और अपने को केवल गोचर अनुभवों तक सीमित कर लेता है। उसका तर्क यह है कि जीवित क्षण के केवल गोचर अनुभव ही हो सकते हैं-उससे अधिक कुछ भी होगा तो स्मरण का आधार अवश्य चाहेगा-अर्थात् कालगत दूरी अपेक्षित होगी। निःसन्देह ऐसा लेखन बड़े कठोर अनुशासन की अपेक्षा रखता है, परन्तु किसी उपन्यास अथवा कथाकृति में आख्यान काल और घटनाकाल दोनों की मांग जीवित क्षण के आदर्श तक पहुंचने में बाधक होती है। समकालिकता (जिसका अर्थ यहां तात्कालिकता हो जाता है) प्राप्त करने के तन्त्रगत उपाय के रूप में इस पद्धति का अर्हता उस दूसरी पद्धति से अधिक नहीं मानी जा सकती जिसमें क्षण को पकड़ने के लिए उसे काल-प्रवाह से विविक्त नहीं किया जाता बल्कि प्रवाह के भीतर उसके वर्तमानत्व का विशिष्ट गुण उभरने का प्रयत्न किया जाता है। यहां तक कहा जा सकता है कि सम्पूर्ण वर्तमान को प्रस्तुत कर सकने की सम्भावना दूसरी पद्धति में ही अधिक है। वृत्तान्त से प्रस्तोता की कालगत दूरी का स्पष्ट संकेत और निर्वाह, तात्कालिक वस्तु-सत्ता प्रस्तुत करने में न केवल बाधक नहीं होता, वरन् सहायक भी हो सकता है। 'जीवित क्षण', 'वर्तमान क्षण' की कथा की खोज में ही मूल्य सम्बन्धी एक प्रतिज्ञा निहित है : वह खोज केवल काल जीवी मानव की पहचान पर आधारित नहीं है बल्कि काल जीवी मानव की सार्थकता की पहचान पर बल देती है। सार्थकता का प्रश्न मूल्य का प्रश्न है। अतएव मूलतः मूल्यग्राही यह खोज जब मूल्यवाही शब्दों का बहिष्कार अपना सिद्धान्त बना लेती है तब ऐसे विरोधाभास का आश्रय ले लेती है। जिसका परिणाम कुंठा ही हो सकता है, क्योंकि काल का अर्थ तक केवल मृत्यूनमुख गति रह जाता है।"[41]

अज्ञेय के उपर्युक्त काल-चिंतन पर विचार करते समय हमारे सामने सवाल उठता है कि क्या अज्ञेय का काल-चिंतन अमरत्व की चिन्ता करता है? यदि अज्ञेय का काल चिंतन अमरत्व की चिन्ता करता है तो दूसरा सवाल पैदा होता है कि क्या अमरत्व आधुनिक युग की समस्या है? क्योंकि साहित्यकार तो काल को जीतता नहीं बल्कि काल की सत्ता को मानवीय अनुभव में मूर्त करता है। अज्ञेय की चिन्ता कहीं पर काल को जीतने की चिन्ता लगती है। पर क्या अमरत्व की यह चिन्ता अलौकिक जैसी चिन्ता नहीं है, क्योंकि आधुनिक युग के लिए सत्ता का स्वरूप सनातन नहीं है, उसकी निरन्तरता की प्रक्रिया सनातन है। सत्ता का स्वरूप यदि सनातन है तो वह कालजित होगा लेकिन यदि सत्ता की प्रक्रिया सनातन है तो वह कालजित न होकर काल को और काल में प्रतिफलित होता रहेगा। क्योंकि प्रक्रिया काल ही में तो प्रतिफलित होगी। ऐसा होने पर विजय पराजय नहीं होगी। उसकी समस्या होगी काल में प्रतिफलित होना और काल को प्रतिफलित करना। अज्ञेय की काल की समस्या अति समस्या है, मृत्यु को जीतने की समस्या है, सनातन और शाश्वत की समस्या है। ऐसा लगता है कि अज्ञेय का काल-चिंतन जीवन की किसी ठोस समस्या को लेकर नहीं बल्कि तत्त्व दार्शनिक स्तर पर होने वाला काल चिंतन है जहां काल ऐतिहासिक दबाव नहीं डालता। जबकि आधुनिक युग में काल ऐतिहासिक दबाव डालता है। आध्यात्मिक दबाव नहीं डालता। मध्य युग में हमारे स्नायुतन्त्र पर स्वर्ग-नरक का दबाव था, आधुनिक युग में ऐसा नहीं है। हमारे देश में काल का भौतिक और ऐतिहासिक दबाव है। यह आधुनिक युग की कन्सर्न का दबाव है।

(ड़) मानव : प्रतीक-स्रष्टा

यदि हम गम्भीरता से विचार करें तो पायेंगे कि मानव के विकास का इतिहास उसके द्वारा निर्मित प्रतीकों का इतिहास है। उसके द्वारा निर्मित प्रतीकों से ही हम उसके सांस्कृतिक और प्रातिभ विकास का अन्दाज लगा सकते हैं। जैसे-जैसे मानव के विवेक और मेधा ने प्रकृति से सम्पर्क स्थापित किया वैसे-वैसे प्रतीकों का इतिहास बनता गया। प्राणी जगत में केवल मानव ही प्रतीक सृष्टि करता आया है। जब हम यह कहते हैं कि प्राणी जगत में केवल मानव ही प्रतीक सृष्टि करता आया है तब हम यह मानते हैं कि मानव ही अपनी अनुभूतियों को सम्प्रेष्य बनाने की बेचैनी महसूस करता रहा है। मनुष्य ने आग का आविष्कार बाद में किया, अपनी अनुभूतियों को व्यक्त करने के लिए प्रतीकों की सृष्टि पहले की। हम कह सकते हैं कि प्रतीकों के माध्यम से यथार्थता के उस पहलू और सबसे गहरे पहलू का उद्घाटन कर सकते हैं जो ज्ञान के किसी दूसरे पैमाने से नहीं मापा जा सकता। प्रतीक ही मानव के यथावत स्वरूप की पहचान कराते हैं। क्योंकि स्वयं मानव ही

प्रतीकों का स्रष्टा है और यही कारण है कि प्रतीक ही यह बात सिद्ध करते हैं कि हर 'ऐतिहासिक' मनुष्य अपने साथ-साथ प्रागैतिहासिक मानवता का बहुत-कुछ ग्रहण किए रहता है। इतिहास की परतें उतारकर देखें तो पाएंगे कि आदिम मनुष्य प्रकृति की घटनाओं को महसूस करके उन्हें व्यक्त प्रतीकों के जरिए ही करता था। उस वक्त आदि मानव के पास भाषा जैसी कोई चीज़ नहीं थी। वह अपनी चेतना का प्रसार प्रतीकों के निर्माण से ही कर रहा था। अज्ञेय ने भी मानव विवेक के विकास के सन्दर्भ में ही प्रतीक-सृष्टि पर विचार किया है। यहां हम संक्षिप्त रूप में 'मानव : प्रतीक स्रष्टा' विषय और अज्ञेय के विचारों को रखेंगे और उन पर विचार करेंगे।

अज्ञेय के अनुसार मानव और पशु में मौलिक अन्तर यह है कि मानव प्रतीक स्रष्टा प्राणी है और पशु प्रतीक-सृष्टि नहीं कर सकता। इस विषय में वह लिखते है कि 'मानव केवल विवेकशील प्राणी—होमोसेपिएंस ही नहीं है। पशु और मानवता में इतना ही मौलिक अन्तर यह है कि मानव प्रतीक-स्रष्टा प्राणी है—होमोसिम्बालिकम्। मानव प्रतीकों की सृष्टि कर सकता है, यह वात उसे पशु से और भी महत्त्वपूर्ण ढंग से अलग करती है, और यह उसके सारे सांस्कृतिक और प्रतिभ विकास का आरम्भ-बिन्दु है। विवेक की प्रतिभा भी प्रतीक-सृष्टि की प्रतिभा का सहारा लेकर ही प्रतिफलित होती या हो सकती है। मानवेतर सभी प्राणी, जिन्होंने प्रतीक-सृष्टि की यह प्रतिभा नहीं पायी है, एक सीमित जीवन ही जी सकते हैं। उनका जीवन स्थूल जगत की गोचर अनुभूतियों तक ही सीमित रहता है। और वे अनुभूतियां भी एक-दूसरे को सम्प्रेष्य नहीं होती, क्योंकि सम्प्रेषण का कोई परिपक्व साधन उनके पास नहीं है। संकेतों का एक स्थान उनके जगत में है—जैसे झुंड के एक पशु का डर संकेत द्वारा पूरे झुंड को भयातुर कर दे सकता है—पर भाषा के समकक्ष उनके पास कुछ नहीं है, क्योंकि भाषा का आधार प्रतीक है और उसका आविष्कार या प्रवर्तन पशु जगत में नहीं होता। भाषा से सम्प्रेषण का आरम्भ है, उसी से अनुभव के आदान-प्रदान का आरम्भ होता है, ज्ञान का आरम्भ होता है, परम्परा का आरम्भ होता है, विद्या का आरम्भ होता है, विज्ञान का आरम्भ होता है। और विकास की इस सारी श्रृंखला की पहली क़ड़ी है प्रतीक। वही मनुष्य को स्थूल की जकड़ से मुक्त करता है, प्रकृति की पकड़ से मुक्त करता है। कहा है 'सा विद्या या विमुक्तये'—विद्या वह है जो मुक्ति का निमित्त हो—और विद्या का आरम्भ प्रतीक-सृष्टि से होता है।"[42] इससे यह स्पष्ट होता है कि अज्ञेय मानव की प्रतीक सृष्टि की प्रतिभा को विवेक की प्रतिभा से भी पूर्व की स्थिति मानते हैं जहां से मानव का सांस्कृतिक विकास आरम्भ होता है। इसका मतलब यह हुआ है कि प्रतीक और विचार मानव के जीवन क्षेत्र के प्रमुख और सूक्ष्म औजार हैं। जब मानव कर्म क्षेत्र में प्रवेश करता है तब प्रतीक और विवेक दोनों उसे सार्थकता

प्रदान करते हैं। यहां पर यदि हम शब्द को प्रतीक मानें तो एक सवाल यह उठता है कि क्या एक बार इस्तेमाल होने के बाद प्रतीक चुक जाते हैं या साथ छोड़ देते हैं? क्या शब्द मात्र सीढ़ियां हैं, जिनका व्यवहार कर चुकने के बाद उन्हें छोड़ दिया जाता है ? लेकिन ऐसा लगता है कि साहित्य एवं काव्य में तो हम शब्द की सीढ़ी बहुत दूर तक नहीं छोड़ पाते किन्तु कला और कर्म और टेकनॉलाजी में हम उन्हें छोड़ भी देते हैं। (विटगेंस्टाइन ने कहा कि शब्द तो मात्र सीढ़ियां हैं। जब हम उनका व्यवहार कर चुके होते हैं तो छोड़ देते हैं) लेकिन हमें यह भी मानना होगा कि प्रतीक फैन्टेसी और संभावना के द्वारा यथार्थता का अधिग्रहण कराते हैं : वे हमारी नयी चेतना के किसी महीन तंतु को झनझना देते हैं जिससे मानव के सामने नयी सम्भावनाओं की दिशाएं खुल जाती हैं। इसीलिए प्रतीक चेतना के संवर्धक हैं। अज्ञेय भी मानव को इसलिए अनन्त सम्भावना–सम्पन्न मानते हैं क्योंकि वह प्रतीक-स्रष्टा है। अज्ञेय लिखते हैं कि "मानव प्रतीक-स्रष्टा है, इसलिए अनन्त सम्भावना-सम्पन्न है : मुक्त है।"[43] अज्ञेय भी यह मानते हैं कि सभी प्रतीक दीर्घकालिक प्रतीक नहीं हैं लेकिन इतना अवश्य है कि हमारे जीवन का हर कदम प्रतीकों से बंधा है चाहे वह दीर्घकालिक प्रतीक हों या तात्कालिक महत्त्व के हों। अज्ञेय इस विषय में लिखते हैं कि "कुछ प्रतीक स्थायी या दीर्घकालिक हैं, कुछ केवल तात्कालिक महत्व के हैं, कुछ केवल प्रादेशिक या आंचलिक। कुछ प्राकृत प्रतीक हैं, जो इसलिए 'शाश्वत' भी माने जाते जा सकते हैं, कुछ पारम्परिक हैं, इसलिए एक स्थिरता और गाम्भीर्य रखते हैं, कुछ तदर्थ हैं और उनमें जब-तब मनमाना अभिप्राय भरा जा सकता है। लेकिन सभी में शक्ति है, निर्माण और कलह के बीज हैं : प्रतीकों के लिए युद्ध लड़े जाते हैं, जातियां बनती-मिटती हैं। संस्कृतियों के उदय-विलय का इतिहास बहुत कुछ उनके पूजित प्रतीकों के विकास-ह्रास का इतिहास होता है। और सब-के-सब प्रतीक हैं हमारी अपनी सृष्टि–क्योंकि मानवेतर कोई प्राणी प्रतीक-स्रष्टा नहीं होता। यानी प्रतीक हमने बनाये हैं, वे हमारी सुविधा के साधन और प्रमाण हैं–पर साथ ही हमारे जीवन का हर कदम प्रतीकों से बंधा है, प्रतीकों द्वारा नियन्त्रित है। प्रतीक की सृष्टि से हम मुक्त हुए : तब से यह संकट हमारे सामने है कि कहीं हम प्रतीकों के गुलाम न हो जायें।"[44] असल में 'प्रतीकात्मक' और 'ऐतिहासिक' को परस्पर विरुद्ध नहीं मान सकते। प्रतीकात्मकता को ऐतिहासिकता के कारण ही नये-नये संदर्भ मिलते हैं और प्रतीकात्मकता इतिहास को निरन्तरता प्रदान करती है। इतिहास में हम संपूर्ण मानवता, संस्कृतियों, कालों, आन्दोलनों, घटनाओं, चरित्रों तक को प्रतीकीकृत होते हुए पाते हैं। जीवन और समाज के प्रति नये बोध का उन्मेष करने वाली आर्थिक-सामाजिक परिस्थितियां परोक्ष रूप से पुराने बोधों का निमेष कर देती है। यानी प्रतीक उचित सशक्त और प्रकट ढंग से समूह, वर्ग तथा राष्ट्र की चेतन प्रक्रिया में भी सक्रिय रहते हैं। हम कह सकते

हैं कि यदि प्रतीक समाज में शिक्षित करने के, संस्कारित करने के, अनुशासित करने के, शक्ति-संचित करने के साधन रहे हैं तो दूसरी और प्रतीक तनाव के और परीक्षण के साधन भी रहे हैं। इस आधार पर कहा जा सकता है कि मानव का इतिहास उसके द्वारा निर्मित प्रतीकों का इतिहास है।

(च) स्वतन्त्रता : एक दायित्वबोध

स्वतन्त्रता एक सापेक्ष धारणा है। यदि हम स्वतन्त्रता को समाज और संस्कृति आदि से काटकर देखेंगे तो स्वतन्त्रता निराशा और अकेलेपन का चुनाव हो जायेगी और इसकी परिणति अनस्तित्व की प्रज्ञा में हो जायेगी। यदि यह कहा जायेगा कि स्वतंत्र चुनावों के लिए समाज नहीं, केवल व्यक्ति ही अधिकारी है तो इसका अर्थ यह हो सकता है कि किसी भी निर्णय के औचित्य या सार्थकता के लिए कोई भी कसौटी नहीं है। ऐसी स्थिति में व्यक्ति के लिए स्वतन्त्रता बोझ हो जायेगी, जिसे वह ढोने के लिए बाध्य होगा। यदि हम पूरे समाज के सन्दर्भ में स्वतन्त्रता को समझने की, पारिभाषित करने की कोशिश करेंगे तो स्वतन्त्रता एक प्रतिबद्धता के रूप में हमारे सामने आयेगी। यहीं पर आकर स्वतन्त्रता एक दायित्वबोध की स्थिति बन जायेगी। जब अकेला व्यक्ति कृत्य करने के लिए स्वतन्त्र होगा जिसकी परिणति केवल चुनाव है तो ऐसी स्वतन्त्रता अमूर्त स्वतन्त्रता होगी जो आत्मघाती स्थिति में जकड़ जा सकती है। दूसरी ओर ऐसी विचारधारा भी है जो यह मानती है कि मनुष्य अपनी सचेतना के माध्यम से पूर्णतया अर्थहीन विश्व को अपने रहने योग्य बनाता है—अपने स्वतंत्र वरण से उसे अर्थवत्ता प्रदान करता है—और साथ ही स्वतंत्रता के संत्रास से भयभीत भी रहता है। यही भय उसे अपनी स्थिति और अपने जीवन के प्रति उत्तरदायी बनने को मजबूर करता है।

अज्ञेय स्वतन्त्रता को एक बहुत बड़ी जिम्मेदारी मानते हैं। उनके अनुसार जिम्मेदारी बनकर ही स्वतन्त्रता नैतिक उत्तरदायित्वों की आधारशिला बनती है। वह मानते हैं कि "स्वतन्त्रता सबसे बड़ी जिम्मेदारी है, क्योंकि बिना स्वतन्त्रता के जिम्मेदारी ही नहीं है : अगर मैं स्वतन्त्र कर्मी नहीं हूं, अगर वरण की स्वतन्त्रता मुझे नहीं है, तो अपने कर्म की जिम्मेदारी भी मुझ पर कैसे आती है? स्वतंत्रता इतनी बड़ी जिम्मेदारी है, नैतिक उत्तरदायित्वों की आधारशिला है, इसलिए अधिसंख्य मनुष्य वास्तव में स्वतन्त्रता से डरते हैं : बंधी हुई लीक में ही उन्हें सुविधा और सुरक्षा दीखती है। यही शिक्षा की भी सबसे बड़ी परीक्षा होती है। क्या हमारी शिक्षा ने हमें अपनी स्वतन्त्रता स्वीकार करना सिखाया है? उतना बल दिया है? उतना साहस दिया है? उतना संकल्प दिया है? आत्म निरीक्षण का उतना निर्ममत्व दिया है? मानव प्रतीक स्रष्टा है, इसलिए अनन्त सम्भावना सम्पन्न है, मुक्त है। यह संस्कारवान मानव की नियति में निहित है : स्वतन्त्रता से उसका छुटकारा नहीं है।"[45]

अज्ञेय अपने इस वक्तव्य में समाज से व्यक्ति के तई एक ऐसी स्वतन्त्रता की मांग करते हैं जिसके जरिये व्यक्ति नयी दिशाओं का अनुसंधान कर सके, नयी लीकों का निर्माण कर सके। अज्ञेय स्वतन्त्रता के माध्यम से व्यक्ति को जिम्मेदार बनाने की बात सोचते हैं जिसमें शिक्षा का बहुमूल्य योगदान मानते हैं और इसी सन्दर्भ में वह आज की शिक्षा की सार्थकता के सामने प्रश्नचिह्न लगाते हैं। यहां वह शिक्षा को इस बात के लिए जिम्मेदार मानते हैं कि वह व्यक्ति को स्वतन्त्रता वरण करने के लिए सक्षम बनाये। क्योंकि सक्षम व्यक्ति ही स्वतन्त्रता जैसे मूल्य के प्रति प्रतिबद्ध हो सकता है, उसे वरण कर सकता है। वरण करने के कारण ही मनुष्य वही होता है जो अपने को बनाता है, यानी अपने को प्रयोजित करता–अपने भावी रूप को बनाता है और ऐसा करके वह संपूर्ण मानवता का नियमन करता है। यह उसके द्वारा वरण की गयी स्वतन्त्रता का सकारात्मक पक्ष है। स्वतन्त्रता का वरण करना मानव का एक सत्व पक्ष है जिसके द्वारा वह विश्व में निषेधियों की तो कलई खोलता है ही बल्कि अपने सम्बन्ध में भी निषेधात्मक दृष्टिकोण बना सकता है। यह चर्चा करते हुए हमें यहां जीन पाल सार्त्र की याद आती है। जिनके अनुसार संचेतना वह सत्व है जिसका धर्म है अपने सत्व के प्रति सचेत होना। सार्त्र लिखते हैं–

> Consciousness of being is the being of conciousness.[46]

इसका मतलब यह हुआ कि सचेतन तत्त्व के कारण ही मनुष्य स्वतन्त्रता का वरण करता है और इसी तत्त्व के कारण स्वतन्त्रता व्यक्ति के लिए एक जिम्मेदारी बन जाती है, जैसा कि अज्ञेय मानते हैं। इससे आगे अज्ञेय वेदना, पीड़ा को ही वरण की स्वतन्त्रता का प्रमाण मानते हैं। वह लिखते हैं कि "मेरी वेदना ही स्वतन्त्रता का प्रमाण है। यदि मुझे स्वतन्त्र निर्वाचन का अधिकार न होता तो मुझे वेदना भी न होती, क्योंकि या तो मैं निर्विकल्प भाव से वही कर्म करता जो सही है, या निर्विकल्प भाव से उसे स्वीकार करता जो सही नहीं है। मेरी विकल्प और वरण की स्वतन्त्रता का और क्या प्रमाण है सिवा मेरी वेदना के–सिवा उस कष्ट के जो मुझे अपने अधिकार का उपयोग करने में होता है?"[47] इसका अभिप्राय यह हुआ कि स्वतन्त्रता का वरण करना वेदना का वरण करना है। अधिकार का उपयोग करना सबसे बड़े तनाव से गुजरना है क्योंकि अधिकार का उपयोग करना समाज के प्रति एक भारी दायित्व का निर्वाह करना है । क्योंकि अधिकार के उपयोग की सार्थकता सामाजिक सन्दर्भ में ही होती है। सामाजिक सन्दर्भ के बिना अधिकार की उपयोगिता मनमानी है या स्वच्छंदता है, स्वतन्त्रता कदापि नहीं। दूसरों के साथ अपने सम्बन्धों के संदर्भ में अपने को पहचानना–इस विषय में सार्त्र लिखते हैं–

> In short, by the fact of the other's, existence, I exist in a situation which has an outside and which due to this very fact has a dimension of alienation which I can in no way remove from the situation any more than I can act directly

> upon it. This limit to my freedom is, as we see, posited by the other's pure and simple existence—that is, by the fact that my trnascendence exists for a transcendence. Thus we grasp a truth of great importance : we saw earlier, keeping ourselves within the compass of existence for-itself, that only my freedom can limit my freedom; we see now, when we include the other's existence in our consideration, that my freedom on this new level finds its limits also in the existence of the other's freedom.[48]

अज्ञेय भी सवाल उठाते हैं कि "क्या कोई अकेला स्वाधीन हो सकता है? क्योंकि कोई भी व्यक्ति अपनी सम्पूर्ण सम्भावनाओं को ऐसे ही परिवेश में पा सकता है जिसमें दूसरे भी अपनी चरम सम्भावनाओं को पूरी तरह प्राप्त करने के लिए समान रूप से स्वाधीन हों। और ठीक यहीं पर स्वाधीनता का ऐसा बोध मानों तपस्या की यन्त्रणा बन जाता है, क्योंकि वह मानव मात्र की समान स्वाधीनता के प्रयत्न की अनिवार्यता बन जाता है।"[49] यहां हमें ध्यान देना होगा कि अज्ञेय निरन्तर इस बात पर बल देने की कोशिश कर रहे हैं कि स्वतन्त्रता शुद्ध व्यक्तिवादी स्थिति नहीं है बल्कि स्वतन्त्रता का बोध सामाजिकता का बोध है इसीलिए यह 'तपस्या की यन्त्रणा बन जाता है। यही पर हम सवाल उठा सकते हैं कि क्या कालाकार या कवि की स्वाधीनता बिल्कुल उसकी निजी स्वाधीनता है? क्या उसका सत्य विषयी का सत्य मात्र है? अज्ञेय के अनुसार कलाकार की स्वतन्त्रता विषयी का सत्य नहीं होकर समाज का सत्य भी है। वह लिखते हैं कि "वैज्ञानिक की स्वाधीनता की सीधी परिभाषा हो सकती है : 'सत्य के शोध की स्वाधीनता'। लेकिन जहां तक लेखक अथवा कलाकार का प्रश्न है, यह स्पष्ट है कि इतनी परिभाषा काफी नहीं है। कलाकार की स्वाधीनता में अनिवार्यतया मूल्य के शोध की स्वाधीनता भी सम्मिलित होनी चाहिए। यह नहीं कि सत्य एक मूल्य नहीं है। तात्पर्य यह है कि कलाकार अथवा कवि का सत्य 'विषयी निरपेक्ष' सत्य नहीं है–इस पद का वैज्ञानिक के लिए जो भी आशय होता हो। कलाकार का और कवि का सत्य विषंयी का सत्य है। कलाकार एक विशेष रूप में संवेदनशील और ग्रहणशील यन्त्र है जिसके लिए सत्य 'विषयी का सत्य' होकर भी केवल उसका अपना सत्य नहीं है बल्कि दूसरे का सत्य भी है, केवल मम नहीं ममेतर का सत्य भी है। और मुझे जान पड़ता है कि इससे अनिवार्यतया यह बात भी निकलती है कि कलाकार की विशेष स्वाधीनता यह है कि उसका यह विशेष अधिकार और उत्तरदायित्व है कि वह 'सहमति के अधिकार' का संरक्षक हो।"[50] इसका अभिप्राय यह हुआ कि कवि या कलाकार जहां स्वाधीन होने का अधिकार रखता है वहीं वह स्वाधीन होने के दायित्व-भाव को भी स्वीकार करता है क्योंकि अन्ततः कवि या कलाकार संवेदनशील होने के साथ-साथ 'ग्रहणशील' व्यक्ति भी है। जब हम कवि को

ग्रहणशील व्यक्ति स्वीकार कर लेते हैं तो इसका मतलब यह हुआ कि इस इसकी रचना को, उसकी कृति को सामाजिक परिवेश, सामाजिक स्थितियों और घटनाओं को अभिव्यक्ति करने का एक जरिया मान रहे हैं। इसका मतलब यह भी हुआ कि कवि की कृति का आधार समाज को मान रहे हैं। क्योंकि कलाकार यदि 'ग्रहणशील यन्त्र' है तो निश्चित रूप से वह समाज से ही ग्रहण करेगा। इसीलिए अज्ञेय कवि और कालकार की स्वाधीनता को स्वाधीन समाज में ही स्वीकार करते हैं। इसलिए वह मानते है कि "साहित्यकार ऐसे समाज में स्वाधीन नहीं हो सकता जो समाज स्वाधीन नहीं है।"[51] इसका मतलब यह हुआ कि समाज की स्वाधीनता पहली स्थिति है और इसके बाद कलाकार की स्वाधीनता की बात पैदा होती है। कलाकार की स्वाधीनता केवल कलाकार की स्वाधीनता नहीं होती बल्कि कलाकार जिस समाज का अंग है उस पूरे समाज के प्रत्येक व्यक्ति की स्वतन्त्रता को भी वह अपने में सम्मिलित करता है। अब सवाल पैदा यह होता है कि व्यक्ति को यह मानसिक स्वाधीनता प्राप्त कैसे हो? क्या स्वाधीनता मांगने की चीज़ है? यदि स्वाधीनता मांगने की चीज़ है तो हमें यह मान लेना चाहिए कि फिर व्यक्ति अवधारणा के स्तर पर मनुष्य समाज को कुछ नहीं दे पायेगा। राजीनामा करके स्वाधीनता नहीं प्राप्त हो सकती है। स्वाधीनता की जमीन संघर्ष और असहमति की जमीन है। क्योंकि अवधारणा के स्तर पर कुछ नया तभी सोचा जा सकता है जब द्वन्द्व और असहमति के संघर्ष की प्रक्रिया से व्यक्ति गुजर रहा हो। यही कारण है कि समय के साथ-साथ अवधारणा मरती रहती है और जन्म लेती रहती है। पर जैसे विचार के मरने और जन्म लेने का सिलसिला चलता रहता है वैसे ही नये विचारों को जन्म देने के लिए संघर्ष का सिलसिला चलता रहता है। और इस संघर्ष के सिलसिले का मतलब है, स्वाधीनता मांगने की चीज़ नहीं है, राजीनामा करके नहीं मिल सकती, बराबर लड़ते रहकर ही उसकी रक्षा की जा सकती है।"[52] अवधारणा के लिए जिस संघर्ष की बात अभी हमने की है, उस विषय में डी. एच. लारेन्स की यह पंक्तियां सहसा याद आ जाती हैं—

> (Man fights for a new conception of life and God, as he fights to plant seeds in the spring because he knows that is the only way to harvest. If after harvest there is winter again, what does it matter? It is just seasonable. But you have to fight even to plant seed. To plant seed you've got to kill a great deal of weeds and bresk much ground.)[53]

डी.एच. लारेन्स जिस विचार रूपी बीज को बोने की बात कर रहे हैं, वह विचार बीज स्वाधीनता के बिना सम्भव नहीं है। इसलिए अवधारणा के बीज को बोने का संघर्ष मूलतः मानव स्वतन्त्रता का संघर्ष है और मानव स्वतन्त्रता का संघर्ष एक स्वतन्त्र समाज के लिए ही है। इसीलिए अज्ञेय साफ शब्दों में कहते हैं कि

"स्वतन्त्र समाज और स्वतन्त्र व्यक्ति केवल एक-दूसरे के पूरक नहीं हैं, इन दोनों की परस्परता ही गत्यात्मक व्यवस्था की शर्त है। स्वतन्त्र व्यक्ति समाज से स्वतन्त्र नहीं, समाज में स्वतन्त्र होता है–पर स्वतन्त्र, वर्धनशील समाज में।"[54]

(छ) कला का अभिप्राय और उसके आयाम

कला का जन्म मनुष्य के आत्मगत कला-संकल्प से ही सम्भव हो पाता है। मनुष्य के विभिन्न आत्मगत कलासंकल्प ही तो पदार्थ को अलग-अलग रूपों और शैलियों में ढालते हैं। उसी भाषा से जिसका इस्तेमाल हम व्यापार, लेन-देन, लड़ने-झगड़ने के लिए या सहमत-असहमत होने के लिए करते हैं मनुष्य आत्मगत कला-संकल्प के फलस्वरूप विभिन्न प्रकार के काव्य अथवा साहित्य रूप रचता है। यानी मनुष्य की संकल्पना वृत्ति और उसकी चारित्रिक विशेषता ही कला का मूलभूत कारण है। लेकिन यह भी ध्यान देने की बात है कि मनुष्य की यह संकल्प वृत्ति और चारित्रिक विशेषता इतिहास के क्रम में विकसित होती चलती है और गहरी होती जाती है। इसलिए कला शैली 'इतिहास' और 'काल' में भी प्रवाहित होती रहती है। हम कह सकते हैं कि विशेष संकल्प वृत्तियां इतिहास के समय विशेष में जागती हैं और उन्हीं से विभिन्न प्रकार की शैलियों का जन्म होता है। अज्ञेय ने कला के आयाम और उसके अभिप्राय से सम्बन्धित अपने विचार कई स्थानों पर व्यक्त किये हैं। अज्ञेय की कविता पर बात करने से पूर्व उनके कला सम्बन्धी चिंतन से परिचित हो लेना उचित होगा। यहां हम संक्षेप में उनके कला विषयक विचारों को प्रस्तुत करेंगे।

अज्ञेय कला की परिभाषा देते हुए लिखते हैं कि कला सामाजिक अनुपयोगिता की अनुभूति के विरुद्ध अपने को प्रमाणित करने का प्रयत्न, अपर्याप्तता के विरुद्ध विद्रोह है।'[55] सवाल उठता है कि 'सामाजिक अनुपयोगिता की अनुभूति' से क्या अभिप्राय है? इसका अभिप्राय यह है कि मनुष्य जिस समाज में रहता है, उस समाज के प्रति उसमें एक प्रकार का दायित्व भाव भी होता है। वह समाज के लिए कुछ करके अपने अस्तित्व को और व्यक्तित्व को सिद्ध करना चाहता है। यानी समाज के लिए अपनी उपयोगिता सिद्ध करना चाहता है। ऐसा न कर पाने पर उसके मन में अपने अस्तित्व की अर्थहीनता का बोध सालता रहता होगा। अर्थहीनता की यह अनुभूति उसे कुछ करने की प्रेरणा अवश्य देगी। हो सकता है कि वह आत्महत्या भी कर ले और यह भी हो सकता है कि वह कुछ अद्‌भुत कर दिखाये। यहां हम ऐसे व्यक्ति को ही लेकर चलेंगे जिसमें इतना आत्मबल है कि इस बोध की प्रतिक्रिया रचनात्मक हो, न कि आत्मनाशक। ऐसा प्राणी अपनी अनुपयोगिता की अनुभूति से आहत होकर, अपने विद्रोह द्वारा जीवन के कलात्मक क्षेत्र को विकसित करता है। पहला कलाकार ऐसा ही प्राणी हो सकता है। अज्ञेय मानते हैं कि 'हमारे

कल्पित कमजोर' प्राणी ने हमारे कल्प्ति समाज के जीवन में भाग लेना कठिन पाकर, अपनी अनुपयोगिता की अनुभूति से आहत होकर, अपने विद्रोह द्वारा उस जीवन का क्षेत्र विकसित कर दिया है–उसे एक नयी उपयोगिता सिखायी है–सौन्दर्य बोध! पहला कलाकार ऐसा ही प्राणी रहा होगा, पहली कला चेष्टा ऐसा ही विद्रोह रही होगी, फिर चाहे वह रेखाएं द्वारा प्रकट हुआ हो, चाहे वाणी द्वारा, चाहे ताल द्वारा, चाहे मिट्टी के लोदों द्वारा।"[56] इसी सिलसिले में अज्ञेय कला को 'अनुपयोगिता की अनुभूति के विरुद्ध' अपने को प्रमाणित करने के प्रयत्न के साथ-साथ अपर्याप्तता के विरुद्ध विद्रोह भी मानते हैं। वह लिखते हैं कि 'हमने कहा कि कला एक अपर्याप्तता की भावना के प्रति व्यक्ति का विद्रोह है। इसका अभिप्राय क्या है? कला सम्पूर्णता की ओर जाने का प्रयास है, व्यक्ति को अपने को सिद्ध प्रमाणित करने की चेष्टा है। अर्थात् वह अन्ततः एक प्रकार का आत्मदान है, जिसके द्वारा व्यक्ति का अहं अपने को अक्षुण्ण रखना चाहता है, सामाजिक उपादेयता यद्यपि भौतिक उपादेयता से श्रेष्ठ ढंग की उपादेयता का अनुभव करना चाहता है। अतएव अपनी सृष्टि के प्रति कलाकार में एक दायित्व भाव रहता है–अपनी चेतना के गूढ़तम स्वर में वह स्वयं अपना आलोचक बनकर जांचता रहता है कि जो उसके विद्रोह का फल है, जो समाज को उसकी देन है, वह क्या सचमुच इतना आत्यन्तिक मूल्य रखती है कि उसे प्रमाणित कर सके, सिद्धि दे सके? इस प्रकार कलावस्तु का रचना का एक नैतिक मूल्यांकन निरन्तर होता रहता है,[57] रचना का यह नैतिक मूल्यांकन कलाकार को दायित्व भावना से भी पूरित करता है। इस दायित्व की भावना से पूरित होकर कलाकार नई सम्भावनाओं पर उंगली रखता है, कई बार तो वह भविष्य को भी रच जाता है। लेकिन यह तभी सम्भव है जब रचनाकार ईमानदारी से अपने अन्तर के रहस्यों को खोले। कलिंगवुड ने इसीलिए कलाकार को भविष्य वक्ता कहा है जिसकी कला मानव समुदाय के लिए औषधि बनती है–

> 'The artist must be prophetic, not in the sense that he tells his audience, at the risk of their displeasure, the ssecrets of their own hearts. His business as an artist is to speak out...the secrets he must utter are theirs....The poet as prophet suggests no remedy, because he has already given one. The remedy is the poem itself. Art is th community's medicine for the worst disease of the mind, the corruption of conciousness.'[58]

इस सन्दर्भ में अज्ञेय जी ने कला की नैतिकता का सवाल उठाया है। यहीं प्रश्न पैदा होते हैं कि क्या कला का कोई नैतिक मूल्य होता है? और यदि कला का नैतिक मूल्य होता है तो वह किस प्रकार प्रमाणित होता है? उसका स्वरूप क्या है? असल में कला एक ऐसी यथार्थ रचना है जो सारी व्याख्याओं और संदेशों से मुक्त

हो–उनसे जो हमारे और संसार के बीच खड़े हैं। प्रत्येक कला रूप, एक प्रकार का रूपगत कर्म, एक आधार नीति है, एक न्यायायिक शक्ति है, जीवन की सम्भावनाओं की सीढ़ियों में एक कदम है। यदि कला कर्म एक न्याय शक्ति है तब हमें यह मानने में आपत्ति नहीं होनी चाहिए कि सच्ची कला कभी अनैतिक नहीं हो सकती। अज्ञेय मानते हैं कि "सच्ची कला कभी अनैतिक नहीं हो सकती और यों भी कह सकते हैं कि प्रत्येक शुद्ध कला-चेष्टा में अनिवार्य रूप से एक नैतिक उद्देश्य निहित है अथवा सच्ची कलावस्तु अन्ततः एक नैतिक मान्यता (एथिकल वैल्यू) पर आश्रित है, एक नैतिक मूल्य रखती है।"[58] इसका अभिप्राय यह हुआ कि कला का एक उद्देश्य होता है वह उद्देश्य नैतिक उद्देश्य तभी बनता है जब वह सामाजिक उद्देश्य से सम्बद्ध हो। सामाजिक उद्देश्य से मतलब है समाज के प्रति दायित्व भाव से प्रेरित हो। यह तभी सम्भव है जब कलामूल्यों का स्रोत सामाजिक अनुभव हो। उस अनुभव को बुद्धि के उषा में पकाकर ही हम कला के प्रतिमानों का, कला को प्रमाणित करने वाली कसौटी का निर्माण कर सकते हैं। अज्ञेय लिखते हैं कि "कला मूल्य हमें अनुभव के सागर से ही प्राप्त होते हैं–किन्तु अनुभव अपने-आप में एक प्रतिमान नहीं है। अनुभव की भित्ति पर बुद्धि द्वारा प्रतिष्ठित तत्त्व ही प्रतिमान हो सकता है। प्रतिमान की उपलब्धि हमें बुद्धि द्वारा ही होती है, यद्यपि उसके लिए हम अनुभव के सागर की थाह लेते हैं। और क्योंकि ये प्रतिमान हमें बुद्धि के द्वारा उपलब्ध होते हैं, इसलिए सुन्दर से हमें जो उपलब्धि होती है उसे हम आनन्द कहते हैं और केवल गोचर अनुभव से मिलने वाले सुख से अधिक गौरव देते हैं।"[59] जब हम कला मूल्यों का स्रोत अनुभव को मान लेते हैं तो भी एक बात स्पष्ट होने के लिए बाकी रह जाती है, और वह यह कि क्या कला को जन्म लेने के लिए, उसके फलने-फूलने के लिए किसी विशेष प्रकार की सामाजिक स्थिति की आवश्यकता होती है? यदि समाजशास्त्रीय दृष्टि से सोचें तो कहेंगे कि क्या राजनीति और प्रशासन के किसी स्वरूप विशेष में कला की उन्नति सम्भव है? कला के जन्म लेने के लिए क्या एक विशेष प्रकार की सामाजिक व्यवस्था आवश्यक है? क्या कला व्यवस्था पसन्द है? इन प्रश्नों के उत्तर में हमें लगता है कि कला के लिए सिलसिलेवार व्यवस्थित स्थितियां न तो अनुकूल होती हैं और न ही ऐसी स्थिति का मिलना सम्भव है। प्रत्येक व्यवस्था के अन्दर एक संघर्ष की प्रक्रिया जारी रहती है और संघर्ष के स्थलों पर ही कला के अंकुर फूटते हैं। हम सायास प्रयास करके समाज के अन्दर कला को पैदा होने के लिए जमीन तैयार नहीं कर सकते हैं। इसी मुद्दे पर टी. एस. एलियट ने विचार करते हुए लिखा है कि–

"You cannot, in any scheme for the reformation of society , aim directly at a condition in which the arts will flourish:

these activities are probably by-product of which we cannot deliberately arrange the condition. On the other hand, their decay may always be taken as a symtom of social ailment to be investigated. The future of art and thought in a democratic society does not appear any brighter than any other, unless democracy is to mean something very different from anything actual."[61]

इसी विषय पर अज्ञेय कहते हैं कि "कोई भी कलाकार अनिवार्य रूप से अपनी परिस्थितियों का परिणाम होता है। वह अपने आस-पास व्याप रहे संघर्ष का फल है।"[62] इसका मतलब यह हुआ कि कला अपने समय की परिस्थितियों के घात-प्रतिघात से जन्म लेती है। संघर्ष की प्रक्रिया में से गुजरे बिना कोई भी कलाकार सृजन नहीं कर सकता। कला संघर्ष का ही फल है। संघर्ष किसका? संघर्ष मनुष्य और प्रकृति का। यहीं पर यह स्पष्ट करना आवश्यक है कि कला के जरिये संघर्ष की अभिव्यक्ति सार्थक तभी होती है जब वह अन्य व्यक्तियों तक सम्प्रेषित होती है। सम्प्रेषण कला की एक अनिवार्य शर्त है। और आज कलाकार के सामने कला को सम्प्रेषित करनेका सवाल एक बहुत बड़ा सवाल है। आज के कलाकार और उसकी कला के सामने दो बातें प्रमुख रूप से उभरकर आती हैं। एक तो यह कि वह अभिव्यक्त क्या करे और दूसरी यह कि उसकी बात सम्प्रेषित कैसे हो। यानी काल का संघर्ष जहां एक ओर अपने परिवेश को, अपने समाज को पकड़ने का संघर्ष है, वहीं दूसरी ओर उसे व्यक्त करने का, उसे सम्प्रेषित करने का संघर्ष भी। इसी विषय में डी. एच. लारेन्स ने उद्धृत किया है कि–

" The essence then of true human art is that it should convey the emotions of one man to his fellows. It is a form of sympathy, and sympathy is in some measure harmoney and unity, and in harmoney and unity there is the idea of consistent prupose, is there not? So it works back to the old definition. But, you will say, there are emotion desirable an undesirable—and Art may transmit the undesirable. Exactly—then it is bad art.According to the feeling that originated it, Art may be bad, weak, good in all shades. So Tolstoi syas that all nude study is bad Art."[63]

कला से सम्प्रेषण और इसकी अभिव्यक्ति को ही लेकर अज्ञेय लिखते हैं कि "रचना अभिव्यक्ति-भर नहीं है, सम्प्रेषण है–और आज जब मुझे लगता है कि पहले की अभिव्यक्ति अधूरी है–यानी आज की दृष्टि से अभिव्यक्ति नहीं है, तो सहृदय समाज के सामने क्या प्रकाशित करूं–सम्प्रेषण किसका करूं? यही आज

की मेरी समस्या है–मेरी कला की समस्या है।"[64] असल में जब अज्ञेय यह कहते हैं कि 'सहृदय समाज के सामने क्या प्रकाशित करूं–सम्प्रेषण किसका करूं? यही आज की मेरी समस्या है।" तो इसका मतलब यह हुआ कि अज्ञेय का कलाकार जीवन मूल्यों से टकरा रहा है। कहीं वह उन जीवन मूल्यों को स्पष्ट रूप से देख नहीं पा रहा है। जो कला के आधार हैं। यह संघर्ष इस बात का संघर्ष है कि कला का उद्देश्य क्या है। कलाकार की इसी समस्या से अपने जमाने में नीत्शे टकरा रहे थे। कला के बारे में विचार करते समय नीत्शे ने लिखा है कि–

> "The struggle against a purpose in art in always a struggle against the moral tendency in art, against its subordination to morality. L'art Pour l; art means, "let morelit go to the devil:—But even this hostility betrays the preponderating power of the moral prejudice. If art is deprived of the purpose of preaching morality and of improving mankind, it does not by any means senseless, in short l'art pour l'art—a snake which bites its own tail.' 'No purpose at all is better than a moral purpose'—thus dose pure passion speak.'[65]

असल में नीत्शे यूरोप का पहला ऐसा चिन्तन था जिसने कला को धर्म के विकल्प के रूप में महसूस किया, विशेषकर यूरोप के उस व्यक्ति के लिए जो ईसाइयत के उतार पर खड़ा था। हालांकि नीत्शे के इस विचार का प्रेरणास्रोत शोपेनहार थे। इस विषय में जाफरी क्लाइव ने 'The Philosophy of Nietzsche' के Introduction में लिखा है कि–

> "Nietzasche was among the first to acknowledge art as a substitute religion for post-christian Western man. In taking this position he was deeply influenced by Schopenhaure , who had seen in the contemplation of great works of art a temporary escape from the threat of chaos."[66]

अज्ञेय भी कला को निरुद्देश्य नहीं मानते। वह कहते हैं कि "इसका यह अभिप्राय नहीं है कि कला केवल एक निरुद्देश्य उद्‌गार है, उच्छ्वास है, कलाकार के अन्तस की दल-दल से उठा हुआ एक बुलबुला मात्र साहित्य भी समाज को प्रेरणा दे सकता है, 'आगे' बढ़ने को विवश कर सकता है किन्तु तभी जब लेखक में स्वभावतः उस प्रेरणा से उत्पन्न हुआ सन्तोष, अशान्ति, विद्रोह भाव है।'[67] अज्ञेय जब कला को कलाकार का असन्तोष या विद्रोह मानते हैं तो सवाल उठता है कि कलाकार का यह असन्तोष किन मुद्दों पर है? क्योंकि कला केवल कथ्य मात्र ही नहीं है। कला के लिए उसकी वस्तु उसका शिल्प और इन वस्तु और शिल्प के

साथ स्वयं कलाकार का रिश्ता कलाकृति के लिए एक महत्त्वपूर्ण और अनिवार्य स्थिति है। प्रसिद्ध उपन्यासकार और कथाकार लियो तॉलस्ताय ने कला के लिए उसकी वस्तु, रूप और कलाकार की नेकनियत को आवश्यक माना है। कला के बारे में विचार करते हुए तॉलस्तॉय ने लिखा है–

> 'therefore, though a work of art must always include something new, yet the revelation of something new will not always be a work of art. That it should be a work of art, it is necessary:
>
> (1) That the new idea, the content of the work, should be of importance to mankind.
>
> (2)That this content should be expressed so clearly that people may understand it.
>
> (3) That what incites the author to work at his production should be an inner need and an external inducement.
>
> And Therefore that in which no new thing is disclosed will not be a work of art; and that which has for its contant what is insignificant and therefore unimportant to man will not be a work of art however intelligibly it may be expressed, and even if the author has worked at it sincerely from an inner impulse. Nor will that be a work of art which is so expressed as to be unintelligible, however sincere may be the author's relation to it; nor that which has been produced by its author not from an inner impulse but for an external aim, however important may be its content and however intelligible its expression.
>
> That is a work of art which discloses something new and at the same time in sime degree satisfies the three conditions: content, form and sincerty.'[68]

तॉलस्तॉय की कला के प्रति इस धारणा का अभिप्राय यह हुआ कि कला शिल्प और वस्तु के धरातल पर नये प्रयोगों की अपेक्षा करती है। जिसकी बुनियाद सम्प्रेषण पर टिकी हुई है। तॉलस्तॉय की इस धारणा से कला नवीनतम स्थितियों को व्यक्त करने का एक माध्यम भी बन जाती है। भारतीय चिन्तन में इसीलिए कलाकार को प्रजापति का दरजा दिया गया है, इसीलिए कि वह स्वयं अपनी कृति के रूप में एक नई सृष्टि करता है।

(ज) यथार्थ के स्तर

यथार्थ दृष्टि बाहर के व्यापक परिदृश्य में से आवश्यक का चुनाव कर लेती है और अनावश्यक को छोड़ देती हैं। यथार्थवादी कलाकार अपने जीवन के अनुभव को कलात्मक संदर्भ प्रदान करता है जिसके फलस्वरूप कलाकार के द्वारा किया गया जो सृजन हमारे सामने आता है वह सृजन बाह्य जगत अथवा वास्तविकता का ज्यों का त्यों प्रतिरूप न होकर उसका ईमानदार किन्तु निखरा हुआ रूप होता है। हमें यह नहीं समझ लेना चाहिए कि यथार्थ केवल बाह्य जीवन तक या बाह्य जीवन की सतह तक ही सीमित रहता है। यथार्थपरक दृष्टि जीवन के भीतर प्रविष्ट करके उस सत्य का भी उद्घाटन करती है जो वर्तमान के यथार्थ से जन्म लेकर आगत के सत्य का भी उद्घाटन करती है। इसे मानने में कोई हिचक नहीं होनी चाहिए कि यथार्थपरक दृष्टि निश्चित रूप से सत्य से प्रति उत्कट आग्रह रखती है। वास्तविकता को जागरूक होकर देखने और उसे सच्चाई के साथ प्रस्तुत करना यथार्थ का एक प्रमुख लक्षण है। यथार्थ का यह लक्षण वास्तविकता के प्रति एक विज्ञान सम्मत दृष्टिकोण है। ऐसा करके ही हम कला तथा वास्तविक जीवन के बीच घनिष्ठ रिश्ता कायम कर सकते हैं। जब हम यह कहते हैं कि यथार्थवादी दृष्टि सत्य के प्रति उत्कट आग्रह रखती है जो इसका मतलब यह बिल्कुल नहीं है कि यथार्थवादी कलाकार मात्र तथ्यों का संकलन करता है या कि रचनाकार की अपनी कोई सक्रियता नहीं है बल्कि इसका अभिप्राय यह है कि यथार्थवादी दृष्टि अपने स्तर पर सत्य का अनुसंधान तो अवश्य करती है लेकिन निरपेक्ष और नीरस सत्य का नहीं। सत्य उसके लिए एक सापेक्ष वस्तु है। वह सत्य को कला और वैज्ञानिक विवेक की संगति में ही प्रस्तुत करता है। अज्ञेय ने कला के संदर्भ में यथार्थ के स्तरों पर अपने ढंग से विचार किया है। अज्ञेय की कविता में व्यक्त हुए यथार्थ को समझने से पूर्व यह आवश्यक है कि हम यथार्थपरक दृष्टिकोण के बारे में अज्ञेय के विचारों पर बातचीत कर लें। यहां अज्ञेय के यथार्थ सम्बन्धी विचारों को संक्षिप्त में प्रस्तुत किया जा रहा है।

अज्ञेय यथार्थ के स्तर पर बात करते हुए लिखते हैं कि "हम मानते हैं कि यथार्थ इकहरा या सपाट या एकस्तरीय नहीं होता। यह भी कहा जा सकता है कि कला के क्षेत्र में एक विशेष अर्थ में यथार्थ 'अर्थहीन' होता है, हमेशा अर्थहीन होता है: क्योंकि जिसे हम वस्तु-यथार्थ या विषयी-निरपेक्ष यथार्थ या ऑब्जेक्टिव रिएलिटी कहते हैं या कह सकते हैं उसमें फिर अर्थवत्ता का प्रश्न् ही कैसे और कहां उठता है जबकि अर्थ अनिवार्यत: अर्थ ही पहचान करने वाले के, विषयी के, साथ बंधा है? केवल सब्जेक्टिव यथार्थ में ही अर्थवत्ता का प्रश्न उठ सकता है: विषयीगत यथार्थ ही कला का यथार्थ होता है और उसी में अर्थ हो सकता है। और इसलिए अर्थ की खोज हो सकती है। नि:सन्देह वस्तु-जगत् के तथ्यों की,

परिवेश की स्थिति और क्रिया व्यापारों की, सामाजिक सम्बन्धों की पकड़ या समझ विषयी की जैसी होगी, जीवन-मात्र से उसका जैसा सम्बन्ध होगा, उससे वह विषयीगत यथार्थ भी प्रभावित होगा। उसी पर उसके पाये हुए अर्थ की मूल्यवत्ता निर्भर करेगी। लेकिन कला-वस्तु से परिवेश के सम्बन्ध का यह दूसरा वृत्त है। पहले और दूसरे वृत्त के बीच स्वयं कलाकार खड़ा है।"[69] इसका मतलब यह हुआ कि अज्ञेय यह मानते हैं कि यथार्थ के बहुत से आयाम होते हैं। और यथार्थ का वस्तुगत स्तर ही एक मात्र स्तर नहीं है। यानी यथार्थ की वस्तुनिष्ठा तथा बाह्य जगत् को ही एकमात्र करने वाली दृष्टि एकमात्र यथार्थ की दृष्टि नहीं है। अज्ञेय यह भी मानते हैं कि कला के क्षेत्र में विषयी से कट कर यथार्थ अर्थहीन हो जाता है क्योंकि अर्थ अनिवार्यतः विषयी के साथ बंधा है। इसका मतलब यह हुआ कि यथार्थ का सम्बन्ध जीवन के अंतरंग पक्ष तथा व्यक्ति के मनोजगत से भी होता है। और यथार्थ का यह स्वरूप अमूर्त होता है। यथार्थ का यह एक दूसरा स्तर है। जिसे नकारा नहीं जा सकता। कलाकार अपने जीवनानुभवों को तराशता है और उन्हें कलात्मक रूप प्रदान करता है। कलाकार का यह कलात्मक रूप प्रदान करना यथार्थ के साथ विषयीगत रिश्ता कायम करना है। इस तरह जो रचना सामने आयेगी वह बाह्य जगत् का प्रतिरूप न होकर उसका ईमानदार और यथार्थ का विषयीगत रूप होगी। अज्ञेय ने इस विषय में लिखा है कि 'लोग प्रायः दो चीज़ें मानकर चलते जान पड़ते हैं जो दोनों ही प्रश्नाधीन हैं। पहली यह कि 'यथार्थ' 'बाहर' होता है, सतह पर होता है, दूसरी यह कि यथार्थ इकहरा या एक स्तरीय होता है। जो दीखता नहीं है, या थोड़ा और आगे बढ़कर कह लें कि जो ऐन्द्रिय चेतना द्वारा ग्राह्य नहीं है, वह यथार्थ नहीं है-यह एक नये प्रकार का अन्धापन है जिसे यथार्थ-बोध का नाम दिया जा रहा है। एक-दूसरे प्रकार की संकीर्णता यह है कि ये ऐन्द्रिय अनुभव और हमारे सारे राग-बंध और अनुभव ही-वास्तव में वे या वैसे नहीं हैं जैसा हम उन्हें अनुभव कर रहे हैं, बल्कि केवल कुछ बुनियादी सम्बन्धों पर खड़ी की गयी निर्मिति हैं, और यह बुनियादी सम्बन्ध किसी भी मानवीय उद्यम में निहित शोषक और शोषित के सम्बन्ध हैं। यानी यथार्थ वास्तव में एक अमूर्त प्रक्रिया ही है, मूर्त जो कुछ है वह केवल उस पर खड़ा किया गया एक ढांचा है। अगर बुनियादी यथार्थ अमूर्त है, तो यह दावा कैसे प्रमाणित किया जा सकता है कि केवल एक अमूर्तन यथार्थ अथवा सत्य अथवा सात्त्विक है, और दूसरे सब अमूर्तन मिथ्या? अगर यथार्थ अनेक स्तरीय होते हैं तो केवल एक स्तर को देखने और बाकी सबको अनदेखा करने में कौन सी बहादुरी या विशेष प्रतिभा है।"[70] अज्ञेय के इस वक्तव्य से यह बात स्पष्ट हो जाती है कि अज्ञेय यथार्थ के उन दोनों अतिवादी दृष्टिकोणों से सहमत नहीं होते हैं जहां यथार्थ का वास्तविक स्वरूप ही लुप्त हो जाता है। अज्ञेय मानते हैं कि यथार्थ का सतही अर्थ कला या काव्य में ग्रहण करके नहीं चला जा सकता

है। इसका मतलब यह हुआ कि यथार्थ को मानवीय संवेदना के धरातल पर व्यक्त करना होगा। कलाकार के बाह्य यथार्थ को आत्मसात करके, उसे स्वायत बनाकर व्यक्त करना होगा। अज्ञेय मानते हैं कि "कला में यथार्थ हमेशा संवेदना से छनकर आता है और उसमें यह दीखना भी चाहिए कि वह संवेदना से छनकर आया है। कला को यथार्थ में विषयी द्वारा उसके स्वायत्त किये गये होने की गूंज होती है। उस गूंज के सहारे ही हम यथार्थ के निरे बयान से रचना की अलग पहचान करते हैं, क्योंकि हम परख करते हैं कि वह केवल बाहर का यथार्थ है या कि रचनाकार ने उसे आत्मसात करके ही लिखा है। हमारे लिए रचना का यही इष्ट या कि कह लिया जाए आदर्श रहा है: उसमें वस्तु सत्य का, बाहरी यथार्थ का, खरापन भी होना चाहिए और साथ ही आत्म-सम्बोध की, आभ्यन्तर यथार्थ की अर्थवत्ता भी होनी चाहिए।"[71] इसका अभिप्राय यह हुआ कि यथार्थ यथातथ्यता नहीं है, उसमें कल्पना का निषेध नहीं है। क्योंकि कल्पनातत्त्व के अभाव में बाहरी यथार्थ ही पुनर्रचना कभी नहीं हो सकती। केवल स्थितियों और घटनाओं को उभार भर देना ही साहित्य या कला का यथार्थ नहीं हो सकता। क्योंकि साहित्य में सर्वोच्च महत्त्व की चीज़ समाज में घटित होने वाली घटनाएं नहीं बल्कि वह व्यक्ति है जो स्थिति और घटनाओं के घात-प्रतिघात को झेल रहा है, अपना विकास कर रहा है। रेल्फ फाक्स ने यूरोपियन उपन्यास के सन्दर्भ में यथार्थ को स्पष्ट करने का प्रयास किया जिसका जिक्र हम यहां भी करना उचित समझते हैं। उन्होंने लिखा है कि "सर्वप्रथम ऐतिहासिक दृष्टिकोण को पुनर्स्थापित करना होगा, जो कि अंग्रेजी क्लासिकी उपन्यास का आधार था। यहां इस बात पर जोर देने की जरूरत है कि इसका अर्थ केवल कथानक तथा वर्णन की कमी को पूरा करना ही नहीं है, कारण कि हमें जीवित मानव को लेकर चलना है, न कि केवल उन बाह्य परिस्थितियों को जिनमें कि वह रहता है। कतिपय समाजवादी उपन्यासकारों ने यही गलती की है। वे अपनी समूची प्रतिभा और शक्ति किसी एक हड़ताल, सामाजिक आंदोलन, समाजवाद के निर्माण, क्रांति या गृह-युद्ध का चित्रण करने में खर्च कर देते हैं और यह नहीं सोचते कि सर्वोच्च महत्त्व की चीज़ सामाजिक पृष्ठभूमि नहीं, बल्कि उस सामाजिक पृष्ठभूमि में स्वयं अपना पूर्ण विकास प्राप्त करने वाला मानव है। महाकाव्य का मानव एक ऐसा मानव होना चाहिए जिसमें स्वयं उसके तथा उसकी व्यावहारिक गतिविधि के क्षेत्र के बीच कोई विभाजन नहीं होता। वह जीता है और जीवन को बदलता है। मानव आत्म-सृष्टि करता है।"[72] जब रेल्फ फाक्स यह मानते हैं कि महत्त्वपूर्ण या सर्वोच्च सामाजिक पृष्ठभूमि नहीं बल्कि उस सामाजिक पृष्ठभूमि में विकास करने वाला मानव है या मानव आत्म-सृष्टि करता है तो इसका मतलब यह हुआ कि रेल्फ फाक्स भी यथार्थ को विषयी सापेक्ष मान रहे हैं। उनके लिए भी यथार्थ व्यक्ति सापेक्ष है और ध्यान देना होगा कि अज्ञेय भी मानव संवेदना से

काटकर साहित्य में यथार्थ वर्णन को स्वीकार नहीं करते। वह इसी बात पर बल देते हुए कहते हैं कि "सत्य को हम अपने से बाहर, अपने से निरपेक्ष मान सकते हैं, उसे पा चाहे न सकते हों। लेकिन यथार्थ तो वह हो ही नहीं सकता। उसकी वैसी परिभाषा आत्म विरोध से दूषित होगी। क्योंकि यथार्थ तो अर्थ लगाने वाले (अर्थ देने वाले, अर्थ पाने वाले) के साथ बंधा है।"[73] इसके साथ ही साथ अज्ञेय यह भी मानते हैं कि कालिक यथार्थ जल्दी बदल जाता है। इस विषय पर विचार करते हुए अज्ञेय लिखते हैं कि "प्रवृत्ति को ध्यान में रखें तो लक्ष्य कर सकते हैं कि किसी भी विधा में जो रचना समूह अपने ही काल के यथार्थ के चित्रण पर अधिक बल देता है वह अपेक्षाकृत जल्दी पुराना पड़ जाता है क्योंकि कालिक यथार्थ जल्दी बदल जाता है, उसका पुराना पड़ना हम अधिक तीव्रता और स्पष्टता के साथ देख सकते हैं, इसलिए उससे बंधे साहित्य का पुराना पड़ना भी अधिक लक्ष्य होता है।"[74] यहां पर सवाल पैदा होता है कि यथार्थ को व्यक्त करने के वह कौन से बिन्दु हैं, जहां साहित्य पुराना नहीं पड़ता है? सम्भवतः अज्ञेय यह कहना चाहते हैं कि वस्तुगत यथार्थ को व्यक्त या प्रस्तुत करने वाला साहित्य पुराना पड़ जाता है और वह इसलिए क्योंकि वस्तुगत यथार्थ जल्दी बदल जाता है या बदलता रहता है। लेकिन यदि आग्रह 'विषय-गत' यथार्थ पर न होकर, विषयी और उसके आपसी व्यवहार में लक्षित होने वाले यथार्थ को व्यक्त किया जाये तो वह दीर्घकालिक हो सकता है। अज्ञेय कहते हैं कि 'मानव-समाज केवल किसी एक युग का समाज नहीं है, देशकाल की रंगत लाने वाले लोकाचारों–मुहावरों और यहां तक कि सम्बन्धों के विषयगत या बाहरी यथार्थ के सभी उपकरणों के नीचे, पर, गहरे में मानव-समाज की एक दूसरी पहचान मिल सकती है जो युगातीत है, जो समाज की पहचान से बढ़कर मानव की पहचान है, जिसका यथार्थ सामाजिक यथार्थ-भर न होकर मानवीय यथार्थ है। हमारी धारणा है कि पड़ताल करने पर हम पायेंगे कि जो कहानियां जल्दी पुरानी नहीं होती हैं, या जो पुरानी होकर भी नयी बनी रही हैं या नयी हो गयी हैं, उनमें रचनाकार की दृष्टि सामाजिक यथार्थ की दृष्टि सामाजिक यथार्थ की परिधि में न बंधी रहकर मानवीय यथार्थ पर केन्द्रित रही होगी, उनका आग्रह 'विषयगत' यथार्थ का न रहकर उस यथार्थ का रहा होगा जो विषयी और विषयी के आपसी व्यवहार में लक्षित या व्यंजित होता है और वहीं से फैलकर सामाजिक रूप लेता है यानी सामाजिक होकर भी 'अन्तर्विषयी बना रहता है: जो इंटर-सब्जेक्टिव होता है, आब्जेक्टिव नहीं होता।"[75] निष्कर्षतः कहा जा सकता है कि अज्ञेय यथार्थ को केवल विषयगत न मानकर विषयीगत मानते हैं और यही वह बिन्दु है जहां से यथार्थ के एकाधिक स्वर बनने आरम्भ होते हैं।

(झ) आज का लेखक और परिवेश

लेखक के लिए अपने परिवेश को समझना और उसे व्यक्त करना उसके सृजन की बहुत बड़ी समस्या है। जिस परिवेश में लेखक रहता है, वह परिवेश उसे एक विशेष प्रकार का तनाव देता है। यह तनाव ही उसके सृजन का तनाव बनता है। सृजन का यह तनाव ही लेखक की शक्ति है जो उसे लिखने के लिए प्रेरणा देती है। लेखक का अपने परिवेश से सम्बन्ध का मतलब है लेखक का अपने जीवन की वास्तविकता से सम्बन्ध। यह सम्बन्ध ही लेखक की चेतना को छूता है, उसे झकझोरता है। तनाव की यह स्थिति प्रत्येक व्यक्ति में नहीं होती, यदि होती भी है तो एक-सी नहीं होती। यही कारण है कि एक जैसे परिवेश में रहकर भी प्रत्येक व्यक्ति लेखक नहीं होता और लेखक भी सभी एक-से नहीं होते हैं। अज्ञेय ने माना है कि आज का लेखक अपने से पहले के लेखक के परिवश से अधिक बड़े परिवेश में रह रहा है, उसका सामना कर रहा है। परिवेश में रहकर जो नया अनुभव लेखक को मिल रहा है, यही उसके तनाव का कारण है। यहां हम संक्षिप्त में लेखक और परिवेश के सम्बन्ध के बारे में अज्ञेय के विचारों को रख रहे हैं। क्योंकि इसी आधार पर आगे चलकर हम अज्ञेय की कविता पर बात करेंगे।

लेखक के साथ परिवेश का क्या रिश्ता है, इस विषय पर विचार करते हुए अज्ञेय लिखते हैं कि "परिवेश मेरे लिए देश-काल का सतत परिवर्तनशील सम्बन्ध है-बल्कि उस सम्बन्ध का भी वह रूप है जो मेरी चेतना को छूता हैं क्योंकि निस्सन्देह ऐसा भी बहुत कुछ हो रहा होगा-हो रहा है-जो मेरी चेतना से परे है, उसे मैं अपना परिवेश कहने का दम कैसे भरूं? जब जहां वह मेरी चेतना को छुएगा, चाहे उसके बढ़ते हुए दबाव के कारण, चाहे मेरी चेतना की ग्रहणशीलता के विकास के कारण, तब और वहां वह मेरा परिवेश हो जाएगा। नहीं तो मेरे विश्व ब्रह्माण्ड सौरमण्डल के आसपास लाखों-करोड़ों और ऐसे विश्व ब्रह्माण्ड बिखरे पड़े हैं।"[76] अज्ञेय परिवेश का सीधा सम्बन्ध लेखक की चेतना से मानते हैं। यानी देश और काल का वह स्वरूप जो लेखक की चेतना को आन्दोलित करता है। सवाल उठता है कि परिवेश चेतना को आन्दोलित कैसे करेगा? असल में लेखक सामान्य व्यक्ति की अपेक्षा अपनी देश-काल की परिस्थितियों को अच्छी तरह महसूस करता है। इन स्थितियों का दबाव लेखक की चेतना पर पड़ता है। इसीलिए जिस लेखक की चेतना की ग्रहणशीलता का विकास जितना अधिक होगा उस लेखक के लिए परिवेश उतना ही बड़ा होता चला जायेगा और उसका तीखापन भी उसी मात्रा में महसूस होगा। इसीलिए अज्ञेय परिवेश को न केवल काल मानते हैं और न केवल देश मानते हैं। बल्कि उसके आस-पास होने के बोध को आवश्यक मानते हैं। वह मानते हैं कि "परिवेश-जो मेरे आस-पास है-वह केवल काल नहीं है, उसका होना जितना जरूरी है उसका आस-पास होना भी उतना ही जरूरी है। परिवेश केवल

देश भी नहीं है, उसके आस-पास होने का बोध जितना जरूरी है उतना ही उसके होने का बोध भी जरूरी है।"[77] अज्ञेय यह भी मानते हैं कि लेखक का परिवेश परिवर्तनशील है। उसमें एक प्रकार की गति है। शायद इसीलिए लेखक के लिए परिवेश तनाव का कारण बनता है क्योंकि परिवर्तित परिवेश को पकड़ना ही लेखक का दायित्व है। अज्ञेय महसूस करते हैं कि "आज की बड़ी दुनिया में मेरा परिवेश स्थितिशील नहीं है, वह सतत चलनशील है। सभी सम्बन्ध भी गतिशील हैं। उनका जो रूप मेरी चेतना का छूता है वह छूने-छूने में बदलता जाता है। बल्कि वह छुअन ही मानो नाड़ी की छुअन है याकि एक घूमते हुए पहिये के नेमे की-जिसका स्पर्श भी यह नहीं कहता कि 'मैं हूं', यही कहता है कि मैं हो रहा हूं-या कि इससे भी आगे "मैं होते-होत्ते यह नहीं वह होता जा रहा हूं-जिस परिवर्तन के बीच में रहता हूं यानी मेरा जो परिवेश है वह एक असंतुलन से दूसरे असंतुलन तक का है।"[78] असल में प्राचीन लेखक की समस्या गतिशील परिवेश की समस्या नहीं थी, जबकि आज के लेखक की समस्या परिवेश की गतिशीलता की समस्या है। प्राचीन लेखक का परिवेश यदि कभी बदलता भी था तो वह परिवर्तन एक नयी स्थिति को सामने लाता था लेकिन आज के लेखक की चेतना निरन्तर बदलते हुए परिवेश से टकरा रही है। अज्ञेय कवि होने के नाते बदलते हुए अपने परिवेश से टकराते हैं। यानी उनकी चेतना बदलते हुए परिवेश से उलझती है। यह उलझन आज के लेखक को एक प्रकार का तनाव देती है। इस विषय में अज्ञेय लिखते हैं कि "प्राचीन काल के लेखक की उलझन एक स्थिर परिवेश को लेकर थी, मेरी समस्या यह है कि मेरी चेतना एक अनुपल बदलते परिवेश से उलझ रही है (कहना न होगा कि यह स्थिरता और यह बदलना, और यह चेतना भी अब न केवल सापेक्ष है बल्कि ये जाने हुए सापेक्ष हैं) यह मेरी एक अतिरिक्त समस्या भी है। वह यह कि अपनी उलझन के दौरान एक ऐसे स्थल पर पहुंच जाता हूं जहां मैं भी अपना परिवेश हो जाता हूं।"[79] इसका मतलब यह हुआ कि प्राचीन लेखक की अपेक्षा आज के लेखक का परिवेश अधिक व्यापक है। आज के लेखक को अपने से पूर्व के लेखक के द्वारा देश-काल की परिधि का किया गया विस्तार तो स्वीकार करना ही है, उसे उस परिवेश से भी उलझना है जिसका उद्घाटन आज का विज्ञान कर रहा है। यानी उसे प्राचीन और नये दोनों के सन्धिस्थल पर खड़ा होना है और वह भी उस स्थिति में जबकि परिवेश प्रतिपल बदल रहा हो, गतिशील हो। अज्ञेय लिखते हैं कि "प्राचीनकाल के लेखक को परिवेश की और बदलते हुए मूल्यों की उतनी चिन्ता नहीं थी-उतनी मुखर चिन्ता नहीं थी-जितनी आज मुझे है। ऐसा क्यों? क्या मैं चिन्ता की दुहाई देकर अपने को प्राचीन लेखक से बड़ा या अच्छा या अधिक सूक्ष्मग्राही लेखक सिद्ध करना चाह रहा हूं? नहीं बल्कि प्रकारान्तर से मैं उसकी देन स्वीकार कर रहा हूं क्योंकि मुझसे पहले के सब अच्छे लेखकों ने देश-काल

की परिधि का लगातार विस्तार किया। विज्ञान का कहना है कि दुनिया दिन-ब-दिन छोटी होती जा रही है, वह एक अर्थ में सही है, लेकिन साहित्य में यह बात सच नहीं है, हर बड़ा लेखक दुनिया को थोड़ा और बड़ा करके अपने परवर्तियों को दे जाता है। इसलिए आज अगर मैं कहता हूं कि मेरी चिन्ता का कारण यह है कि मैं अपने पूर्वजों की अपेक्षा कहीं बड़ी दुनिया में रहता हूं तो यह उनकी देन का स्वीकरण ही है। अनेक यज्ञों का, उनकी दिग्विजय-यात्राओं का ही यह परिणाम है कि आज संवेदना-जगत् में एक प्रकार का चक्रवर्त्तित्व मैं भोग सकता हूं। मुझ पर यह भी बोझ है कि इस अपने पाये हुए जगत् का मैं और विस्तार करूं, और अगर मैं अच्छा लेखक हूंगा तो अवश्य यह करूंगा या बात को उलटकर कहूं कि अगर और जिस हद तक मैं ऐसा करूंगा तभी और उसी हद तक में अच्छा लेखक हूंगा।"[80] इसका अभिप्राय यह हुआ कि हर नया लेखक परिवेश को बड़ा करता है। परिवेश का यह बड़ा होना संवेदना के धरातल पर होता है। यानी हर बड़ा लेखक अपनी संवेदना का विस्तार करता है। इसलिए अज्ञेय जब यह कहते हैं कि आज मैं पुराने लेखक की अपेक्षा अधिक बड़े परिवेश में रह रहा हूं तो इसका मतलब यह हुआ कि आज के लेखक ने उस विस्तार को तो स्वीकार कर ही लिया है जो पूर्ववर्ती लेखकों ने किया बल्कि वह नये परिवेश के व्यापकत्व की भी तलाश कर रहा है, उसे खोज रहा है। यानी परिवेश को निरन्तर व्यापक बना रहा है। यदि हम गंभीरता से विचार करें तो महसूस करेंगे कि परिवेश का व्यापक होना लेखक के धरातल पर लेखक के लिए एक बड़ी समस्या बन जाता है। दूसरे शब्दों में हम कह सकते हैं कि कवि या कलाकार की यह रचना दृष्टि भावी विज्ञान के विकास के लिए सहायक बनती है क्योंकि आज का परिवेश विज्ञान से काफी प्रभावित हो रहा है लेकिन कविता अपनी रचनाधर्मिता से उसे व्यक्त करती है। पश्चिम में जहां विज्ञान की विशाल उपलब्धियां रहीं, यह माना जाता है कि कविता विज्ञान के भविष्य के लिए आवश्यक है–

> "the Creative intution and perception of the artist and the poets is going to become as necessary to the future of science as are, and as will remain the skills of deductive inference and experimental process."[81]

यह समस्या परिवेश को व्यक्त करने की समस्या होती है। अज्ञेय इसीलिए आज के लेखक के परिवेश को बहुत बड़ा परिवेश मानते हैं। वह लिखते हैं कि "मेरा परिवेश बहुत बड़ा है। यह बात आपेक्षिक रूप से भी सच है और आत्यान्तिक रूप से भी। मेरा परिवेश प्राचीन लेखक के परिवेश की तुलना में भी बहुत बड़ा है ओर अपने आप में भी बहुत बड़ा है। उसमें एटमबम है और भूटान है, ई. ई. सी. है और नाटो है, पी. एल. 480 है और विएतनाम है, 'हिन्दी-चीनी भाई-भाई

हैं' और नाथूला है, कांचिका चेकला और तिम्मारेड्डी हैं और लूनिक और यूरी गगारिन हैं, अफ्रो-एशियाई एकता और कांगों और अंगोला हैं, भारत का स्वाधीन राष्ट्र है और पीलू मोदी हैं, हाइपौथालामस ग्रन्थि है और शतदल पद्म है–सभी कुछ है। जो बहुत से लोगों के लिए था, हो गया है, वह भी है, जो बहुत से लोगों के लिए 'होंगा' की कोटि का है वह भी है, और जो है वह तो है ही और निरन्तर फैलता जा रहा है जैसे कि यह विश्व ब्रह्मांड भी फैलता जा रहा है।"[82] इस प्रकार लेखक के लिए ब्रह्मांड का फैलना कहीं-न-कहीं सर्जनात्मक तनाव को जन्म देता है क्योंकि परिवेश के प्रति लेखक का क्रिया-प्रतिक्रियात्मक दबाव उसे एक प्रकार का तनाव देता है। रचनाकार की अन्तर्निष्ठा इस बात में है कि वह सर्जनात्मक तनाव तथा परिवेश के प्रति अपने लगाव के क्रिया-प्रतिक्रियात्मक दबाव को सहज रूप से अपनी रचना के लिए महसूस करे। यहीं सवाल उठता है कि परिवेश के प्रति लगाव का क्या अर्थ है और यह लेखक को किस प्रकार प्रभावित करता है? असल में परिवेश की चेतना व्यक्ति को अपनी स्थिति के प्रति चेतन बनाती है। चेतन होने के कारण ही रचनाक़ार के सामने जटिल अनुभवों का एक नया संसार खुलने लगता है। यह संसार व्यक्तिगत अनुभवों का संसार नहीं होता, बल्कि व्यक्तिगत, सामाजिक और आध्यात्मिक अनुभवों का एक संश्लिष्ट संसार होता है। व्यक्ति जितना परिवेश के प्रति जुड़ता जाता है उतना ही इस जटिल संश्लिष्ट अनुभवों के संसार के प्रति भी जुड़ता जाता है। लेखक के लिए यह स्थिति ही तनाव का कारण बनती है। अज्ञेय रचनाकार के इस तनाव को पाये हुए उत्तर और दिये जा सकने वाले उत्तर के बीच में महसूस करते हैं। वह लिखते हैं कि "वास्तव में इन दो उत्तरों के बीच (पाये हुए उत्तर और दिये जा सकने वाले उत्तर) में जो तनाव रहता है वही मुझे लिखने की प्रेरणा देता है। शायद कला मात्र में जो शक्ति सृजन की प्रेरणा बनती है वह यही तनाव है–जाने हुए उत्तर और दिये जा सकने वाले उत्तर के बीच का तनाव। लेखन इस तनाव को हल उसे हल करने का प्रयत्न है। निस्सन्देह यह हल अन्तिम नहीं हो सकता, क्योंकि अगर संवेदन है तो नया अनुभव नया तनाव पैदा करता है–ज्ञान के क्षेत्र के विस्तार के साथ जाने हुए उत्तर और दिये जा सकने वाले उत्तर के बीच नयी दूरी पैदा हो जाती है।"[83]

(ञ) संघर्ष का रचनात्मक उपयोग

आज व्यक्ति अपनी अस्मिता बनाये रखने के लिए और समाज में अपनी अर्थवत्ता प्रमाणित करने के लिए संघर्ष कर रहा है। संघर्ष पहले भी किया जाता था लेकिन पहले जीवन की परिपाटी के लिए एक प्रकार की आश्वस्तता विद्यमान थी यानी पहले जीवन को निर्धारित करने के लिए व्यक्ति आश्वस्तता था लेकिन आज व्यक्ति जीवन को जीने के लिए किसी प्रकार की आश्वस्तता नहीं पा रहा

है। आज व्यक्ति जब दुनिया की यथार्थता और असन्दिग्ध रूप से उसकी वास्तविकता को स्वीकार करता है तो वह संघर्ष को ही स्वीकार कर रहा होता है। जीवन की वास्तविकता का संघर्ष जब साहित्य या किसी अन्य कला का विषय बनता है तो वह संघर्ष का रचनात्मक उपयोग करता है। या यह भी कहा जा सकता है कि जब व्यक्ति समाज के सुख-दुःख से निपटने के लिए संघर्ष के जरिये जो साधन जुटाता है वह भी संघर्ष का रचनात्मक उपयोग है। लेकिन यहां हम साहित्य में संघर्ष के रचनात्मक उपयोग की ही बात करेंगे। अज्ञेय ने अपने चिंतन में इस विषय पर विचार किया है। यहां हम संक्षेप में इस पर विचार करेंगे।

अज्ञेय मानते हैं कि "संघर्ष सम्भाव्य की पहचान में से उत्पन्न होता है। जहां संघर्ष मौजूद है, वहां महत्त्व यह पहचानने का नहीं है कि परिवेश में परिवर्तन लाया जा सकता है, महत्त्व की बात यह है कि अपने भीतर एक नयी क्षमता पहचानी जा सकती है, यह और यही मात्र संघर्ष का रचनात्मक उपयोग है: जब संघर्ष एक उच्चतर आत्म-चेतना और ज्ञान की खिड़की का काम दे। संघर्ष को केवल विजिगीषा के, प्रभुत्व पाने या हावी हो जाने के प्राकृतिक संग्राम का लक्षण मानना केवल विध्वंसात्मक ही हो सकता है: इस संघर्ष में हार एक गहरा घाव छोड़ जाती है और विजय अहं को फुलाकर नये विनाशकारी संघर्ष की स्थिति पैदा कर देती है।"[84] इसका अभिप्राय यह हुआ कि संघर्ष स्वयं व्यक्ति को उसकी क्षमता से परिचित कराता है। यहां यह बात भी स्पष्ट होती है कि अपनी क्षमता से परिचित हुए बिना क्षमता का रचनात्मक उपयोग सम्भव नहीं है और यह परिचय संघर्ष की स्थिति में ही सम्भव है। हम कह सकते हैं कि संघर्ष व्यक्ति की आत्मचेतना को जाग्रत करता है। इसीलिए अज्ञेय ने संघर्ष को 'एक उच्चतर आत्म-चेतना और ज्ञान की खिड़की' कहा है। अज्ञेय संघर्ष को केवल प्रभुत्व पाने या हावी होने के लिए प्राकृतिक संग्राम नहीं मानते क्योंकि ऐसा संग्राम सतही होगा। संघर्ष का वास्तविक धरातल है चेतना। चेतना के धरातल पर संघर्ष जन्म लेकर प्राकृतिक संग्राम के लिए तैयार होता है। ऐसा होने पर ही व्यक्ति और परिवेश के बीच में सामंजस्य स्थापित होता है। नयी परिस्थितियों के कारण मूल्य प्रभावित होते हैं जिससे संघर्ष का स्वरूप और उसकी परिभाषा भी परिवर्तित होती है। इस बदलती परिभाषा को सबसे पहले साहित्यकार ही महसूस करता है यद्यपि सभी समस्याएं साहित्यिक होंगी ऐसा नहीं है। इस परिवर्तन में साहित्य के अतिरिक्त अन्य समस्याएं भी सामने आयेंगी। अज्ञेय लिखते हैं कि 'बढ़ते हुए संघर्ष' के कारण साहित्यकार के आगे अनेक नयी समस्याएं खड़ी हो गयी हैं और होती जायेंगी। ये समस्याएं सब की सब साहित्यिक नहीं होंगी, यदि साहित्यकार औसत से अधिक जाग्रत मानव है तो अन्य अनेक प्रकार की समस्याएं भी उसी के आगे अधिक तीव्र होकर आयेंगी। पर जो विशेष रूप से साहित्यिक समस्याएं हैं, वे अन्य व्यक्तियों के लिए उतना तात्कालिक महत्त्व नहीं

रखेंगी, बल्कि अधिकांश को 'समस्याएं' ही नहीं जान पड़ेंगी। तथापि साहित्यिक के लिए इन समस्याओं का सामना करना एक तात्कालिक कर्त्तव्य है।"[85] इसका मतलब यह हुआ कि संघर्ष के बढ़ने से साहित्यकार के सामने उस संघर्ष को व्यक्त करने की समस्या आती है। इस संघर्ष को लोगों तक सम्प्रेषित करके उनकी चेतना को साहित्यकार आन्दोलित करता है। चेतना के धरातल पर पनपा हुआ यह आन्दोलन समस्याओं का समाधान चाहता है। यही संघर्ष का रचनात्मक उपयोग है अज्ञेय का अभिप्राय यही है कि साहित्य और साहित्यकार की समस्या कहीं-न-कहीं संघर्ष के रचनात्मकार उपयोग की समस्या है। क्योंकि जैसे-जैसे समाज के अन्दर संघर्ष बढ़ता जाता है वैसे-वैसे साहित्य के भीतर भी तनाव बढ़ता है। आज के साहित्य में जो तनाव हमें देखने को मिलता है वह अकारण नहीं है। असल मे यह तनाव व्यक्ति और परिस्थिति के संघर्ष का फल है जो साहित्य में तनाव के रूप में उभरकर आता है। कलाकार का अहं और राजनैतिक-सामाजिक परिस्थतियां जब टकराती हैं तो साहित्य में व्यक्ति और परिस्थिति का संघर्ष उभरकर आता है। अज्ञेय इस संघर्ष के बारे में लिखते हैं कि "बढ़ते हुए संघर्ष के साथ-साथ साहित्य के भीतर एक तनाव पैदा हो गया है। आधुनिक युग का साहित्कार यह मानने का अभ्यस्त है कि कला स्वतन्त्र है, कलाकार भी स्वतन्त्र है और किसी को 'राजस्व' देने को बाध्य नहीं है। दूसरी ओर साहित्य-पाठकों में बहुत से ऐसे हैं, और साहित्यकारों में भी अनेक, जो साहित्य के उत्तरदायित्व का अनुभव करते हुए उसे गतिनिर्देश करना आवश्यक समझने लगे हैं। अन्ततः यह भी व्यक्ति और परिस्थिति का संघर्ष है-कलाकार नामक एक विशिष्ट व्यक्ति के अभिमान का और हमारी आधुनिक राजनैतिक-सामाजिक परिस्थिति-रूपी मजबूरियों का संघर्ष।"[86] हम कह सकते हैं कि अज्ञेय जब व्यक्ति और परिस्थिति के संघर्ष को स्वीकार करते हैं तो इसका मतलब है कि 'सम्भाव्य की पहचान' को अज्ञेय संघर्ष की प्रमुख शर्त मानते हैं और इसी को वह संघर्ष का रचनात्मक उपयोग मानते हैं।

(ट) परम्परा और प्रयोग की अवधारणा

अज्ञेय संकुचित होती हुई सार्थकता को व्यापक बनाने के लिए प्रयोग की आवश्यकता महसूस करते हैं। अपने जातिगत अनुभव को और अधिक व्यापक, सारगर्भित और प्रासंगकि बनाने के लिए अज्ञेय परम्परा और प्रयोग के रिश्ते को अनिवार्य मानते हैं। उनके लिए परम्परा ढोने की चीज़ नहीं है। वह तो अपने समय की समस्याओं से निपटने के लिए एक शक्ति है लेकिन परम्परा उनके लिए शक्ति तभी बनती है जब उसके गतिशील स्वरूप को जांचकर पहचाना जाय। यह जांचने की मानसिकता ही प्रयोग की अवधारणा है। यानी प्रयोग ही परम्परा को हमारे उपयोग के लायक बनाता है। अज्ञेय प्रयोग और परम्परा के आपसी रिश्ते को

भलीभांति पहचानते हैं। परम्परा की आड़ में प्रयोग की निंदा करने वालों को जवाब देते हुए उन्होंने कहा है कि "जो लोग प्रयोग की निंदा करने के लिए परम्परा की दुहाई देते हैं, वह यह भूल जाते हैं कि परम्परा, कम-से-कम कवि के लिए, कोई ऐसी पोटली बांधकर अलग रखी हुई चीज़ नहीं है जिसे वह उठाकर सिर पर लाद ले और चल निकले। (कुछ आलोचकों के लिए भले ही वैसा हो!) परम्परा का कवि के लिए कोई अर्थ नहीं है जब तक वह उसे ठोक-बजाकर, तोड़-मरोड़कर देखकर आत्मसात नहीं कर लेता, जब तक वह एक इतना गहरा संस्कार नहीं बन जाती कि उसका चेष्टापूर्वक ध्यान रखकर उसका निर्वाह करना आवश्यक न हो जाये। अगर कवि की आत्माभिव्यक्ति एक संस्कार विशेष के वेष्टन में ही सहज सामने आती है, तभी वह संस्कार देने वाली परम्परा कवि की परम्परा है, नहीं तो–वह इतिहास है, शास्त्र है, ज्ञान भंडार है जिससे अपरिचित भी रहा जा सकता है। अपरिचित ही रहा जाए, ऐसा आग्रह हमारा नहीं है–हम पर तो बौद्धिकता का आरोप लगाया जाता है–पर इनसे अपरिचित रहकर भी परम्परा से अवगत हुआ जा सकता है और कविता की जा सकती है।"[87]

अज्ञेय के लिए परम्परा समस्या इसलिए बनती है क्योंकि वह उसे आंख मूंद कर स्वीकार नहीं करते। दूसरे वह इसलिए भी समस्या बनती है क्योंकि परम्परा न तो सब की सब कूड़ा है, और न सारी की सारी मूल्यवान है। आधुनिक कवि होने के नाते अज्ञेय को यह विचारना पड़ता है कि क्या छोड़ा जाए और क्या स्वीकार किया जाए। यानी परम्परा के मूल्यवान तत्त्वों को ग्रहण करने की समस्या है। इसी समस्या को आज के युग में हम मूल्यों की समस्या भी कहते हैं। यदि परम्परा को हम ज्ञान की, अनुभव की विकासमान स्थिति मान लें तो हमें यह भी मानना होगा कि मूल्य भी बदलाव की इस प्रक्रिया में अपनी अर्थछायाएं बदलते हैं। यानी जिस समय में जो भी चीज़ मानव समाज के विकास में, उसके सुख में सहायक हो उस समय वही अवधारणा, वही चीज़ मूल्यवान है। इसीलिए प्रयोग के जरिये जब हम परम्परा को जानने की कोशिश करते हैं तो वह कई बार हमें प्राचीन मूल्यों की सार्थकता से परिचित भी कराती है और कई बार प्राचीन मूल्यों की निरर्थकता का बोध भी कराती है। इसका अभिप्राय यह हुआ कि परम्परा केवल पूर्वोन्मुखता ही नहीं है उसके साथ अपर का भी महत्त्व है। अज्ञेय का मानना है कि "परम्परा के नाम पर जो सहस्र वर्ष या उससे अधिक पुराना है उसी को इंगित करने के हम इतने अभ्यस्त हो गये हैं कि इस बात को भूल ही जाते हैं कि परम्परा में जो पूर्वापरत्व निहित है वह तभी सार्थक हो सकता है जबकि 'पूर्व' के साथ 'अपर' भी हो। हम पूर्वोन्मुखता के नशे में अपने से यह पूछना ही भूल जाते हैं कि अपर क्या है।"[88] इस अवधारणा से स्पष्ट हो जाता है कि अज्ञेय के लिए परम्परा ज्ञान की एक निरन्तर विकासमान प्रक्रिया है जो विवेकपूर्ण ढंग से पहचानी जा सकती

है और तभी वह मनुष्य के लिए मूल्यवान भी बन सकती है। इसीलिए अज्ञेय के अनुसार अनुभव कोई स्थिर या जड़ पिंड नहीं है, वह निरन्तर विकासशील है। इसीलिए उनके अनुसार शाश्वत मूल्यों की बात अर्थहीन है। अज्ञेय का मानना है कि "अनुभव व्यक्तिगत, समाजगत, जातिगत, युग-युगान्त संचित है। और अनुभव कोई जड़ पिंड नहीं, वह निरन्तर विकासशील है। अतः बुद्धि भी विकासशील है–मानव का विवेक भी विकासशील है। इस अर्थ में शाश्वत मूल्यों की बात अनुचित अथवा अर्थहीन हो जाती है। किन्तु विकास का सही अर्थ समझना चाहिए। बुद्धि का नये अनुभवों के आधार पर क्रमशः नया स्फुरण और प्रस्फुटन होता है और नया अनुभव पुराने अनुभव को मिटा नहीं देता, उसमें जुड़कर उसे नयी परिपक्वता देता है। अनुभव के गणित में जोड़ ही जोड़ है, बाकी नहीं। साहित्य के क्षेत्र में हम परम्परा की चर्चा इसी अर्थ में करते हैं–तरतमता उसमें अनिवार्य है।"[89] परम्परा के बारे में अज्ञेय के विचारों की चर्चा करते समय हमें ध्यान रखना होगा कि अज्ञेय के लिए परम्परा जातिगत अनुभव तो है लेकिन वह केवल इतिहास या घटना क्रम नहीं है। अज्ञेय के लिए परंम्परा इतिहास से बड़ी चीज़ है क्योंकि परम्परा मात्र अनुभव ही नहीं है बल्कि अनुभव का जीवित स्पंदन है। इसीलिए वह एक गैर ऐतिहासिक शक्ति बनकर हमारे सामने आती है। इतिहास के लिए अनुक्रमिकता अनिवार्य है यानी समय को सीधी रेखा के रूप में देखना आवश्यक है लेकिन भारतीय काल की अवधारणा काल को चक्रनेमिक्रमेण देखते हैं। और काल की यह वृत्ताकार कल्पना ही इतिहास-बोध में बाधा है। इसलिए अज्ञेय परम्परा को केवल इतिहास नहीं मानते हैं। उनका कहना है कि "परम्परा केवल इतिहास अथवा घटनाक्रम नहीं है, वह घटनाक्रम से मिलनेवाला जातिगत अनुभव है–अनुभव ही नहीं बल्कि उस अनुभव का ऐसा जीवित स्पन्दन जो जाति को अभिप्रेरित करता है।"[90]

लेखक के लिए परम्परा के उपयोग का जिक्र करते हुए अज्ञेय कहते हैं कि किसी भी लेखक को अपनी जाति के समष्टिगत मन को पहचानना होगा क्योंकि ऐसा करके ही उसका निजी मन विशालतर मन से जुड़ पाएगा और जितने ही बड़े मन की जितनी ही गहरी चेतना लेखक में होगी उतना ही अपने युग के साथ उसका सम्बन्ध सार्थक होगा। लेकिन अज्ञेय लेखक को अतीत का अन्धानुकरण न करने की चेतावनी भी देते हैं क्योंकि वह जानते हैं कि अंधानुकरण करने से परम्परा का विकास नहीं हो सकता। साहित्यकार परम्परा का उपयोग कैसे करे, इस पर विचार करते हुए अज्ञेय कहते हैं कि "साहित्यकार को कला की, साहित्य-दृष्टि की मुख्य प्रवृत्ति से, साहित्यिक परम्परा की निरन्तर विकासशील प्रवहमानता से परिचित होना ही होगा, अतीत में से निकट अतीत और उसमें से वर्तमान के विकास की भी परम्परा के प्रति ऐतिहासिक जागरूकता उसे पानी ही होगी। उसे अपने निजी मन, व्यक्तिगत, भिन्न, अकेले मन के प्रति ही नहीं, अपने साहित्य के, अपने समाज

के, अपनी सांस्कृतिक परिवृत्ति के, अपने देश के समष्टिगत मन के–यदि उसकी क्षमता उतनी है तो जन-मन, विश्व-मन के–प्रति भी सचेतन होना होगा, क्योंकि उसे इसका भी अनुभव करना होगा कि यह विशालतर मन उसके निजी मन से कहीं अधिक गौरव रखता है, और जितने ही बड़े मन की जितनी ही गहरी चेतना उसमें है, उतना ही अपने युग के साथ उसका सम्बन्ध फलप्रद है। इतना ही नहीं, उसे यह भी जानना होगा कि इस सामूहिक मन में परिवर्तन हो सकता है और होता है, वह विकासशील है, पर इस विकास और परिवर्तन में वह अपने किसी अंग का परित्याग अथवा बहिष्कार नहीं करता, केवल उसके प्रति एक नयी चेतना पैदा कर देता है। वाल्मीकि के लिए वेदों को, कालिदास के लिए वाल्मीकि को, तुलसीदास के लिए कालिदास को, या मैथिलीशरण गुप्त के लिए तुलसीदास को, वह छोड़ नहीं देता, वह इन सबको अपनी प्रवहमानता के लम्बे सूत्र में पिरोता चलता है। उस मन में 'अतीत' कुछ भी नहीं होता, केवल 'पहले से वर्तमान' की वह परम्परा बढ़ती चलती है जिसमें 'नया आया हुआ वर्तमान' अपना स्थान बनायेगा। अचिर के साथ चिर के तारतम्य की यही बाध्यता, अचिर की माला में गुंथ जाने के चिर का अधिकार, साहित्यकार के लिए रूढ़ि अथवा परम्परा का यही 'शापमय वरदान' है।"[91]

असल में अज्ञेय परम्परा को अर्जित करने के पक्ष में हैं, उसे ढोने के पक्ष में नहीं हैं। परम्परा अर्जित तभी की जा सकती है जब साहित्यकार प्रयोगशील मानसिकता का हो। प्रयोगशील मानसिकता का साहित्यिकार परम्परा को प्राकृत रूप में स्वीकार नहीं करता, वह उसे सम्बन्धगत रूप में स्वीकार करता है। जैसे-जैसे बाह्य वास्तविकता बदलती है वैसे-वैसे उसके साथ हमारे रागात्मक रिश्ते भी बदलते जाते हैं और अगर यह रिश्ते नहीं बदलते तो उस बाह्य वास्तविकता से हमारा रिश्ता कट जाता है। प्रयोग के जरिये साहित्यकार परम्परा का सम्बन्ध इस बाह्य वास्तविकता से जोड़ता है क्योंकि वह बाह्य वास्तविकता उसके युग का सत्य होती है और प्रयोग द्वारा ही साहित्यकार अपने सत्य को अधिक अच्छी तरह जान सकता है। इसीलिए सभी कालों में साहित्कारों ने प्रयोग किए है। अज्ञेय ने भी अपने काल में भरपूर प्रयोग किये हैं लेकिन अज्ञेय का मानना है कि उनके लिए प्रयोग कोई फैशन या साध्य नहीं है, वह तो सत्य को जानने का जरिया है। उन्होंने प्रयोग की विचारधारा पर बात करते हुए स्पष्ट लिखा है कि "प्रयोग अपने-आप में इष्ट नहीं है। वह साधन है और दोहरा साधन है। क्योंकि एक तो वह उस सत्य को जानने का साधन है जिसे कवि प्रेषित करता है, दूसरे वह उस प्रेषण की क्रिया को और उसके साधनों को जानने का साधन है। अर्थात् प्रयोग द्वारा कवि अपने सत्य को अधिक अच्छी तरह जान सकता है और अच्छी तरह अभिव्यक्त कर सकता है–वस्तु और शिल्प दोनों के क्षेत्र में प्रयोग फलप्रद होता है।"[92]

अज्ञेय प्रयोग वैशिष्टिय के लिए नहीं, साधारणत्व के लिए करते हैं। यह आज के लेखक की एक बड़ी समस्या है। आज के परिवेश का लेखक निरन्तर जटिल होते जा रहे भावबोध को बोधगम्य बनाना चाहता है। वह कविता को बहुजन संवेद्य बनाना चाहता है लेकिन भाषा का पुराना माध्यम इस काम के लिए अपर्याप्त है लिहाजा उसे अपने माध्यम के साथ प्रयोग करना पड़ता है। नए सत्य को संवेद्य बनाने के लिए प्रयोग की यह एक महत्त्वपूर्ण दिशा है जिसे आधुनिक हिन्दी कविता में सबसे पहले अज्ञेय ने ही शिद्दत से महसूस किया और अपने पूरे साहित्य में प्रयोग की इस दिशा को एक आकार दिया। उन्होंने इस पर विचार करते हुए कहा है कि "यह आज के कवि की सबसे बड़ी समस्या है। समस्याएं अनेक हैं–काव्य विषय की, सामाजिक उत्तरदायित्व की, संवेदना के पुनः संस्कार की आदि–किन्तु उन सब का स्थान इसके पीछे है, क्योंकि यह कवि कर्म की ही मौलिक समस्या है, साधारणीकरण और सम्प्रेषण की समस्या है। और कवि को प्रयोगशीलता की ओर प्रेरित करने वाली सबसे बड़ी शक्ति यही है।"[93]

अज्ञेय के लिए प्रयोग एक सामाजिक और ऐतिहासिक आवश्यकता है। समाजिक और ऐतिहासिक आवश्यकता की वजह से ही अज्ञेय को कविता की वस्तु और शिल्प में भी प्रयोग करने की जरूरत महसूसं होती है क्योंकि सामाजिक परिवर्तन से काव्य वस्तु में भी बदलाव आता है। जिस समाज में परिवर्तन की प्रक्रिया जितनी तेज होगी, उस समाज के काव्य में प्रयोग की आवश्यकता उतनी ही बढ़ जाएगी क्योंकि काव्य की वस्तु में विस्तार होगा और कवि इस विस्तृत वस्तु को अभिव्यक्त करने के लिए अभिव्यक्ति के माध्यमों के स्तर पर भी प्रयोग करेगा। इसीलिए कहा जा सकता है कि आवश्यकता प्रयोग की जननी है। अज्ञेय ने सामाजिक परिवर्तन से कविता के रिश्ते को जोड़ते हुए कहा है कि "भारी सामाजिक परिवर्तनों के साथ काव्य की वस्तु में असाधारण विस्तार आया। कवि ने नये सत्य देखे, नये व्यक्ति सत्य भी और सामाजिक सत्य भी, और उनको कहने के लिए उसे भाषा को नये अर्थ देने की आवश्यकता हुई। आवश्यकता काव्य-क्षेत्र में भी प्रयोग की जननी है, और जिन-जिन कवियों ने अनुभूति के नये सत्यों की अभिव्यक्ति करनी चाही सभी ने नये प्रयोग किये। ये प्रयोग अनेक दिशाओं में हुए।"[94]

सामाजिक और ऐतिहासिक परिवर्तन प्रत्येक समाज में एक ही समय में हों, यह जरूरी नहीं बल्कि इतिहास के लम्बे दौर में यही देखा गया है कि अलग-अलग समाज में अलग समय में परिवर्तन की प्रक्रिया घटित हुई है। इसलिए हर समाज के साहित्य को अलग-अलग समय में प्रयोग की प्रक्रिया से गुजरना पड़ा। जो प्रयोग पश्चिम की कविता में पचास-सौ साल पहले हुए वह हिन्दी कविता में पचास-सौ साल बाद हुए क्योंकि दोनों के सामाजिक परिवर्तन के समय में अन्तर है। लेकिन

इसका मतलब यह नहीं कि जो प्रयोग पश्चिम की कविता में पहले हो चुके हैं, वह अब हिन्दी कविता में नहीं होने चाहिए या उनका होना अब पश्चिम की नकल है। यह ठीक है कि पश्चिम की कविता में हुए प्रयोगों का एक अनुभव हमारे सामने है जिसका फायदा हम उठा सकते हैं लेकिन अपनी भाषा में अब उन प्रयोगों का किया जाना नकल नहीं होगा क्योंकि हमारी कविता के समाज में जब परिवर्तन होगा, हमें तभी प्रयोग की आवश्यकता होगी। न पहले, न बाद में। क्योंकि कविता में प्रयोग की स्थिति सामाजिक परिवर्तन की प्रक्रिया से जुड़ी हुई है। अज्ञेय ने प्रयोग के इस मुद्दे पर भलीभांति विचार किया है। उनका कहना है "किसी प्रयोग का एक भाषा में पहले किया जा चुकना, दूसरी भाषा के लिए उसके मूल्य का अन्तिम निर्णय नहीं कर देता। दूसरी भाषा जब तक स्वतंत्र रूप से विकास के उस बिन्दु तक न पहुंचे जहां पर वह प्रयोग के लिए सार्थक हो सके, तब तक उस प्रयोग की उपयोगिता या अनुपयोगिता पर वह भाषा कोई अन्तिम निर्णय नहीं कर सकती। यों दूसरों के प्रयोग से हम लाभ उठा सकते हैं, और हिन्दी ने भी उठाया है। रैम्बो या मैलार्मे के शब्द संकेतों के प्रयोग फ्रांसिसी भाषा मे फिर कभी नहीं होंगे, न ही फ्रांसीसी कवि फिर वैलेरी के साथ ध्वनियों का आध्यात्मिक अर्थ खोजेगा। किन्तु हिन्दी अगर प्रतीकों और ध्वनियों का अन्वेषण करती है तो वह न पिष्टपेषण है, न समय नष्ट करना, क्योंकि फ्रांसीसी ने अपने साहित्य में जिस सत्य को पा लिया, उसी सत्य को आत्मसात करने के लिए हिन्दी के या किसी भी दूसरी भाषा के पास कोई छोटा रास्ता नहीं है। हमें सुविधा है तो इतनी, कि दूसरों का एक अनुभव हमारे सामने है जिसके सहारे हम स्वयं अपने अनुभव की परीक्षा कर सकें।"[95] अज्ञेय की प्रयोग सम्बन्धी यह मान्यता सत्य को स्वयं अर्जित करने पर आधारित है और इसका सम्बन्ध ऐतिहासिक परिवर्तन से जुड़ा हुआ है। ऐतिहासिक परिवर्तन काव्य वस्तु के बदलाव का भी एक आवश्यक पक्ष है।

इस पूरे विवेचन से हम जान सकते हैं कि परम्परा और प्रयोग अज्ञेय की कविता में आधुनिक संदर्भ में ही जांचे गए हैं। इसीलिए परम्परा और प्रयोग अज्ञेय के लिए फैशन या जड़वादी दृष्टिकोण नहीं है, वह तो ज्ञान के विकास का एक क्रम है।

सन्दर्भ

1. अज्ञेय–स्रोत और सेतु, पृ. 118 (प्रथम सं.)
2. अज्ञेय–स्रोत और सेतु, पृ. 118 (प्रथम सं.)
3. अज्ञेय–स्रोत और सेतु, पृ. 118-19 (प्रथम सं.)
4. सच्चिदानन्द वात्स्यायन–त्रिशंकु (संस्करण 1973), पृ. 27
5. सच्चिदानन्द वात्स्यायन–त्रिशंकु (संस्करण 1973), पृ. 27
6. सच्चिदान्द वात्स्यायन–आधुनिक हिन्दी साहित्य (सं. प्रथम), पृ. 67
7. C.Wright Mills—The Sociological Imagination (1961), (Pub : Grove Press, INC.-New York), p.8
8. सच्चिदानन्द वात्स्यायन–त्रिशंकु (सं. 1973), पृ. 93
9. सच्चिदानन्द वात्स्यायन–आधुनिक हिन्दी साहित्य (सं. प्रथम), पृ. 34-35
10. सच्चिदानन्द वात्स्यायन–आधनिक हिन्दी साहित्य (सं. प्रथम), पृ. 34
11. वही, पृ. 34
12. अज्ञेय–आत्मनेपद, पृ. 259 (द्वितीय संस्करण)
13. T.S. Eliot—Notes Toward the Definition of Culture&1948, (Pub : Feber and Feber), p.21
14. अज्ञेय–स्रोत और सेतु (सं. प्रथम), पृ. 83
15. अज्ञेय–आत्मनेपद (सं. द्वितीय), पृ. 259
16. (अज्ञेय)–आलवाल (सं. 2), पृ. 87 : सच्चिदानन्द वात्स्यायन
17. सच्चिदानन्द वात्स्यायन–युग सन्धियों पर (प्रथम संस्करण), पृ. 85
18. सच्चिदानन्द वात्स्यायन–अद्यतन (द्वितीय संस्करण), पृ. 131
19. डॉ. देवराज–संस्कृति का दर्शनिक विवेचन, पृ. 190 (प्रथम सं.)
20. अज्ञेय–आत्मनेपद (द्वितीय संस्करण), पृ. 260
21 Robert L. Heilbroner—The making of Economic Society, New York (1962), p.232
22. सच्चिदानन्द वात्स्यायन-आधुनिक हिन्दी साहित्य (प्र.सं.), पृ. 18
23. सच्चिदानन्द वात्स्यायन-आधुनिक हिन्दी साहित्य (प्र.सं.), पृ. 18
24. वही, पृ. 81
25. विद्यानिवास मिश्र–परम्परा बन्धन नहीं है (प्रथम संस्कारण), पृ. 72
26. सच्चिदानन्द वात्स्यायन–आधुनिक हिन्दी साहित्य (प्र. सं.), पृ. 21

27. अज्ञेय–आत्मनेपद (द्वितीय संस्कारण), पृ. 168
28. Denys Thompson—The use of Poetry (1978) Cambridge University Press, London, P.189
29. सच्चिदानन्द वात्यायन–त्रिशंकु (संस्करण 1973), पृ. 116-17
30. अज्ञेय–आत्मनेपद (संस्करण द्वितीय), पृ. 263
31. सच्चिदानन्द वात्स्यायन–आधुनिक हिन्दी साहित्य (प्र.सं.), पृ. 68
32. (अज्ञेय)–आलवाल (संस्करण द्वितीय), पृ. 90, सच्चिदानन्द वात्सयायन
33. द फिलासफी आफ बर्ट्रान्ड रसैल इवैस्टन, इलियानिस (1946), द लायब्रेरी आव् लिविंग फिलासफर्स, पृ. 287
34. अज्ञेय–नदी के द्वीप (संस्करण 1981), पृ. 80-81
35. सच्चिदानन्द वात्स्यायन–आलवाल (द्वितीय संस्करण), पृ. 109
36. सच्चिदानन्द वात्स्यायन–संवत्सर (प्रथम संस्करण), पृ. 77-78
37. टी.एस. एलियट–फोरक्वार्टट्स, उद्धृत : (संवत्सर-सं. वात्स्यन), पृ. 81
38. सच्चिदानन्द वात्स्यायन–संवत्सर (प्रथम संस्करण), पृ. 81
39. टी.एस. एलियट, उद्धृत (संवत्सर–प्रथम सं., स. वात्स्यायन), पृ. 80
40. सच्चिदानन्द वात्स्यायन–आलवाल (द्वितीय संस्करण), पं. 103
41. सच्चिदानन्द वात्स्यायन–आलवाल (द्वितीय संस्करण), पृ. 108-109
42. सच्चिदानन्द वात्स्यायन–आलवाल (द्वितीय संस्करण), पृ. 94
43. वही–पृ. 95
44. सच्चिदानन्द वात्स्यायन–आलवाल (द्वितीय संस्करण), पृ. 96
45. सच्चिदानन्द वात्स्यायन–आलवाल (द्वितीय संस्करण), पं. 95
46. J.P. Sartre—Being and Nothingness (Paper back), Translated by: Hazel E. Barnes, Pub : Methuen & Co. Ltd., London, p.31
47. अज्ञेय–आत्मनेपद (द्वितीय संस्करण), पृं. 254
48. J.P. Sartre—Being and Nothingness (Paper back) (Translated by : Hazel E.Barnes—Pub : Methuen & Co., London), p.525
49. अज्ञेय–स्रोत और सेतु (प्रथम संस्करण), पृ. 15
50. वही, पृ. 17
51. अज्ञेय–स्रोत और सेतु (प्रथम सं.), पृः 18
52. सच्चिदानन्द वात्स्यायन–त्रिशंकु (संस्करण 1973), पृ. 79
53. D.H. Lawrence-Phoenix-II, Edited by Waren Roberts and Harry T. Moore, Pub : Heinemann : London, p.629 (Edition : 1968)
54. अज्ञेय–स्रोत और सेतु (प्रथम संस्करण), पृ. 145
55. सच्चिदानन्द वात्स्यायन–त्रिशंकु (संस्करण 1973), पृ. 26
56. वही, पृ. 29
57. सच्चिदानन्द वात्स्यायन–त्रिशंकु, पृ. 31 (सं. 1963)
58. Collingwood, R. G.—The Principle ofArt (London-1938) p.336
59. सच्चिदानन्द वात्स्यायन–त्रिशंकु (संस्करण 1973), पृ. 31
60. सच्चिदानन्द वात्स्यायन–आधुनिक हिन्दी साहित्य (प्र. सं.), पृ. 11

61. T. S. Eliot—From : The Idea of a Christian Society, 1939, p. 241. :Selected Prose—T. S. Eliot, Ed. by: John Hayward Pub: Penguin Books, Ed. 1953,
62. सच्चिदानन्द वात्स्यायन–त्रिशंकु (संस्करण 1973), पृ. 80
63. D. H. lawrence—Phoonix II—Edited by: Warren Roberts and Harry T. Moore Ed. 1968, Pub, by: Heinemann: London, p. 225.
64. अज्ञेय–आत्मनेपद (द्वितीय संस्करण), पृ. 64
65. Nietzache—The Philosophy of Nietzsche, Edited by Geoffrey Clive, Ed. 1965. Pub. by: Mentor Book, U. S.A.—Chicago, p. 542.
66. Geoffrey Clive—Ibid., p. 29: The Philosophy of Nietzsche (1965)
67. सच्चिदानन्द वात्स्यायन–त्रिशंकु (संस्करण 1973), पृ. 72-75
68. Leo Tolstoy—What is Art? and Essays on Art, Translated by Aylmer Maude, Published: Oxford University Press, London (Ed. 1962), p. 54
69. सच्चिदानन्द वात्स्यायन–आधुनिक हिन्दी साहित्य (सं. प्रथम), पृ. 120
70. सच्चिदानन्द वात्स्यायन–आधुनिक हिन्दी साहित्य (प्रथम सं.), पृ. 119
71. सच्चिदानन्द वात्स्यायन–आधुनिक हिन्दी साहित्य (प्रथम सं.), पृ. 121
72. रेल्फ फाक्स–दि नावेल एंड दि पीपुल–अनुवाद: नरोत्तम नागर, 'उपन्यास और लोक जीवन'–प्रकाशक: पीपुल्स पब्लिशिंग हाउस, नयी दिल्ली, दूसरा हिन्दी संस्करण–पेपर बैंक, पृ. 95।
73. अज्ञेय–शाश्वती (प्रथम संस्करण), पृ. 19
74. सच्चिदानन्द वात्स्यायन–आधुनिक हिन्दी साहित्य (प्र. सं.), पृ. 122
75. सच्चिदानन्द वात्स्यायन–आधुनिक हिन्दी साहित्य (प्रथम सं.), पृ. 122-23
76. सच्चिदानन्द वात्स्यायन–आधुनिक हिन्दी साहित्य (प्र. सं.), पृ. 122-23
77. सच्चिदानन्द वात्स्यायन–आलवाल (द्वितीय संस्करण), पृ. 17
78. वही, पृ. 16-17
79. सच्चिदानन्द वात्स्यायन–आलवाल (संस्करण द्वितीय), पृ. 20
80. सच्चिदानन्द वात्स्यायन–आलवाल (द्वितीय संस्करण), पृ. 17-18
81. Thorpe , W. H.—Animal Nature and Human Nature (London&1974), p. 344
82. सच्चिदानन्द वात्स्यायन–आलवाल (द्वितीय संस्करण), पृ. 26
83. सच्चिदानन्द वात्स्यायन–आलवाल (द्वितीय संस्करण), पृ. 10
84. सच्चिदानन्द वात्स्यायन–आधुनिक हिन्दी साहित्य (प्रथम सं.), पृ. 141
85. सच्चिदानन्द वात्स्यायन–त्रिशंकु (संस्करण 1973), पृ. 70
86. सच्चिदानन्द वात्स्यायन–त्रिशंकु (संस्करण 1973), पृ. 71
87. सच्चिदानन्द वात्स्यायन–आधुनिक हिन्दी साहित्य (प्रथम सं.) पृ. 227-28
88. सच्चिदानन्द वात्स्यायन–एक बूंद सहसा उछली (द्वितीय सं.), पृ. 11
89. सच्चिदानन्द वात्स्यायन–आधुनिक हिन्दी साहित्य (प्रथम सं.), पृ. 11-12
90. वही, पृ. 25
91. सच्चिदानन्द वात्स्यायन–त्रिशंकु (1973), पृ. 37
92. सच्चिदानन्द वात्स्यायन–आधुनिक हिन्दी साहित्य (प्रथम सं.), पृ. 228
93. अज्ञेय–आत्मनेपद (द्वितीय सं.) पृ. 37
94. सच्चिदानन्द वात्स्यायन–आधुनिक हिन्दी साहित्य (प्रथम सं.), पृ. 41
95. सच्चिदानन्द वात्स्यायन–आधुनिक हिन्दी साहित्य (प्रथम सं.), पृ. 41

अज्ञेय की कविता में परम्परा के प्रमुख स्वर

अज्ञेय आधुनिक होने के लिए अपनी परम्परा से जुड़ना आवश्यक मानते हैं। उनकी कविता में भी हमें भारतीय परम्परा के प्रमुख स्वर दिखाई देते हैं लेकिन अज्ञेय ने परम्परा के उन स्वरों को रूढ़िवादी ढंग से स्वीकार नहीं किया है बल्कि उन्होंने परम्परा के सभी स्वरों की जांच–पड़ताल की है। ऐसा करके उन्होंने भारतीय परम्परा को प्रमाणित किया है, उसकी प्रासंगिकता को सिद्ध किया है। अज्ञेय की कविता में जहां एक ओर नया भावबोध, नया परिवेश, नयी जीवन–दृष्टि दिखाई देती है वहीं अपनी परम्परा के प्रमुख तत्त्वों के साथ प्रयोग भी दिखाई देते हैं। इसीलिए अज्ञेय की कविता में हमें परम्परा और प्रयोग सम्बन्धगत स्थिति में दिखाई पड़ते हैं। बिना प्रयोग किये अज्ञेय परम्परा को स्वीकार नहीं करते। कई बार वह परम्परा की आधुनिक व्याख्या भी प्रस्तुत करते हैं। अतीत के सत्य को आज के सत्य के साथ जोड़कर देखते हैं और फिर सत्य के वास्तविक स्वरूप को पहचानने की कोशिश करते हैं। परम्परा के सत्य को प्रासंगिक मानकर ही उसे स्वीकार करते हैं। यहां पर हम अज्ञेय की कविता में आये भारतीय परम्परा के प्रमुख स्वरों की चर्चा करेंगे।

(क) सत्य, शिव, सुन्दर

सत्य शिव और सुन्दर भारतीय परम्परा के प्रमुख स्वर हैं। भारतीय परम्परा में सत्य शिव और सुन्दर को एक–दूसरे से जोड़कर ही देखा गया। सत्य शिव से अलग नहीं है और शिव सुन्दर से अलग नहीं हैं। अज्ञेय सत्य, शिव और सुन्दर को एक–दूसरे के साथ उनके सम्बन्धों में ही उन्हें देखते हैं। **यदि अज्ञेय मृत्यु को सत्य मानते हैं तो वह यह भी मानते हैं कि मृत्यु को हम शिवता और सुन्दरता भी दे सकें।** सत्य शिव और सुन्दर की अवधारणा को अज्ञेय मानव विवेक की कसौटी पर कसकर ही जांचते हैं। **अज्ञेय कहते हैं कि "सब प्रतिमानों का, सब मूल्यों का स्रोत मानव का विवेक है।** वही उसे सदसद् का ज्ञान देता है–फिर उस सत् और असत् का क्षेत्र चाहे जो हो।"[1] अज्ञेय परम्परा के प्रत्येक स्वर को

प्रयोग की कसौटी पर कस कर देखते हैं। सत्य भी अज्ञेय के लिए जीवन और परिवेश से जुड़कर ही परिभाषित होता है। इसीलिए अज्ञेय के यहां मृत्यु सत्य तो है लेकिन यह प्रयास भी है कि मृत्यु को शिव और सुन्दर भी बनाया जाए। अज्ञेय कहते हैं कि–

"क्रमशः मृत्युः मृत्यु भी सत्य ही है;
उसे हम छोड़ नहीं सकते।
हां, शिवता, सुन्दरता हम उसे दे सकते हैं।
अभी किन्तु जीवनः अन्तहीन तपस्या जिस से
हम मुंह मोड़ नहीं सकते।
यह सम्बन्ध (या विपर्यास?) शाश्वत है क्योंकि इसे
हम चाहे जिस अर्थ में ले सकते हैं।"[2]

जीवन और मृत्यु शाश्वत सत्य हैं, इसे नकारा नहीं जा सकता। भारतीय परम्परा में सत्य को बहुत महत्त्व दिया गया। संत कवियों ने तो सत्य को सृजन का एक प्रमुख तत्त्व माना है। दादूदयाल कहते हैं–

"साईं को साच पियारा
साचै साच सुहावै देखौ, साचा सिरजन हारा।।

तत्तै तत्त रहैगा भाई, साचा कसि–कसि लेवै।।
यों तो कसणी साच सहैगा, साचा कसि–कसि लेवै।।
दादू दरसन साचा पावै, झूठे दरस न देवै।।"[3]

यहां संत कवि दादू सत्य के तत्त्व दार्शनिक रूप को समझने का प्रयास कर रहे हैं लेकिन अज्ञेय सत्य के पारम्परिक रूप से अलग हटकर उसे वास्तविक जीवन के रूप में देखने का प्रयास करते हैं। वह मृत्यु और जीवन जैसे सत्यों को उनके आपसी सम्बन्धों में देखना चाहते हैं। इसीलिए वह 'जीवन को अन्तहीन तपस्या' मानते हैं। उसे इस तपस्या से ही शिव और सुन्दर बनाना चाहते हैं। हम यह भी कह सकते हैं कि **अज्ञेय आधुनिक कवि होने के नाते मृत्यु और जीवन जैसे सत्य को सामाजिक सन्दर्भ में देखना चाहते हैं। ऐसा करके ही मृत्यु का सत्य, शिव और सुन्दर हो सकता है।** इसका अभिप्राय यह हुआ कि सत्य बहुत सी बार अपना स्वरूप बदलता भी रहता है। जैसे मृत्यु एक शाश्वत सत्य है लेकिन वह सदैव शिव और सुन्दर भी हो, यह जरूरी नहीं। मृत्यु शिव और सुन्दर नहीं भी हो सकती। बहुत–सी मृत्यु इतिहास में ऐसी हुई हैं जो शिव और सुन्दर नहीं भी रही होगी। इसीलिए अज्ञेय सत्य को भी परिवर्तित मानते हैं। वह कहते हैं–

कौन सत्य अविकल रूप में
जी सका है अधिक?
अवश्य आप हंस लें:
हंस कर देखें फिर साक्ष्य इतिहास का
जिसकी दुहाई आप देते हैं।
बुद्ध के महाभिनिष्क्रमण को
कितने हुए थे दिन
ठेर-महासभा जब जुटी यह खोजने कि
सत्य तथागत का
कौन-कौन मत-सम्प्रदायों में बिला गया?
और ईसा–
(जिन का कि पट्टशिष्य ने
मरने से कुछ क्षण पूर्व ही था कर दिया प्रत्याख्यान)
जिस मनु-पुत्र के लिए थे शूल पर चढ़े–
उसे जब होश हुआ सत्य उन का खोजने का
तब कोई चारा ही बचा न था–
इसके सिवा कि वह खड्गहस्त
दसियों शताब्दियों तक
अपने पड़ोसियों के गले काटता चले
('प्यार करो अपने पड़ोसियों को आत्मवत्'–
कहा था मसीहा ने!)
सत्य क्या है? बेसिनी में पानी मंगा लीजिए:
सूली का सुना के हुक्म
हाथ धोये जायेंगे![4]

अज्ञेय यहां सत्य और इतिहास के सम्बन्ध पर भी प्रकाश डालते हैं। इतिहास में बहुत से उतार-चढ़ाव आते हैं। इन उतार-चढ़ावों में सत्य भी अलग-अलग ढंग से प्रभावित होता है, उसका स्वरूप बदलता रहता है। हमें देखने को मिलता है कि सत्य की नई व्याख्याएं होती हैं। **गौतम बुद्ध ने अपनी साधना से जिस सत्य को पाया था वह उनके मरने के बाद विभिन्न मत और सम्प्रदायों में बिला गया और उसका स्वरूप बदलता चला गया।** इसी प्रकार **ईसा ने सूली पर चढ़कर जिस सत्य की प्रतिष्ठा की थी, आगे चलकर वह सत्य निरन्तर विरूपित होता चला गया।** इसका अभिप्राय यह नहीं कि सत्य असत्य हो गया बल्कि यह कि वह सत्य धूमिल होता चला गया। होता यह रहा है कि इतिहास में जब भी किसी ने सत्य की शाश्वतता को जाना आगे चलकर वह सत्य अलग-अलग ढंग से

व्याख्यायित होता रहा। अज्ञेय सत्य की इस स्थिति पर ही प्रकाश डालते हैं। इसके लिए वह इतिहास के नजदीकी हिस्से को चुनते हैं उनका कहना है–

बुद्धः ईसाः दूर हैं।
जिस का थपेड़ा स्वयं हम को न लगे वह
कैसा इतिहास है?
ठीक है।
आपका जो 'गान्धियन' सत्य है
उस को क्या सही सात–आठ वर्ष पहले
गान्धी पहचानते थे?
तुलना नहीं है यह। हमको चर्राया नहीं
शौक मसीहाई का
सत्य का सुरभि–पूत स्पर्श हमें मिल जाय
क्षण भर:
एक क्षण उसके आलोक से सम्पृक्त हो
विभोर हम हो सकें–
और हम जीना नहीं चाहते:
हमारे पाये सत्य के मसीहा तो
हमारे मरते ही, बन्धु, आप बन जायेंगे![5]

अज्ञेय जानते हैं जब किसी का पाया हुआ सत्य किसी और के हाथ पड़ता है तो उसकी क्या गति होती है। गांधी ने स्वयं जिस सत्य को जाना और माना था आगे आने वाली पीढ़ी से अपने ढंग से व्याख्यायित किया। भारतीय कांग्रेस आज भी गांधी जी के सिद्धान्तों की दुहाई देती है लेकिन व्यवहार के स्तर पर उन सिद्धान्तों को बिल्कुल नहीं मानती है। आज परिभाषित किया हुआ जो 'गान्धियन सत्य' है उसे अपने समय में गांधी नहीं पहचानते थे। इसका अभिप्राय यह हुआ कि इतिहास के दौर में इतिहासपुरुष बार–बार शाश्वत सत्य को शोधते हैं। सत्य की शाश्वतता को बरकरार रखने के लिए नए–नए प्रयोग करते हैं। अज्ञेय तो शाश्वत सत्य के आलोक के एक क्षण के लिए भी सम्पृक्त होकर अपने को विभोर हुआ पाते हैं। क्योंकि आगे चलकर तो नयी पीढ़ी ही उस पाये हुए सत्य की मसीहा बन जायेगी। इसीलिए वह कहते हैं कि "हमारे पाये सत्य के मसीहा तो हमारे मरते ही, बन्धु आप बन जायेंगे। असल में सत्य तो सार्वभौम व्यवस्था का अंश है। इस अंश को युगपुरुष अपनी साधना से जान पाते हैं। मूल्यों के बदलते रहने पर भी सत्य शाश्वत रहता है। डॉ. राधाकृष्णन ने लिखा है कि 'सत्य एक सार्वभौम व्यवस्था का अंश है। यह व्यक्ति से परे है और वैयक्तिक प्रभावों अथवा स्थान और समय की अवस्थाओं से अप्रभावित रहता है। इन सारी बातों का सम्बन्ध

बाह्य अभिव्यक्तियों से है, आंतरिक वास्तविकता से नहीं। विश्वास, सम्मतियां, सिद्धान्त सभी अस्थायी और परिवर्तनशील हैं तथा उनके मूल्य बदलते रहते हैं। इसके विपरीत सत्य शाश्वत और अपरिवर्तनीय है।"[6]

(ख) आस्था, विश्वास और असंशय

आस्था और विश्वास प्रणालीबद्ध भी होते हैं। लेकिन आस्था और विश्वास का प्रणालीबद्ध स्वरूप आधुनिकता के आड़े आता है। अज्ञेय में आस्था और विश्वास सर्जनात्मक पद्धति है। जैसे **भारतीय परम्परा का स्वर जीवन के प्रति आस्थावादी है। जबकि पश्चिम में जीवन के प्रति आस्था और विश्वास का स्वर निषेध का है।** यदि हम इतिहास की जांच करें तो पायेंगे कि जीवन के प्रति पश्चिम में जो अनास्था का स्वर उभरा उसका सबसे बड़ा कारण था आत्मा का रोगी हो जाना। विश्वयुद्ध इस बात के प्रमाण हैं कि पश्चिम आत्मा के रोग से ग्रस्त रहा और जीवन के प्रति अनास्था और निषेध का स्वर उसके ऊपर हावी रहा। इस विषय में डी. एच. मिलर-बार्स्टो ने कहा है कि "आप जिस संसार के उत्तराधिकारी हैं, उसमें तीखा वैमनस्य और उथल-पुथल है। हमने आपके अंग्रेजों ने आपके साथ अन्यायपूर्ण व्यवहार किया है। विश्वयुद्ध के बाद की उन्मत्त अराजकता का कारण यही है कि मानव युद्ध से शिक्षा ग्रहण नहीं कर सका। उस घोर यंत्रणा से निकल आने पर हमारी आत्मा को परिशुद्ध हो जाना चाहिए था, किन्तु ऐसा हुआ नहीं।[7] जबकि भारतीय परम्परा में आत्मा की परिशुद्धि के लिए जीवन के प्रति आस्थावादी दृष्टिकोण ही अपनाया गया है। अज्ञेय भी आस्था और विश्वास के कवि हैं। वह कहते हैं कि–

अभी न हारो, अच्छी आत्मा,
मैं हूं, तुम हो,
और अभी मेरी आस्था है![8]

अज्ञेय भारतीय परम्परा के इस आस्था के स्वर को आज के परिवेश मे महत्त्वपूर्ण मानते हैं लेकिन अज्ञेय की आस्था अंधविश्वास नहीं है। आस्था उनके लिए सम्भावनाओं से परिपूर्ण स्थिति है जिससे बल प्राप्त करके व्यक्ति सर्जनात्मक भूमिका अदा करता है। अज्ञेय के लिए आस्था व्यक्ति को निरन्तर उठते रहने की शक्ति देती है। आज के संघर्षपूर्ण युग में जहां पग-पग पर असफलता और निराशा व्यक्ति को कुंठित करती रहती है वहां आस्था का स्वर उसे आगे बढ़ने और अपनी परिस्थितियों से लड़ने की शक्ति देता है। व्यक्ति को उसके कर्म में से संशय की स्थिति को हटाती है। संशय एक पतनशील तत्त्व है जो व्यक्ति को पीछे धकेलता है। अज्ञेय संशय को नकारकर आस्था की शक्ति को पहचानते हैं। यहीं पर हम महसूस करते हैं कि अज्ञेय अपनी परम्परा के शक्तिदायी तत्त्वों को स्पष्ट रूप से

स्वीकार करते हैं। आस्था की शक्ति को महसूस करते हुए वह कहते हैं–

मैं आस्था हूं
तो मैं निरन्तर उठते रहने की शक्ति हूं;

जो मेरा कर्म है, उसमें मुझे संशय का नाम नहीं,
वह मेरा अपनी सांस-सा पहचाना है,[9]

अज्ञेय महसूस करते हैं कि आधुनिक युग में आस्था की जमीन हिल गयी है और उसके सामने अनास्था का संकट पैदा हो गया है। पहले सम्बन्धों में व्यक्ति की आस्था थी। लेकिन अज्ञेय आस्था के उस अंधविश्वासी रूप को भी स्वीकार नहीं करते जहां द्रोण के मांगने पर एकलव्य अंगूठा काटकर दे देता है। ऐसी आस्था पर सन्देह करते हुए अज्ञेय कहते हैं–

एकलव्य एक है
और आज आस्था भी उस में क्या जाने कहीं कम हो–
क्या जाने वह अंगूठा भी दे, न दे–[10]

लेकिन ऐसे ही संशयपूर्ण युग में कवि आस्था के तत्त्व को प्रयोग की कसौटी बनाता है और वह मानता है कि–

जीवन का हर कर्म समर्पण हो जाता है।
आस्था का आप्लवन एक संशय के कल्मष धो जाता है[11]

हमारी परम्परा में कहा गया है कि 'संशय मन विनश्यति।' अज्ञेय इसीलिए संशय को पतनशील स्थिति मानते हैं और आस्था से उस पर विजय प्राप्त करना चाहते हैं। जहां आस्था व्यक्ति को गतिशील बनाती है वहीं संशय व्यक्ति को निष्क्रिय और विनाश की ओर ले जाता है। अज्ञेय कहते हैं–

जिधर से आ रही है लहर
अपना रूख
उधर को मोड़ दो
तरी अपनी
चिर असंशय
लहर ही पर छोड़ दो![12]

अज्ञेय आस्था के भारतीय स्वर को व्यक्ति के लिए बहुत महत्त्वपूर्ण मानते हैं। आज की संस्कृति में जो भय, अजनबीपन और अविश्वास की स्थिति पनप रही है उसे वह कवि दृष्टि से पहचान रहे हैं और समाधान के रूप में गुणात्मक मूल्यों में आस्था जगाना चाहते हैं। निषेधात्मक मूल्यों को छोड़ना चाहते हैं। इस विषय

में विद्या निवास मिश्र ने भारतीय आस्था के स्वर को पहचानते हुए कहा है कि "भारत का यह आस्थावान स्वर आज के बौद्धिक आदमी के लिए बहुत महत्त्व रखता है। आज की संस्कृति में जो भय अजनबीपन और अविश्वास बौद्धिक मूल्य बन गए हैं और बुद्धि जीवी इन मूल्यों की अपरिहार्यता स्वीकार करके न केवल अपने समाज से और अपने आस-पास की प्रकृति से बल्कि अपने आप से भी बेगाना बन गया है। उसका एक ही समाधान है, निषेधात्मक मूल्यों के बजाय गुणात्मक मूल्यों में आस्था जगाओ। ये गुणात्मक मूल्य हैं। मनुष्य में विश्वास, विश्वास से भी अधि मनुष्य का मनुष्य के साथ अपनापन।"[13] अज्ञेय अपनी कविता में भारतीय परम्परा के इसी आस्थावादी स्वर को पहचानते हैं। इसीलिए वह धरती में और धरती के ऊपर बसे जीवन में आस्था नहीं खोते। वह मनुष्य में और मनुष्य के आपसी सम्बन्धों में विश्वास करते हैं। वह कहते हैं–

वे जिन्होंने
धरती में विश्वास नहीं खोया,
जिन्होंने जीवन में आस्था नहीं खोयी,
जिन के घर
उन पहलों ने नष्ट किये,
महासागर में डुबोये,
पर जिन्होंने अपनी जिजिविषा
घृणा के परनाले में नहीं डुबोयी:
उनकी डोंगियां
फिर इन तरंगों पर तिरेंगी।[14]

अज्ञेय की इस कविता में हमें भारतीय आस्था और विश्वास का स्वर मिलता है जहां 'जिजिविषा घृणा के परनाले में नहीं डुबोयी' जाती। जहां मान्यता है कि एक आदमी दूसरे को ढकेलकर आगे न बढ़े। भारतीय चिंतन में आस्था की कमी का मतलब है स्व की सही पहचान की कमी। महाभारत में कवि युद्ध से उत्पन्न दु:ख को पृथ्वी के दुख से जोड़े बिना नहीं रहता। वह लिखता है–

असम्प्राप्त सुखः काला प्रत्युपस्थित दारूणाः।
श्वः श्वः पापीयदिवसाः पृथिवी गतयौवना।।[15]

अज्ञेय आस्था के उस स्वरूप को मानते हैं जिसका विज्ञान से कोई विरोध नहीं है क्योंकि विज्ञान भी मानवीय प्रगति के लक्ष्य को लेकर चलता है और भारतीय परम्परा में आस्था भी मानवीय प्रगति से जुड़ी हुई है। यह आस्था कवि को उसके परिवेश और परिवेशजन्य समस्याओं से निपटने की ताकत देती है। डॉ. राधाकृष्णन ने इस विषय में कहा है कि "यदि हम चाहते हैं कि अनिश्चितता की यह वर्तमान

स्थिति अराजकता में जाकर न समाप्त हो तो हमें एक तत्त्वज्ञान, एक पथप्रदर्शन, एक आशा की आवश्यकता पड़ेगी ही। जितने लोग हैं, सबके मन में उथल-पुथल है, सब एक नये प्रकार की प्रतीक्षा में हैं। इससे पता चलता है कि कदाचित् हम एक नवीन जीवन की सीमा पर हैं।"[16] भारतीय परम्परा में अनिश्चितता और अराजकता की स्थिति से उबरने के लिए आस्था और विश्वास बहुत बड़े सम्बल रहे हैं। यह आस्था ईश्वर में भी हो सकती है और मानव विवेक में भी। अज्ञेय भी आस्था को सुखमय जीवन के लिए आवश्यक मानते हैं।

(ग) आत्मा, जीवन मृत्यु

भारतीय परम्परा में आत्मा, जीवन और मृत्यु जैसी अवधारणाओं पर बहुत विचार किया गया है। इन तीनों को एक-दूसरे के साथ जोड़कर देखा गया है। आत्मा, जीवन और मृत्यु का अन्तरसम्बन्ध है। आत्मा को जीवन का श्वास बताया है। ऋग्वेद में कहा है 'आत्मा ते वात:'।[17] बाद में इसका अर्थ विस्तार होकर इससे व्यक्ति की मूल सत्ता का बोध होने लगा। मृत्यु भी जीवन का एक अनिवार्य पक्ष है। भारतीय परम्परा में एक पक्ष यह भी है जो मानता है कि "कुछ ऐसे दार्शनिक भी मौजूद थे जो सृष्टि को ब्रह्म की क्रिया के रूप में नहीं मानते थे। उनके मतानुसार सर्वव्यापी मृत्यु तथा शून्य से ही ब्रह्मांड का उदय हुआ। दूसरे शब्दों में अनस्तित्व से अस्तित्व का जन्म हुआ। मृत्यु से, जीवन के अभाव से, जीवन का जन्म हुआ।"[18] इसका अभिप्राय यह हुआ कि आत्मा, जीवन और मृत्यु भारतीय परम्परा में चिन्तन के प्रमुख विषय रहे हैं। अज्ञेय परम्परा के इन चिन्तन बिदुंओं से दृष्टि ग्रहण करते हैं और मृत्यु, आत्मा और जीवन को अपनी कविता का विषय बनाते हैं। अज्ञेय परम्परा की वह दृष्टि स्वीकार करते हैं जो उन्हें शक्ति देती है। मृत्यु अज्ञेय के लिए भय का कारण नहीं बनती क्योंकि भारत की सम्पूर्ण चिन्तन परम्परा में मृत्यु भय का कारण नहीं है। इसीलिए अज्ञेय कहते हैं–

क्यों डरूं मैं मृत्यु से या क्षुद्रता के शाप से भी?
क्यों डरूं मैं क्षीण-पुण्या अवनि के सन्ताप से भी?
व्यर्थ जिस को मापने में हैं विधाता की भुजाएं–
वह पुरुष मैं, मर्त्य हूं पर अमरता के मान में हूं![19]

अज्ञेय यहां भाग्यवादी दृष्टि को चुनौती देते हैं। यहीं पर हमें अज्ञेय की प्रयोगशील मानसिकता का परिचय मिलता है। वह इस अवधारणा से अपनी असहमति प्रकट करते हैं कि मनुष्य का भाग्य विधाता के हाथ में है। वह तो कहते हैं कि "व्यर्थ जिसको मापने में है विधाता की भुजाएं–वह पुरुष मैं, मर्त्य हूं पर अमरता के मान में हूं।" मृत्यु को अज्ञेय एक निश्चित सत्य अवश्य मानते हैं लेकिन 'अमरता का मान' उनमें बरकरार है। अज्ञेय जीवन में और आत्मा में आस्था रखते

हैं। आस्थावादी दृष्टि होने की वजह से ही अज्ञेय अपनी आत्मा को समझाते हैं कि–

अभी न हारो अच्छी आत्मा,
मैं हूं, तुम हो,
और अभी मेरी आस्था है![20]

यहां हम यह बता देना चाहते हैं कि अज्ञेय शरीर से अलग आत्मा से अस्तित्व को स्वीकार नहीं करते। क्योंकि अज्ञेय आत्मा को शरीर की उन्नत शक्ति मानते हैं इसीलिए उनके लिए जीवन और आत्मा एक-दूसरे के संचालक बन जाते हैं अज्ञेय आत्मा की परम्परागत अवधारणा को मानते हैं। भारतीय परम्परा में आत्मा को शरीर से अलग नहीं माना गया है। के. पी. दामोदरन ने महाभारत के शांतिपर्व से यह बात उद्धृत की है कि "वे लोग जो यह मानते हैं कि आत्मा शरीर से अलग है और शरीर के न रहने पर भी मौजूद रहती है, तर्कहीन विचार वाले व्यक्ति होते हैं।"[21] अज्ञेय भी आत्मा को शरीर से अलग नहीं मानते। वह कहते हैं कि–

देह–
वल्ली
रूप को
एक बार बेझिझक देख लो।
पिंजरा है? पर मन इसी में से उपजा।
जिस की उन्नति शक्ति आत्मा है।[22]

अज्ञेय के इस विचार को हम महाभारत के शांतिपर्व में उस समय देख सकते हैं जब भृगु भारद्वाज को बताते हैं कि "कोई मनुष्य किसी वस्तु का तब तक बोध नहीं कर सकता, जब तक वह अन्य बातों में डूबा हुआ है। किसी वस्तु का प्रत्यक्ष तभी सम्भव है, जब ज्ञान की तमाम इंद्रियां मनस् के साथ एकाकार हो जायें। पंचशिख भी प्रत्यक्षण में मस्तिष्क की अनिवार्यता पर जोर देते हैं। निःसन्देह, इंद्रियां तथा वस्तु की मौजूदगी जरूरी है। किन्तु उनकी उपस्थिति ही पर्याप्त नहीं है। उनका बोध तभी किया जा सकता है, जब इंद्रियों के माध्यम से मनस् के साथ उनका तारतम्य बैठाया जाए। मनस् इंद्रियों को उसी तरह नियंत्रित करता है, जैसे सारथी घोड़ों को नियंत्रित करता है। पंचशिख क्षेत्रज्ञ, अर्थात् मानव शरीर में निवास करनेवाली आत्मा को भी, मनस् का ही एक गुण बताते हैं। उनके अनुसार मनस् कोई दैवी संरचना नहीं है, वरन् पदार्थ का श्रेष्ठतम स्वरूप है।"[23] यानी आत्मा शरीर से अलग अस्तित्व रखने वाली कोई वस्तु नहीं है और यही अज्ञेय भी मानते हैं। अज्ञेय मृत्यु को भी जीवन से जोड़कर देखते हैं। वह जानते हैं कि सब कुछ मरणधर्मा है लेकिन यह कोई भय का कारण नहीं बनता। अज्ञेय की यह दृष्टि भी भारतीय

चिंतन की परम्परा से जुड़ी हुई है। हमारे यहां मृत्यु जीवन का उच्च स्तर है, जन्मान्तरवाद है जबकि पश्चिम में मृत्यु के बाद जीवन चक्र समाप्त हो जाता है। इसीलिए पश्चिम में मृत्यु इतना बड़ा भय है कि जिसके विकल्प में कोई दूसरी चीज़ नहीं खड़ी हो सकती। हमारी चिंतन परंपरा में मृत्यु त्रासद नहीं है। हमारे यहां सब कुछ समाप्त नहीं हो जाता। जीवन जहां मरने के लिए है वहीं वो क्रियाशील होने के लिए भी है। अज्ञेय लिखते हैं–

मरणधर्मा है सभी कुछ
किन्तु फिर भी बहो
मीठी हवा
जीवन की क्रियाओं को
तुम्हीं तो तीव्र करती हो!
बहो
मीठी हवा, तुम बहती रहो
पगली हवा, गति बढ़े जीवन की।
उभरने के लिए
जीवन
यद्यपि मरने के लिए
सिहर झरने के लिए![24]

यहां हम स्पष्ट रूप से देखते हैं कि अज्ञेय की कविताओं में जो चिंतन है वह चिंतन भारतीय परंपरा से जुड़ा हुआ है। अज्ञेय को परंपरा से जहां भी शक्ति और दिशा मिलती है अज्ञेय उसे स्वीकारने में हिचकते नहीं लेकिन वह अंधानुकरण नहीं करते हैं। अज्ञेय शताब्दियों से चली आ रही भारतीय जीवन दृष्टि को समझने का प्रयास करते हैं। मृत्यु और जीवन हमारे यहां अनंत काल से समझने के विषय रहे हैं। और इसी निष्कर्ष पर पहुंचे है कि मरण का धर्म ही जीवन का स्रोत है। यही अज्ञेय भी मानते हैं। अपनी कविता में कहते हैं–

शतियों से मैंने बस एक सीख पायी है
जो मरण-धर्मा है वे ही जीवनदायी हैं।[25]

यानी इस निष्कर्ष पर अज्ञेय शतियों से विचार करती चली आ रही अपनी चिंतन परंपरा को समझ-बूझकर पहुंचे हैं। अज्ञेय के मन में भी एक बार फिर वो शाश्वत प्रश्न उठते हैं जिन पर विचार करते हुए उपनिषद या अन्य ग्रंथ लिखे गए। मृत्यु, जीवन और आत्मा कोई अछूते सवाल नहीं हैं। इन पर भारत में बहुत विचार हुआ है। हम सिर्फ़ यह कहना चाहते हैं कि अज्ञेय ने दोबारा से उन परम्परागत सवालों को उठाया है। अज्ञेय कविता में दोबारा जानना चाहते हैं कि जीवन क्या

है? मृत्यु क्या है? और आत्मा की क्या भूमिका है? अपनी एक कविता में अज्ञेय जिज्ञासा करते हैं कि मृत्यु क्या है–

शिखर पर क्या है, गजराज?
–मृत्यु
क्या मृत्यु ही है शिखर पर?
मृत्यु शिखर पर ही क्यों है?
क्या यहां नहीं है, नहीं हो सकती?
कहां नहीं है, जो शिखर पर हो?
मृत्यु ही शिखर है कदाचित्?
किस का शिखर?[26]

अज्ञेय यहां पर जीवन और मृत्यु के दार्शनिक पक्षों से सुलझना चाहते हैं। जीवन की चरम स्थिति को जानना चाहते हैं। अज्ञेय के ये सारे सवाल कहीं-न-कहीं उपनिषदों से जाकर जुड़ते हैं। उपनिषदों में मृत्यु, आत्मा और जीवन के पक्षों पर बहुत दार्शनिक चिंतन हुआ है। जिस तरह अज्ञेय पूछते हैं कि 'क्या मृत्यु ही है शिखर पर?' उसी तरह उपनिषद हमें इसका उत्तर देता हुआ प्रतीत होता है–

'नैवेह किंचनाग्न आसीन्मृत्युनैवेदमावृतमासीत्
अशनायया शनाया हि मृत्युस्तन्मनो कुरूता त्मन्वी स्यामिति।'[27]

अर्थात्, आरम्भ में यहां कुछ भी नहीं था। यह मृत्यु से, अथवा भूख से आवृत था, क्योंकि भूख ही मृत्यु है। उसने (मृत्यु ने) संकल्प किया और सोचा कि मेरे एक आत्मा हो–।

यहां हमें लगता है कि अज्ञेय अपनी परम्परा के प्रमुख स्वरों को अपनी कविता में रचने का प्रयास करते हैं। अज्ञेय पश्चिम के साहित्य और चिंतन का भी अध्ययन किया है। पश्चिम में जीवन और मृत्यु के प्रति वह दृष्टिकोण नहीं है जो भारत में है। अज्ञेय मृत्यु और जीवन को पश्चिमी दृष्टि से नहीं समझना चाहते वह उसे भारतीय दृष्टि से समझना चाहते हैं और अपनी कविता में उन्होंने ऐसा ही किया है।

(घ) विराट और रहस्य का वैज्ञानिक अनुभव

अज्ञेय की कविता में रहस्य का अनुभव बुद्धिगम्य है। उसे ग्रहण किया जा सकता है। अज्ञेय के रहस्यानुभव में मानवीय बुद्धि को इतना योग्य बनाया जा सकता है कि उससे जीवन और जगत् की झलक पायी जा सके। लौकिक स्तर पर बुद्धि को निष्णात बना दिया है। पुराना रहस्यवादी भौतिक बुद्धि और आध्यात्मिकता को अलग कर देता है। अज्ञेय की कविता में जो रहस्यानुभव हमें देखने को मिलता

है वह बुद्धि की पहुंच में है। वह आध्यात्मिकता की उस स्थिति की ओर नहीं ले जाता जहां मानव बुद्धि की पकड़ ढीली पड़ जाती है। अज्ञेय का रहस्यानुभव अज्ञात को ज्ञात बनाने की कोशिश करता है। जब अज्ञात को ज्ञात बनाने की कोशिश की जाए तो वहां पर हमें कवि या किसी अन्य कलाकार की मानसिकता प्रयोग की मानसिकता दिखाई पड़ेगी। विज्ञान भी जीवन और जगत् के रहस्यों से अपने आप को जोड़ता है। वह भी रहस्यवादी स्थितियों से निपटता है। और रहस्यों से निपटने के लिए विभिन्न प्रकार के प्रयोग करता है। अज्ञेय की कविता में भी रहस्यपूर्ण स्थितियां दिखाई देती हैं पर इन स्थितियों में बुद्धि की भूमिका समाप्त नहीं हो जाती जबकि पुराने रहस्यवाद में बुद्धि की भूमिका समाप्त प्रायः हो जाती है। भारतीय दर्शन भी लगातार रहस्यापूर्ण स्थितियों से टकराता रहा। किसी विराट की कल्पना करता रहा है और उस विराट से स्व को जोड़ने की या विराट और स्व के सम्बन्धों को समझने की कोशिश करता रहा है। अज्ञेय की कविता में हमें विराट और रहस्य दोनों दिखाई देते हैं। अज्ञेय विराट के रहस्य को जानने की कोशिश करते हैं। पर इस कोशिश में दृष्टि वैज्ञानिक है। अज्ञेय विराट के रहस्य को बुद्धिगम्य और तर्कपूर्ण बनाने के लिए प्रयोग का सहारा लेते हैं। भारतीय चिंतन में विराट के रहस्य को समझने का प्रयास प्राचीन काल से होता आ रहा है। अज्ञेय भी अपनी कविताओं में विराट की कल्पना करते हैं। प्रकृति की शक्ति को जानने की कोशिश करते हैं। लेकिन इसे वह मानव जीवन से काटकर नहीं देखते। अज्ञेय स्वयं को उस विराट और असीम ब्रह्मांड का एक अणु मानते हैं। विज्ञान भी मानता है कि पूरा 'कास्मस' अणुओं के संयोजन से बना है। किसी भी अणु को तोड़ने का मतलब है प्रकृति के संयोजन को आघात पहुंचाना। भारतीय चिंतन में शरीर का निर्माण पंचभूत तत्त्वों से होता है। आधुनिक विज्ञान भी प्रकारांतर से शरीर और ब्रह्मांड का निर्माण परमाणुओं से मानता है। यह धारणा कोई ईश्वरवादी धारणा नहीं बल्कि वैज्ञानिक धारणा है। अज्ञेय का रहस्यवाद भी ईश्वर की ओर उन्मुख नहीं है। वह तो उस असीम शक्ति को समझना चाहते हैं जिस शक्ति का मानव एक अणु है।

अज्ञेय की यह धारणा उनकी कविता में साफतौर पर दिखाई देती है। अज्ञेय कहते हैं–

मैं भी एक प्रवाह में हूं–
लेकिन मेरा रहस्यवाद ईश्वर की ओर उन्मुख नहीं है,
मैं उस असीम शक्ति से
सम्बन्ध जोड़ना चाहता हूं–
अभिभूत होना चाहता हूं–
जो मेरे भीतर है।[28]

अज्ञेय के अनुसार विराटता केवल बाहरी प्रकृति में ही नहीं है, व्यक्ति के अन्दर भी है। बाहरी प्रकृति और अन्तःप्रकृति में भी एक रिश्ता है। यह रिश्ता निःसन्देह रहस्यमय लगता है लेकिन इस वस्तुस्थिति को नकारा नहीं जा सकता। व्यक्ति के अन्दर की 'असीम शक्ति' को अज्ञेय जानना चाहते हैं। इसका अभिप्राय यह हुआ कि अज्ञेय व्यक्ति में छिपी अनंत सम्भावनाओं को खोजना चाहते हैं। मनुष्य में निहित असीम शक्ति निःसन्देह विराट है क्योंकि आज मानव क्षमता और शक्ति ने विश्व को जो रूप प्रदान किया है वह उसकी विराटता का ही प्रमाण है। मानव शक्ति ने जीवन और जगत् के विभिन्न क्षेत्रों में जो सफलता प्राप्त की है, वह विराटता का ही अंश है। अज्ञेय इसीलिए कहते हैं कि 'मैं उस असीम शक्ति से सम्बन्ध जोड़ना चाहता हूं–अभिभूत होना चाहता हूं–जो मेरे भीतर है।' यानी अपनी ही शक्ति का अनुसंधान अज्ञेय करना चाहते हैं। अपने अन्तर्मन का अनुसंधान करना छायावाद के बाद की कविता की अपनी विशेषता है। नयी कविता का न केवल बहिर्जगत आध्यात्मविहीन है बल्कि अन्तर्जगत भी आध्यात्मिक नहीं है। आज हमें जो परिप्रेक्ष्य बाहरी दुनिया में देखने को मिलता है, अन्तर्जगत में भी झांकने पर वैसा ही प्रतिबिंब अपनी आत्मा का दीखता है। अज्ञेय प्रयोगशील मानसिकता के आधुनिक कवि हैं। वह विराट के रूप में बहिर्जगत के साथ-साथ अन्तर्जगत में भी मानव शक्ति की खोज करते हैं। अज्ञेय का रहस्यवाद वैज्ञानिक रहस्यवाद है। जिस प्रकार आज वैज्ञानिक ब्रह्मांड के रहस्यों को जानने के लिए प्रयत्नशील है, या मनोवैज्ञानिक मानव मन के रहस्यों को उद्घाटित करना चाहता है, उसी प्रकार अज्ञेय भी कवि और चिंतक होने के नाते अन्तर्जगत और ब्रह्मांड का संचालन करने वाली विराट शक्ति की रहस्यमयता को जानना चाहते हैं। इस विषय में विजयदेव नारायण साही ने अपने निबंध 'लघु मानव के बहाने हिन्दी कविता पर एक बहस' में लिखा है "आज हम परिवर्तन को सहज ही एक शृंखला के रूप में देखते हैं। इस शृंखला की कड़ियां काल में क्रम से जुड़ी हुई दिखलाई देती है। और प्रायः इसशृंखला का छोर कहीं नहीं दीखता है। विचारकों का कहना है कि जो परिप्रेक्ष्य हमें बहिर्जगत में देखने पर मिलता है, अन्तर्मन में भी देखने पर वैसा ही स्वरूप अपनी आत्मा का दिखता है। कम-से-कम यह परस्परापेक्षिता तो बहुत कुछ सामान्यतः स्वीकृत और बहुकथित तथ्य है, इसका दार्शनिक आधार जो हो, बहिर्जगत को अन्तर्जगत जन्म देता है या अन्तर्जगत बहिर्जगत को, या कोई तीसरा ही इन दोनों को। लेकिन यह अनुभूति कि हमारे मन में परत दर परत एक शृंखला है, प्याज के छिलके की तरह, और हर परत पहली से कुछ भिन्न दिखलाई पड़ती है–हमें बाहर जगत् में मन्जिल पर मन्जिल परिवर्तन के परिप्रेक्ष्य जैसी ही लगती है। ये दोनों ही नये परिप्रेक्ष्य हैं–जिनके बीज तो छायावाद में खोजने पर मिल जाएगे, लेकिन जिसकी अनुभूति आजादी के बाद के साहित्य की अपनी है। ये दोनों ही

भीतर और बाहर के परिप्रेक्ष्य मैटाफिजिकल चश्में को त्यागकर परिवर्तन की शृंखला की ओर देखने के नतीजे हैं। क्योंकि छायावाद के बाद का न सिर्फ बहिर्जगत अध्यात्मविहीन है, बल्कि अन्तर्जगत भी 'आध्यात्मिक' नहीं है। नये कवियों में से बहुतों ने काफ़ी दूर तक अन्तर्मन के महाद्वीप या महासागर में कोलम्बस जैसी अन्वेषण-यात्राएं की हैं, कभी-कभी छायावादियों से ज्यादा भी, लेकिन हिन्दुस्तान के इतिहास में पहली बार यह घटित हुआ कि भीतर बैठने पर 'आत्मा' के दर्शन नहीं हुए। मिला कुछ और ही। नयी कविता की 'आन्तरिकता' उस अर्थ में आध्यात्मिक नहीं है, जिस अर्थ में छायावाद की 'आन्तरिकता' आध्यात्मिक या अर्ध आध्यात्मिक है। इस 'आध्यात्मिक मुद्रा' का विनाश किसने किया? पहले पापियों में आज के नये कवि या नए कहानीकार या नये उपन्यासकार नहीं आयेंगे। जड़ खोदने का काम तो दिनकर, बच्चन, भगवतीचरण वर्मा आदि ने ही शुरू किया था। अज्ञेय और उनके साथ या बाद वालों ने तो सिर्फ मट्ठा डाला है।"[29] इसका अभिप्राय यह हुआ कि अज्ञेय ने कविता की 'आध्यात्मिक मुद्रा' को तोड़ने में पूरा सहयोग दिया। इसलिए अज्ञेय के रहस्यवाद को हम 'आध्यात्मिक' नहीं मान सकते। अज्ञेय के रहस्यवाद की दिशा विज्ञान से प्रेरित है जो चेतना के विकास की ओर उन्मुख है। और चेतना का विकास ही अन्ततः संस्कृति का विकास है। अज्ञेय का रहस्यवाद जड़ से जीवित, जीवित से चैतन्य, चैतन्य से प्रेरणायुक्त यानी सोद्देश्य के समाधान ढूंढता है। अज्ञेय कहते हैं कि "मानव की अधिक विकसित चेतना किस और उन्मुख होगी? चेतना है, तो उसका कोई विषय होना अनिवार्य है, जिसकी चेतना वह हो सके। अर्थात् चेतना के ऊंचे या नीचे सार की परख उसके विषय की सूक्ष्मता अथवा स्थूलता से ही हो सकती है। निस्सन्देह ऐसी विचारधारा हमें एक प्रकार के नूतन रहस्यवाद की ओर ले जाती है, और अनेक प्रमुख आधुनिक वैज्ञानिकों के विचारों में रहस्यावाद का पुट है भी। विचारकों में भी एल्डस हक्सले की परिकल्पना बहुत कुछ भारतीय रहस्यवादियों सें मिलती-जुलती है, और उसकी दार्शनिक प्रणाली योगदर्शन से स्पष्टतया प्रभावित है। हो सकता है कि अन्ततोगत्वा इस 'विकसित चेतना' का विषय मानव की आत्मा हो, कि वह चेतना अन्तर्मुखी होकर आत्मतत्व के चिन्तन-अन्वेषण में लीन हो जाय।"[30] असल में अज्ञेय जानते थे कि पश्चिम के अनेक वैज्ञानिक विकास की गुत्थी सुलझाने के लिए रहस्यवाद का सहारा ले रहे हैं। यह रहस्यवाद विकास की सोद्देश्यता ही सिद्ध न करता था, वह चेतना के उर्ध्वगामी संचरण की ओर भी संकेत करता था। अज्ञेय ने चेतना के इस संस्कार को वैज्ञानिकों के रहस्यवाद से जोड़ा। अपनी कविता में भी उस विराट शक्ति की रहस्यमयता को जानना चाहते हैं जिसका मानव एक अणु है। अज्ञेय कहते हैं–

शक्ति असीम है
मैं शक्ति का एक अणु हूं,

मैं भी असीम हूं।
एक असीम बूंद–
असीम समुद्र को अपने भीतर प्रतिबिम्बित करती है,
एक असीम अणु–
उस असीम शक्ति को जो उसे प्रेरित करती है
अपने भीतर समा लेना चाहता है,
उस की रहस्यमयता का परदा खोल कर
उसमें मिल जाना चाहता है–
यही मेरा रहस्यवाद है।[31]

यहां कविता में अज्ञेय ने स्पष्ट कर दिया है कि ब्रह्मांड को संयोजित करने वाली विराट शक्ति को अज्ञेय जानना चाहते हैं उसकी रहस्यमयता का परदा खोलकर उससे साक्षात्कार करना चाहते हैं। यही है अज्ञेय का वैज्ञानिक रहस्यवाद। डॉ. रामविलास शर्मा ने अज्ञेय की इस रहस्यवादी धारणा को रहस्यवाद के छायावादी रूप से जोड़कर यह सिद्ध करने को कोशिश की है कि अज्ञेय के रहस्यवाद और छायावादी कवियों के रहस्यवाद में कोई फर्क नहीं है। इस विषय पर विजयदेव नारायाण साही ही मान्यताओं पर भी उन्हें आपत्ति है। डॉ. शर्मा लिखते हैं कि 'मेरे सीमित अणु में विराट की शक्ति निहित है, यह रहस्यवादी कल्पना अज्ञेय ने अपनी बाद की रचनाओं में अनेक बार दोहरायी है। रहस्यवादी कवि पहुंचे हुए होते हैं।, उन्हें ब्रह्म या किसी परोक्ष सत्ता का साक्षात्कार हुआ है जो साधारण जनों के लिए सम्भव नहीं है–इस तरह की धारणा युगों से इस देश में चली आयी है। छायावादियों के खिलाफ यह प्रचार किया जाता था कि वे रहस्यवादी कविताएं तो लिखते हैं, पर उनमें अनुभूति की सच्चाई नहीं होती। कुछ विद्वान् आलोचकों की राय यह मालूम होती है कि अनुभूति की सच्चाई अज्ञेय में तो है, प्रसाद में नहीं। विजयदेव नारायण साही कहते हैं, "प्रसाद जी का सत्य एक दार्शनिक सत्य है, जो 'मान्य' अथवा 'आस्था-सम्मत' मूल्यों की तरह हमारे मानस में सूक्ष्म रूप से वर्तमान रहता है।" (नयी कविता, 60-61)। इसका अर्थ यह हुआ कि प्रसाद का रहस्यवाद पुरानी मान्यताओं पर टिका हुआ है, उसमें उनकी अपनी अनुभूति की सच्चाई नहीं है। इसके विपरीत "अज्ञेय का सत्य 'साक्षात्कार' का एक क्षण है, एक द्वीप है, जिसे हम अपने भीतर जड़ और चेतन के संकल्पित संयोग से अनुभव करते हैं।"[32] डॉ. शर्मा यह कहना चाहते हैं कि अज्ञेय की रहस्यवादी धारणा छायावादियों से अलग नहीं है जबकि विजयदेव नारायण साही मानते हैं कि अज्ञेय और छायावाद के बाद की कविता उस ढंग से रहस्यवादी नहीं है जिस रूप में छायावादी कविता थी। छायावादी कविता मनोवैज्ञानिक रहस्यों का उद्घाटन नहीं करती थी वह कल्पना लोक की उड़ान तो थी पर आधुनिक मनोविज्ञान से प्रेरित नहीं थी। आधुनिक

मनोविज्ञान किसी भी प्रकार के भुलावे में मनुष्य को नहीं रखना चाहता वह तो मानव मन के गहरे गह्वरों की वास्तविकता को सामने लाना चाहता है। यह वास्तविकता जरूरी नहीं कि कल्पना लोक की-सी मधुर और लुभावनी हो। यह तो मनुष्य की प्रवृत्तियों को उद्घाटित करती है। अज्ञेय की कविता मनोविज्ञान का सहारा लेकर मानव मन के रहस्यों को भी टटोलती है। और मनोविज्ञान एक आधुनिक मुहावरा है। इस आधुनिक मुहावरे का प्रयोग अज्ञेय ने अपनी कविताओं में किया है। अज्ञेय का रहस्यवाद मनोविज्ञान पर आधारित है। इस विषय में अज्ञेय की यह कविता देखी जा सकती है–

वासना को बांधने को
तुमड़ी जो स्वर-तार बिछाती है–
आह! उसी में कैसी एकान्त निविड़
वासना थरथराती है।
तभी तो सांप की कुण्डली हिलती नहीं–
फन डोलता है।[33]

वासना मानव मन की एक प्रवृत्ति है जो मनुष्य के जीवन को निर्धारित करने में बहुत बड़ा भाग अदा करती है। मानव मन का यह रहस्य अज्ञेय महसूस करते हैं और इस रहस्यमयता को पहचानने की कोशिश करते हैं। मानव मन की मूल प्रवृत्ति के कारण ही कवि को रात घेरती है, कभी दिन टेरता है। मन कब क्या बोलता है कवि यह जानना चाहता है। अज्ञेय कहते हैं–

कभी रात मुझे घेरती है
कभी मैं दिन को टेरता हूं,
कभी एक प्रभा मुझे हेरती है,
कभी मैं प्रकाश-कण बिखेरता हूं
कैसे पहचानूं कब प्राण-स्वर मुखर है,
कब मन बोलता है?[34]

यहां कवि मन के बोलने को सुनना चाहता है, प्राणों के स्वरों को सुनना चाहता है। यह एक रहस्यपूर्ण स्थिति है पर आध्यात्मिक नहीं है। सागर, नदी, पहाड़ आदि पर छायावादी कवियों ने भी कविताएं लिखीं। सागर को लेकर जयशंकर प्रसाद लिखते हैं–

हे सागर संगम अरुण नील!
अतलान्त महा गंभीर जलधि–
तज कर अपनी यह नियत अवधि,
लहरों के भीषण हासों में,

आकर खारे उच्छ्वासों में
युग-युग की मधुर कामना के-
बन्धन को देता जहां ढील।
हे सागर संगम अरुण नील।[35]

यहां छायावादी कवि सागर का मात्र वर्णन करता है और अपने कल्पनालोक में सागर को रचता है। अज्ञेय ने भी सागर पर कविता लिखी है। अज्ञेय लिखते हैं-

यों मत छोड़ दो मुझे, सागर,
कहीं मुझे तोड़ दो, सागर,
कहीं मुझे तोड़ दो!
मेरे दीठ को और मेरे हिये को,
मेरी वासना को और मेरे मन को,
मेरे कर्म को और मेरे मर्म को,
मेरे चाहे को और मेरे जिये को
मुझ को और मुझ को और मुझ को
कहीं मुझ से जोड़ दो!
यों मत छोड़ दो मुझे, सागर,
यों मत छोड़ दो![36]

अज्ञेय के लिए सागर मन और वासना को जोड़ने की एक मांग है। सागर को देखकर अज्ञेय के मन में कोई 'यूटोपिया' जन्म नहीं लेता बल्कि कवि के चेतन, अवचेतन में भी सागर हिल्लोर लेने लगता है। कवि के अन्तर का सागर आंदोलित हो उठता है और अपनी जड़ता को तोड़ने की मांग करता है। कवि मांग करता है कि 'कहीं मुझे तोड़ दो, सागर, कहीं मुझे तोड़ दो।' यहां भी कवि अपने अन्तर का शोध करना चाहता है।

इस रहस्यवाद के ही अनुकूल है अज्ञेय का प्रकृति से वह रागात्मक सम्बन्ध जहां अज्ञेय प्रकृति के विराट रहस्य को जानने की कोशिश करते हैं। अज्ञेय के यहां प्रकृति का सम्बन्ध 'आध्यात्मिकता' से नहीं है। प्रकृति के सम्पर्क में आकर अज्ञेय अपने चेतन, अवचेतन को टटोलने लगते हैं। प्रकृति की विराटता के सम्पर्क में आकर अज्ञेय अपने आप से संवाद स्थापित करते हैं। जैसे यह कविता देखी जा सकती है-

सागर पर
उदास एक छाया घिरती रही,
मेरे मन में वही एक प्यास तिरती रही

लहर पर लहर पर लहर:
कहीं राह कोई दीखी नहीं,
बीत गया पहर,
फिर दीठ वहीं ठहर गयी
जहां गांठ थी। जो खोलनी ही तो
हमने चाही नहीं, सीखी नहीं।
छा गया अंधेरा फिर: जल थिर, समीर थिर;
ललक, जो धुंधला गयी थी, चिनगियां विकिरती रही–[37]

इस कविता में हम देखते हैं कि अज्ञेय प्रकृति के सागर जसे विराट स्वरूप के सम्पर्क में आकर किसी रहस्यमयी 'गांठ' को महसूस करते हैं। एक ऐसी गांठ जिसे प्रकृति के सम्पर्क में आये बिना देखा नहीं जा सका। 'जो खोलनी ही तो हमने चाही नहीं, सीखी नहीं।' इसलिए हम कह सकते हैं कि अज्ञेय का मन ऐसे विराट और असाधारण प्राकृतिक दृश्यों में रमता है जहां अन्तर्जगत और बहिर्जगत के रहस्यों का अनुसंधाान होता है जहां अज्ञेय किसी रहस्यमयी 'गांठ' को खोलना चाहते हैं। इस विषय में डॉ. रामविलास शर्मा ने लिखा है कि 'इस रहस्यवाद के अनुकूल, और वैसा ही सुरक्षित, अज्ञेय का प्रकृति से वह रागात्मक सम्बन्ध है जो उनके काव्य की श्रेष्ठ उपलब्धि है। प्रकृति प्रेम उनमें नैसर्गिक है, खेतों-खलिहानों से दूर साधारणत: उनका मन ऐसे प्राकृतिक दृश्यों में रमता है जो सामान्य हिन्दी पाठकों के लिए असाधारण होते हैं शब्दों और उपमानों की तरह वह इस तरह के दृश्य भी काफी अनुसंधान के बाद प्राप्त करत हैं।[38] असल में अज्ञेय प्रयोगशील मानसिकता के कवि हैं इसलिए वह प्रयोग के जरिये सत्य के नजदीक पहुंचना चाहते हैं। जिस प्रकार वैज्ञानिक नए-नए प्रयोग करके नए-नए सत्यों को जानना चाहता है वैसे ही अज्ञेय भी विराट के रहस्य को जानना चाहते हैं।

(ड़) मौन और शून्य का दर्शन

मौन और शून्य भारतीय चिंतन परम्परा के प्रमुख स्वर हैं। अज्ञेय ने मौन और शून्य को दार्शनिक अवधारणा की बजाय परिप्रेक्ष्य के रूप में देखा है। इनकी कविता में महामौन और शून्य परिप्रेक्ष्य निर्मित करते हैं। इससे दृष्टि क्षेत्र का विस्तार होता है। दृष्टि क्षेत्र के विस्तार होने से पुरानी अवधारणा नयी व्याख्या देने लगती है। मौन और शून्य भारतीय चिंतन की पुरानी अवधारणाएं हैं लेकिन अज्ञेय ने उन्हें पुराने रूप में स्वीकार न करके नए परिप्रेक्ष्य में रखकर एक नयी व्यवस्था दी है। यही कारण है कि अज्ञेय की कविताओं में मौन, शून्य या रहस्यवाद कोई मतवाद या विचारधारा के रूप में विकसित नहीं होते। अज्ञेय की कविता मौनवादी या शून्यवादी कविता नहीं है। उन्होंने तो मौन और शून्य जैसी अवधारणाओं का इस्तेमाल

भर किया है। रहस्यवादी कविता लिखना एक बात है और रहस्यवाद के कुछ तत्त्वों का कविता में उपयोग करना बिल्कुल दूसरी बात है। अज्ञेय ने मौन और शून्य जैसे रहस्यवादी विचार बिंदुओं को कविता में उपयोग किया है। यहां प्रश्न किया जा सकता है कि आखिर अज्ञेय ने रहस्यवादी तत्त्वों का अपनी कविता में उपयोग क्यों किया? इसका प्रमुख कारण यह है कि छायावाद के बाद यथार्थवाद का एक जबरदस्त रेला हिन्दी कविता में आया जिससे विकृति की संभावना बढ़ने लगी। अज्ञेय कविता को यथार्थवाद की विकृतियों से बचाना चाहते थे। इसलिए अज्ञेय ने अमूर्त पर बल देना चाहा। अज्ञेय अमूर्त से ऐतिहासिक काम लेना चाहते हैं। आज यह बात किसी से छिपी नहीं है कि यथार्थवादी मताग्रहों के कारण हमारी संवेदनशीलता कम होती जा रही है। भौतिकवादी उपभोगपरक प्रवृत्तियां निरन्तर बढ़ रही हैं। अधिक-से-अधिक वस्तुओं को प्राप्त करने की लालसा से व्यक्ति की संवेदनशीलता खत्म होती जा रही है। ऐसी स्थिति में संवेदनशीलता को बनाये रखने का काम अज्ञेय ने किया। अज्ञेय के द्वारा मौन और शून्य के चिंतन का उपयोग उपभोगपरक प्रवृत्तियों के समानान्तर पुनर्प्रतीति को रखना है। इससे एक बोध हमारे सामने आता है। अज्ञेय ने उपभोगपरक प्रवृत्तियों से भरी दुनिया में उसके बराबर में एक वस्तुहीन दुनिया को रख दिया है जिससे एक बोध हमारे सामने आता है। अमूर्त की चेतना आज के मशीनी युग में हमें अधिक संवेदनशील बनाती है। इसीलिए अज्ञेय कहते हैं–

पर सब से अधिक मैं
वन के सन्नाटे के साथ मौन हूं–
क्योंकि वही मुझे बतलाता है कि मैं कौन हूं,
जोड़ता है मुझ को विराट् से
जो मौन, अपरिवर्त है, अपौरुषेय है
जो सब को समोता है।[39]

प्रकृति से सम्पर्क में आकर अज्ञेय स्वयं को पहचानते हैं। **वन के सन्नाटे का मौन कवि को व्यक्तित्व अनुसंधान में सहायता देता है। यहां अज्ञेय मौन का उपयोग करते हैं प्रकृति की विराट सत्ता को जानने के लिए। यहां हमें जान लेना चाहिए कि सत्ता केवल मूर्त और ठोस ही नहीं होती, अमूर्त भी होती है।** मौन और शून्य ऐसी ही अमूर्त सत्ता है जिनका उपयोग अज्ञेय कविता में करते हैं। इस अमूर्त चेतना का उपयोग अज्ञेय संवदेनशीलता को बनाये रखने के लिए करते हैं। अज्ञेय जानते हैं कि कविता में संवेदन की गहराई एक आवश्यक चीज़ है इसलिए उसकी सुरक्षा के लिए अज्ञेय सदैव तत्पर हैं। इसका उपयोग हम अज्ञेय की इन पंक्तियों में देख सकते हैं।

मैं सोते के साथ बहता हूं,
पक्षी के साथ गाता हूं,
वृक्षों के कोंपलों के साथ थरथराता हूं,
और उसी अदृश्य क्रम में, भीतर ही भीतर
नये प्राण पाता हूं।[40]

अज्ञेय महसूस करते हैं कि कहीं कोई 'अदृश्य क्रम' है जिसके तहत 'जीर्ण होना' भी और 'नये प्राण' पाना भी है। यह क्रम अमूर्त सत्ता का एक सत्य है और जो अमूर्त सत्य है। वह किसी भी सत्य को, किसी भी सत्ता को मिटाता नहीं है। वह तो माला के सूत्र की तरह सबको धारण करता है। मौन भी एक अमूर्त सत्य है जो किसी अर्थ को मिटाता नहीं है बल्कि उसे धारण करता है। अज्ञेय लिखते हैं–

मौन का ही सूत्र
किसी अर्थ को मिटाये बिना
सारे शब्द क्रमागत
सुमिरनी में पिरोता है।[41]

मौन और शून्य को अज्ञेय अमूर्त सत्ता मानते हैं। एक ऐसी सत्ता जिसमें मूर्त जगत की तपती वासनाएं लीन होती हैं। असल में मौन और शून्य काल चिंतन के प्रमुख पक्ष हैं। काल चिंतन भी अमूर्त सत्ता हैं हमें यह ध्यान रखना होगा कि मौन और शून्य जैसी अमूर्त सत्ता अमूर्त होते हुए भी एक सत्ता है। यह सत्ता अमूर्त होते हुए भी प्रभावित करती है जिसमें सभी रूप पिघल जाते हैं। लेकिन अज्ञेय मौन और शून्य जैसे अमूर्त तत्त्वों के साथ प्रयोग करते हैं। प्रयोगशील मानसिकता के कवि होने के नाते अज्ञेय आधुनिक परिप्रेक्ष्य को उभारना चाहते हैं। इसके लिए वह परम्परागत विषयों के साथ प्रयोग करते हैं। परम्परागत तत्त्वों के साथ प्रयोग करके अज्ञेय उन्हें समय के लिए उपयोगी बना लेते हैं। मौन और शून्य जैसे परम्परागत चिंतन का भी वह इसीलिए उपयोग करते हैं। इस विषय में हम यह कविता देख सकते हैं–

एक चिकना मौन
जिस में मुखर-तपती वासनाएं
दाह खोती
लीन होती हैं।
उसी में रवहीन
तेरा
गूंजता है छन्द:

महत विज्ञप्त होता है।
एक काले घोल की-सी रात
जिस में रूप, प्रतिमा, मूर्तियां
सब पिघल जातीं
ओट पाती
एक स्वप्नातीत, रूपातीत
पुनीत
गहरी नींद की।
उसी में से तू
बढ़ाकर हाथ
सहसा खींच लेता—
गले मिलता है।[42]

इस कविता में अज्ञेय अमूर्त की सत्ता में मूर्त को पिघलते हुए देखते हैं। इसका अभिप्राय यह हुआ कि अज्ञेय मूर्त के अस्तित्व को पूरी तरह स्वीकार करके अमूर्त की सत्ता को पहचानने की कोशिश करते हैं। मूर्त के माध्यम से अमूर्त की खोज प्रयोगशील मानसिकता है। उपर्युक्त कविता की यह पंक्ति अमूर्त मौन और मूर्त वस्तुओं के सम्बन्ध को काफी दूर तक व्यक्त करती है—'एक चिकना मौन जिसमें मुखर तपती वासनाएं दाह खोती, लीन होती है।' आज **जिस भौतिकवादी परिवेश मे हम रह रहे हैं उसमें हमारी तपती वासनाएं हमारे लिए खतरनाक हो गई हैं। ऐसी स्थिति में अमूर्त सत्ता का सहारा हमारी संवेदना को कुंठित होने से बचाता है।** अज्ञेय अमूर्त सत्ता की इस परंपरा का उपयोग समसामयिक समस्याओं को हल करने के लिए करते हैं। हिन्दी कविता की परम्परा में बहुत से प्रगतिशील और क्रांतिकारी कवियों ने अमूर्त सत्ता का सहारा लिया है। अपने समय के समाज को व्यक्त करनेवाले कबीर भी आत्म और जगत के सम्बन्धों को जानना चाहते हैं। वह भी सृष्टि के रहस्यों को जानने की कोशिश करते हैं। **कबीर भी अपनी कविता में उस अरूप सत्ता को जानना चाहते हैं** जो स्वरूप विहीन होकर भी ब्रह्मांड का संयोजन और संचालन करती है। इस विषय में कबीर का यह कवित्त देखा जा सकता है—

नाति स्वरूप वरण नहीं जाकै, घटि-घटि रह्यो समाई।
प्यंड ब्रह्मंड कथै सब कोई, वाके आदि अरू अंत न होई।
प्यंड ब्रह्मंड छाडि़ जे कथिये, कहै कबीर हरि सोई।।[46]

हमारा उद्देश्य अज्ञेय और कबीर की तुलना करना बिल्कुल नहीं है यहां यह बताना ही हमारा उद्देश्य है कि हिन्दी कविता के कबीर जैसे महत्त्वपूर्ण कवि ने

भी अमूर्त सत्ता को नकारा नहीं है बल्कि उसे पूरी तरह स्वीकार किया है। डॉ. विद्यानिवास मिश्र ने लिखा है कि "कबीर की बौद्धिक प्रखरता, मीरा की एकनिष्ठ भावना और सूर के सहज और व्यापक सौन्दर्यबोध ने इन्हें बहुत अधिक प्रभावित किया है।"[47] इस बात से स्पष्ट हो जाता है कि अज्ञेय हिन्दी काव्य परंपरा के विकास की एक कड़ी हैं क्योंकि अज्ञेय, आधुनिक कवि हैं अतः उन्होंने अपने परिप्रेक्ष्य से पूरी तरह जुड़कर प्रकृति के रहस्यों को जानने की कोशिश की है। रहस्यवाद के तत्त्वों का उपयोग किया है लेकिन यह उपयोग परम्परा का अंधानुकरण नहीं है बल्कि परंपरा को जांचने-परखने की प्रयोगशील मानसिकता है। अज्ञेय ने आत्मा और महाशून्य जैसे परम्परागत चिंतन के तत्त्वों का उपयोग समसामयिक स्थितियों में किया है। आज जबकि साहित्य और जीवन में घोर यथार्थवादी प्रवृत्ति ने मनुष्य को भौतिकवादी और व्यक्तिवादी दायरों में जकड़ कर रख दिया है, ऐसी स्थिति में अज्ञेय यथार्थ के अधूरेपन को कविता में उजागर करते हैं। आत्मा और महाशून्य जैसी अमूर्त सत्ता की तरफ मुखातिब होकर यथार्थवादी जड़ता और विकृति को तोड़ते हैं। आज भौतिकवादी प्रवृत्ति ने मनुष्य की चेतना को पाशिवक ही अधिक बनाया है, हमारी चेतना का निरंतर संकुचन हुआ है। उपभोग का साज-सामान जहां बढ़ा है वहीं मनुष्य की संवेदना भोंथरी भी हुई है। अपने प्रति अहंकार का भाव भी प्रबल हुआ है। अपने परिवेश की इन विसंगतियों से प्रभावित होकर अज्ञेय **ने परंपरा के अमूर्त सत्ता वाले पक्ष का ऐतिहासिक उपयोग किया है।** उससे ऐतिहासिक काम लिया है। उनकी कविता में आत्मा और शून्य के आधुनिक उपयोग को स्पष्ट देखा जा सकता है। अज्ञेय ने लिखा है–

हां, छूट चला यह घर, उपवन,
परिचित-परिगण, में भी, आत्मीय सभी,
पर खेद न कर, हम थे इतने तक के अपने–
हम रचे ही गये थे यथार्थ आधे, आधे सपने–
आंखें भरकर ले फेर, और भर अंजलि दे बिखेर
पीछे को फूल:
–स्मरण के, श्रद्धा के, कृतज्ञता के, सब के–
हम नहीं पूछते, जो हो, बस, मत हो परिताप कभी।
जा आतमा, जा
कन्या–वधुका–
उसकी अनुगा,
वह महाशून्य ही अब तेरा पथ,
लक्ष्य, अन्न-जल, पालक, पति,
आलोक, धर्म:

तुझ को वह एकमात्र सरसायेगा।
ओ आत्मा री
तू गयी वरी,
ओ सम्पृक्ता
ओ परिणीता:
महाशून्य के साथ भांवरें तेरी रची गयीं[48]

इस कविता में अज्ञेय सम्बन्ध और वस्तुओं के प्रति भौतिकवादी लगाव को अमूर्त सत्ता के संदर्भ में देखते हैं और कहते हैं कि भौतिकवादी स्थितियों से टूटकर निराश और हताश होने की आवश्यकता नहीं है। वह कहते हैं कि 'खेद न कर, हम थे इतने तक अपने। हम रचे ही गये थे यथार्थ आधे, आधे सपने।' नयी कविता के यथार्थवादी दौर में परम्परा के ऐसे तत्त्वों का उपयोग करना अज्ञेय की कविता की एक विशेषता है। आत्मा और रहस्यवादी स्थितियों का उपयोग कबीर ने भी किया है और अज्ञेय ने भी। लेकिन अज्ञेय की 'आत्मा' 'महाशून्य के साथ भांवरे' अगर 'रचती' है तो इसलिए कि प्रकृति की अरूप सत्ता को भी अज्ञेय आज स्वीकार करते हैं। निस्संदेह आज विज्ञान भी प्रकृति की अनजानी सत्ता को स्वीकार करता है। दर्शन इस अमूर्त सत्ता को परमेश्वर का रूप मानता है। प्रसिद्ध दार्शनिक डॉ. राधाकृष्णन ने इस विषय में लिखा है।–

'The absolute is the precosmic nature of God and God is the absolute from the cosmic point of view'[49]

बहरहाल शून्य और महामौन की दार्शनिक व्याख्या जो भी हो पर अज्ञेय की कविता में रहस्यवाद के ये तत्त्व परिप्रेक्ष्य निर्मित करते हैं और इस तरह दृष्टि-क्षेत्र का विस्तार करते हैं। अज्ञेय ने अपनी कविता में इन तत्त्वों को दार्शनिक अवधारणा के रूप में न लेकर परिप्रेक्ष्य के रूप में लिया है। मूर्त सत्ता अमूर्त सत्ता की जानकारी के बिना अधूरी है इसीलिए अज्ञेय कविता में रहस्यवादी तत्त्वों का उपयोग पुराने रहस्यवाद की रूढ़ियों को तोड़ने के लिए ही करते हैं। अज्ञेय का प्रयोगशील मन लगातार 'शून्य जैसे प्रश्नों को जानने में आतुर रहता है। भारतीय परम्परा में बौद्ध चिंतन में भी शून्य की सत्ता को स्वीकार किया गया है सम्पूर्ण जगत को शून्य माना गया है। अज्ञेय ने अपनी परम्परा के इस रहस्यवादी सवाल को दोबारा से उठाया है। आज जबकि विज्ञान 'कास्मस' के स्वरूप को जानने की लगातार कोशिश कर रहा है, ऐसी स्थिति में कवि अज्ञेय भी चेतना के स्तर पर शून्य की अवधारणा को पहचानने की कोशिश कर रहे हैं। अज्ञेय लिखते हैं।–

न कुछ में से वृत्त यह निकला कि जो फिर
शून्य में जा विलय होगा:
किन्तु वह जिस शून्य को बांधे हुए है–

उस में एक रूपातीत ठण्डी ज्योति है।
तब फिर शून्य कैसे है--कहां है?
मुझे फिर आतंक किस का है?
शून्य को भजता हुआ भी मैं
पराजय को बरजता हूं।
चेतना मेरी बिना जाने
प्रभा में निमजती है:
मैं स्वयं
उस ज्योति से अभिषिक्त
सजता हूं।[50]

यहां अज्ञेय सृष्टि के निर्माण के प्रति जिज्ञासा करते हैं। और जानना चाहते हैं कि 'न कुछ में से' सृष्टि का निर्माण कैसे हुआ। शून्य के आकार का ब्रह्मांड किस ज्योति से प्रकाशित होता है? कहने का अभिप्राय यह है कि अज्ञेय सृष्टि के रहस्य को जानना चाहते हैं और जिज्ञासा की इस योजना को कविता से जोड़ना चाहते हैं। इसीलिए अज्ञेय कवि मनीषि हैं।

सन्दर्भ

1. सच्चिदानन्द वात्स्यायन–आधुनिक हिन्दी साहित्य (प्रथम सं.), पृ. 10
2. अज्ञेय–इन्द्रधनु रौंदे हुए ये, पृ. 40. (प्रथमावृत्ति)
3. विद्यानिवास मिश्र–हिन्दू धर्मः जीवन में सनातन की खोज, पृ. 153 (प्र. स.)।
4. अज्ञेय–इन्द्रधनु रौंदे हुए ये (प्रथमावृत्ति), पृ. 42-43
5. अज्ञेय–इन्द्रधनु रौदे हुए ये (प्रथमावृत्ति), पृ. 43
6. डॉ. राधाकृष्णन–पूर्व और पश्चिम (सातवां संस्करण), पृ. 23
7. डी. एच. मिलर–बार्स्टी–बैटी आफ द सी. पी. आर (1951), पृ. 4-5। उद्धृतः डॉ. राधाकृष्णन–पूर्व और पश्चिम कुछ विचार (सातवां संस्करण), पृ. 7
8. अज्ञेय–पूर्वा (दूसरा संस्करण), पृ. 241
9. अज्ञेय–इन्द्रधनु रौंदे हुए ये, पृ. 21 (प्रथमावृत्ति)
10. वही, पृ. 32
11. अज्ञेय–इन्द्रधनु रौंदे हुए ये, पृ. 46 (प्रथमावृत्ति)
12. वही, पृ. 67
13. विद्यानिवास मिश्र–परम्परा बन्धन नहीं (प्रथम सं.), पृ. 81
14. अज्ञेय–क्योंकि मैं उसे जानता हूं (प्रथम सं.) पृ. 39-40
15. उद्धृत-विद्यानिवास मिश्र–परम्परा बन्धन नहीं, पृ. 84 (द्वितीय सं.)।
16. डॉ. राधाकृष्णन–सत्य की ओर (चौथा सं.), पृ. 72
17. ऋग्वेद–7, 87, 2
18. के. दामोदरन–भारतीय चिन्तन परम्परा, पृ. 54
19. अज्ञेय–पूर्वा, पृ. 97 (सं. 1965)
20. वही, पृ. 241
21 के. दामोदरन–भारतीय चिंतन परम्परा, पृ. 103-104
22. अज्ञेय–बावरा अहेरी (द्वितीय सं.), पृ. 28
23. महाभारत–212, 40
उद्धृतः के. पी. दामोदरन–भारतीय चिंतन परम्परा, पृ. 105
24. अज्ञेय–बावरा अहेरी (द्वितीय सं.), पृ. 50
25. अज्ञेय–अरी ओ करुणा प्रभामय (प्र. सं.), पृ. 49
26. अज्ञेय–पहले मैं सन्नाटा बुनता हूं, पृ. 73-74 (सं. दूसरा)
27. बृहदारण्यक उपनिषद, एक, 2, 1
28. अज्ञेय–पूर्वा (दूसरा संस्करण), पृ. 79
29. नयी कविता (अंक 5-6), (विजयदेव नारायण साही–सम्पादक डॉ. जगदीश गुप्त), पृ. 70

30. सच्चिदानन्द वात्स्यायन–त्रिशंकु (प्रथम संस्करण), पृ. 88-89
31. अज्ञेय-पूर्वा (दूसरा संस्करण), पृ. 79
32. डॉ. रामविलास शर्मा–नयी कविता और अस्तित्ववाद, पृ. 71 (प्रथम सं.)
33. अज्ञेय–आंगन के पार द्वार (पंचम सं.), पृ. 20
34. वही, पृ. 30
35. जयशंकर प्रसाद–लहर -(नवीं आवृत्ति), पृ. 15
36. अज्ञेय–सागर मुद्रा (प्रथम सं.), पृ. 77
37. अज्ञेय–सागर मुद्रा (प्रथम सं.), पृ. 70
38. रामविलास शर्मा–नयी कविता और अस्तित्ववाद (प्रथम सं.), पृ. 77-78
39. अज्ञेय–आंगन के पार द्वार (पंचम सं.), पृ. 34
40. अज्ञेय–आंगन के पार द्वार (पंचम सं.), पृ. 34
41. वही, पृ. 34।
45. अज्ञेय–आंगन के पार द्वार (पंचम सं.), पृ. 37
46. कबीर-ग्रंथावली–का. सं., पद 180, पृ. 149
47. आज के लोकप्रिय हिन्दी कवि-'अज्ञेय' (सातवां संस्करण), पृ. 23। डॉ. विद्यानिवास मिश्र द्वारा सम्पादित।
48. अज्ञेय–आंगन के पार द्वार (पंचम सं.), पृ. 46-47
49. Dr. S. Radhakrishnan—An Idealist View of life, p. 345.
50. अज्ञेय–आंगन के पार द्वार (पंचम सं.), पृ. 52

अज्ञेय की कविता में परम्परा की अवधारणा

(क) अभिप्राय और उसकी अवधारणा

परम्परा और प्रयोग अज्ञेय की कविता की एक प्रमुख समस्या है। अज्ञेय किसी भी श्रेष्ठ कवि की भांति अपनी कविताओं में अवधारणा के स्तर पर परम्परा को समझने का, उसे परिभाषित करने का प्रयास करते हैं। इस विषय में कहा गया है कि "अज्ञेय को सर्वत्र परम्परा से तोड़कर देखना परम्परा को और अज्ञेय दोनों को ही गलत समझना है।"[1] ऐसा हम इसलिए मानते हैं कि अज्ञेय ने कविता में वस्तु और शिल्प के धरातल पर बहुत-से प्रयोग किये हैं। ये प्रयोग परम्परागत अवधारणा के साथ ही किये गये हैं। अज्ञेय एक आधुनिक कवि हैं इसलिए परम्परा उनके लिए या उनके लेखन कार्य के लिए एक समस्या बनती है। अज्ञेय के लिए परम्परा समस्या इसलिए बनती है क्योंकि परम्परा आज के परिवेश में परस्पर विरुद्ध भूमिका निभाती हुई प्रतीत होती है। कहीं पर कवि को लगता है कि परम्परा उसे बल दे रही है और कहीं पर लगता है कि परम्परा उसके मार्ग में अवरोध उत्पन्न कर रही है। यह स्थिति अज्ञेय जैसे आधुनिक कवि के लिए समस्या का एक कारण बनती है। स्वयं अज्ञेय इस विषय में कहते हैं कि 'आधुनिक साहित्यकार को मानना पड़ता है कि वह चाहे या न चाहे, उसे अतीत द्वारा, रूढ़ि द्वारा उतना ही नियमित होना पड़ता है जितना वह स्वयं उसे परिवर्तित अथवा परिवर्धित करता है। निस्सन्देह ऐसा ज्ञान आधुनिक साहित्यकार के उत्तरदायित्व को बहुत बढ़ा देता है। बल्कि यह भी कहा जा सकता है कि इससे साहित्य-रचना में कठिनाइयां भी उत्पन्न होती हैं। क्योंकि इससे लेखक में यह चेतना उत्पन्न होती है कि एक विशेष अर्थ में वह अतीत द्वारा झोखा जा रहा है, उसके आगे परीक्षार्थी है।"[2] इसका अभिप्राय यह हुआ कि आधुनिक लेखक के लिए यह आवश्यक स्थिति है कि वह परम्परा को अवधारणा के स्तर पर समझे और वर्तमान स्थिति में सर्जना के स्तर पर उससे निबटे।

(ख) परम्परा अंधानुकरण नहीं है

यहां पर हम इस बात का विवेचन करेंगे कि अज्ञेय की कविता में अवधारणा के स्तर पर परम्परा को किस प्रकार समझा गया है। अज्ञेय सदैव ही परम्परा को कवि के लिए आदि स्रोत मानते हैं जो उसे संस्कार प्रदान करती है लेकिन अज्ञेय अपनी इयत्ता के प्रति जागरूक रहते हैं क्योंकि कवि की इयत्ता का निर्माण आधुनिक परिस्थितियों से हुआ है। आधुनिक परिस्थितियों से निर्मित इयत्ता परम्परा के उस मूल स्रोत को भी स्वीकार करती है जिसने उस इयत्ता को आकार दिया है, संस्कार दिया है। लेकिन अज्ञेय को परम्परा का अन्धानुकरण स्वीकार नहीं है क्योंकि वैसा करना स्वयं को समाप्त कर देना है, रेत हो जाना है। इस विषय में हम अज्ञेय की यह कविता देख सकते हैं–

हम नदी के द्वीप हैं।
हम नहीं कहते कि हम को छोड़कर स्रोतस्विनी बह जाय।
वह हमें आकार देती है।
हमारे कोण, गलियां, अन्तरीप, उभार, सैकत कूल,
सब गोलाइयां उस की गढ़ी हैं।
मां है वह। है, इसी से हम बने हैं।'[3]

अज्ञेय का कवि अपने जातिगत अनुभव के विशाल प्रवाह में एक द्वीप की तरह महसूस करता है। जिस प्रकार द्वीप नदी की जलराशि के बीच में स्थित होकर अपना आकार ग्रहण करता है उसी प्रकार कवि अपनी विशाल परम्परा में स्थित होकर सर्जना के लिए नये आकार ग्रहण करता है। कवि संसार अपनी प्राचीन परम्परा से ही प्राप्त करता है। जिस प्रकार नदी में स्थित द्वीप की गोलाइयां, उसके उभार और उसके आकार प्रकार को नदी का प्रवाह जाने–अनजाने एक रूप प्रदान करता है उसी प्रकार कवि अपनी पूर्ववर्ती अनुभव राशि के द्वारा अपना स्वरूप ग्रहण करता है। जिस प्रकार नदी द्वीप के लिए जननी है, इसका आदि स्रोत है उसी प्रकार कवि के लिए परम्परा उसका स्रोत है लेकिन कवि अपनी प्राचीन परम्परा को सोखकर अपने परिवेश को समझने, पहचानने का प्रयास करता है यहां पर यह ध्यान रखना होगा कि अज्ञेय परम्परा के अन्धानुकरण को स्वीकार नहीं करते बल्कि परम्परा के प्रगतिशील तत्त्वों को स्वीकार करके अपने वर्तमान को जीने की बात करते हैं। अज्ञेय परम्परा के उन गतिशील तत्त्वों को स्वीकार करते हैं जो उनके परिवेश में मूल्यवान् हैं, दिशानिर्देश करने वाले हैं। अज्ञेय को परम्परा वहीं तक स्वीकार है जहां तक वह व्यक्तित्व के निर्माण में सहयोगी होती है। जहां पर रूढ़ि रूप में वह कवि से उसका निजत्व, उसका चेहरा छीनने का प्रयास करती है वहां अज्ञेय उसे अस्वीकार कर देते हैं। अज्ञेय का यही दृष्टिकोण प्रयोग का दृष्टिकोण है। अज्ञेय

की मानसिकता प्रयोग की मानसिकता है और इसी मानसिकता से अज्ञेय परम्परा के मूल्यवान् तत्त्वों को स्वीकार करते हैं। अज्ञेय परम्परा के विशाल प्रवाह में बह जाना नहीं चाहते क्योंकि वह जानते हैं कि यदि 'हम बहेंगे तो रहेंगे ही नहीं।' परम्परा और प्रयोग की यह अवधारणा हमें अज्ञेय की अधिकांश कविताओं में देखने को मिलती है। अज्ञेय मानते हैं कि–

किन्तु हम हैं द्वीप।
हम धारा नहीं है।

स्थिर समर्पण है हमारा। हम सदा से द्वीप हैं स्रोतस्विनी के किन्तु हम बहते नहीं है। क्योंकि बहना रेत होना है।

हम बहेंगे तो रहेंगे ही नहीं।
पैर उखड़ेंगे। प्लवन होगा। ढहेंगे। सहेंगे। बह जायेंगे।
और फिर हम चूर्ण होकर भी कभी क्या धार बन सकते?
रेत बन कर हम सलिल को तनिक गंदला ही करेंगे।
अनुपयोगी ही बनायेंगे–[4]

अज्ञेय की इस कविता को ध्यान से पढ़ने पर हम यह पायेंगे कि अज्ञेय 'स्थिर समर्पण' के हामी हैं। यानी समर्पण में भी स्थिरता को मानते हैं। क्योंकि अज्ञेय जानते हैं कि 'चूर्ण होकर भी कभी धारा नहीं बन पायेंग। इसलिए इस विशाल प्रवाह में यदि हम अस्थिर हुए तो पैर उखड़ जायेंगे और ढह जायेंगे। अज्ञेय ढहना नहीं चाहते क्योंकि ढहकर या बहकर कभी भी जातिगत अनुभव का विकास नहीं हो सकता है। सचेत और जागरूक होकर ही हम अपनी परम्परा का विकास कर सकते हैं, उसके मूल्यवान् तत्त्वों का उपयोग कर सकते हैं।

अज्ञेय अपनी कविता में परम्परा के स्वरूप को विकसित करना चाहते हैं। उनकी इस अवधारणा से ज्ञात होता है कि परम्परा एक समष्टिगत अनुभव है, कोई स्थिर या जड़पिंड नहीं। वह निरन्तर विकासशील है। मानव का विवेक भी विकासशील है। इसलिए अज्ञेय अपने विवेक का समर्पण नहीं करते। विवेक का समर्पण करने का मतलब है अपनी पहचान को मिटा देना। इसीलिए द्वीप नदी के प्रवाह में रहकर भी रेत होना नहीं चाहता है। इसी को कहते हैं परम्परा को अर्जित करना। अज्ञेय परम्परा को ढोने के पक्ष में नहीं हैं, वह तो उसे अर्जित करना चाहते हैं। जब परम्परा हमारे लिए अर्जित किया गया अनुभव बन जाती है तब वह हमें दिशानिर्देश करती है। जब हम परम्परा को अर्जित नहीं करेंगे तो परम्परा के प्रवाह में द्वीप की भांति स्थिर न रह कर रेत हो जायेंगे और रेत होकर परम्परा को गंदला की करेंगे उसका विकास नहीं कर पायेंगे। और जब परम्परा के जल का विकास नहीं होता, उसे साफ नहीं किया जाता तो उसका गंदला होना स्वाभाविक है। अज्ञेय

परम्परा के 'सलिल' को गंदला नहीं करना चाहते वह तो उसे साफ-सुथरा बनाना चाहते हैं। यही है परम्परा का नवीकरण। अज्ञेय की अवधारणा परम्परा के नवीकरण की अवधारणा है। अज्ञेय परम्परा के इस नवीकरण को अपनी नियति मानते हैं। इसमें कोई सन्देह नहीं कि साहित्यकार परंपरा से नवीकरण की नियति से उबर नहीं सकता है। जहां एक और उसे अपनी परम्परा से जुड़ना है वहीं उसे उसका नवीकरण भी करना है। परम्परा से जुड़ने को और उसे नये संदर्भ में जांचने को अज्ञेय कोई शाप नहीं मानते क्योंकि परम्परा से जुड़ना और उसका नवीरकरण करना अनुभव जगत को और व्यापक बनाना है। अपनी कविता में भी अज्ञेय इस अवधारणा को व्यक्त करते हैं–

द्वीप हैं हम।
यह नहीं है शाप। यह अपनी नियति है।
हम नदी के पुत्र हैं। बैठे नदी के क्रोड़ में
वह बृहद भूखंड से हम को मिलाती है।
और वह भूखंड
अपना पितर है।[5]

'नदी की क्रोड़' में बैठकर भी द्वीप 'बृहद भूखंड' से जुड़ने की कामना करता है। परम्परा की अथाह अनुभव राशि से जुड़कर भी कवि उसे और व्यापक बनाना चाहता है। क्योंकि जातिगत अनुभव को व्यापक बनाना कवि का दायित्व है। अपने से पूर्ववर्ती काव्य परम्परा को और व्यापक बनाना कवि का दायित्व है। ऐसा करके ही कवि अपनी परम्परा के ऋण से उऋण हो सकता है। इस विषय में टी.एस. इलियट का कहना है–

> But the difference betwenn the present and the past is that the conscious present is an awareness of the past in a way and to an extent which the past's awareness of itself cannot show.[6]

इलियट परम्परा के विकास को वर्तमान से जोड़कर देखना चाहते हैं क्योंकि बिना वर्तमान से जुड़े परम्परा का विकास सम्भव नहीं है। अज्ञेय भी परम्परा प्रदत्त संस्कारों को तो स्वीकार करते हैं लेकिन यह भी मानते हैं कि "आधुनिक साहित्यकार को मानना पड़ता है कि वह चाहे या न चाहे, उसे अतीत द्वारा रूढ़ि द्वारा, उतना ही नियमित होना पड़ता है जितना वह स्वयं परिवर्तित और परिवर्धित करता है।"[7] यही बात हमें अज्ञेय की कविता में भी मिलती है–

नदी, तुम बहती चलो।
भूखंड से जो दाय हमको मिला है, मिलता रहा है,

मांजती, संस्कार देती चलो:
यदि ऐसा कभी हो
तुम्हारे आहलाद से या दूसरों के किसी स्वैराचार से–
अतिचार से–
तुम बढ़ो, प्लावन तुम्हारा घरघराता उठे,
यह स्रोतास्विनी ही कर्मनाशा कीर्तिनाशा घोर
काल–प्रवाहिनी बन जाय
तो हमें स्वीकार है वह भी। उसी में रेत होकर
फिर छनेंगे हम। जमेंगे हम। कहीं फिर पैर टेंकेगे।
कहीं फिर भी खड़ा होगा नये व्यक्तित्व का आकार।
मातः, उसे फिर संस्कार तुम देना।[8]

(ग) परम्परा और अज्ञेय का अहं

अज्ञेय जब भी परम्परा के सम्पर्क में आते हैं तब-तब वह विशाल सत्ता का सहर्ष स्वागत करते हैं। लेकिन इस बात का अंदेशा उन्हें हमेशा रहता है कि कहीं वह उस विशाल सत्ता के सम्मुख व्यक्तित्वहीन न हो जाएं। अज्ञेय का यह सोच पूर्णतया आधुनिक सोच है जिसमें मनोविज्ञान की आधुनिक अवधारणा 'अहं' काम कर रही है। अज्ञेय का अहं जब परम्परा के विशाल अनुभव से टकराता है तो वह अपने व्यक्तित्व की रक्षा के प्रति सचेत हो उठता है यहीं पर हम अज्ञेय के प्रयोगशील दृष्टिकोण को समझ सकते हैं जैसा कि हमने कहा कि अहं एक आधुनिक अवधारणा है जिसका मूल स्रोत है आधुनिक मनोविज्ञान। यह 'अहं' किसी भी व्यक्ति के व्यक्तित्व का निर्धारण करता है।

अज्ञेय की विचारधारा में भी हम यह देखते हैं कि उनका अहं परम्परा को एक विशेष और वैज्ञानिक ढंग से जांचता-परखता है। उनकी उपर्युक्त कविता में हम देखते हैं कि अज्ञेय चाहते हैं कि परम्परा का स्रोत प्रवाहित होता रहे। वह कहते हैं कि "नदी, तुम बहती चलो। भूखंड से जो दाय हमको मिला है, मिलता रहा है, मांजती, संस्कार देती चलो।" अज्ञेय परम्परा के प्रति इतने श्रद्धालु हैं कि अगर कभी परम्परा की 'यह स्रोतस्विनी कर्मनाशा कीर्तिनाशा घोर काल-प्रवाहिनी बन जाये तो हमें स्वीकार है वह भी, उसी में रेत होकर, फिर छनेंगे हम। जमेंगे हम। कहीं फिर पैर टेकेंगे।' लेकिन अज्ञेय का प्रयास सदा यह है कि रेत होकर भी 'कहीं फिर भी खड़ा होगा नये व्यक्तित्व का आकार' और फिर अज्ञेय परम्परा की उस स्रोतस्विनी से नम्र निवेदन करते हैं कि 'मातः उसे फिर संस्कार तुम देना। 'यानी अपने जातिगत अनुभव राशि के सम्मुख सम्पूर्ण श्रद्धा रखते हुए भी व्यक्तित्व की नवीनता यानी आधुनिकता पर उनकी दृष्टि टिकी हुई है। इस बिन्दु पर आकर अज्ञेय

और इलियट में विचार साम्य दिखाई देता है। इस विषय में डॉ. रामस्वरूप चतुर्वेदी ने लिखा है कि "इन मान्यताओं के सन्दर्भ में अज्ञेय और इलियट की समानता बार-बार उभरकर आती है। अपने-अपने साहित्यों में दोनों से गैररोमाण्टिक कविता का आरम्भ होता है, दोनों परम्परा से आक्रान्त न होकर उसका उपयोग करना चाहते हैं, और दोनों भोगने वाले प्राणी और रचने वाली मनीषा के पृथक्त्व में विश्वास रखते हैं। व्यापक रूप से साहित्य को आधुनिक बनाने में इन दोनों का योग अन्यतम है।"[9] यह बात लगातार अज्ञेय अपनी कविता में व्यक्त करते रहे हैं। अपनी कविताओं में अज्ञेय का बल लगातार इस बात पर रहा है कि नया अनुभव पुराने अनुभव को मिटाता नहीं है, इसमें जुड़कर उसे नयी परिपक्वता प्रदान करता है। अज्ञेय परम्परा के क्षेत्र में इस तारतमिकता को अनिवार्य मानते हैं। काव्य सर्जन के सन्दर्भ में अज्ञेय पुराने काव्यशास्त्र की परम्परा से आमने-सामने होकर बातचीत करते हैं। वह साफ कहते हैं–

आज तुम शब्द न दो, न दो
कल भी मैं कहूंगा।
तुम पर्वत हो अभ्र-भेदी शिला-खण्डों के गरिष्ठ पुंज
चापे इस निर्झर को रहो, रहो
तुम्हारे रन्ध्र-रन्ध्र से
तुम्हीं को रस देता हुआ
फूट कर में बहूंगा।[10]

अज्ञेय इस कविता में अपनी प्राचीन काव्यशास्त्र की परम्परा से कहीं-न-कहीं टकरा रहे हैं। काव्यशास्त्र की प्राचीन परम्परा नये अनुभव को व्यक्त करने के लिए भले ही आज के कवि को भाषा न दे किन्तु आधुनिक कवि अपने परिवेश को व्यक्त करने से नहीं चूकेगा। अज्ञेय के कवि को नया भावबोध अभिव्यक्त करने के लिए प्राचीन काव्य रूढ़ियों से शब्द नहीं मिल रहे हैं। कवि को ऐसे शब्द चाहिएं जो उसके अधुनातन अनुभवों को व्यक्त कर सके। यदि परम्परा से कवि को वह शब्द नहीं मिलता है तो वह नये प्रयोग करेगा और नये प्रयोग करके अनुभव को परखेगा। कवि का यह साहस नये प्रयोग करने के लिए उत्सुक है। क्योंकि मानव विकास अनेक अवस्थाओं से गुजरने का प्रयास है। इन अवस्थाओं से गुजरकर ही मनुष्य ने अपने साहस का विकास किया है। पुरानी अवस्थाओं से टकराकर वह हर बार एक नयी विकसित अवस्था को पा सका है। इस विषय में चर्चित नाटककार बर्नार्ड शा ने लिखा है–

We have seen that as man grows through the ages, he finds himself bolder by the growth of his couage : that is, of his

> spirit (for so the common people name it), and dares more and more to love and trust instead of to fear and fight.[11]

अज्ञेय भी अनुभव की पुरानी अवस्थाओं से टकराकर नये अनुभव की नयी अवस्थाओं को सम्भव बनाते हैं। वह अपनी प्राचीन काव्य परम्परा को 'पर्वत' की तरह विशाल मानते हैं जिसमें अनुभव के गरिष्ठ शिला-खण्डों के पुंज हैं। निःसन्देह ये गरिष्ठ शिलाखण्ड परम्परा के निर्झर को अबाध रूप से प्रवाहित होने में अवरोध उत्पन्न करते हैं। लेकिन अज्ञेय की प्रयोगशील मानसिकता बार-बार कहती है कि 'चापे इस निर्झर को रहो, रहो। तुम्हारे रन्ध्र-रन्ध्र से तुम्हीं को रस देता हुआ फूट कर मैं बहूंगा।' यानी अज्ञेय के नये अनुभवों का निर्झर कहीं-न-कहीं परम्परा के जड़ तत्वों से अवरुद्ध हो रहा है किन्तु अज्ञेय एक आधुनिक कवि होने के नाते उन जड़ तत्त्वों की उपेक्षा करते हुए, अपने अन्दर परम्परा के गतिशील तत्वों को समेटकर, उसे विकसित करते हुए, उसे रससिक्त करते हुए प्रवाहित होना चाहते हैं। यह है परम्परा को वर्तमान बनाने का दृष्टिकोण। हमारा पूर्ववर्ती जातिगत अनुभव हमारे विचार को जब तक और जहां तक जड़ न होने दे तब तक वह स्वीकार्य है। और ऐसा अनुभव जो न कभी भूत हो न भविष्य, जो सतत वर्तमान हो, परम्परा कहलाता है। परम्परा के इस स्वरूप को कवि द्वारा खोजना पड़ता है, उसका शोध करना पड़ता है। पश्चिम में शेक्सपीयर ने अपने चर्चित पात्र 'हेमलेट' को अपनी प्राचीन साहित्य परम्परा में से ही खोजा था। सम्पूर्ण अंग्रेजी भाषा की काव्य परम्परा को शोध कर, अनुसंधान करके शेक्सपीयर ने 'हेमलेट' को नया स्वरूप दिया था। इस विषय में ही एक साहित्य चिंतक ने कहा है कि-

> Shakespeare discovered Hamlet in the English language as the sculptor discovers his figures in the block. Full as that language is of the history and thought and emotion, Shakespeare, with his artistic excitement ove the subject of Hamlet, story and with his profound insight into Hamlet's imagined nature, could discover there in the language of English folk the selection and combination of words which were fitted to be the expression of his excitement and in their turn surprised his as they surprise us with the imaginations they embody.[12]

शेक्सपीयर के इस उदाहरण से हम सिर्फ यह कहना चाहते हैं कि कवि अपनी प्राचीन काव्य परम्परा को शोध कर उसे प्रासंगिक बनाता चलता है। अज्ञेय भी अपनी काव्य परम्परा को शोधते हुए चलते हैं। यहां पर हमें यह समझ लेना चाहिए कि किसी भी कवि को परम्परा का शोधन करने से पूर्व परम्परा से जुड़ना, उसे हृदयंगम करना पड़ेगा। अज्ञेय परम्परा को शोधने से पूर्व उससे पूरी तरह से

जुड़ते हैं, उसके प्रति एक स्वीकार का भाव स्थापित करते हैं। अज्ञेय नि:संकोच भाव से परम्परा के दाय को स्वीकार करते हैं। उन्हें यह स्वीकार करने में कोई आपत्ति नहीं होती कि परम्परा ही कहीं-न-कहीं हमारे स्पन्दन का स्रोत है, वही हमारे आन्तरिक आवेग को साधती है। यह अवधारणा उनकी कविता में भी हमें देखने को मिलती है। वह मानते हैं–

तुम्हीं ने दिया यह स्पन्द
तुम्हीं ने धमनी में बांधा लहू का वेग
यह मैं अनुक्षण जानता हूं।
गति जहां सब कुछ है, तुम धृति पारमिता
जीवन के सहज छन्द
तुम्हें पहचानता हूं।
मांगों तुम चाहे जो : मांगोगे, दूंगा
तुम दोगे जो, मैं सहूंगा।[13]

इस कविता 'आज तुम शब्द न दो' में अज्ञेय जहां परम्परा के प्रवाह में गरिष्ठ शिलाखण्डों को अवरोध मानते हैं वहीं वह यह भी मानते हैं कि परम्परा ने ही उन्हें संस्कार दिया है। उसी ने कवि की धमनी में लहू का वेग बांधा है। यदि लहू का वेग धमनियों में ठीक से प्रवाहित न हो तो व्यक्ति निश्चित रूप से अक्षय, असमर्थ और रोगी हो जायेगा। इसलिए अज्ञेय इस 'लहू के वेग' को बुनियादी स्थिति मानते है यहां अज्ञेय के आधुनिक वैज्ञानिक सोच का परिचय भी मिलता है। रक्त अनुवांशिकता का निर्धारण भी करता है। यानी रक्त के तत्त्व पीढ़ी दर पीढ़ी चले आते हैं, ऐसा आज का शरीर विज्ञान मानता है। अज्ञेय विज्ञान की इस अवधारणा को इस रूप में इस्तेमाल करते हैं कि परम्परा व्यक्ति के संस्कारों का निर्माण करती है, उनका निर्धारण करती है। इस कविता में भी अज्ञेय परम्परा की अवधारणा को इसी रूप में देखते हैं। लेकिन अज्ञेय परम्परा में गति की स्थिति को मानते हैं। इसीलिए वह कहते हैं कि 'गति जहां सब कुछ है'। इस गतिशील परम्परा के प्रवाह को 'पारमिता' मानते हैं जिसे वह 'जीवन के सहज छन्द' के रूप में पहचानते हैं। यहां 'जीवन के सहज छन्द' नामक पंक्ति भारतीय काव्य-शास्त्र की परम्परा को ध्यान में रखते हुए अत्यन्त महत्त्वपूर्ण पंक्ति है। छन्द गति को, आवेग को साधने का और संयत करने का एक उपकरण है। यानी अनावश्यक और अतिरिक्त आवेग को छन्द संयत करता है। अज्ञेय परम्परा को भी एक ऐसा ही उपादान मानते हैं जिससे कवि की चेतना, उसके भावावेग सधते हैं और संयत होते हैं। इसीलिए अज्ञेय परम्परा को जीवन के सहज छन्द के रूप में पहचानते हैं। इसका अभिप्राय यह हुआ कि अज्ञेय परम्परा को एक ऐसे साधन के रूप में स्वीकार करते हैं जिससे कवि को आचार का अनुशासन मिलता है। चूंकि परम्परा साधना है इसलिए वह

निष्ठा, आस्था और विवेक से अर्जित करनी पड़ती है। निष्ठा, आस्था और विवेक से अर्जित की गयी परम्परा के प्रति अज्ञेय समर्पित हैं। इसीलिए आश्वस्त होकर वह कहते हैं कि मागो तुम चाहे जो: मांगोगे, दूंगा। तुम दोगे जो, मैं सहूंगा। आश्वस्त होकर ही अज्ञेय परम्परा से ग्रहण करने के लिए तैयार हैं और उसके प्रति समर्पित होने के लिए भी तत्पर हैं। इसी कविता में अज्ञेय आगे कहते हैं–

आज नहीं
कल सही
कल नहीं
युग-युग बाद ही
मेरा तो नहीं है यह
चाहे वह मेरी असमर्थता से बंधा हो।
मेरा भाव यन्त्र?
एक मचिया है सूखी घास फूस की
उस में छिपेगा नहीं औघड़ तुम्हारा दान–
साध्य नहीं मुझसे, किसी से चाहे सधा हो।
आज नहीं
कल सही
चाहूं भी तो कब तक छाती में दबाये
यह आग मैं रहूंगा?
आज तुम शब्द न दो, न दो
कल भी मैं कहूंगा।[14]

अज्ञेय महसूस करते हैं कि मैं जो कुछ आज व्यक्त करना चाहता हूं वह कहीं-न-कहीं परम्परा के विकास से जुड़ा हुआ है इसलिए वह मेरा अनुभव जिसे मैं व्यक्त करना चाहता हूं वह नितान्त मेरी चीज़ नहीं है। उस अनुभव के रूपाकार लेने में परम्परा का बहुत बड़ा हाथ है। इसीलिए अज्ञेय का नया अनुभव जब पूरी तरह परम्परा से जुड़कर व्यक्त होता है तो वहां कवि को कहीं अपनी असमर्थता का भी बोध होता है। परम्परा जो एक विशाल अनुभव राशि है, उसे ग्रहण करना, उसे समझना, उसकी विवेकपूर्ण व्याख्या करना आसान नहीं। परम्परा का यह अवदान अत्यन्त विशाल और व्यापक अवदान है जिसे ग्रहण करने के लिए सुदृढ़ भावयन्त्र का होना आवश्यक है, लेकिन अज्ञेय परम्परा के विशाल पुंज के सम्मुख नम्र और श्रद्धा का भाव रखते हुए उसकी विशालता को स्वीकार करते हैं। इसीलिए नम्रतावश वह कहते हैं कि 'मेरा भाव-यन्त्र? एक मचिया है सूखी घास-फूस की। उसमें छिपेगा नहीं औघड़ तुम्हारा दान–साध्य नहीं मुझसे, किसी से चाहे सधा हो।' परम्परा की विशाल अनुभव राशि के सम्मुख किसी कवि के सामर्थ्य को चुनौती मिल जाना

स्वाभाविक स्थिति है। यह चुनौती इसलिए भी कठिन है कि कवि को अपनी सम्पूर्ण परम्परा की विशालता से स्वयं को जोड़ना पड़ता है। यह कवि की चुनौती है। समर्थ कवि ही परम्परा की विशाल अनुभव राशि से जुड़ सकता है। टी.एस. इलियट कहते हैं कि–

> In a peculiar sense he will be aware also that he must inevitably be judged by the standards of the past.[15]

इसका अभिप्राय यह हुआ कि आधुनिक कवि का आधुनिक अनुभव पूरी परम्परा के संदर्भ में जोखा जायेगा। इसीलिए यह एक कठिन कार्य है। अज्ञेय इस कठिनाई के प्रति पूर्णतया जागरूक हैं किन्तु इससे भयभीत नहीं हैं। वह नये अनुभव को शब्द देने के लिए कटिबद्ध हैं। वह साफ कहते हैं कि 'चाहूं भी तो कब तक छाती में दबाये यह आग मैं रहूंगा? आज तुम शब्द न दो, न दो कल भी मैं कहूंगा।' अज्ञेय की यह मांग उनके आधुनिक होने का प्रमाण है जहां अज्ञेय का अहं परम्परा से टकराता है। यह आधुनिकता बिना प्रयोग की मानसिकता के सम्भव नहीं है। नये अनुभव को पुराने अनुभव से जोड़ना प्रयोग का एक प्रमुख बिन्दु है। ऐसी स्थिति में नये कवि के सामने कई खतरे पैदा हो जाते हैं। परम्परा से जुड़ने की प्रक्रिया में कई बार कवि अनुकरण मात्र करने लगता है। कई बार वह अपने नये अनुभव को पूर्ववर्ती परम्परा से काटकर उसे एकदम कोई नयी परम्परा मान बैठता है या फिर वह परम्परा के ज्वालामुखी में घुसकर बंद हो जाता है। इस विषय में विलियम यौर्क टिंडल ने कहा है कि–

> A literary tradition, having exhausted its normal possibilities, invites three courses. The Poet may imitata the perfect expression of his predecessors, in which case he is dead. He may start a new tradition, but this is permitted to few and only with the help, apparently of social change. Or, keeping within the limits of the old tradition, he may make it extraordinary. This poet is decadent.[16]

इस बात से अन्दाज लगा सकते हैं कि आधुनिक कवि जब परम्परा से निपटने की कोशिश करता है तब वह कितना बड़ा संकट मोल ले रहा होता है। लेकिन इस संकट का सामना अनिवार्य रूप से करना ही पड़ता है। अज्ञेय भी परम्परा से निपटते समय इस संकट को आमंत्रित करते हैं और इसका समर्थ ढंग से सामना करते हैं। अज्ञेय परम्परा से जुड़ते हुए न तो उसका अन्धानुकरण करते हैं और न ही नये अनुभव को परम्परा से काटकर देखना चाहता हैं। संकट की यही स्थिति परम्परा और प्रयोग की स्थिति है। और अज्ञेय की कविता में हमें परम्परा और प्रयोग की यह स्थिति स्पष्ट रूप से दिखाई देती है जहां उनका अहं भी सक्रिय भूमिका निभाता है।

(घ) परम्परा और सर्जन-प्रक्रिया

परम्परा के साथ अज्ञेय जब प्रयोग की इस स्थिति को स्वीकार करके चलते हैं तो इसका मतलब यह है कि अज्ञेय आधुनिक कवि की सर्जन प्रक्रिया को समझने का प्रयास कर रहे होते हैं। क्योंकि रचनाकार सर्जन के लिए कहीं-न-कहीं परम्परा के तलघर में अपनी जड़ों को टटोलता रहा होता है। इसमें कोई सन्देह नहीं कि परम्परा के अंधेरे तलघर में कुछ टटोलना और वहां से कुछ ले आना सरल कार्य नहीं है। जब हम परम्परा के तलघर से कुछ ले आने की बात करते हैं तो उस तत्त्व को ले आने की बात करते हैं जो प्रासंगिक हो। कवि ऐसे ही तत्त्व की खोज करता है। परम्परा के अंधेरे तलघर में कुलबुलाते कीड़े भी हो सकते हैं। पुराना रिसता हुआ मैल भी हो सकता है। वह मैल न जाने परम्परा के विकास की कौन-कौन सी अवस्थाओं का होगा, नहीं कहा जा सकता। लेकिन फिर भी परम्परा के विकास की समूची अवस्थाओं से जो रस नये कवि को मिलता है, वह उसके सर्जन के लिए अनिवार्य है। अज्ञेय परम्परा और सर्जन-प्रक्रिया की इस अवधारणा को अपनी कविता में भी बार-बार स्पष्ट करके चलते हैं। इस विषय में हम अज्ञेय की यह कविता देख सकते हैं–

हमने पौधे से कहा
मित्र, हमें फूल दो।
उसकी फुनगी से चिनगियां दो फूटीं
डाली से उसने फुलझड़ी छोड़ दी :
हम मुग्ध देखते रहे
कि कब कली फूटे–
कि काय श्री उसकी समीरण में झूल गयी,
हमें जान पड़ा, कहीं गंध की फुहारें झर रही हैं
और देखा सहसा :
लच्छा-सा डोंड़ियों का
गुच्छा एक फूल का।
हम मुग्ध ताका किये।
किन्तु हम जो देखते थे।
क्या वह निर्माण था?
गुच्छे हम नोच लें
परन्तु
वहीं क्या सृष्टि है?
मिट्टी के नीचे
जहां एक बुदबुदाता अन्धकार था।

कीड़े आंख-ओट कुलबुलाते थे।
रिसता था जिसकी नस-नस में
मैल किस-किस का और कब-कब का
(काल की तो सीमा नहीं
देश की अगर हो
हम नहीं जानते :
और मैल दोनों का–
सीमाहीन काल का, व्यासहीन देश का–
माटी में रिसता है, मिसता है,
सोखता ही रहता है)–
मिट्टी के नीचे
बुदबुदाते अंधकार में
पौधे की जड़ क्रियमाण थी :
पौधे का हाथ? आंख?
जीभ? त्वचा?
पौधे का बोध? प्राण?
चेतना?
मिट्टी के नीचे क्रियमाण थी
पौधे की जड़ :
सृष्टि-शक्ति
आद्य-मातृका।[17]

अज्ञेय ने इस कविता में सृजन-प्रक्रिया में परम्परा की भूमिका को तलाश करने की कोशिश की है। कवि जो रचता है, रचा हुआ जो कुछ हमें दिखाता है वही उसका एकमात्र स्वरूप नहीं होता। उसे रचना प्रक्रिया से काटकर हम नहीं देख सकते। यहां कवि के अवचेतन के निर्माण का प्रश्न भी उठता है। कवि का अवचेतन प्राचीन आदिम बिंबों से भी निर्मित होता है। वह प्राचीन आद्य बिम्ब रचना-प्रक्रिया में बहुत बड़ा भाग अदा करते हैं। अज्ञेय इस अवचेतना के अन्धकार को सृष्टि का मूल मानते हैं। अवचेतन के इसी अंधेरे में 'इस बुदबुदाते अन्धकार में पौधे की जड़ क्रियमाण' होती है। अब सवाल उठता है कि कवि का अवचेतन कैसे निर्मित होता है? कवि का अवचेतन अपने जातिगत अनुभवों से परिपूर्ण होता है। ये जातिगत अनुभव हमारी रचना-प्रक्रिया को बहुत प्रभावित करते हैं। पौधे का जो हंसता-खिलता रूप हमें ऊपर से दिखाई देता है। वही उसका एकमात्र रूप नहीं है। बल्कि पौधे की 'मिट्टी के नीचे जहां तक बुदबुदाता अन्धकार था। कीड़े आंख-ओट कुलबुलाते थे, रिसता था जिसकी नस-नस में मैल किस-किस का और

क़ब-कब का।' यहां पौधे का वास्तविक प्रजनन स्रोत है जहां न जाने 'किस-किस का और कब-कब का' मैल भरा हुआ है। यहां यह बताना आवश्यक है कि अज्ञेय की यह अवधारणा आधुनिक अवधारणा है जिसका जन्म मनोविज्ञान की आधुनिक अवधारणा से हुआ। कार्ल युंग ने अवचेतन को सामूहिक अवचेतन की संज्ञा दी है। यह सामूहिक अवचेतन केवल व्यक्ति के पूर्ववर्ती अनुभव और स्मृतियों से ही नहीं भरा हुआ बल्कि हमारे पूर्वजों के सामूहिक अनुभव और सामूहिक स्मृतियों से भी आपूर्ण होता है। इसका अभिप्राय यह हुआ कि कवि का अवचेतन पूर्ववर्ती जातिगत अनुभवों से निर्धारित होता है। इसीलिए काव्य सर्जना के पीछे हमें सामूहिक अवचेतन का बहुत बड़ा हाथ मानना पड़ेगा। वैसे तो युंग से पहले फ्रायड ने अवचेतना की संरचना के पीछे आदिम वृत्तियों का हाथ माना था लेकिन युंग ने इस अवधारणा को और विकसित करते हुए सामूहिक अवचेतन का रूप दिया।

> Freud portrayed the unconscious system as a subterranean world of primitive urges and desires repressed during childhood and relentlessly clamoring for expression and fulfilment through dreams, mistakes and symptoms. Carl Jung expanded this theory further by subdividing the unconscious into a personal unconscious, which was similar to Freud's concept and a collective or transpersonal unconscious. Jung pictured the latter as a storehouse of unconscious memories not from a person's individual past but from his or her ancestral past.[18]

इसका मतलब यह हुआ कि सामूहिक अवचेतन का निर्माण पूर्ववर्ती जातिगत अनुभवों से होता है, भले ही उसकी जानकारी हमें न हो। इसीलिए अज्ञेय इसे 'सृष्टि-शक्ति आद्य मातृका' मानते हैं। यह 'आद्य मातृका' मानव मन की मूल मनोवृत्ति का स्रोत है जिसमें सड़ा, गला, पचा हुआ सब पड़ा हुआ है। जिसमें अशुच और उच्छिष्ट भी है। लेकिन हम इस सब को नकार नहीं सकते। इन मूल वृत्तियों की हमारी जीवन संरचना में अनिवार्य स्थिति है। इन्हीं मूल और आदि वृत्तियों से रस ग्रहण करके मानव व्यक्तित्व निर्मित होता है। वह पौधे की भांति अनुपल, अनुक्षण सिहरता है। वह इन मूल वृत्तियों की ओर टोहता भी है। पर क्योंकि वह सृजन रत है इसलिए ये मूल वृत्तियां भी उसे रस प्रदान करती हैं। इसी कविता में आगे अज्ञेय लिखते हैं कि–

ऊपर वह हंसता-सिहरता था
और हम देख-देख खिलते
विहरते थे
किन्तु वह अनुपल, अनुक्षण

और, और गहरे
टोहता था बुदबुदाते उस अन्धकार में :
सड़ा दे दो
गला दे दो
पचा दे दो
कचरा दो, राख दो, अशुच दो, उच्छिष्ट दो–
वह तो है सृजन–रत
उसे सब रस है।
उसे सब रस है
और इस हेतु (हम जानें या न जानें यह)
हमें सारे फूल हैं,
घास–फूस, डाल–पात
लता–क्षुप
औषधि–वनस्पति, दुमाली, वन–वीथियां
रूप–सत्य, रस–सत्य, गन्ध–सत्य,
रूप–शिव।
मित्र,हमें फूल दो–
हमनें पौधे से कहा।[19]

यहां इस कविता में आरम्भ से ही मानव अवचेतना का निर्माण और उसके द्वारा मानव व्यक्तित्व के निर्धारण पर बल दिया गया है। अज्ञेय सृजन के मूल में मानव की मूल वृत्तियों का बहुत बड़ा हाथ मानते हैं। क्योंकि मनोविज्ञान ने इस युग के सभी चिन्तक और कवियों को अपनी अवधारणा से प्रभावित किया है। यह अवधारणा एक आधुनिक अवधारणा है। फ्रायड ने अवचेतन को मनोविज्ञान का एक बहुत बड़ा आधार स्वीकार किया है। आधुनिक कवि और चिन्तक मनोविज्ञान की इस अवधारणा से प्रभावित हैं, इसे पश्चिम में पूरी तरह स्वीकार कर लिया गया है।

अज्ञेय भी एक आधुनिक कवि हैं इसलिए वह भी इस आधुनिक अवधारणा से प्रभावित हुए बिना नहीं रह सके हैं। इसीलिए वे अपनी उपर्युक्त कविता में पूर्ववर्ती जातिगत अनुभव और स्मृतियों से निर्मित मानव अवचेतना को कविता का आदि स्रोत मानते हैं। उनके अनुसार मानव कृतित्व का पौधा ऊपर से हंसता हुआ भी लगातार उस बुदबुदाते अन्धकार की ओर टोहता है जहां से खाद् ग्रहण करता है। सृजन की प्रक्रिया में अवचेतन का यह कचरा उसे रस प्रदान करता है। जातिगत अनुभव से क्योंकि वह खाद् ग्रहण कर रहा है, अपनी मूल वृत्तियों से रस लेकर वह एक पुष्प का रूप धारण कर रहा है। इसीलिए उसका 'रूप-सत्य, रस-सत्य, गन्ध-सत्य, रूप-शिव' है। लेकिन अज्ञेय कविता में या फिर किसी भी सृजन में

परम्परा की विकृतियों को स्वीकार नहीं करना चाहते है। अज्ञेय यह तो मानते हैं कि मानव व्यक्तित्व के निर्माण के पीछे अवचेतन के कुलबुलाते वातावरण का बहुत बड़ा हाथ है लेकिन कवि की महत्ता इस बात में है कि वह मूल वृत्तियों से रस और खाद्य ग्रहण करके शिव और सत्य रूप का निर्माण करे। इसीलिए अज्ञेय पौधे से फूल मांगते हैं। फूल जो पौधे के ऊपर खिलता है और पौधा अशुच और उच्छिष्ट से रस ग्रहण करता है लेकिन फूल कभी अशुच और उच्छिष्ट नहीं होता। ठीक इसी प्रकार से कवि आदिम मनोवृत्तियों से रस ग्रहण करके सुन्दर और शिव काव्य प्रदान कर सकता है। इसी कविता में अज्ञेय आगे कहते हैं–

हमने फिर कवि से भी कहा
बन्धु, हमें काव्य दो।
किन्तु तुम (नभचारी!) मिट्टी की ओर मत देखना,
किन्तु तुम (गतिशील!) जड़े मत छोड़ना,
किन्तु तुम (प्रकाश-सुत!) टोहना न कभी अन्धकार को,
किन्तु तुम (रससिद्ध!) कर्दम से नाता मत जोड़ना,
किन्तु तुम (ओ स्वयम्भू!) पुष्टि की अपेक्षा मत रखना!
गहरे न जाना कहीं,
आंचल बचाना सदा,
दामन हमेशा पाक रखना,
पंकज-सा पंक में
कंज-पत्र में सलिल-सा
तुहिन की बूंद में प्रकम्प हेम-शिरा-सा
असम्पृक्त रहना।
धाक रखना
लाज रखना
लाज रखना, नाम रखना
नाक रखना।
बन्धु, हमें काव्य दो,
सुन्दर दो, शिव दो, सार-सत्य दो,
किन्तु किन्तु
किन्तु किन्तु
किन्तु किन्तु–
हमने कवि से कहा।[20]

अज्ञेय कवि को कल्पनाशील, गतिशील, प्रकाश-सुत, रस-सिद्ध और स्वयम्भू मानते हैं। इन्हीं तत्त्वों के आधार पर वह कवि से सुन्दर और शिव काव्य की मांग

करते हैं। यह बात ध्यान देने की है कि जातिगत अनुभव में जहां शिव और सुन्दर तत्त्व होते हैं वहीं उसमें आदिम वृत्तियां (पाश्विक वृत्तियां) भी कुलबुला रही होती हैं लेकिन कवि से अज्ञेय मांग करते हैं कि वो सामूहिक अवचेन की आदिम वृत्तियों को अपने ऊपर हावी न होने दे। वह उनका इस्तेमाल अवश्य करे–जैसे फूल पौधे के माध्यम से सड़े, गले, पचे खाद् से भी रस ग्रहण कर लेता है। यहां एक बात पर ध्यान देना आवश्यक है। वह यह कि अज्ञेय पश्चिम के उस प्रकृतवाद के प्रति भारतीय कवि को आगाह कर देना चाहते हैं। पश्चिम में मनोविज्ञान की अवचेतना की अवधारणा के कारण ऐसे साहित्य का जन्म हुआ जिसमें कुंठा, संत्रास, नग्नता और अतिशय कुरूपता थी। यद्यपि ये मानव जीवन के सत्य हैं लेकिन कहीं–न–कहीं मानव जीवन के शिव और सुन्दर रूप पर हावी हो बैठते हैं। इसलिए अज्ञेय कवि से मांग करते हैं कि 'गहरे न जाना कहीं, आंचल बचाना सदा, दामन हमेशा पाक रखना पंकज–सा पंक में, कंज–पत्र में सलिल–सा, तुहिन की बूंद में प्रकम्प हेम–शिरा–सा असम्पृक्त रहना।' यहां हम अज्ञेय को अवचेतन की अवधारणा का मानव जीवन को शिव और सुन्दर बनाने के लिए प्रयोग करता देखते हैं। अज्ञेय ने मनोविज्ञान की इस अवधारणा को बिना विचार स्वीकार नहीं किया है, उसका अन्धानुकरण नहीं किया है। यह अज्ञेय की प्रयोगशील मनोवृत्ति है कि वह पुरानी या नयी किसी भी अवधारणाओं को उसकी जांच–पड़ताल किये बिना स्वीकार नहीं करते हैं। अज्ञेय अवधारणाओं का शोध करते हैं। उनमें शिव, सत्य और सुन्दर जैसे तत्त्वों को खोजते हैं। जिस प्रकार अज्ञेय अवचेतन के उस मनोवैज्ञानिक स्वरूप को स्वीकार नहीं करते जिससे साहित्य में विसंगतियों और विकृतियों का अम्बार लग सकता है।

उपर्युक्त कविता में अवचेतन के अस्तित्व को स्वीकार तो करते हैं लेकिन इस अवधारणा का इस्तेमाल करके शिव और सुन्दर साहित्य देना चाहते हैं। इस प्रकार अज्ञेय एक प्रयोगशील मानसिकता के कवि सिद्ध होते हैं जो पूर्ववर्ती जातिगत अनुभवों को ज्यों का त्यों स्वीकार नहीं करते। परम्परा के प्रति अज्ञेय सदैव ही इस प्रकार का प्रयोगशील दृष्टिकोण रहा है।

(ड़) परम्परा के विकास का दायित्व

अज्ञेय अपनी परम्परा के तत्त्वों का जहां वह उपयोग करते हैं वहीं वह जाने वाली पीढ़ी के लिए एक परम्परा का निर्माण करना चाहते हैं। ऐसा वह अपनी प्राचीन परम्परा से टकराकर ही करते हैं। नये प्रयोग करते हैं। नयी दिशाएं तलाश करने की कोशिश करते हैं। अज्ञेय की प्रायोगिक मानसिकता का पता इस बात से लगता है कि वह बने–बनाये रास्ते पर नहीं चलते जहां उनकी अपनी कोई छाप ही नहीं पहचानी जा सके। कविता में कहते हैं–

जिधर मैं चला
नहीं वह पथ था :
मेरा आग्रह भी नहीं रहा मैं चलूं उसी पर
सदा जिसे पथ कहा गया, जो
इतने-इतने पैरों द्वारा रौंदा जाता कि उस पर
कोई छाप नहीं पहचानी जा सकती थी।[21]

अज्ञेय का प्रयास सदैव ही यह रहा है कि उनकी छाप अलग से पहचानी जा सके। यानी उनकी इयत्ता सदैव बरकरार रहे। ऐसा न हो कि परम्परा की मिट्टी को रौंदते हुए स्वयं अपनी छाप, अपना चेहरा ही मिटा लें। अज्ञेय परम्परा का अंधानुकरण नहीं करते। वह तो परम्परा के उस तेजोमय प्रभापुंज पर अपना ध्यान केन्द्रित करना चाहते हैं जिससे कवि का अनुभव आलोकित हो उठे। जिससे अनुभव के नये अंकुर फूटें और नये कवि का अनुभव रूपायित हो सके। अज्ञेय कहते हैं–

मेरी खोज
नहीं थी उस मिट्टी की
जिसको जब चाहूं मैं रौंदूं : मेरी आंखें
उलझी थीं उस तेजोमय प्रभा पुंज से
जिससे झरता कण-कण उस मिट्टी को
कर देता था कभी स्वर्ण तो कभी शस्य,
कभी जीवन तो कभी जीव्य,
अनुक्षण नव-नव अंकुर-स्फोटित, नव रूपायित।[22]

अज्ञेय अपनी विशाल काव्य परम्परा के सम्मुख ग्रहणकर्त्ता के रूप में जाते हैं, जहां उन्हें उस विशाल आलोक पुंज से करुणा, स्नेह आदि मिलता है। पर अज्ञेय करुणा के उस आलोक को ग्रहण करके भी स्वयं करुण बनने के लिए तैयार नहीं हैं क्योंकि अज्ञेय जानते हैं कि करुण बनकर कभी भी विकास नहीं किया जा सकता। लेकिन अज्ञेय अपनी परम्परा के उस अजस्र स्रोत की ओर अवश्य दौड़ते हैं जहां करुणा का प्रवाह दिन-रात बहता है। कवि अपने उस सोते से जुड़ना चाहता है जहां उसे जीवन के प्रखर और जीवन्त तत्व मिलते हैं। इसी कविता में आगे अज्ञेय कहते हैं–

मैं कभी न बन सका करुण, सदा
करुणा के उस अजस्र
सोते की ओर दौड़ता रहा जहां से
सब कुछ होता जाता था प्रतिपल
आलोकित,

रंजित,
दीप्त, हिरणमय
रहस्य-वेष्टित,
प्रभा-गर्भ,
जीवनमय।[23]

अज्ञेय आने वाली पीढ़ी को भी आगाह करते चलते हैं कि वह परम्परा का उपयोग प्रयोगशील मानसिकता से करे। वह नये कवि को परम्परा की विशाल अनुभव राशि का उपयोग करना समझाते हैं। वह बताते हैं कि जातिगत अनुभव का उपयोग अत्यन्त जागरूक बुद्धि से ही किया जा सकता है। जरा-सी विवेकहीनता हुई नहीं कि हम किसी भी मरु प्रदेश में पहुंच सकते हैं, किसी भी बीहड़ झारखंड में भटक सकते हैं, कंटीली खोहों में अटके रह सकते हैं। अज्ञेय इन्हीं कठिनाइयों की संभावना के कारण परम्परा के साथ-साथ प्रयोग को आवश्यक मानते हैं और पीछे आते हुए नये कवि को भी सावधान करते हैं कि अपने देश-काल-परिस्थितियों के अनुसार ही अपने जातिगत अनुभव को शोधे। क्योंकि अज्ञेय ने स्वयं ऐसा ही किया है। उन्होंने अपने देश-काल के अनुसार परम्परा की जांच-पड़ताल की है। यही बात वह नये कवि को भी समझाते हैं—

तू आ,
तू देख कि यह पैरों की छाप पड़ी है जहां,
कहीं वह
है सूना फैलाव रेत का जिसमें
कोई प्यासा मर सकता है :
बीहड़ झारखंड है कहीं, कंटीली
जिसकी खोहों में कोई बरसों तक चाहे भटक जाय
कहीं मेंड़ है किसी परायी खेती की, मुड़ कर ही
जिसके अगल-बगल से कोई गलियारा पा लेना होगा।
कहीं कुछ नहीं, चिकनी काली रपटन जिसके नीचे
एक कुलबुलाती दलदल है
झाग-भरा मुंह बाये, घात लगाये।
किन्तु प्यास से भरा नहीं मैं,
गलियारे भी
चाहे जैसे मुझे मिले :
दलदल में भी मैं
डूबा नहीं।[24]

अज्ञेय का नयी पीढ़ी को इस प्रकार सावधान करना इस बात का भी प्रमाण है कि इस विषय में अज्ञेय स्वयं भी सावधान रहे हैं। अज्ञेय भी अपने से पहले के कवियों के पग-चिह्नों पर चले हैं लेकिन आवश्यकता पड़ने पर उन्होंने उन पूर्ववर्ती कवियों के पग-चिह्नों को मिटाया भी है और वह नये कवि को भी यह आमंत्रण देते हैं कि वह भी उनके पीछे बढ़ता हुआ चला आये लेकिन अन्धानुकरण न करे। आवश्यकता पड़ने पर अपने से आगे जाने वाले के सब चिह्नों को रौंदता हुआ, असहमत होता हुआ, उन्हें मिटाता हुआ, ठोकर मारता हुआ आगे बढ़े। अज्ञेय अपनी पूर्ववर्ती परम्परा से असहमत होने को, अनावश्यक होने पर उसकी उपेक्षा करने को कोई बुरी बात नहीं मानते। यानी जितना आवश्यक है परम्परा से उतना ही लेने के अज्ञेय हामी हैं।

स्वयं अज्ञेय नये कवि को अपने अनुभव, अपनी स्थापनाओं से असहमत होने का निमंत्रण देते हैं। वह कहते हैं–

पर आ तू,
सभी कहीं, सब चिह्न रौंदता
अपने से आगे जाने वाले के
आ, तू आ,
रखता पैरों पर पैर,
गालियां देता,
ठोकर मार मिटाता अनगढ़
(और आवंछित रखे गये!) इन
मर्यादा-चिह्नों को
आ, तू आ![25]

अज्ञेय जब यह कहते हैं कि 'ठोकर मार मिटाता अनगढ़ और अवांछित रखे गये इन मर्यादा-चिह्नों को आ, तू आ' तो इसका अभिप्राय यह हुआ कि अज्ञेय नये कवि को स्पष्ट शब्दों में परम्परा के अनावश्यक अवांछित जड़ तत्त्वों को अस्वीकार करने की सलाह देते हैं। लेकिन सवाल यह पैदा होता है कि यह कैसे पता चले कि क्या अवांछित है और क्या वांछित? इसके लिए ही प्रयोग करने की आवश्यकता महसूस होती है। प्रयोगशील मस्तिष्क प्रकृति के विकासोन्मुख रूप को ही स्वीकार करता है। वह अवांछित अनावश्यक को त्याग देने में विश्वास करता है। इस विषय में बर्टन ब्राउन का कहना है–

> Experimental mind believes in the continuity of nature, and rejects all forms of supernaturalism stemming from the dualistic beliefs of classical philosophy and thelogy that there is a spiritual reals which lies beyond experience.[26]

प्रयोगशील मस्तिष्क ही पुराने विश्वासों में से वांछित और आवश्यक को ग्रहण करने में समर्थ हो सकता है। अज्ञेय स्वयं अपनी परम्परा के साथ प्रयोग करते रहे हैं और परम्परा के रूप को जो आकार देकर वह आगे बढ़ रहे हैं, वह चाहते हैं कि आने वाली पीढ़ी दोबारा से फिर नये संदर्भ में उसकी जांच-पड़ताल करे। परम्परा को जांचने-परखने का भी एक दर्प होता है। यह दर्प स्फीत विजय के उल्लास का और सामर्थ्य का भाव होता है। अज्ञेय के पूरे चिंतन में हमें यह दर्प दिखाई दे सकता है और अज्ञेय नये कवि में भी इस दर्प की अपेक्षा करते हैं। अज्ञेय नये कवि को एक ओर तो परम्परा के आलोक पुंज से जुड़ने की सलाह देते हैं जिससे प्राचीन अनुभव से पथ-प्रदर्शन हो, एक रास्ता दिखाई दे, लेकिन वहीं उसे सावधान भी करते हैं कि पथ पर चलते समय चौकस होकर चले। परम्परा के पथ का अनुसरण सरल काम नहीं है। अज्ञेय इसी कविता में आगे लिखते हैं–

आ तू,
दर्प स्फीत जयी!
मेरी तो
तुझे पीठ ही दीखेगी–क्या करूं कि मैं आगे हूं
और देखता भी आगे की ओर?
पांवड़े
मैंने नहीं बिछाये–वे तो तभी, वहीं
बिछ सकते हैं प्रशस्त हो मार्ग जहां पर।
आता जा तू,
कहता जा जो जी आवे।
मैं चला नहीं था पथ पर,
पर मैं चला इसी से
तुझ को बीहड़ में भी ये पद-चिह्न मिले हैं,
कांटों पर ये एकोन्मुख संकेत लहू के,
बालू की यह लिखत, मिटाने में ही
जिस को फिर से तू लिख देगा।
आ तू, आ
मेरे पैरों की छाप-छाप पर रखता पैर,
जयी, युगनेता, पथ-प्रवर्त्तक,
आ तू, आ–
जो गतानुगामी![27]

यहां अज्ञेय महसूस करते हैं कि कवि का मार्ग प्रशस्त मार्ग नहीं है इसलिए अज्ञेय ने नयी पीढ़ी के लिए कोई पांवड़े नहीं बिछाये क्योंकि पांवड़े वहीं बिछ

सकते हैं जहां मार्ग प्रशस्त हो। अज्ञेय अपनी परम्परा को शोध कर आगे बढ़ रहे हैं और नये कवि को भी बढ़े चले आने का निमंत्रण दे रहे हैं और यह भी लगातार कह रहे हैं कि 'आता जा तू, कहता जा जो जी आवे' यानी मेरी स्थापनाओं को, मेरे अनुभव को यदि आवश्यकता हो तो उससे असहमत भी हो लेकिन परम्परा का विकास कर। अज्ञेय उससे कहते हैं कि 'मैं चला नहीं था पथ पर, पर मैं चला इसी से तुझ को बीहड़ में भी ये पद चिह्न मिले हैं।' यानी अज्ञेय ने परम्परा को तोड़ा, जहां आवश्यकता हुई वहां उसे मोड़ा और ऐसा करके ही वह नये कवि के लिए जातिगत अनुभव के बीहड़ में कुछ पद चिह्न छोड़ सके। ये पद चिह्न 'कांटों पर ये एकोन्मुख संकेत लहू के' हैं। अज्ञेय ने जो पद चिह्न निर्मित किये वह आने वाले कवि के लिए परम्परा है। लेकिन परम्परा कोई ऐसी चीज़ नहीं जो अपरिवर्तित हो जिसे शोधा न जा सके। वह तो विगत की श्रेष्ठता का स्वीकार मात्र है। विद्यानिवास मिश्र के शब्दों में कहें कि 'परम्परा जानी नहीं, जानी जाती हुई विगत श्रेष्ठता को स्वीकार करती है। वह मृत्यु से नहीं घबराती, इसीलिए वह बैताल बनकर बार-बार पहेली बुझाने के लिए कन्धे पर सवार नहीं होती।'[28] अज्ञेय जिस परम्परा का निर्माण करते हैं या जिस जीवन अनुभव को अपने समय में अर्जित करते हैं वह इसके बारे में नये कवि से यह भी कहते हैं कि तू मेरे अनुभव को मिटाकर उस पर अपने अनुभव को लिख दे। अज्ञेय के अनुसार जैसा कि उपर्युक्त कविता में लिखा है परम्परा बालू की लिखत के समान है जिसे परिस्थितियों का प्रवाह कभी भी मिटा सकता है और उसकी जगह नयी लिखत को स्थापित कर सकता है। इसलिए अज्ञेय नये कवि से कहते हैं कि 'बालू की यह लिखत, मिटाने में ही जिस को फिर से तू लिख देगा' यानी पुराने अनुभव के संशोधन में ही नये अनुभव का जन्म सम्भव है। और क्योंकि नया कवि नये अनुभव का जन्मदाता होता है और अपनी परम्परा का अनुसन्धाता होता है इसलिए वह अज्ञेय की दृष्टि में 'जयी, युगनेता, पथ-प्रवर्त्तक' होगा।

(च) परिवर्तन के लिए परम्परा एक आवश्यक स्थिति

अज्ञेय का परम्परा के प्रति दृष्टिकोण एकांगी नहीं है। अज्ञेय की इस अवधारणा का अभिप्राय यह है कि अज्ञेय परम्परा के नवीकरण के हामी हैं। हमें इस विषय में ध्यान रखना होगा कि बड़े से बड़े परिवर्तन में पूर्ववर्ती परम्परा के गतिशील तत्त्वों का बहुत बड़ा हाथ होता है। यह परिवर्तन चाहे कला और साहित्य के क्षेत्र में हो या विज्ञान के क्षेत्र में, सभी क्षेत्रों में परम्परा का योगदान बहुत बड़ा होता है। आइन्सटाइन के चर्चित सापेक्षतावाद को न्यूटन की विज्ञान परम्परा का बहुत बड़ा बल प्राप्त हुआ था। यदि विज्ञान के पास न्यूटन न होता तो शायद आइन्सटाइन भी सम्भव न हो पाता। विज्ञान की आधुनिक प्रगति के लिए न्यूटन के आविष्कार

आधारभूत परम्परा के रूप में काम करते रहे। इसी प्रकार पश्चिम में 'अतियथार्थवाद' ने बहुत-सी पुरानी मान्यताओं को नकारा था लेकिन फिर भी बहुत से परम्परागत तत्त्वों को इकट्ठा भी किया। जून, 1940 की 'स्क्रूटनी' नाम की अंगरेजी पत्रिका यूरोप से प्रकाशित हुई जिसमें ओलेफस्टेपलीडोन ने परम्परा और नवीरकण के ऊपर एक लेख लिखा था जिसमें यह माना था कि परम्परा पूरे मानव व्यवहार के लिए उसकी जांच-पड़ताल के लिए बहुत बड़ा काम करती है। अधिकांश क्रांतिकारी परिवर्तनों के पीछे परम्परा का बड़ा हाथ होता है। परम्परा बाकायदा परिवर्तनजन्य उपलब्धियों में बराबर की हिस्सेदार होती है। स्टेपलीडोन लिखते हैं कि–

> In all human behaviour, tradition inevitably plays a great part. Indeed, even in the most revolutionary innovation tradition must overwhelmingly predominate over novelty in respect of sheer bulk, so to speak. Einstein's work presuppose Newton's and the whole process of scientific exploration. In are surrealism, though it discards so much of the old convention, incorporates much more. Only on the top rung of a tall ladder of tradition does the innovator come with in grasp of his bit of novelty.[29]

जिस प्रकार स्टेपलीडोन परम्परा की गत्यात्मकता को ज्ञान-विज्ञान के सभी क्षेत्रों में स्वीकार करते हैं उसी प्रकार अज्ञेय परम्परा को विद्रोह और परिवर्तन के लिए आवश्यक मानते हैं। वह कहते हैं कि "रूढ़ि के परम्परा के विरुद्ध हमारा कोई विद्रोह हो सकता है तो यही कि हम अपने को परम्परा के आगे जोड़ दें।"[30] ठीक उसी प्रकार जिस प्रकार विज्ञान के क्षेत्र में न्यूटन के आगे आइन्सटाइन ने अपने आप को जोंड़ा।

अज्ञेय आधुनिक चेतना के कवि होने के कारण चेतना के विकास में विश्वास रखते हैं। सवाल यह पैदा होता है कि चेतना के विकास से क्या अभिप्राय है? क्या हम चीज़ों की जानकारी को ही चेतना का विकास मान लें? यदि जानकारी ही चेतना का विकास है तब तो उन तमाम लोगों को चेतना के धरातल पर विकसित मान लिया जायेगा जो अजायब घर में रखी सामग्री से अत्यधिक परिचित हैं। लेकिन परिचय के इस स्वरूप को हम चेतना का विकास नहीं मान सकते। प्रसाद को भारतीय इतिहास का ज्ञान जिस प्रकार से था वह उस ज्ञान से एकदम भिन्न था जो अजायबघर में देखी गयी वस्तुओं से होता है। तब चेतना के विकास से क्या अभिप्राय है? इसका उत्तर यह हो सकता है कि साहित्यकार को जब तक अपनी परम्परा की गतिशीलता की जानकारी न हो और उसे वह जीवनपर्यन्त विकसित न करता रहे तब तक किसी भी कवि या लेखक की चेतना को विकसित नहीं माना जा सकता। पश्चिम में शेक्सपियर ने प्लूटार्क से इतिहास बोध अधिक अर्जित किया

अपेक्षाकृत उन अधिकांश व्यक्तियों के जिन्होंने समूचा ब्रिटिश म्यूजियम कई बार देखा। टी.एस. इलियट ने इस विषय में लिखा है कि–

> Shakespeare acquired more essential history from Plutarch than most men could from the whole British Museum. What is to be insisted upon is that the poet must develop or procure the consciousness of the past and that he should continue to develop the consciousness throughout his career.[31]

अज्ञेय ऐसी ही चेतना के विकसित रूप में विश्वास करते हैं इसीलिए परम्परा के विकास पर उनका ध्यान केन्द्रित रहता है। अज्ञेय यह भी मानते हैं कि परम्परा कवि की चेतना का विकास करती है, जैसा कि इलियट भी उपर्युक्त उद्धरण में मानते हैं। जब परम्परा कवि की चेतना का विकास करती है तो अज्ञेय इसका श्रेय भी परम्परा को ही देना चाहते हैं। अज्ञेय उन सबको श्रेय देते हैं जो परम्परा को लगातार विकसित करते रहे हैं। जो परम्परा के विकास में गलते, पसीजते रहे हैं, जो उगते-डूबते रहे हैं क्योंकि उन्हीं के विवेकवान परिश्रम के कारण आज अज्ञेय के लिए वाक्य-रचना सम्भव हो पाई है। यह अवधारणा हम अज्ञेय की 'मैंने कहा, पेड़–' में हमें देखने को मिलती है–

मैंने कहा, 'पेड़, तुम इतने बड़े हो,
इतने कड़े हो,
न जाने कितने सौ बरसों के आंधी-पानी में
सिर ऊंचा किये अपनी जगह अड़े हो।
सूरज उगता-डूबता है, चांद भरता-छीजता है
ऋतुएं बदलती हैं, मेघ उमड़ता-पसीजता है,
और तुम सब सहते हुए
सन्तुलित-शान्त-धीर रहते हुए
विनम्र हरियाली के ढके, पर भीतर ठोठ कठैठे खड़े हो।'
कांपा पेड़, मर्मरित पत्तियां
बोली मानों, 'नहीं', नहीं, नहीं झूठा
श्रेय मुझे मत दो!
मैं तो बार-बार झुकता, गिरता, उखड़ता
या फिर सूखा ठूंठ हो के टूट जाता,
श्रेय है तो मेरे पैरों-तले इस मिट्टी को
जिसमें न जाने कहां मेरी जड़े खोयी हैं :
ऊपर उठा हूं उतना ही आकाश में

जितना कि मेरी जड़ें नीचे दूर धरती में समायी हैं।
श्रेय कुछ मेरा नहीं, जो है इस नामहीन मिट्टी का।
और, हां, इन सब उगने-डूबने, मरने-छीजने,
बदलने, गलने, पसीजने,
बनने-मिटने वालों का भी :
शतियों से मैंने बस एक सीख पायी है :
जो मरण-धर्मा हैं वे ही जीवनदायी हैं।'[32]

इस कविता में परम्परा के प्रति और परम्परा को विकसित करने वालों के प्रति कृतज्ञता का भाव हमें दिखाई देता है। कवि का अपने परिवेश की आंधियों में अडिग खड़ा रहने का श्रेय उस मिट्टी को जाता है जिसमें कवि की जड़ें फैली हुई हैं। अज्ञेय मानते हैं कि यदि मैं अपने परिवेश के थपेड़ों में भी, 'बरसों के आंधी-पानी में सिर ऊंचा किये अपनी जगह अड़ा हूं तो इसमें मेरा कुछ श्रेय नहीं है। 'श्रेय है तो मेरे पैरों-तले इस मिट्टी को जिसमें न जाने कहां मेरी जड़ें खोयी हैं: ऊपर उठा हूं उतना ही आकाश में जितना कि मेरी जड़े नीचे दूर धरती में समायी हैं।' यानी कवि जितना अपनी परम्परा से जुड़ा होगा वह उतना ही विकास करेगा, उसकी चेतना उतनी ही विकसित होगी उतनी ही परिवर्तनशील होगी। कवि की चेतना के इस विकास में ही परम्परा का विकास है। जिस प्रकार पेड़ मिट्टी में अपनी जड़ें फैलाकर सदैव पुनर्सृजन करता है। उस पर लगी पत्तियां सूखकर झरती हैं और नयी कोपलों को फूटने के लिए स्थान देती हैं। यह सृजन की प्रक्रिया है। विनष्ट होने में ही सृजन की सम्भावना उपजती है। इसीलिए अज्ञेय कहते हैं कि 'शतियों से मैंने बस एक सीख पायी है : जो मरण-धर्मा हैं वे ही जीवनदायी हैं' सृजन की यह पूरी प्रक्रिया अपनी जड़ों से जुड़े रहकर ही सम्भव है। जड़ों से कटकर सर्जन असम्भव है। क्योंकि सर्जन जड़ों से ही जीवन शक्ति प्राप्त करता है। इसका मतलब यह हुआ कि सर्जन नितान्त निजी स्थिति नहीं है, यह दूसरी बात है कि सृजन की इस प्रक्रिया में कवि के निज का भी इस्तेमाल होता है। अज्ञेय भी सृजन को नितान्त निजी क्रिया नहीं मानते हैं। जिन लोगों ने सर्जन की स्थिति को सम्भव बनाया है, उनके श्रेय को अज्ञेय स्वीकार करते हैं। वह कहते हैं 'श्रेय कुछ मेरा नहीं, जो है इस नामहीन मिट्टी का। और, हां, इन सब उगने-डूबने, मरने-छीजने, बदलने, गलने, पसीजने, बनने-मिटने वालों का भी।' इसीलिए अज्ञेय काव्य को कवि के व्यक्तित्व की अभिव्यक्ति नहीं मानते। कवि का व्यक्तित्व तो एक माध्यम है सामूहिक अनुभव को व्यक्त करने का। इसीलिए वह इस अवधारणा में विश्वास रखते हैं कि 'कला के भावों और व्यक्तिगत भावों का पार्थक्य अनिवार्य है। पाठक के लिए कवि या साहित्यकार का महत्त्व उसकी निजी भावनाओं के कारण, उसके अपने जीवन के अनुभवों से पैदा हुए भावों के कारण नहीं है। यह

दूसरी बात है कि काव्य-रचना की क्रिया में अन्य भावों और अनुभूतियों के साथ, उसके अपने भाव और अपनी अनुभूतियां भी एक इकाई में ढल जाएं–या कि केवल अपने भाव और अनुभूतियां ही उस क्रिया का उपकरण बनें। रचयिता का महत्त्व रचना करने की क्रिया की तीव्रता में है। यही बात ऊपर दूसरे ढंग से कहीं गई है–कि जितना ही कलाकार महान होगा उतनी ही उसकी माध्यमिकता परिष्कृत होगी। वास्तव में काव्य में कवि का व्यक्तित्व नहीं, वह माध्यम प्रकाशित होता है जिसमें विभिन्न अनुभूतियां और भावनाएं चमत्कारिक योग में युत्त होती हैं। काव्य एक व्यक्तित्व की नहीं, एक माध्यम की अभिव्यक्ति है।'[33] इससे यह स्पष्ट हो जाता है कि अज्ञेय सृजन प्रक्रिया को नितान्त निजी चीज़ नहीं मानते हैं। इसका मतलब यह हुआ कि सृजन प्रक्रिया पूरी तरह से अपनी परम्परा, अपने जातिगत अनुभव से जुड़कर ही फलीभूत होती है।

(छ) परम्परा के प्रति अहं का समर्पण

अज्ञेय मानते हैं कि कवि अपनी परम्परा का सर्जनात्मक उपयोग तब तक नहीं कर सकता जब तक वह परम्परा के प्रति अपने अहं का समर्पण न कर दे। ऐसा क्यों? ऐसा इसलिए कि परम्परा अपने से पूर्ववर्ती समाज का विशाल अनुभव पुंज होती है। उसका निर्माण दिन या दो दिन में नहीं होता, उसे दो-चार आदमी नहीं बनाते। वह तो किसी समाज की अनन्तकाल से चली आ रही जीवन पद्धति और जीवन व्यवहार का संकलन होती है। इसका मतलब यह हुआ कि नये कवि के सम्मुख उसकी एक विशाल परम्परा होती है, एक विशाल जातिगत अनुभव होता है। वही जातिगत अनुभव नये कवि के व्यक्तित्व को आकार देता है उसे संस्कृत बनाता है इसलिए नया कवि उसके प्रति ऋणी होता है। अपने उस विशाल जातिगत अनुभव के पास जाने से पूर्व उससे कुछ ग्रहण करने के पूर्व नये कवि को उसकी विशालता, उसके बहुआयामी स्वरूप के प्रति अपने अहं का समर्पण करना पड़ता है। अज्ञेय मानते हैं कि बिना अहं के समर्पण किये उस विशाल अनुभव पुंज से आप कुछ भी ग्रहण नहीं कर सकते। परम्परा न जाने कितनी सृष्टियों को, कितने प्रयोगों को, कितनी मनःस्थितियों को अपने अन्दर समोये हुए होती है। इस प्रकार परम्परा की साधना कोई सामान्य कार्य नहीं है। उसे साधने के लिए अपने अहं को समर्पित करना ही पड़ेगा। अहं का समर्पण भी विवेकपूर्ण साधना की स्थिति है। अज्ञेय मानते हैं कि 'प्राचीन कवियों की महत्ता का असल रहस्य यही है कि वे अहं को विलीन करके लिखते थे।'[34] यानी अहं का विलयन कवि के लिए एक आवश्यक स्थिति है, ऐसा अज्ञेय मानते हैं। अपनी कविताओं में इस अवधारणा को अज्ञेय स्पष्ट रूप से प्रस्तुत करते हैं। इस विषय में हम उनकी 'असाध्य वीणा' को देख सकते हैं जहां प्रियम्वद प्राचीन किरीटी तरू से निर्मित वीणा को साधने के

लिए अपने अहं का समर्पण करता है। प्रियंवद से पहले भी बहुत से ज्ञानी, गुणी कलावन्तों ने उस वीणा को साधने का प्रयास किया था लेकिन उन सबका दर्प चूर हो गया। कविता में राजा प्रियम्वद को बताते हैं कि–

'मेरे हार गये सब जाने-माने कलावन्त,
सब की विद्या हो गयी अकारथ, दर्प चूर,
कोई ज्ञानी गुणी आज तक इसे न साध सका।'[35]

यह वीणा इसीलिए किसी कलावन्त से नहीं सधी क्योंकि उन्होंने अपने दर्प को उस विशाल परम्परा के प्रति समर्पित नहीं किया था। जिस परम्परा ने वीणा का निर्माण किया था। यह वीणा कोई सामान्य वीणा नहीं थी। इस वीणा का निर्माण सृष्टि के उन घात-प्रतिघातों से हुआ था जो सृष्टि को एक ठोस रूप प्रदान करते हैं। यह वीणा परम्परा का प्रतीक है। और परम्परा भी मानव जीवन के घात-प्रतिघातों से बनती हुई आगे बढ़ती है। परम्परा के निर्माण की प्रक्रिया में विभिन्न अनुभव लगातार उसे बनाते-मिटाते रहते हैं। यह वीणा भी उस किरीटी तरू से निर्मित हुई जिसका सम्पर्क सृष्टि की विशालता से था, जिसका अनुभव गहन और व्यापक था। यह बात प्रियम्वद महसूस कर रहा था। उसे मालूम था कि प्राचीन किरीटी-तरू से निर्मित इस वीणा को बजाने के लिए मुझे उस विशाल प्राचीन अनुभव राशि के प्रति स्वयं को समर्पित करना होगा। यानी परम्परा को साधने के लिए अहं का समर्पण करना होगा। विनत होकर ही परम्परा को साधा जा सकता है। इसीलिए राजा द्वारा अपनी प्रशंसा किये जाने पर वह मुदित नहीं होता बल्कि और गम्भीर होकर प्राण खींचकर वीणा का स्पर्श करता है और कहता है–

'राजन! पर मैं तो
कलावन्त हूं नहीं, शिष्य, साधक हूं–
जीवन के अनकहे सत्य की साक्षी।
वज्रकीर्ति!
प्राचीन किरीटी-तरू!
अभिमन्त्रित वीणा!
ध्यान-मात्र इन का तो गद्‌गद्‌ विह्वल कर देने वाला है।'[36]

प्रियम्वद स्वयं को क्लावन्त मानने का दर्प नहीं करता। वह तो साधक है। प्राचीन अनुभव को साधने वाला। उस प्राचीन अनुभव राशि से बनी वीणा को सम्मुख देखकर, उसके सृष्टा वज्रकीर्ति के विषय में सोचकर, उस प्राचीन किरीटी तरू के बारे में सोचकर, जिसका सम्पर्क सृष्टि से रहा है, वह रोमांचित हो उठता है। रोमांचित किसलिए? इसलिए कि उसे अपनी प्राचीन परम्परा और उस परम्परा के निर्माता से साक्षात्कार करने का सौभाग्य मिल रहा है। इसीलिए वह उस प्राचीन

अनुभव राशि के सम्मुख श्रद्धा भाव से नतमस्तक होता है। वह अपनी परंपरा से ज्ञान, जीवन दृष्टि प्राप्त करना चाहता है। भारतीय चिन्तन में तो कहा ही गया है कि 'श्रद्धावान लभते ज्ञानम्'। बिना श्रद्धा के ज्ञान प्राप्त नहीं हो सकता। यही अवधारणा अज्ञेय की है। अज्ञेय भी अपनी परम्परा के पास जीवन दृष्टि प्राप्त करने जाते हैं लेकिन अहं भाव से नहीं, अहं का विलयन करके। यही बात उनकी इस कविता में भी व्यक्त होती है। प्रियम्वद का सोच कवि अज्ञेय का सोच है। प्रियम्वद को वीणा बजाने के लिए पूरी एक प्रक्रिया से गुजरना था। इसलिए सबसे पहले प्रियम्वद ने उसके प्रति अपना नमस्कार आवेदित किया–

वाद्य उठा साधक ने गोद रख लिया।
धीरे-धीरे झुक उस पर, तारों पर मस्तक टेक दिया।[37]

यह शुरुआत थी प्रियम्वद की वीणा को साधने की और उस विशाल परम्परा को साधने की। प्रियम्वद मौन होकर अपने आपको उस किरीटी तरू को सौंप रहा था जिसके अंश से वीणा बनी थी–

पर उस स्पन्दित सन्नाटे में
मौन प्रियम्वद साध रहा था वीणा–
नहीं, वह स्वयं अपने को शोध रहा था।
सघन निविड़ में वह अपने को
सौंप रहा था उसी किरीटी-तरू को।
कौन प्रियम्वद है कि दम्भ कर
इस अभिमन्त्रित कारूवाद्य के सम्मुख आवे?
कौन बजावे
यह वीणा जो स्वयं एक जीवन भर की साधना रही?[38]

प्रियम्वद का वीणा को साधना अपनी परम्परा को साधना है। वह उस परम्परा को साधने के लिए स्वयं अपने को शोधता है। यह शोधन एक महत्त्वपूर्ण स्थिति है। बिना अपने को शोधे कोई भी कलावन्त परम्परा से नहीं जुड़ सकता। दम्भ और अभिमान के साथ हम परम्परा की जांच-पड़ताल नहीं कर सकने। क्योंकि परंपरा समूचे जीवन की साधना है जिसमें बहुत कुछ भरा पड़ा है। इसीलिए प्रियम्वद अपने को उस विराट और विशाल को सौंप रहा है। वह उस 'विशाल तरू' से संवाद स्थापित करता है जिसके बिना वीणा का बजना असम्भव है। वह कहता है–

ओ विशाल तरू!
शत-सहस्र पल्लवन-पतझरों ने जिसका नित रूप संवारा,
कितनी बरसातों कितने खद्योतों ने आरती उतारी,

दिन भौंरे कर गये गुंजरित,
रातों में झिल्ली ने
अनथक मंगल-गान सुनाये,
सांझ-सवेरे अनगिन
अनचीन्हे खग कुल की मोद-भरी क्रीड़ा काकलि
डाली-डाली को कंपा गयी–
ओ दीर्घकाय!
ओ पूरे झारखण्ड के अग्रज,
तात, सखा, गुरु, आश्रय,
त्राता महच्छाय,
ओ व्याकुल मुखरित वन-ध्वनियों के
वृन्दगान के मूर्त रूप,
मैं तुझे सुनूं,
देखूं, ध्याऊं,
अनिमेष, स्तब्ध, संयत, संयुत, निवार्क :
कहां साहस पाऊं
छू सकूं तुझे!
तेरी काया को छेद, बांध कर रची गयी वीणा को
किस स्पर्धा से
हाथ करें आघात
छीनने को तारों से
एक चोट में वह संचित संगीत जिसे रचने में
स्वयं न जाने कितनों के सम्पन्दित प्राण रच गये![39]

प्रियम्वद यहां विशाल तरु का आवाहन करता है। उस विशाल तरु ने सृष्टि की सम्पूर्ण गतिविधायों को बहुत करीब से महसूस किया है। सृष्टि के प्रत्येक स्पंदन से उसमें जीवनी शक्ति को पाया है। इसीलिए वह 'तात, सखा, गुरू, अग्रज' है। प्रियम्वद उस तरु के नाद को सुनना चाहता है, देखना चाहता है, उसे ध्याना चाहता है। यह पूरी क्रिया परम्परा के साथ संवाद स्थापित करने की प्रक्रिया है। संवाद स्थापित करने के लिए किसी प्रकार की कोई स्पर्धा नहीं है। वह तो उसके सामने विनत हो जाना चाहता है। प्रियम्वद जानता है कि वीणा को बजाने का मैं तो केवल एक माध्यम हूं। वीणा तो अपनी प्राचीन परम्परा के साधे जाने पर स्वयं ही बज उठेगी। इसीलिए प्रियवंद वीणा को बजाने का दर्प नहीं करता। वह तो कहता है–

नहीं, नहीं! वीणा यह मेरी गोद रखी है, रहे,
किन्तु मैं ही तो

तेरी गोद बैठा मोद-भरा बालक हूं,
ओ तरू-तात! संभाल मुझे[40]

यहां हम कलाकार और परम्परा का सम्बन्ध स्पष्ट रूप से देखते हैं। कलाकार और परम्परा का सम्बन्ध अंश और अंशी का सम्बन्ध है। कलाकार अपनी परम्परा से कटकर उच्चकोटि का सर्जन नहीं कर सकता। यहां वीणा बजाने का अभिप्राय है परम्परा को आधुनिक सन्दर्भ में जानना। प्रियम्वद वीणा को अपने समय में साध रहा है। वह उसे रूढ़ अर्थों में नहीं साध रहा है। वह देश काल की समग्रता में परम्परा को समझना चाहता है। इसीलिए वह उस अनुभव राशि को संबोधित करता है–

गा तू!
यह वीणा रखी है : तेरा अंग-अपंग
किन्तु अंगी, तू अक्षत, आत्म-भरित,
रस विद्,
तू गा :
मेरे अंधियारे अन्तस में आलोक जगा
स्मृति का
श्रुति का–[41]

प्रियंवद सर्जना के स्रोत तक पहुंचता है जहां से कवि को रचना के संस्कार मिलते हैं। जहां स्मृति के रूप में परम्परा उसके अन्तस में आलोक जगा देती है और उस आलोक में कलाकार नया सर्जन करता है। जब प्रियम्वद अपने अहं को समर्पित करता है तब उसे परम्परा का वास्तविक ज्ञान होता है और वह महसूस करता है कि वीणा के बजने में तो उस विशाल तरू की ही भूमिका है। अहं का विसर्जन सिद्धि की स्थिति है। इसी से परम्परा सिद्ध की जा सकती है। इसीलिए प्रियम्वद कहता है–

मैं नहीं, नहीं! मैं कहीं नहीं!
ओ रे तरू! ओ वन!
ओ स्वर-संभार!
नाद-मय संसृति!
ओ रस प्लावन!
मुझे क्षमा कर–भूल अकिंचना को मेरी–
मुझे ओट दे–ढंक ले–छाले–
ओ शरण्य!
मेरे गूंगेपन को तेरे सोये स्वर–सागर का ज्वार डुबा ले!

आ मुझे भुला,
तू उतर वीन के तारों में
अपने से गा
अपने को गा–
अपने खग-कुल को मुखरित कर[42]

जैसा कि अज्ञेय मानते हैं कि अहं का समर्पण सर्जना के लिए एक आवश्यक स्थिति है। अज्ञेय की यही अवधारणा हमें उनकी कविता में देखने को मिलती है। अज्ञेय शब्द और वाक् की शक्ति को अपनी परम्परा से ग्रहण करते हैं। यहां प्रियम्वद भी अपने अहं का विलय करके कहता है कि 'मेरे गूंगेपन को तेरे सोये स्वर-सागर का ज्वार डुबा ले'। जैसाकि हम पहले भी कह चुके हैं कि परम्परा का अर्थ जड़ता नहीं है। वह तो प्रत्येक व्यक्ति को उसके संकट-काल में उसे एक अनुकूलता प्रदान करती है। अज्ञेय की अवधारणा के अनुसार परम्परा कभी भी व्यक्ति से उसकी इयत्ता नहीं छीनती बल्कि उसकी इयत्ता को शक्ल देने में मदद ही करती है। इसीलिए जब अहं का सम्पूर्ण समर्पण होकर वीणा झंकृत हो उठती है तो उस संगीत में–

डूब गये सब एक साथ
सब अलग-अलग एकाकी पार तिरे।[43]

यानी परम्परा सबको शक्ति देती है लेकिन परम्परा से शक्ति ग्रहण करके भी सबकी इयत्ता अलग-अलग रह सकती है। वीणा के नाद में–

इयत्ता सब की अलग-अलग जागी,
संघीत हुई,
पा गयी विलय।[44]

अज्ञेय मानव व्यक्तित्व की अद्वितीयता को स्वीकार करते हैं। इस अद्वितीयता को बनाये रखकर भी वह रचनाधर्मिता के लिए अपने अहं का विसर्जन करते हैं। इसी रूप में अज्ञेय परम्परा को स्वीकार करते हैं। वैसे भी व्यक्ति की इयत्ता परम्परा को बहुआयामी बना सकती है और उसकी नयी व्याख्या प्रस्तुत कर सकती है। व्यक्ति की इयत्ता की सततता उसके विगत अनुभव से कहीं-न-कहीं जुड़ी होती है। इस विषय में प्रसिद्ध चिंतक लाक ने कहा है कि–

> Locke had defined identity as an identity of consciousness through duration in time: the individual was in touch with his own continuing identity through memory of his past thoughts and action.[45]

(ज) परम्परा के निगतिशील तत्त्वों से सावधान

अज्ञेय जहां परम्परा की विशालता के सम्मुख अपने अहं का विसर्जन करते हैं वहीं इस बात के प्रति सदैव जागरूक रहते हैं कि परम्परा के निगतिशील तत्व जो जड़ हो चुके हैं, उनकी प्रासंगिता समाप्त हो चुकी है, कहीं वे हमारी चेतना पर हावी न हो बैठें। जैसाकि हम लगातार यह स्पष्ट करते आये हैं कि अज्ञेय परम्परा को ज्यों का त्यों स्वीकार नहीं करते हैं। वह तो परम्परा के गतिशील और ऊर्जावान तत्वों को ही ग्रहण करते हैं। वह लगातार इस बात के प्रति सचेत हैं कि परम्परा के पितर कहीं प्रेत बनकर हम पर हावी नहो बैठें। आज जब हम प्राचीन परम्परा और आधुनिक परिवेश से टकराते हैं तो एक चौराहा बना हुआ पाते हैं। एक लम्बी सड़क प्राचीन परम्परा की है जिसको काटती है आज के परिवेश की सड़क और इस तरह हम अपने आपको एक चौराहे पर खड़ा पाते हैं। इन चौराहों पर ही रूढ़ियां भी खड़ी दिखाई देती हैं और छद्म आधुनिकता भी। इस प्रकार रूढ़ियां और आज की भ्रांतियां आज के मानव के लिए एक फन्दा तैयार कर देती हैं, जिनमें व्यक्ति झूलता रहता है। परम्परा के प्रति जागरूकता का भाव हमें अज्ञेय की कविता में भी दिखाई पड़ता है। अज्ञेय लिखते हैं–

राही, चौराहों से बचना!
वहां ठूंठ पेड़ों की ओट
घात बैठी रहती है
जीर्ण रूढ़ियां
हवा में मंडराते संचित अनिष्ट, उन्माद, भ्रान्तियां–
जो सब, जो सब
राही के पद-रव से ही बल पा
सहसा कस आती हैं
बिछे, तने, झूले फन्दों-सी बेपनाह!
राही, चौराहों पर
बचना![46]

यहीं हमें अज्ञेय की प्रयोगशील मानसिकता का भी पता लगता है। यदि अज्ञेय प्रयोगशील मानसिकता के न होते तो वह परम्परा को, अतीत को ज्यों का त्यों स्वीकार करने की बात करते। परन्तु अज्ञेय परम्परा और आधुनिकता के बीच सामंजस्य खोजने की बात करते हैं। वह परम्परा और नवीनता दोनों के साथ प्रयोग करते हैं और जो मानव जीवन के लिए सार्थक, शक्तिदायी है उसे स्वीकार करना चाहते हैं। अज्ञेय जानते हैं कि समूचा अतीत परम्परा नहीं हो सकता। अज्ञेय कहते हैं कि 'रूढ़ि की रूढ़िग्रस्त परिभाषा हमें छोड़नी होगी, हमें उदार दृष्टिकोण से

उसका नया और विशालतर अर्थ लेना होगा। हमें सबसे पहले समझना होगा कि रूढ़ि अथवा परम्परा कोई बनी बनाई चीज़ नहीं है जिसे साहित्यकार ज्यों का त्यों पा या छोड़ सकता है, मिट्टी के लोंदे की तरह अपना या फेंक सकता है।'[47] जातिगत अनुभव का प्रवाह पूरी तरह जाना-पहचाना ही हो यह एक कठिन स्थिति है। क्योंकि परम्परा की यह नदी बड़ी लम्बी है लेकिन फिर भी इसको जानना आवश्यक है। अज्ञेय कहते हैं–

यह जो नदी है, यों तो मेरी अनजानी है
इतनी भर देखी है कि पहचानूं, बहुत पुरानी है।[48]

अज्ञेय के मन में यह ललक सदैव बनी रहती है कि अपनी परम्परा को जानूं, पर यह बात भी उनकी चेतना में सदैव रहती है कि अन्धे होकर उसका अनुकरण नहीं किया जा सकता। क्योंकि अनुभव निरन्तर विकासशील हैं और जब अनुभव विकासशील हैं तो परम्परा भी विकासशील होगी। लेकिन इसके लिए मानव विवेक का उपयोग आवश्यक होगा। अज्ञेय कहते हैं–

ओ भीतर के छटपटाते प्राण!
पहचान,
सच-सच बता,
जो कुछ हमें याद है
उसमें कितनी है परम्परा
और कितना बस अर्से से पड़ा
रास्ते का रोड़ा?[49]

अज्ञेय की इस चिंतनधारा से हमें हजारीप्रसाद द्विवेदी की परम्परा विषयक अवधारणा पूर्णतया मिलती हुई दिखाई देती है। द्विवेदी जी भी अतीत के सभी आचार-विचार को परम्परा नहीं मानते। द्विवेदी जी कहते हैं 'ऊपर-ऊपर से ऐसा लगता है कि परम्परा अब तक के सभी आचार-विचारों का एक जमाव है। सभी पुरानी बातें परम्परा कह दी जाती हैं। जबकि सत्य यह है कि परम्परा भी एक गतिशील प्रक्रिया की देन है। हमने अपनी पिछली पीढ़ी से जो कुछ प्राप्त किया है, वह समूचे अतीत की पूंजीभूत विचार राशि नहीं है। सदा नये परिवेश में कुछ पुरानी बातें छोड़ दी जाती हैं और नयी बातें जोड़ दी जाती हैं। एक पीढ़ी दूसरी पीढी का हू-ब-हू वही नहीं देती जो अपनी पूर्ववर्ती पीढ़ी से प्राप्त करती है। कुछ-न-कुछ छंटता रहता है, बदलता रहता है, जुड़ता रहता है। यह एक निरन्तर चलती रहने वाली प्रक्रिया है। 'परम्परा' का शब्दार्थ है, एक का दूसरे को, दूसरे का तीसरे को दिया जाने वाला क्रम। वह अतीत का समानार्थक नहीं है। 'परम्परा' जीवन्त प्रक्रिया है जो अपने परिवेश के संग्रह-त्याग की आवश्यकताओं के अनुरूप

निरन्तर क्रियाशील रहती है। कभी-कभी इसे गलत ढंग से अतीत के सभी आचार-विचारों का बोधक मान लिया जाता है।'[50]

(झ) परम्परा हमारी नाप भी है

अज्ञेय भी निरन्तर यह विचार करते चलते हैं कि 'जो कुछ हमें याद है उसमें कितनी है परम्परा और कितना बस अर्से से पड़ा रास्ते का रोड़ा।' जैसा कि द्विवेदी जी ने परम्परा को एक 'जीवन्त प्रक्रिया' माना है और इस जीवन्त प्रक्रिया से ही अपने को और अपने परिवेश को नापते हैं। यानी जब हम परम्परा को एक जीवन्त प्रक्रिया मान लेते हैं तो हम उसे एक पैमाना भी स्वीकार कर लेते हैं। एक ऐसा पैमाना जिससे हम अपने आपको नाप सकें। इसके अतिरिक्त यह बात भी है कि कवि के पास अपने आपको नापने का और कोई पैमाना है भी नहीं अलावा अपनी जीवन्त परम्परा के। जब भी नया कुछ घटित होता है तो वह पूरी परम्परा में घटित होता है, उससे कटकर नहीं। इसीलिए परम्परा हमारे लिए एक नाप भी है। टी.एस. इलियट भी मानते हैं कि हम किसी भी कवि या कलाकार को अकेला रखकर नहीं देख सकते। हम उसे उसकी पूरी परम्परा में रखकर नापते-जोखते हैं। उसका मूल्यांकन उससे पहले के कवि या कलाकारों से जोड़कर करते हैं। उनका कहना है–

> No poet, No artist of any art, has his complete meaning alone. His significance, his appreciation is the appreciation of his relation to the dead poets and artists. You cannot value him alone: you must set him, for contrast and comparison, among the dead.[51]

इसका अभिप्राय यह हुआ कि अपने से पूर्ववर्ती कवियों की पग छाप नये कवि पर कहीं-न-कहीं, किसी न किसी रूप में दिखाई पड़ती है और नया कवि पुरानी परम्परा से जुड़कर ही अपनी नाप पहचानता है। अज्ञेय अपनी कविता में इस अवधारणा को इस प्रकार व्यक्त करते हैं–

पैरों की छाप तुम्हारे
हर पग की मुझ पर पड़ती है :
मैं पहुंचूं या नहीं, तुम्हारे पैरों से ही नपता-नपता
कभी जान लूंगा मैं अपनी नाप
और उस और नहीं, उस तक जा लूंगा :
जहां भी हूं, उस का प्रसाद पा लूंगा।[52]

अज्ञेय जब अपने पूर्ववर्ती कवियों की चिंतन परम्परा का प्रसाद ग्रहण करना चाहते हैं तो इसका मतलब है कि वह गतिशील परम्परा का प्रसाद चाहते हैं जिसे द्विवेदी जी ने 'जीवन्त प्रक्रिया' कहा है। इसी जीवन्त प्रक्रिया का आगे विकास होता

है लेकिन नये कवि के सामने सबसे बड़ी समस्या होती है एक विशेष प्रकार के अन्धकार का सामना करने की। यह अन्धकार दोतरफा होता है। एक तो विगत का अन्धकार और दूसरा अपने परिवेश में व्याप्त अन्धकार। कई बार हम जिस परिवेश के बीचों-बीच रह रहे होते हैं, उसे जी रहे होते हैं लेकिन दृष्टि और विवेचन शक्ति के अभाव में उसका विश्लेषण नहीं कर पाते। ऐसा क्यों? ऐसा इसलिए होता है कि नया कवि ऐसी दृष्टि पा लेने की प्रक्रिया में होता है जिसे पाकर वह आधुनिकता और परम्परा दोनों के प्रकाश का उपयोग कर सके। ऐसी दृष्टि पाना सरल कार्य नहीं है। इसके लिए उसे पुरानी परम्परा और नये परिवेश के बारीक रेशों को समझना होगा। यहां हम यह भी बता देना उचित समझते हैं कि नया कवि जिस परम्परा को टटोलता है उस परम्परा के भी दो धरातल हैं। एक तो परम्परा का स्रोत रूप है और दूसरा उसका रूढ़ रूप। स्रोत रूप सृजनात्मक रूप है और रूढ़ रूप यांत्रिक। नया कवि परंपरा के इन दोनों रूपों से टकराता है। अज्ञेय आधुनिक कवि होने के नाते परम्परा के स्रोत स्वरूप को और उसके रूढ़ स्वरूप को, दोनों को ही समझना चाहते हैं क्योंकि परम्परा के प्रकाश में, अपने अग्रज, कवियों के अनुभव के सम्मुख अज्ञेय को अपने आस-पास बिखरे अन्धकार का अहसास होता है। उन्हें यह स्वीकार करने में कोई आपत्ति नहीं है कि मुझे अपनी प्राचीन परम्परा के प्रकाश में अपना अन्धकार दीखने लगता है। यह स्वाभाविक भी है कि नया कवि जब अपने अनुभव को व्यक्त करने के लिए जी-तोड़ कोशिश करता है तो उसे ज्ञात होता है कि उसके अग्रज कवियों ने अपने अनुभव को व्यक्त करने में कितना संघर्ष किया था। नये कवि को अपने अग्रजों के सम्मुख अपने कच्चेपन का अहसास होता है। अज्ञेय लिखते हैं–

प्रकाश मेरे अग्रजों का है
कविता का है, परम्परा का है,
पौढ़ा है, खरा है :
अन्धकार मेरा है,
कच्चा है, हरा है। [53]

जब अज्ञेय यह कहते हैं कि 'अन्धकार मेरा है, कच्चा है, हरा है' तो इसका मतलब यह है कि अज्ञेय अपनी प्राचीन काव्य-परम्परा के सामने अपने दायित्व को महसूस करते हैं। यह दायित्व दोनों ही तरह का है परम्परा को समझने का और अपने परिवेश को व्यक्त करके परम्परा के विकास का भी। इसीलिए प्रकाश का श्रेय अज्ञेय अपनी परम्परा को देते हैं और यदि प्रकाशहीनता की स्थिति आज साहित्य में, लेखन में है, तो उसका दायित्व अपने ऊपर लेते हैं। वैसे जब भी साहित्य संक्रमण के दौर से गुजर रहा होता है तब इस प्रकार के अन्धकार का कवि को अहसास होना स्वाभाविक है। यह समस्या ऐसी स्थिति में परम्परा और उसके

नवीकरण की समस्या बन जाती है। ऐसी स्थिति में आधुनिक कवि को नयी दृष्टि और स्पष्ट दृष्टि की समस्या का सामना करना पड़ता है। स्पष्ट दृष्टि की समस्या ही अज्ञेय के लिए 'अन्धकार' की समस्या है। साहित्यिक चिन्तन के इस मोड़ पर कवि के सम्मुख कुछ समस्याएं आती हैं जिनका सामना आधुनिक कवि को करना पड़ता है। इस विषय में एम. पारखोमेन्को ने लिखा है कि–

> At the turning points in the history of literature when cardinal changes that have been working up for dcades actually take place, problems of traditions and innovation come into the foreground. These problems arouse the interest of writers (and readers, too, very often), they invite heated discussion, the attention of all aesthetic thought becomes centred on them and in the process more or less complete theories of literature's development and systems of aesthetic notions are conceived, shedding a new light on the entire history of art and literature.[54]

एम. पारखेमेन्को परम्परा के नवीकरण की जिस अवधारणा की बात यहां कर रहे हैं, वह पुनरुत्थान की धारणा नहीं है बल्कि वह परम्परा की गतिशीलता की बात कर रहे हैं, सौन्दर्याभिरुचि की परिवर्तनशीलता का जिक्र कर रहे हैं। अज्ञेय भी सभ्यता और संस्कृति को गतिशील मानते हैं। अज्ञेय की गतिशील परम्परा की अवधारणा और भी जिम्मेदारी की अवधारणा है। वह तो यह मानते हैं कि, क्योंकि सभ्यता एक गतिशील प्रक्रिया है इसलिए उसमें कोई भी ऐसा तत्त्व मत छोड़ो जो दूसरों को या आने वाली पीढ़ी को अस्वस्तिकर हो। अज्ञेय के अनुसार तो परम्परा, सभ्यता तभी नवीकृत होगी जब हम उसे निरन्तर साफ और स्वच्छ बनाते चलें। अज्ञेय कविता में कहते हैं–

सभ्यता : गति है
कि हटते जाओ अपने-आप
और छोड़ो नहीं
ऐसी कोई छाप
कि दूसरों को अस्वस्तिकर हो,
थोड़ा कूड़ा–अधिक नहीं, इतना कि हटाने वाला
(और क्रमेण फिर हटने वाला) मान ले
कि सभ्यता नवीकरण है, प्रगति है।[55]

इस कविता में एक पंक्ति है 'थोड़ा कूड़ा–अधिक नहीं, इतना कि हटाने वाला मान ले कि सभ्यता नवीकरण है, प्रगति है।' इसका अभिप्राय यह हुआ कि प्रत्येक नये युग में नये कवि को परम्परा का नवीकरण करने के लिए कुछ-न-कुछ हटाना

अवश्य पड़ता है चाहे वह अल्प मात्रा में ही क्यों न हो। अज्ञेय की यह धारणा इस बात को भी प्रमाणित करती है कि अज्ञेय परम्परा को सनातन नहीं मानते। परम्परा की इस प्रक्रिया में हटते जाना और हटाते जाना एक आवश्यक स्थिति है। इसीलिए 'सभ्यता प्रगति है।' परन्तु अज्ञेय प्रगति का मतलब विदेशी जीवन पद्धति के स्वीकार को नहीं मानते हैं। जैसा कि बहुत से लोग विदेशी सभ्यता और संस्कृति से जुड़े रहने में बहुत गौरव महसूस करते हैं। अज्ञेय विदेश में रहने के बाद देश में आकर सबसे पहले अपने और अपने देश की छाप को तलाशते हैं। वह तलाशते हैं कि हर चीज़ पर मेरी छाप बरकरार है न? अज्ञेय विदेश से जब देश में आते हैं तो सोचते हैं–

और यहां, देश में, मैं
रेल की पटरी के किनारे बैठा हूं
और यहां लौट-लौट कर देखता हूं
कि सब कुछ
ज्यों का त्यों है न?
यानी कि
हर चीज़ पर मेरी छाप बनी तो है न
जिस से कि मैं उसे अपना पहचानूं?
यह मेरा बक्स है, यह मेरा बिस्तर,
यह मेरा झोला, मेरा हजामत का सामान,
मेरा सुई-धागा, मेरी कमीज से टूटा हुआ बटन
यह मेरी कापी, जिसमें यह मेरी लिखावट
और यह
यह मेरा अपना नाम।
तो मैं हूं, न?
यहां, देश में, मैं हूं न?[56]

देश में आकर अज्ञेय स्वयं को क्यों तलाश करते हैं? अपनी छाप क्यों ढूंढ़ते हैं? यह इसलिए कि उनका आग्रह अपनी इयत्ता से जुड़े रहने का है और इस इयत्ता का निर्माण हुआ है अपने देश के परिवेश से, अपने जातिगत संस्कारों से। अज्ञेय इसलिए अपनी जांच-पड़ताल करते हैं कि कहीं मैं अपनी जड़ों से तो नहीं कट रहा हूं? कहीं विदेशी परिवेश में रहकर मेरी अपनी पहचान तो लुप्त नहीं हो गयी? यानी मुझ पर से मेरे समाज की छाप तो नहीं धुल गयी? अज्ञेय का यह सोच कि 'तो मैं हूं, न? यहां, देश में, मैं हूं, न?' इस बात की गवाही देता है कि अज्ञेय अन्तर्राष्ट्रीय चिन्तन और परिवेश में भी अपनी परम्परा से जुड़े रहना चाहते हैं। उनका यह चाहना रूढ़िवादिता नहीं है। क्योंकि अन्तर्राष्ट्रीय परिवेश में रहकर भी हर समाज

और राष्ट्र की अपनी अस्मिता है, अपनी पहचान है। यदि हम गम्भीरता से सोचें तो पायेंगे कि आज अन्तर्राष्ट्रीयता का नारा देने वाले लोग भी राष्ट्रीयता की केंचुल से बाहर नहीं आ पाये हैं। और ऐसा सम्भव भी नहीं है। हम संकट की घड़ी में सदैव ही अपने देश की परम्परा और अपनी जाति के अतीत को टटोलते हैं और वहीं हमें बल भी देता है। भारत का स्वतन्त्रता संग्राम इस बात का साक्षी है कि उस समय हमने अपने सांस्कृतिक अतीत से अपार शक्ति ग्रहण की थी। स्वामी विवेकानन्द ने भी भारतीय चिन्तन में से ही ठोस नैतिक स्वरूप को उभारने की बात कहीं थी। हारवर्ड विश्वविद्यालय में दिये गये अपने एक भाषण में उन्होंने कहा था, 'अमूर्त अद्वैत को हमारे दिन-प्रतिदिन के जीवन में सजीव, काव्यात्मक शक्ति बन जाना चाहिए, नितान्त उलझी हुई पौराणिक कथाओं में से ठोस नैतिक स्वरूप उभरने चाहिए। मस्तिष्क को चकरा देने वाले योग सिद्धान्त से अत्यधिक वैज्ञानिक तथा व्यावहारिक मनोवृत्ति उभरनी चाहिए।'[57] यही है अज्ञेय की अवधारणा अपनी परम्परा के प्रति। अपनी जड़ों से जुड़े रहकर ही अज्ञेय अन्तर्राष्ट्रीय चिन्तन को अपने समाज के संदर्भ में जांचना-परखना चाहते हैं। उस वैज्ञानिक दृष्टि को स्वीकार करना चाहते हैं जो पश्चिम में विकसित हुई है। यहां पर यह कहना अनुचित न होगा कि वैज्ञानिक चिन्तन और वैज्ञानिक दृष्टि किसी देश विशेष की बपोती नहीं होती। वह तो हर उस प्रयोगशील मन की होती है जो अनुसन्धान प्रवृत्ति का होता है। ऐसा न होने पर बड़े-से-बड़ा वैज्ञानिक प्रतिगामी दृष्टिकोण का हो सकता है। अज्ञेय का परम्परा में विश्वास कर्मकाण्ड या अनुष्ठानों में विश्वास नहीं है। वह तो परम्परा के उस रूप में आस्था रखते हैं, जिसे हम जीवन्त प्रक्रिया कहते हैं। परम्परा में जैसी आस्था विवेकानन्द की थी वैसी ही आस्था अज्ञेय की है। परम्परा के आनुष्ठानिक रूपको नकारते हुए अज्ञेय कहते हैं–

अतीत से कट गये
चढ़ा कर फूल चन्दन
अब जिसमें जीते हैं
उस से मिले तो क्या मिले?
खीसे निपोरता किताबी अभिनन्दन![58]

अज्ञेय स्वीकार करते हैं कि हमारी गतिशील परम्परा कहीं उन अनुष्ठानों में दबकर रह गयी है जो हम से निबाहे नहीं जा रहे हैं। और परम्परा तो सदैव स्वत: मानव को गतिवान बनाती है। वह ढोने का अहसास नहीं होने देती। इसीलिए अज्ञेय महसूस करते हैं कि हम अतीत के प्रगतिशील तत्त्वों से कटकर रूढ़ और अप्रासंगिक क्रियाकलापों में फंस गये हैं। इसीलिए आचार्य हजारीप्रसाद द्विवेदी ने कहा है कि 'परम्परा से हमें समूचा अतीत नहीं प्राप्त होता। उसका निरन्तर निखरता-छंटता-बदलता रूप प्राप्त होता है। उसके आधार पर हम आगे की जीवन पद्धति को रूप देते हैं।'[59]

अज्ञेय परम्परा के ऐसे ही निखरते और बदलते रूप के हामी हैं। वह परम्परा के 'किताबी अभिनन्दन' वाले रूप को स्वीकार नहीं करते। वह तो जीवन व्यवहार में काम आने वाली परम्परा को स्वीकार करते हैं। अज्ञेय अतीत की वर्तमानता में विश्वास रखते हैं। हजारीप्रसाद द्विवेदी की ही भांति अज्ञेय भी यही मानते हैं कि अतीत में जीना परम्परा के प्रति लगाव नहीं है और न ही अतीत सारा का सारा हमेशा परम्परा ही होता है। अतीत में जीने वालों के प्रति अज्ञेय कहते हैं–

कोई है
जो अतीत में जीते हैं :
भाग्यवान हैं वे, क्योंकि उन्हें कभी कुछ नहीं होगा।'[60]

सवाल उठता है कि 'जो अतीत में जीते हैं' उन्हें कभी कुछ नहीं होगा? इसलिए मात्र अतीत में जीने वाला रूढ़िवादी और प्रतिगामी होगा। वह अपने समय की समस्याओं से नहीं जूझेगा। अपने वक्त के तनाव से किनारा कर लेगा, जिससे मानव चेतना का विकास अवरुद्ध हो जायेगा। जो कुछ आज हमारी जिन्दगी में रहा ही नहीं है, जो आज हमारे लिए प्रासंगिक नहीं रहा है उसे हम लोकगीतों में भले ही बिसूरते रहें लेकिन अतीत के रूप को संजोकर रखना अनावश्यक है। अज्ञेय मानते हैं–

जिन्दगी में जो रहा नहीं
याद उसकी
बिसूरते लोक-गीतों में
कहां तक रहेंगे संजोते![61]

यानी अज्ञेय परम्परावादी नहीं हैं। वह तो सदैव ही आधुनिक प्रश्नों को हल करने का प्रयास करते हैं और उन प्रश्नों को हल करने में परम्परा जितनी उपयोगी हो सकती है, उसे वह स्वीकार कर लेते हैं। यानी अतीत की वर्तमानता में उनकी आस्था है। जो अतीत वर्तमान नहीं बन सकता उसे संजोये रखने का कोई लाभ नहीं है। अज्ञेय मानते हैं कि परम्परा के महारूख से हमारा नाता बदलता रहना चाहिए। ऐसा करके ही हम अपना विकास कर सकते हैं। महारुख तो पूर्ववर्ती अनुभवों का पुंज है लेकिन हमें तो आगे बढ़ना है। हम पूर्ववर्ती अनुभव तक ही नहीं रुक सकते, हमें तो अनुभव का विकास करना है। अज्ञेय इसीलिए कहते हैं कि–

जंगल में चले हो?
चलो, चलते रहो?
महारूख के साथ अपना नाता बदलते रहो।
उसका आयाम
उसका है, बहुत बड़ा है।

पर वह वहां खड़ा है।
और तुम चलते हो चलते हुए ही भले हो।[62]

अज्ञेय मानते हैं कि परम्परा का महारूख बहुत बड़ा है। उसका आयाम बहुत बड़ा है। यानी परम्परा को अज्ञेय बहुआयामी मानते हैं लेकिन बहुआयामी होने के बावजूद वह अपने स्थान पर अटल है। यानी वह एकत्र किया गया जातिगत अनुभव है पर हमें उस पूर्ववर्ती अनुभव में क्या अनुभव जोड़ना है इसलिए हम 'चलते हुए ही भले' हैं। यहां अज्ञेय परम्परा के विकास के दायित्व को स्वीकार करते हैं, उसके आयाम को और भी बृहत्तर बनाना चाहते हैं। परम्परा को बहुआयामी बनाने के लिए अज्ञेय प्रयोग करते हैं। प्रयोग के जरिये ही अज्ञेय अतीत और वर्तमान के बीच सेतु बनाते हैं। अज्ञेय स्पष्ट शब्दों में कहते हैं कि–'परम्परा का कवि के लिए कोई अर्थ नहीं है जब तक वह उसे ठोक-बजाकर, तोड़-मरोड़कर देखकर आत्मसात नहीं कर लेता,'[63] यह ठोक-बजाकर देखना ही अज्ञेय की प्रयोगशील मानसिकता है। परम्परा के महारूख की महानता तभी है जब वह हमें आधुनिक बनने में सहायक हो। इस विषय में डॉ. रघुवंश मानते हैं कि 'आधुनिकता हमारी चर्चा का विषय तभी होगी जबकि महान हो, फिर महान वही हो सकता है जो महान परम्परा के साथ हो।'[64]

(ञ) परम्परा की परती तोड़ता कवि

अज्ञेय के लिए परम्परा परती जमीन तोड़ने के समान है। जब जमीन परती हो जाती है तो किसान उसे तोड़ता है, गोड़ता है और उसे फसल उगाने योग्य बनाता है। अज्ञेय परम्परा को भी परती जमीन की तरह तोड़ते हैं। यह निःसन्देह एक कठिन कार्य है अन्यथा समाज के अधिकांश लोग खेतों में पहले से ही पड़ी हुई लीकों में बीज बोते हैं। समाज का अधिकांश हिस्सा उन पड़ी हुई लीकों को ही पूजता है। अज्ञेय कहते हैं–

सब खेतों में
लीकें पड़ी हुई हैं
(डाल गये हैं लोग)
जिन्हें गोड़ता है समाज :
उन लीकों की पूजा होती है।[65]

इस कविता में अज्ञेय कहते हैं कि परम्परा का एक रूप यह भी है, जहां पुरातनता मात्र की पूजा होती है। परन्तु अज्ञेय मानते हैं कि पुरानी लीकों पर ही चलते रहने से नई लीकें नहीं बन पायेंगी। अज्ञेय का इस ढंग से सोचना उनकी प्रयोगशील मानसिकता का परिचायक है। प्रयोगशील मस्तिष्क का व्यक्ति ही परम्परा की जमीन को दोबारा अपने ढंग से, अपने समय के अनुसार तोड़ता है। यह दृष्टिकोण परम्परा के प्रति एक वैज्ञानिक दृष्टिकोण है। अज्ञेय कहते हैं–

मैं अनदेखा
सहज
अनपुजी परती तोड़ रहा हूं
ऐसे कामों का अपना ही सुख है :
वह सुख अपनी रचना है
और वही है उस का पुरस्कार।[66]

अज्ञेय के लिए अनपुजी परती तोड़ना सुख तो है ही, वह उनके लिए रचना भी है। यहां अनपुजी परती का अभिप्राय है परम्परा का वह अनजाना रूप जो आज हमारे लिए प्रासंगिक है लेकिन जिससे आज हम कटे हुए हैं। परम्परा का अनजाना किंतु प्रासंगिक रूप खोजने के लिए प्रयोग का सहारा लेना पड़ता है। इस प्रयोग को, इस तलाश को ही अज्ञेय उसे 'उसका पुरस्कार' मानते हैं। वैज्ञानिक दृष्टिकोण यह मानता है कि अतीत जहां तक हमारे मकसद को साधता है वहां तक वह हमें स्वीकार है। परम्परा या अतीत को अपने उद्देश्य के लिए साधने के लिए प्रयोग करना पड़ता। यह प्रयोग करना ही अज्ञेय के लिए परती तोड़ना है। लेकिन इतिहास इस बात का साक्षी है कि प्रयोग करने वाले के मार्ग में समाज, जड़ बुद्धि लोग प्रायः रोड़ा बनते हैं। वह लोग न केवल उन्हें प्रयोग करने के लिए हतोत्साह करते हैं बल्कि उनके प्रयोग द्वारा की गयी उपलब्धियों को भी नकारते हैं। 'कोपरनिक्स' और 'गैलीलियो' के नाम विश्व इतिहास में चर्चित हैं जिन्होंने खगोल विद्या के उस ज्ञान को जो रूढ़िगत ढंग से चला आ रहा था, अपने प्रयोगों के जरिये एकदम पलट दिया। कोपरनिक्स ने जब यह कहा कि पृथ्वी सूर्य के चारों ओर चक्कर लगाती है न कि सूर्य पृथ्वी के चारों ओर चक्कर लगाता है जैसी कि मान्यता चली आ रही थी तो समाज इस नये सोच को उस समय स्वीकार नहीं कर सका। ठीक इसी प्रकार जब गैलीलियो ने अपनी दूरबीन के प्रयोग से कोपरनिक्स की इसबात को सिद्ध किया तब भी रूढ़िवादी समाज उसे स्वीकार करने के लिए तैयार नहीं था। इन प्रयोगों के लिए गैलीलियो को यातनाएं सहनी पड़ी हैं। सच्चाई तो यही है कि प्रयोग सदैव ही कंटीली राहों में से होकर गुजरता है। कवि हो या वैज्ञानिक उसके प्रयोगों का साझा करने वाले लोग दुर्लभ ही मिलते हैं। हिन्दी साहित्य के इतिहास में 'नई कविता' का विरोध कम नहीं हुआ क्योंकि वह अपनी पुरानी काव्य-परम्परा के साथ एक नया प्रयोग था। प्रयोगशील मानसिकता के कारण ही अज्ञेय को भी विरोधों का सामना करना पड़ा, भले ही बाद में उनके प्रयोगों को स्वीकृति मिल गयी हो। इसीलिए अज्ञेय उपर्युक्त कविता (परती का गीत) में आगे कहते हैं–

उसका भी साझा करने को
मैं तो प्रस्तुत–
उसे बंटाने वाला ही दुर्लभ है! उस को भी तो

लीक छोड़ कर आना होगा
(यदि वह सुख
उस का पहचाना होगा)
पर तब उसके आगे भी
बिछी रही होगी वैसी ही परती।
बहुत कड़ी या बहुत बड़ी धरती।[67]

अज्ञेय क्योंकि प्रयोगशील मानसिकता के कवि हैं इसलिए वह अपने किये गये प्रयोगों का साझा करने के लिए तैयार हैं। लेकिन प्रयोगों का साझा कौन करे? क्योंकि समाज का बहुत बड़ा हिस्सा आज भी रूढ़ियों में जकड़ा हुआ है। आज भी समाज नये विचारों को आसानी से स्वीकार करने के लिए तैयार नहीं है। प्रयोगशील विचारों के साथ साझा करने का मतलब है प्रयोग की ओर प्रवृत्त होना। यदि कोई व्यक्ति परती तोड़ने वाले से सहमत है तो इसका मतलब है कि उसे भी परती तोड़नी होगी। 'तब उसके आगे भी बिछी होगी वैसी ही परती। बहुत कड़ी।' आगे अज्ञेय कहते हैं–

मैं गाता भी हूं। उसके हित
मेरे गाने से वह एकाकी भी बल पाता है।
किन्तु अकेला नहीं। दूसरे सब भी।
उनके भीतर भी परती है
उस पर भी एक प्रतीक्षा-शिलित अहल्या
सोती है
जिस को मेरे भीतर का राम
जगाता है।
मैं गाता हूं! मैं गाता हूं![68]

अज्ञेय जब 'परती का गीत' गाते हैं तो वह सबके लिए गाते हैं। यानी परम्परा की परती तोड़ने का आवाहन सबके लिए है। परम्परा को समसामयिक सन्दर्भों से जोड़ने का दायित्व सबका है क्योंकि 'सब के भीतर परती है'। यानी सबके अन्दर कहीं-न-कहीं रूढ़िगत संस्कारों की बंजर और पथरीली भूमि है जिसे प्रयोगशील मानसिकता से ही तोड़ा जा सकता है। अज्ञेय ने यहां अत्यन्त काव्य बौद्धिकता के साथ एक मिथक का इस्तेमाल किया है। जहां अज्ञेय यह मानते हैं कि सबके भीतर भी परती है वहीं वह यह भी मानते हैं कि परती जमीन पर ही एक प्रतीक्षा-शिलित अहल्या भी सो रही हैं 'जिसको मेरे भीतर का राम जगाता है'। यानी परम्परा की परती पर ही अहल्या रूपी ऐसे गतिशील तत्त्व हैं जिन्हें प्रयोगशील मानसिकता और प्रयास से गतिशील बनाया जा सकता है। स्वयं राम ने बहुत-सी रूढ़ियों को तोड़ा

था। अज्ञेय के अन्दर का राम भी अपने विवेक के जरिये परम्परा के उन तत्त्वों को जीवन्त करना चाहता है, उन्हें प्रासंगिक बनाना चाहता है जो समय के दौर में जड़ हो गये हैं। यानी कि इतिहास के उतार-चढ़ाव में परम्परा का बहुत-सा भाग जड़ हो जाता है लेकिन कोई युग पुरुष, कोई प्रयोगशील मन जड़ हो गयी उस परम्परा को फिर से जीवन प्रदान कर देता है। जैसे मार्क्स ने हीगेल के सिद्धान्त द्वन्द्ववाद को नया जीवन देकर द्वन्द्वात्मक भौतिकवाद का रूप दिया। लेकिन इसके लिए प्राचीन परम्परा और अपने समय की जानकारी बहुत आवश्यक है। अतीत यदि कहीं जीवित रहता है तो वह वर्तमान में ही जीवित रहता है। वर्तमान की चेतना अतीत को संदर्भवान और सार्थक बनाती है लेकिन यह भी ध्यान रखने की बात है कि समस्त अतीत को वर्तमान में जीवित नहीं रखा जा सकता। अतीत की वह चेतना जो वर्तमान में हमारे दुःख-सुखों से निपटती है, जो हमें तुष्ट रखने में सहभागी बनाती है, अतीत की वह चेतना ही हमारे काम की है।

सन्दर्भ

1. 'अज्ञेय का रचना संसार'–सम्पादक–डॉ. गंगाप्रसाद विमल (प्रथम संस्करण), (लेखः जितेन्द्रनाथ पाठक–'अज्ञेय का काव्य'), पृ. 32
2. त्रिशंकु (प्रथम संस्कारण)–सं. वात्स्यायन, पृ. 32–33
3. अज्ञेय–पूर्वा (दूसरा संस्करण), पृ. 251
4. अज्ञेय–(पूर्वा–हरी घास पर क्षण भर) (दूसरा संस्करण), पृ. 251
5. अज्ञेय–पूर्वा (हरी घास पर क्षण भर), दूसरा संस्करण, पृ. 252,
6. T.S. Eliot—Selected Essays, Pub : Faber & Faber, London, p.16
7. स. वात्स्यायन–त्रिशंकु (प्रथम संस्करण), पृं. 32
8. अज्ञेय–पूर्वा (दूसरा संस्करण), पृ. 252
9. अज्ञेय ओर आधुनिक रचना की समस्या (प्रथम संस्करण), रामस्वरूप चतुर्वेदी, पृ. 151
10. बावरा अहेरी (द्वितीय संस्करण)–अज्ञेय, पृ. 3
11. The modern Tradition—Edited by : Richard Ellman and Charles Feidelson, JR. Oxford University Press, New York, P. 238
12. Philosphical and Literacy Piece—Samuel Alexander, O.M., Pub : Macmillan & Co., London, p. 228-29
13. अज्ञेय–बावरा अहेरी (द्वितीय संस्करण), पृ. 3
14. अज्ञेय–बावरा अहेरी (द्वितीय संस्करण), पृ. 3–4
15. T.S. Eliot—Selected Essays, p.15
16. William York Tindall—Forces in Modern British Literature (1885-1946) (First Ed.), Pub : Alfred A. Knopf, New York, p. 18
17. अज्ञेय–इन्द्रधनु रौंदे हुए ये (प्रथमावृत्ति), पृ. 85–86
18. Academic American Encyclopedia (Vol. 19), Arete Publishing Co., Princeton, New Jersey, p.382-83
19. अज्ञेय–इन्द्रधनु रौंदे हुए ये (प्रथमावृत्ति), पृ. 86–87
20. अज्ञेय–इन्द्रधनु रौंदे हुए ये (प्रथमावृत्ति), पृ. 87–88
21. अज्ञेय–अरी ओ करुणा प्रभामय (प्रथम संस्करण), पृ. 25
22. वही, पृ. 25
23. अज्ञेय–अरी ओ करुणा प्रभामय (प्रथम संस्करण), पृ. 26
24. अज्ञेय–अरी ओ करुणा प्रभामय (प्रथम संस्करण), पृ. 26–27
25. अज्ञेय–अरी ओ करुणा प्रभामय (प्र.सं.), पृ. 27
26. Bob Burton Brown—The Experimental Mind in Education, p.43 (1968)
27. अज्ञेय–अरी ओ करुणा प्रभामय, पृ. 27–28 (प्रथम सं.)
28. विद्यानिवास मिश्र–निज मुख मुकुर, पृ. 53 (प्रथम सं.)

29. Scrutiny, A Quarterly Review (Vol. XI-1940-41-June), Pub : Cambridge University Press Editor : W. Harding, L.C. Knights, F.R. Leavis. (p.34)
30. त्रिशंकु (प्रथम संस्करण)-स.ही. वात्स्यायन, पृ. 36
31. T.S. Eliot—Selected Essays, p.17
32. अज्ञेय–अरी ओ करुणा प्रभामय, पृ. 48–49 (पृ. सं.)
33. स.ही. वात्स्यायन–त्रिशंकु (प्रथम संस्करण), पृ. 38–39
34. अज्ञेय–आत्मनेपद (द्वितीय संस्करण), पृ. 35
35. अज्ञेय–आंगन के पार द्वार, पृ. 68 (पंचम सं.)
36. वही, पृ. 69
37. अज्ञेय–आंगन के पार द्वार, पृ. 69 (पंचम सं.)
38. अज्ञेय–आंगन के पार द्वार (पंचम सं.), पृ. 69
39. अज्ञेय–आंगन के पार द्वार, पृ. 71 (सं.-पंचम)
40. वही, पृ. 71
41. अज्ञेय–आंगन के पार द्वार, पृ. 71 (पंचम सं.)
42. अज्ञेय–आंगन के पार द्वार, पृ. 74 (पंचम सं.)
43. वही, पृ. 75
44. वही, पृ. 77
45. Ian Watt—The Rise of the Novel, p.21
45. अज्ञेय–कितनी नावों में कितनी बार (द्वितीय संस्कारण), पृ. 76–77
46. स.हि. वात्स्यायन–त्रिशंकु (प्रथम संस्करण), पृ. 31
47. अज्ञेय–कितनी नावों में कितनी बार (द्वितीय संस्करण), पृ. 98
49. अज्ञेय–क्योंकि मैं उसे जानता हूं (प्रथम संस्करण), पृ. 11
50. हजारीप्रसाद द्विवेदी–हजारी प्रसाद द्विवेदी ग्रन्थावली (भाग 9), पृ. 358 (प्र.सं.
51. T.S. Eliot—Selected Essays, p.15
52. अज्ञेय–क्योंकि मैं उसे जानता हूं (प्रथम संस्करण), पृ. 55
53. अज्ञेय–पहले मैं सन्नाटा बुनता हूं (दूसरा संस्करण), पृ. 13
54. M. Parkhomenko—Renovation of Tradition, p.9-10
55. अज्ञेय–पहले मैं सन्नाटा बुनता हूं (दूसरा संस्करण), पृ. 45
56. अज्ञेय–पहले मैं सन्नाटा बुनता हूं (दूसरा संस्करण), पृ. 46
57. के. दामोदरन–भारतीय चिन्तन परम्परा, पृ. 377
58. अज्ञेय–पहले मैं सन्नाटा बुनता हूं (दूसरा संस्करण), पृ. 49
59. हजारीप्रसाद द्विवेदी–हजारीप्रसाद द्विवेदी ग्रन्थवली, भाग 9, पृ. 358
60. अज्ञेय–पहले मैं सन्नाटा बुनता हूं (दूसरा संस्करण), पृ. 52
61. वहीं, पृ. 61
62. अज्ञेय–महावृक्ष के नीचे (प्रथम संस्करण), पृ. 32
63. सच्चिदानन्द वात्स्यायन–आधुनिक हिन्दी साहित्य (प्र.सं.), पृ. 227
64. रघुवंश–आधुनिकता और सृजनशीलता, पृ. 65 (प्र.सं.)
65. अज्ञेय–नदी की बांक पर छाया, पृ. 9 (प्र.सं.)
66. वही, पृ. 9
67. अज्ञेय–नदी की बांक पर छाया, पृ. 9 (प्र.सं.)
68. वही, पृ. 9–10

अज्ञेय की काव्य-वस्तु : प्रयोग के विभिन्न स्तर

अज्ञेय की मानसिकता जांच और पड़ताल की मानसिकता है। यानी अज्ञेय जब परम्परा को स्वीकार करते हैं तो उसे वह पूरी तरह जांच और परखकर ही स्वीकार करते हैं। उनकी कविता में वस्तु और शिल्प के धरातल पर परंपरा और प्रयोग के अनुपात का विशेष नियोजन मिलता है। अज्ञेय को जब पुरानी भाव प्रणाली की अपर्याप्तता महसूस होती है तभी उन्हें प्रयोग की भी आवश्यकता महसूस होती है। दूसरे शब्दों में हम कह सकते हैं कि कविता में अज्ञेय को जब राग-बोध का स्वरूप जटिल लगने लगता है तब उस जटिल रागबोध को सम्प्रेषित करने के लिए वह प्रयोग का सहारा लेते हैं। असल में यह समस्या परिवर्तन के साथ जुड़ने की समस्या है। अज्ञेय आधुनिक कवि हैं। बदलते हुए परिवेश के प्रति पूरी तरह जागरूक हैं। उन्हें नये भावों के साथ सम्बन्ध कायम करना है, उन्हें दूसरों तक व्यक्त करना है। इस तरह अज्ञेय के सामने नए भाव जगत को स्वीकार करने की और उसे कविता में व्यक्त करने की समस्या है। साहित्य में इसे वस्तु और शिल्प के सम्बन्ध की समस्या कह सकते हैं। इस समस्या से निपटने के लिए अज्ञेय विभिन्न प्रकार के प्रयोग करते हैं। ये प्रयोग वस्तु और शिल्प दोनों के धरातल पर हुए हैं। इस अध्याय में हम अज्ञेय की कविता में वस्तु के धरातल पर होने वाले प्रयोगों की चर्चा करेंगे।

अज्ञेय ने अपनी कविता में एक ओर तो अपने समय में उद्‌घटित होने वाले नये जीवन सत्यों को प्रस्तुत किया है दूसरी और परम्परागत सत्यों को नये संदर्भों में जांचा परखा है। जैसे 'अहं', प्रेम, व्यक्ति, समाज इत्यादि। हम यहां अज्ञेय की कविता में मनोवैज्ञानिक, समाजशास्त्रीय और प्राकृतिक वस्तु के विभिन्न स्तरों पर बात करेंगे। सबसे पहले उनकी कविता में मनोवैज्ञानिक बिंदुओं की चर्चा करेंगे।

अहं का नया संदर्भ

अज्ञेय की अहं चेतना ऐसी चेतना है जो परम्परा और प्रयोग के सम्बन्ध को आधुनिक संदर्भ में परिभाषित करती है। अज्ञेय का अहं कोई निरपेक्ष तत्त्व नहीं है।

इसे हम एक विशिष्ट अर्थ में सामाजिक घटना मानते हैं। अहं अज्ञेय के लिए एक समस्या इसलिए बनता है क्योंकि वह आधुनिक अर्थ में मनुष्य बनना चाहते हैं। अज्ञेय के अहं के स्रोत हैं विज्ञान (मनोविज्ञान) और समाज (व्यक्तिवादी विचारधारा)। व्यक्तिवाद भी आधुनिक घटना है और मनोविज्ञान भी आधुनिक घटना है। सामाजिक विकास और वैज्ञानिक विकास की ऐतिहासिक प्रक्रिया में से ये दोनों उभर कर आये हैं। इनके तत्त्वों को आत्मसात करने का मतलब है प्रामाणिक आधुनिक आदमी बनना। अहं कोई निरपेक्ष मनोवैज्ञानिक तत्त्व नहीं है बल्कि उसका सीधा सम्बन्ध परिवेश के साथ जुड़ा हुआ है। अहं से परिपूर्ण व्यक्ति का मतलब हुआ एक ऐसा मनुष्य जो आधुनिक अर्थ में मनुष्य बनना चाहता है और ऐसा मनुष्य घिरा हुआ है परम्परा से और अपने परिवेश से। इस विषय में 'इआन वाट' का कहना है–

> In all ages, no doubt, and in all societies, some people have been 'individualists' in the sense that they were egocentric, unique or conspicuously independent of current opinions and habits: but the concept of individualism involves much more than this. It posits a whole society mainly goverened by the idea of every individual's intrinsic independence both from individuals and from that multifarious alligiance to past modes of thought and action denoted by the word 'tradition'—a force that is always social, not individual.[1]

हम कह सकते हैं कि अज्ञेय का अहं सामाजिक, मनोविज्ञानिक प्रक्रियाओं के भीतर से उत्पन्न एक नयी अवधारणा है जो कि आधुनिक परिवेश से अपने ढंग से निपटती है। यह अहं परम्परा और परिवेश के निगतिशील तत्त्वों से टकराता है। यहां पर यह बात ध्यान रखने की है कि परिवेश में दो विरोधी तत्त्व एक साथ होतें हैं। पहला गतिशील और दूसरा जड़। जो जड़ तत्त्व होते हैं वो निर्जीव पर शक्तिशाली होते हैं क्योंकि उन्हें पुराने विचार, पुराने भाव और पुराने अनुभव के संस्थानों का सार्वजनिक बल प्राप्त होता है। परिवेश में जो गतिशील तत्त्व होते हैं वो निर्बल किन्तु सम्भावनापूर्ण होते हैं। यहीं पर अहं की चेतना बहुत बड़ा दायित्व निभाती है। वह सजीव और निर्जीव की पहचान कराती हैं। इसलिए अहं सृजनात्मक भूमिका अदा करता है। यहां पर अनिवार्यतः अहं से पूर्ण व्यक्ति क्रान्तिकारी का रोल अदा करेगा। इसलिए हम कह सकते हैं कि परिवेश के प्रति वह अहं प्रायोगिक रुख अपनायेगा। जिस प्रकार परिवेश में दो प्रकार के विरोधी तत्त्व होते हैं। उसी प्रकार परंपरा में भी दो विरोधी तत्त्व होते हैं। निगतिशील और गतिशील। यहां पर भी अहंता चेतना यह पहचान कराती है कि कौन से तत्त्व निगतिशील हैं और कौन से गतिशील। परम्परा का अर्थ है स्मृति। परम्परा में अनुभव की गहराई का एक

आयाम होता है और जो चीज़ गहरी है उसमें एक आन्तरिक गत्यात्मकता होती है। तो परम्परा में जो गतिशील तत्त्व हैं उनके कारण परम्परा गत्यात्मक होगी। परम्परा के ये गतिशील तत्त्व आत्मसात करने की वस्तु हैं। दूसरी ओर परम्परा में कुछ औपचारिक आनुष्ठानिक विधान भी होते हैं। इनकी भूमिका बहुत सीमित होती है और ये अपेक्षाकृत शीघ्र जड़ हो जाते हैं। अहं चेतना यह पहचान लेती है कि परम्परा का कौन-सा रूप गहरा है और कौन-सा सतही। अहं चेतना के कारण ही कवि या कलकार परम्परा के साथ नये-नये प्रयोग करता है। प्रयोग की मानसिकता परम्परा के आनुष्ठानिक रूप का विरोध करती है। कहने का अभिप्राय यह है कि कवि की अहं चेतना ही परम्परा के साथ प्रयोग को सम्भव बनाती है। सवाल उठता है कि परम्परा और प्रयोग के सम्बन्ध क्या हों? कवि की अहं चेतना इसके लिए दृष्टि और मार्ग प्रस्तावित करती है। अज्ञेय का अहं भी परम्परा और परिवेश के निगतिशील तत्त्वों से टकराता है।

(क) अज्ञेय का अहं और धार्मिक रूढ़ियां

अज्ञेय के आरम्भिक काव्य में अहं का विस्फोट तीव्र दिखाई देता है और 'इयत्ता की स्फीति' स्पष्ट रूप से हावी दिखाई देती है। अज्ञेय अपनी आरम्भिक कविताओं में और बाद की कविताओं में भी उन पुरानी रूढ़ियों से विद्रोह करते हैं जो मानव समाज के विकास में बाधक हैं। अज्ञेय का अहं रूढ़िगत अवधारणाओं को नकारता है और वर्तमान परिवेश के सन्दर्भ में एक क्रान्तिकारी भूमिका निभाता है। इस विषय में 'भग्नदूत' से उनकी एक कविता ली जा सकती है।

कानन का सौन्दर्य लूटकर,
सुमन इकट्ठे करके
यो सुरभित नीहार कणों से
आंचल में मैं भरके,
देव! आऊंगा तेरे द्वार।
किन्तु नहीं तेरे चरणों में दूंगा वह उपहार।

तोड़ मरोड़ फूल अपने मैं
पथ में बिखराऊंगा,
पैरों से फिर कुचल उन्हें, मैं
पलट चला जाऊंगा।[2]

यहां इस कविता में अज्ञेय का अहं कहीं-न-कहीं अपनी पूर्व परम्परा से, पुरानी रूढ़ि से विद्रोह कर रहा है। अब कवि फूलों को मात्र देवताओं पर चढ़ाने की वस्तु नहीं मानता बल्कि अब वह फूलों से अपना पथ आच्छादित करना चाहता

है। अज्ञेय का यह अहं उस सामाजिक और मनोवैज्ञानिक प्रक्रिया के भीतर से उत्पन्न हुआ है जो आधुनिक युग की एक नयी अवधारणा है। यहां अज्ञेय के अहं के विद्रोह के पीछे आधुनिक व्यक्तिवादी विचारधारा का हाथ है। इस अहं का स्रोत है आधुनिक मनोविज्ञान।

आधुनिक मनोविज्ञान के अनुसार–

> The ego is viewed as a source or objective of motivation. The meaning is the same in the concept of ego-involvement: this term denotes the extent to which motive centering on the subject's own person (self-assertion, achievement motivation, striving for recognition and influence, etc.) enter into the motivation for a specific behaviour.[3]

यहां यह बात ध्यान देने की है कि अज्ञेय की इन आरम्भिक कविताओं में अहं का विस्फोट है, उसका विलयन नहीं। अपनी आरम्भिक कविताओं में अज्ञेय का कवि व्यक्तित्व एक नयी राह तलाश करना चाहता है। 'इत्यलम' की बहुत-सी रचनाओं में और उसके पूर्व की रचनाओं में अज्ञेय एक साथ छायावादी, छायावादोत्तर एवं छायावादपूर्व काव्य-धाराओं की शैलियों से टकराते हैं और इन पुरानी शैलियों से टकराने की शक्ति देता है उनका अहं। इस प्रकार अज्ञेय का अहं पुरानी काव्य परम्परा को आधुनिक संदर्भ में जांचता है, परखता है और प्रयोग की नयी सम्भावनाओं को उजागर करता है। अज्ञेय की अहं चेतना ही अवैज्ञानिक और अन्धविश्वास के दृष्टिकोण को चुनौती देती है। इसीलिए अज्ञेय का कवि कहता है–

जगा हूं मैं :
क्यों करूं आराधना उस देवता की
जो कि मुझको सिद्धि तो क्या दे सकेगा
जो कि मैं ही स्वयं हूं।[4]

असल में अज्ञेय का अहं अज्ञेय की सृजनात्मकता को सक्षम बनाने में एक बहुत बड़ा भाग अदा करता है क्योंकि मनोविज्ञान के अनुसार अहं की सक्षमता सृजनात्मकता और रचनात्मकता के लिए ऊर्जा को संजोकर रखता है। इसका अभिप्राय यह हुआ कि अहं व्यक्ति की ऊर्जा को उसकी सृजनात्मकता के लिए सहयोग देता है। इस विषय में कहा गया है कि–

> A strong ego will not only mediate between id, superego and reality and integrate these various functions, but further it will do so with enough flexibility so that energy will remain for creativity and other needs.[5]

अज्ञेय की कविता में हमें ऐसा ही सक्षम और प्रबल अहं दिखाई देता है जो उनकी सृजनात्मकता के लिए ऊर्जा प्रदान करता है। अज्ञेय की अहं की यह अवधारणा आधुनिक अवधारणा है जिसका स्रोत है आधुनिक मनोविज्ञान। इस विषय में हम अज्ञेय की एक कविता और देख सकते हैं–

मन्दिर तुम्हारा है
देवता हैं किस के?
प्रणति तुम्हारी है
फूल झरे किस के?
नहीं, नहीं, मैं झरा, मैं झुका,
मैं ही तो मन्दिर हूं,
ओ देवता! तुम्हारा![6]

यहां पर पुराने प्रतीकों का नये संदर्भ में इस्तेमाल हुआ है जैसे मन्दिर, देवता, फूल, प्रणति आदि परम्परागत प्रतीक हैं लेकिन अज्ञेय परम्परागत अवधारणा के साथ अनुभूति के स्तर पर नये प्रयोग करते हैं। जब अज्ञेय कहते हैं कि 'नहीं, नहीं, मैं झरा, मैं झुका, मैं ही तो मन्दिर हूं' यह अज्ञेय का अहं है जो पुरानी परम्परा को नये संदर्भ में देखने का प्रयास करता है। भारत में आत्म की अवधारणा ही अधिक रही है यह अहं की अवधारणा आधुनिक घटना है जिसका इस्तेमाल अज्ञेय नये-नये प्रयोग करने के लिए करते हैं।

(ख) अज्ञेय का अहं और अमानवीय स्थितियां

अज्ञेय का अहं समाज में व्याप्त रूढ़िगत स्थितियों को देखकर शोषण और अमानवीयता के पुराने ढांचों को देखकर आहत हो उठता है। उनकी अहं चेतना ही परम्परागत व्यवस्था में निहित निगतिशील तत्त्वों से विद्रोह करती है और इसी आधार पर आज के परिवेश में जो असामाजिक और अमानवीय स्थितियां उन्हें ललकारती हैं। कविता में अज्ञेय के अहं का स्वरूप हम देख सकते हैं–

सुनो, तुम्हें ललकार रहा हूं, सुनो घृणा का गान
तुम, जो बड़े-बड़े गद्दों पर ऊंची दूकानों में
उन्हें कोसते हो जो भूखे मरते हैं खानों में
तुम, जो रक्त चूस ठठरी को देते हो जल दान–
सुनो, तुम्हें ललकार रहा हूं, सुनो घृणा का गान!

तुम सत्ताधारी, मानवता के शव पर आसीन
जीवन के चिर रिपु, विकास के प्रतिद्वन्द्वी प्राचीन
तुम, श्मशान के देव! सुनो, यह रण भेरी की तान

आज तुम्हें ललकार रहा हूं, सुनो घृणा का गान।[7]

यहां पर हम पाते हैं कि अज्ञेय का अहं केवल अपने आप को ही सुरक्षित रखने का साधन नहीं है बल्कि वह उन मानव मूल्यों को बचाने का साधन है जो नष्ट हो रहे हैं। 'आलोचकों ने जिसे अज्ञेय का अहं माना है, वह वास्तव में लेखक का कवच है, सिर्फ अपने आपको सुरक्षित रखने का यन्त्र नहीं, बल्कि उन मूल्यों को बचाने का साधन भी, जो नष्ट हो रहे हैं, जिन्हें जान-बूझकर प्रगति, आधुनिकता और युग धर्म के नाम पर नष्ट किया जा रहा है।'[8] अज्ञेय का अहं मानव मूल्यों को नष्ट होता देखकर विद्रोह करता है। वह सम्पूर्ण समाज में होते हुए अन्याय को देखकर प्रभावित होता है और विद्रोह करता है यानी आज के समाज की वास्तविकता को पहचानता है। अपनी कविता में उसे व्यक्त करता है। मनोविज्ञान के अन्दर अहं को व्यक्ति और इससे इतर वास्तविकता के बीच मध्यस्थता करने वाला माना गया है। मनोविज्ञान मानता है कि–

> In psychology, the ego is that part of the psychic apparatus which is the mediator between the individual and reality. Its prime function is the perception of reality and adaptation to it. The ego is the executive organ of the reality principal and is ruled by the secondary process.[9]

अज्ञेय का अहं भी व्यक्ति और वास्तविकता के बीच मध्यस्थता करता है। वह सामाजिक अन्याय से प्रभावित होकर तन जाता है इसके लिए हम अज्ञेय की यह कविता देख सकते हैं–

क्योंकि जिसने कोड़ा खाया है
वह मेरा भाई है
क्योंकि यों उस की मार से मैं भी तिलमिला उठा हूं,
इसलिए मैं उसके साथ नहीं चीखा-चिल्लाया हूं :
मैं उस कोड़े को छीन कर तोड़ दूंगा।
मैं इन्सान हूं और इन्सान वह अपमान नहीं सहता।[10]

यहां इन्सान के अपमान को कवि का अहं ही महसूस करता है और वह भी इस होते हुए अपमान के विरुद्ध विद्रोह करता है। यह विद्रोह समाज में सदियों से चली आ रही अमानवीयता के खिलाफ है। हमें यह कविता पढ़कर लगता है कि कवि के अहं का निर्माण सामाजिक स्थितियों, परिस्थितियों से होता है यानी समाज कवि के अहं के बनने में अपनी भूमिका निभाता है। तभी कवि की अहं चेतना निगतिशील तत्त्वों के विरुद्ध लड़ती है। यदि कवि की अहं चेतना प्रबल नहीं होगी तो कवि जड़ और गतिशील स्थितियों में अन्तर नहीं कर पायेगा, उन्हें महसूस नहीं करेगा। अज्ञेय का अहं यहां एक मानवीय भूमिका निभाता है।

अज्ञेय आगे चलकर अपने अहं का विलय करने का प्रयास करते हैं। ऐसा वह सृजन परम्परा के विकास के लिए करने के लिए तत्पर हैं। यह बात उनकी इस कविता में देखने को मिलती है जिसमें उनके अहं में हमें दायित्व-बोध भी दिखायी देता है।

(ग) अहं और दायित्व-बोध

मैं पथ-दर्शक बनकर जागा
करता रजनी को आलोकित-
या मैं अनिमिष रूप ज्वाल-सा
किये रहा शलभों को विकलित;
यह मिथ्या अभिमान नहीं मुझ को छू पाया क्षण-भर।
लो, यह मेरी ज्योति दिवाकर!

मैं मिट्टी हूं, पर यह मेरी
अचिर साधना की ज्वाला है,
मैंने अविरल अपनी आहुति
दे-दे कर इसको पाला है;
स्रष्टा हूं मैं, यद्यपि सफल मैं हुआ सृजन में जल कर!
यह लो मेरी ज्योति, दिवाकर।[11]

अज्ञेय का 'मैं', 'सृजन में जलकर' स्वयं को सफल मानता है। रामविलास शर्मा ने लिखा है कि 'अज्ञेय अपने सीमित अहं की शक्ति को जोड़ देना चाहते हैं।"[12] यानी अज्ञेय का अहं परम्परावादी उस असीम शक्ति के प्रति समर्पित होना चाहता है जो सृजन का स्रोत है लेकिन परम्परा में निहित जो प्रतिगामी तत्त्व है वहां अज्ञेय का अहं तना हुआ विद्रोही मुद्रा में दिखाई देता है। परन्तु अज्ञेय का अहं अभिमान और अहंकार का रूप धारण नहीं करता। वह मानते हैं कि कवि, विगत युगों में जो कुछ कहा जा चुका है, उस सुख का आविष्कार ही करता है यानी अपनी परम्परा का ही शोध करता है। कवि के अहं में तो मानव एक सामाजिक अभिव्यक्ति पाता है। अज्ञेय कहते हैं-

तुम जो कुछ कहना चाहोगे
विगत युगों में कहा जा चुका
सुख का आविष्कार तुम्हारा?
बार-बार वह सहा जा चुका!
रहने दो, वह नहीं तुम्हारा
केवल अपना हो सकता जो

मानव के प्रत्येक अहं में
सामाजिक अभिव्यक्ति पा चुका![13]

असल में अज्ञेय में अपनी परम्परा के प्रति सर्म्पण का भाव है। अपनी काव्य-परम्परा के सम्मुख अपने अहं से मुक्ति का प्रयास है। इस विषय में अज्ञेय का कहना है कि हमारी प्राचीन काव्य परम्परा में अपने अहं को विलय करके लिखने की प्रथा थी। प्राचीन कवि अपने अहं को विलय करके लिखता था। इस विषय पर विचार करते हुए अज्ञेय लिखते हैं कि 'आधुनिक कविता की विशेषता यह है कि वह कवि के व्यक्तित्त्व के साथ अधिकाधिक बंधी हुई होती जा रही है। काव्य रचना का–किसी भी कला सृष्टि का–अधिकार तभी आरम्भ होता है जब व्यक्तित्त्व का सम्पूर्ण विलयन हो जाए, यह मानना तो दूर की बात रही, आज का कवि साधारणतया इतना भी नहीं मानता कि कविता, या कि कला-सृष्टि, व्यक्ति के विलयन का माध्यम है, कि कविता के द्वारा व्यक्ति को बृहत्तर इकाई में विलीन कर देता है। आज का कवि तो कविता की वरंच व्यक्तित्त्व की, व्यक्ति के अहं की प्रखरतर अभिव्यक्ति और उस अहं को पुष्ट करने वाली रचना मानता है। मैं कहूं कि इस चरम कोटि का आधुनिक कवि मैं नहीं हूं, अधिक-से-अधिक उस श्रेणी में हूं जो कविता को अहं के विलयन का साधन मानते हैं। बल्कि सच कहूं तो इतना भी इसलिए कि मैं युग की सीमा को इस हद तक स्वीकार करता हूं, और उसमें बद्ध होने को विवश हूं। नहीं तो यह मुझे सर्वथा स्वीकार्य है कि प्राचीन कवियों की महत्ता का असल रहस्य यही है कि वे अहं को विलीन करके ही लिखते थे, उनके लिए कविता स्वास्थ्य-लाभ का साधन नहीं, बल्कि स्वस्थ व्यक्ति की आनन्द-साधना थी।'[14] इसका अभिप्राय यह हुआ कि अहं के विलय के दृष्टिकोण को लेकर अज्ञेय अपनी कविता और विचार में भारत की प्राचीन काव्य-परम्परा से जुड़ते हैं, जिसके वह हामी हैं। यह बात मात्र कहने के लिए ही उन्होंने नहीं कही है बल्कि उनकी कविताओं में यह बात स्पष्ट दिखाई देती है। जैसे–

यह मधु है : स्वयं काल की मौना का युग संचय,
यह गोरस : जीवन-कामधेनु का अमृत-पूत पय,
यह अंकुर : फोड़ धरा को रवि को तकता निर्भय,
यह प्रकृत, स्वयम्भू ब्रह्म, अयुत :
इसको भी शक्ति को दे दो।
यह दीप, अकेला स्नेह भरा,
है गर्व भरा मदमाता, पर
इसको भी पंक्ति को दे दो।[15]

अज्ञेय मानव व्यक्तित्त्व की अद्वितीयता को स्वीकार करते हैं और इस अद्वितीयता को बनाये रखते हुए ही वह स्वयं को समाज के लिए देते हैं। रामस्वरूप

चतुर्वेदी अज्ञेय की इस बात पर प्रतिक्रिया व्यक्त करते हुए कहते हैं कि 'रचना के मर्म को समझने के लिए अज्ञेय ने कुछ और सूत्र भी प्रस्तावित किए हैं। निर्वैयक्तिकता और तटस्थता के सिद्धान्त के अनुरूप ही वे रचना को अहं के विलयन का साधन मानते हैं। यहां तक तो बात ठीक है। पर लेखक ने प्राचीन और अर्वाचीन कवियों के बारे में जिस दृष्टि का आरोप किया है वह बहुत संगत प्रतीत नहीं होता–'आज का कवि तो कविता को वरंच व्यक्तित्त्व की, व्यक्ति के अहं की, प्रखरतर अभिव्यक्ति और उस अहं को पुष्ट करने वाली रचना मानता है–प्राचीन कवियों की महत्ता का असल रहस्य यही है कि वे अहं को विलीन करके ही लिखते थे।' –ये दोनों ही उपपत्तियां बहुत स्वीकार्य नहीं लगतीं। आधुनिक कवि के बारे में तो अज्ञेय की शब्दावली का उपयोग करके कहा जा सकता है कि अहं की प्रखरतर अभिव्यक्ति के माध्यम से ही आधुनिक कवि उस अहं से मुक्ति पाता है। यह ठीक है कि आधुनिक रचनाकार पिछले युगों की तुलना में कहीं अधिक स्वचेतन है, पर इस स्वचेतना से जूझना उसकी रचना की मुख्य समस्या है। आल्डस हक्सले और नये बीटनीक कवि तो 'डीप' (मादक द्रव्य)-जैसे कृत्रिम साधनों के द्वारा इस स्वचेतनता से मुक्ति पाना चाहते हैं–यों उनकी सफलता सन्दिग्ध ही है, पर इससे उक्त प्रवृत्ति का परिचय जरूर मिलता है। जहां तक प्राचीन कवियों का सम्बन्ध है वहां भी ऐसा नहीं लगता कि उन लोगों ने अहं को विलीन करके लिखा है। लोक-साहित्य की बात अलग है, जहां अभिव्यक्ति अहं की न होकर सामूहिक मानस की होती है (लोक साहित्य और शिष्ट साहित्य के विभाजक अन्तरों में यही तो मुख्य है)। यह जरूर है कि प्राचीन कवियों में अब जैसी अहं की उग्र प्रतीति ही शायद न थी। पर अहं को विलीन करने की चेष्टा का कोई साक्ष्य वहां नहीं मिलता। एक माने में तो मध्यकालीन भक्त कवियों ने भी विनय के पदों में अपने अहं की अभिव्यक्ति से ही उस अहं से मुक्त होना चाहा है। इस दृष्टि से प्रत्येक उत्कृष्ट रचना अहं को सार्वजनीन बनाने का, उससे मुक्ति पाने का साधन है। यह स्थिति बहुत कुछ पहले भी थी, हां, उसकी पद्धति और उसका विश्लेषण अवश्य नया हो सकता है।'[16]

जहां हम अज्ञेय की कविता में उनके अहं के स्वरूप पर बात करते हैं वहीं हमें इस बात को भी स्पष्ट कर देना होगा कि अज्ञेय का यह अहं या उनका स्वतंत्र व्यक्तित्व न तो समाज-विरोधी है और न हीं समाज निरपेक्ष। यह समाजोन्मुख है। 'हरी घास पर क्षणभर' में अज्ञेय के कवि व्यक्तित्त्व का जो रूप उभरता है उसी का निरन्तर विकास 'अरी ओ करुणा प्रभामय' तक होता रहा है। इसी सिलसिले में हम अज्ञेय की यह कविता देख सकते हैं जिसमें कवि का अहं एक सेतु बनता है जो दो स्थितियों को मिलाता है और जिसका एक सामाजिक परिप्रेक्ष्य है–

मैं सेतु हूं–
जो है और जो होगा दोनों को मिलाता हूं–

मैं हूं, मैं यहां हूं
पर सेतु हूं, इसलिए
दूर दूर दूं–मैं वहां हूं।

मैं आस्था हूं
तो मैं निरन्तर उठने की शक्ति हूं;
मैं व्यथा हूं
तो मैं मुक्ति का श्वास हूं,
मैं गाथा हूं
तो मैं मानव का अलिखित इतिहास हूं।[17]

परम्परा के प्रति अहं का समर्पण

अज्ञेय ने अपनी कविता 'असाध्य वीणा' में प्रियंवद के जरिये यह स्पष्ट रूप से प्रस्तुत किया है कि हर बड़ा कलावंत अपनी परम्परा के प्रति अपने अहं का समर्पण करता है और ऐसा करके ही वह सर्जक बन पाता है। बिना अहं का समर्पण किये और अपनी परम्परा से जुड़े बिना कोई भी कलाकार कला को साध नहीं सकता। असाध्य वीणा में प्रियम्वद उस सम्पूर्ण परम्परा के प्रति अपने अहं का समर्पण करते हैं जिससे वीणा का निर्माण हुआ है। ऐसा करके ही प्रियम्वद वीणा को साध पाये। प्रियम्वद स्पष्ट शब्दों में अपनी कला परम्परा के प्रति अपने अहं का समर्पण करते हुए कहते हैं–

'मैं नहीं, नहीं! मैं कहीं नहीं!
ओ रे तरू! ओ वन!
ओ स्वर-संभार!
नाद मय संसृति!
ओ रस प्लावन!
मुझे क्षमा कर–मूल अकिंचनता को मेरी–
मुझे ओट दे–ढंक ले–छा ले–
ओ शरण्य!
मेरे गूंगेपन को तेरे सोये स्वर-सागर का ज्वार डुबा ले!
आ, मुझे भुला,
तू उतर वीन के तारों में
अपने से गा
अपने को गा–
अपने खग-कुल को मुखरित कर

अपनी छाया में पले मृगों की चौकड़ियों को ताल बांध,
अपने छायातप, वृष्टि पवन, पल्लव-कुसुमन की लय पर
अपने जीवन-संचय को कर छन्दयुक्त,
अपनी प्रज्ञा को वाणी दे!
तू गा, तू गा–
तू सन्निधि पा–तू खो
तू आ–तू ही– तू गा। तू गा!'[18]

(ड़) अज्ञेय का अहं और यौवन सम्बन्धों की नयी धारणा

अज्ञेय का अहं रूढ़िबद्ध समाज और रूढ़िबद्ध नैतिकता के विरुद्ध भी मानवीय स्तर पर सृजनात्मक भूमिका तैयार करता है। वह 'सैक्स' को नकारने वाली प्रेम की नैतिक, दार्शनिक धार्मिक धारणाओं को एक सीमा तक तोड़कर मौन अनुभूति और अनुभव को अधिक मूलभूत रूप में मान्यता देकर प्रेमानुभूति को नये सिरे से पहचानता और पारिभाषित करता है। लौकिक अनुभूति को बुनियादी वृत्ति मानता है। एक कविता से हम अपनी बात स्पष्ट कर सकते हैं–

थोड़ी देर
खुली-खुली
आंखें मिलीं
बिजलियों-से दौड़े संकेत
सदियों की, संस्कारों की
नीवें हिलीं
अभिप्रेत हुए प्रेत।
न देहें हिलीं-डुलीं,
न कोई बोला,
गुंथ गयीं दो दुरन्त
जिजीविषाएं
फिर पलटीं तुरन्त :
सहजता पर
हम लौट आये।
कौंध में
मैंने पहचाना
मेरे भीतर जो असुर है
रुंधा, छटपटाता,
प्रबल पर भोला।[19]

इस प्रकार अज्ञेय का अहं अपनी परम्परा जांचने और परखने का प्रयास करता है। यह जांच-पड़ताल आधुनिक संदर्भ में की जाती है। अज्ञेय का अहं ही अवधारणा के स्तर पर नये प्रयोग करता है। ऐसा करके जीवन की नयी दृष्टि को भी जांचा-परखा जाता है यानी परम्परा और नवीनता को जांचने में कवि की अहं चेतना एक बहुत बड़ी भूमिका निभाती है। इसीलिए अज्ञेय की कविता में हमें परम्परा का ज्यों का त्यों स्वीकार भाव नहीं दिखाई देता। अज्ञेय की कविता में परम्परा को प्रयोग की कसौटी पर रखकर देखा गया है। जहां पर कवि को परम्परा बल देती है नयी जीवन दृष्टि देती है वहां कवि की अहं चेतना उसे स्वीकार करने से नहीं चूकती लेकिन जहां परम्परा मार्ग का रोड़ा बनती है वहां कवि की अहं चेतना उसे चुनौती देती है, उसे ललकारती है। यानी परम्परा के निगतिशील तत्त्वों के सम्मुख कवि अहं एक प्रश्नचिह्न लगा देता है। वह पूछता है–

ओ भीतर के छटपटाते प्राण!
पहचान
सच-सच बता
जो कुछ हमें याद है
उसमें कितनी है परम्परा
और कितना बस अर्से से पड़ा
रास्ते का रोड़ा?[20]

यौन और प्रेम : नये संदर्भ में

(क) रागात्मक सम्बन्धों की बदलती प्रणालियां

अज्ञेय अपनी कविता में जहां परम्परागत जीवन सत्यों की जांच-पड़ताल करते हैं वहीं नये जीवन सत्यों की प्रासंगिकता को भी टटोलकर देखते हैं। अज्ञेय के लिए न तो सम्पूर्ण प्राचीन त्याज्य है और न ही हर नयी चीज़ स्वीकारणीय है। अपने समय में रागात्मक सम्बन्धों की समस्या को अज्ञेय ने अपनी कविता में अच्छी तरह से जांचा और परखा है। यौन और प्रेम के भाव निःसंदेह प्राचीन हैं लेकिन आज इनका स्वरूप ठीक वैसा नहीं है जैसा पहले था। सभ्यता के विकास के साथ-साथ हमारे रागात्मक सम्बन्धों का क्षेत्र और उनका स्वरूप भी परिवर्तित होता गया है। यौन और प्रेम जैसे मूल राग का सम्बन्ध भी समय के साथ बदला है। अज्ञेय स्पष्ट कहते हैं कि 'हमारे मूल राग-विराग नहीं बदले, प्रेम अब भी प्रेम है और घृणा अब भी घृणा है, यह साधारणतया स्वीकार किया जा सकता है। पर यह भी ध्यान में रखना होगा कि राग वही रहने पर भी रागात्मक सम्बन्धों की प्रणालियां भी बदल गई हैं।'[21] इसका अभिप्राय यह हुआ कि अज्ञेय को अपने युग में यौन और प्रेम

सम्बन्धों की प्रणालियां बदलती हुई दीख रही हैं। इन पुराने रागों को अज्ञेय नये संदर्भो में जांचते परखते हैं। प्रयोगशील दृष्टि में इनकी बदलती हुई प्रणालियों की जानने की कोशिश करते हैं। उनकी कविता में यह प्रयोगशील दृष्टि हमें साफ दिखाई देती है। प्रेम और यौन के विषय में अज्ञेय की दृष्टि आधुनिक मनोविज्ञान के करीब है। छायावादी कविता की तरह अज्ञेय प्रेम और यौन वर्जनाओं को किसी रहस्य में लपेटने की कोशिश नहीं करते। छायावादी कवि प्रेम और यौन की भावना को किसी अज्ञात संसार से जोड़कर प्रकृति को आलंबन बनाकर अप्रत्यक्ष रूप से व्यक्त करता था। जैसे इस कविता में दिखाई देता है–

है रात घूम आई मधुबन,
यह आलस की अंगराई है।
लहरों में यह क्रीड़ा चंचल,
सागर का उद्वेलित अंचल।
है पोंछ रहा आंखें छलछल,
किसने यह चोट लगाई है?[22]

यहां छायावादी कवि प्रेम और यौन की वर्जनाओं को साफ तौर पर व्यक्त न करके प्रकृति के आलंबनों से उसे व्यक्त कर रहा है पर नया कवि मनुष्य की इन मूल वृत्तियों को प्राणी जगत में स्पष्ट देखता और उसे स्पष्ट ही व्यक्त करता है। ऐसा करके वह किसी नैतिक-अनैतिक के द्वंद्व में भी नहीं फंसता है। अज्ञेय नये कवि होने के नाते मनुष्य की प्रणय भावना को रहस्य में लपेटने के हामी नहीं है। बल्कि मानव से उन्हें इसकी शिकायत ही है। इससे बेहतर वो उन कबूतर-कबूतरी को समझते हैं जो अंदर जागी इस दुर्निवार झंकार को प्रकृति की लय में विलय होकर मुक्त जीते हैं। इस विषय में अज्ञेय की यह कविता देखी जा सकती है–

भग्नावशेष पर मन्दिर के,
नभपृष्ठ भूमि पर चित्रित-से,
दो वन-पारावत बैठे हैं।
मधु आगम से उन में जागी कोई दुर्निवार झंकार–
क्योंकि प्रकृति-लय से हैं मिले हुए उनके प्राणों के तार![23]

अज्ञेय पक्षियों में जागती उस कामेच्छा को देखतें हैं और यह भी देखते हैं कि यह पक्षी युगल सहज भाव से रति क्रीड़ा कर रहा है–

चंचु-द्वय की मंजुल क्रीड़ा,
हर चुकी कपोती की व्रीड़ा।
जागी अपूर्णता की पीड़ा![24]

लेकिन मनुष्य प्रणय चेष्टा को मुक्त ढंग से नहीं जीता। वह वर्जनाओं से घिरा हुआ है यानी रूढ़ियों से ग्रस्त होकर प्रणय चेष्टा को अनैतिकता के बोझ से दबा देता है। आधुनिक मनोविज्ञान यौन संसर्ग को एक सहज प्राकृतिक कृत्य मानता है जबकि समाजिक रूढ़ियां इसे अपराध और अनैतिक मानकर चलती हैं। अज्ञेय ने इससे सहमत होकर यौन और प्रेम को रूढ़ि मुक्त किया। अज्ञेय इसी कविता में आगे कहते हैं–

खग-युगल! करो सम्पन्न प्रणय,
क्षण के जीवन में हो तन्मय।
हो अखिल अवनि ही निभृत निलय।
हाय तुम्हारी नैसर्गिकता! मानव-नियम निराला है–
वह तो अपने ही से अपना प्रणय छिपाने वाला है![25]

इस कविता में अज्ञेय यौन और प्रेम को लेकर चली आ रही रूढ़ मान्यता पर व्यंग्य और प्रहार करते हैं और जीवन की इन मूल वृत्तियों को मनोविज्ञान की नई अवधारणा के संदर्भ में परिभाषित करते हैं। आधुनिक युग के प्रसिद्ध मनोवैज्ञानिक 'सिगमंड फ्रायड' का यह कहना था कि यद्यपि बचपन से ही हमें इस बात की शिक्षा दी जाती है कि यौन विषयों पर कुछ न सोचें, अपनी यौन अभिरुचियों को प्रत्यक्ष रूप से व्यक्त न करें, लेकिन फिर भी, अप्रत्यक्ष रूप से हमारी यह अभिरूचि अपना प्रकाशन कर ही लेती है।[26] अज्ञेय ने प्रणय और यौन जैसे मूल मनोभावों को वर्जित करने से असहमति प्रकट की। यह एक प्रयोगशील दृष्टि है। हिन्दी कविता में प्रेम चित्रण भरपूर हुआ है। पर उसे अनैतिकता के बोध से अज्ञेय ने मुक्त करने का आह्वान किया। अज्ञेय की कविता में प्रेम और यौन का मध्ययुगीन स्वरूप नहीं है बल्कि आधुनिक स्वरूप है जहां प्रेम और यौन सम्बन्ध अपराध बोध से मुक्त हैं। जहां छायावादी कवि अपनी भावना को प्रकृति के ऊपर आरोपित करता है वहीं आधुनिक कवि बेलाग अपने उमड़ते आवेग की तृप्ति के लिए नारी का आह्वान करता है। छायावादी कवि कहता है–

अधरों में राग अमन्द पिये,
अलकों में मलयज बन्द किये–
तू अब तक सोई है आली।
आंखों में भरे विहाग री![27]

पर नयी चेतना के कवि अज्ञेय बेलाग कहते हैं–

आह, मेरा श्वास है उत्तप्त–
धमनियों में उमड़ आयी है लहू की धार–
प्यार है अभिशप्त
तुम कहां हो, नारी?[28]

मूल आवेग की यह स्पष्ट अभिव्यक्ति प्राचीन काव्य परम्परा से विद्रोह करती है। मध्ययुगीन काव्य परम्परा में 'तुम कहां हो, नारी?' कहना सम्भव नहीं था क्योंकि प्रेम और यौन भावनाओं पर मध्ययुगीन मूल्य हावी थे जहां यौन भावना की बेलाग अभिव्यक्ति करना स्पष्टतः मानव आदर्श का उल्लंघन माना जाता था। पुरुष और स्त्री के बीच प्रेम को जीवन का एक मूल्य मानने का विचार आधुनिक मनोविज्ञान की देन है जहां सैक्स सम्बन्ध का ताल्लुक चरित्रहीनता से बिलकुल नहीं है। मुक्त प्रेम के नियमों ने मनोवैज्ञानिक सत्य से अपना रिश्ता कायम किया है। इस आधुनिक अवधारणा से अज्ञेय परिचित हैं इसलिए उनकी कविता में प्रयोग के विभिन्न स्तर देखने को मिलते हैं। प्रेम अज्ञेय की कविता में उस ढंग से व्यक्त नहीं हुआ है जैसे पहले की कविता में हुआ है। अज्ञेय की प्रयोगशील दृष्टि आज के मानवीय सम्बन्धों को आज के परिप्रेक्ष्य में जांचती है। प्रेम और यौवन सम्बन्ध भी उनमें से एक हैं। क्योंकि अज्ञेय स्त्री-पुरुष सम्बन्धों को मनोवैज्ञानिक सत्य के संदर्भ में देखते हैं इसलिए वो उन्हें बदलते हुए मूल्यों से जोड़कर भी देखते हैं। अज्ञेय की कविता में प्रेम और यौन का जो स्वरूप व्यक्त हुआ है, उसमें आध्यात्मिकता नहीं है बल्कि लौकिक स्तर पर प्रेम और यौन की अनुभूति व्यक्त हुई है। इस कविता में अज्ञेय की यह दृष्टि देखी जा सकती है–

मुझे सब कुछ याद है। मैं उन सबों को भी
नहीं भूला। तुम्हारी देह पर जो
खेलती हैं अनमनी मेरी उंगलियां–और जिन का खेलना
सच है, मुझे जो भुला देता है–
सभी मेरी इन्द्रियों की चेतना उन में जगी है।[29]

आधुनिक कवि होने के कारण अज्ञेय मानते हैं कि सभी इन्द्रियों की चेतना का सम्बन्ध प्रेम और यौन जैसे मूल आवेगों से है। फ्रायड के मनोविश्लेषण ने मानव मन के नए रहस्यों का उद्‌घाटन किया जिसमें 'सेक्स' को जिजीविषा का प्रमुख कारण माना। यह एक अधुनातन अवधारणा थी जिसका प्रभाव शताब्दी की पूरी कला चेतना पर पड़ा। अज्ञेय ने कविता में प्रेम और यौन की स्थितियों को पुरानी मान्यताओं के आधार पर न देखकर आधुनिकता के संदर्भ में देखा है। अज्ञेय ने यह बात स्वयं मानी है। वह लिखते हैं कि 'आधुनिक युग का साधारण व्यक्ति यौन वर्जनाओं का पुंज है। उसके जीवन का एक पक्ष है उसकी सामाजिक रूढ़ि की लम्बी परम्परा, जो परिस्थितियों के परिवर्तन के साथ-साथ विकसित नहीं हुई, और दूसरा पक्ष है स्थिति-परिवर्तन की असाधारण तीव्र-गति जिसके साथ रूढ़ि का विकास असम्भव है। इस विपर्यास का परिणाम है कि आज के मानव का मन यौन परिकल्पनाओं से लदा हुआ है और वे कल्पनाएं सब दमित और कुण्ठित हैं। उसकी सौन्दर्य चेतना भी इससे आक्रान्त है। उसके उपमान सब यौन प्रतीकार्थ रखते हैं।'[30] अज्ञेय की इस

बात से साफ जाहिर होता है कि अज्ञेय अपनी कविता में परिस्थितियों के परिवर्तन को महसूस कर रहे हैं। छायावादी कविता के दौर में भी जब अज्ञेय कविता लिख रहे थे, उस वक्त भी वह छायावादी भावधारा से अलग होने की कोशिश कर रहे थे और सामाजिक स्तर पर बदली हुई स्थितियों को समझ रहे थे। इन्हीं स्थितियों में यौन वर्जनाएं भी हैं जो जीवन का एक महत्त्वपूर्ण पक्ष है। अज्ञेय इस सिलसिले में सामाजिक रूढ़ि की एक लम्बी परम्परा से टकरा रहे थे। कवि की प्रयोगशील दृष्टि अपने समय के मनुष्य की यौन वर्जनाओं को समझती है और कविता के स्तर पर व्यक्त होती है।

(ख) प्रेम एक लौकिक अनुभूति

प्रेम का स्वरूप अज्ञेय की कविता में छायावादी कविता जैसा नहीं है। छायावादी कवि प्रेम रहस्मयी नारी से करता था जिससे उनके प्रेम का स्वरूप लोकोत्तर लगने लगता है। छायावादी कवि जिससे प्यार करता है वह स्वयं उसके बारे में नहीं जानता या अगर जानता है तो साफ नही कहता। यानी एक अमूर्त और अनजानी सत्ता को प्यार करता है और कविता में दूसरो से पूछता है–

अरे कहीं देखा है तुमने
मुझे प्यार करने वाले को?
मेरी आंखों में आकर फिर
आंसू बन ढरने वाले को
सूने नभ में आग जलाकर
यह सुवर्ण–सा हृदय गलाकर
जीवन संध्या को नहलाकर
रिक्त जलधि भरनेवाले को?[31]

अज्ञेय प्रेम को अमूर्त और वायवी न बनाकर उसका सीधा रिश्ता मूर्त जीवन से जोड़ते हैं। लौकिक प्रेम में आशा भी है, आशंका भी है। निराशा भी है और कुण्ठा भी है। लेकिन उसका सम्बन्ध लौकिक जीवन से ही है, अलौकिक जीवन से नहीं। अज्ञेय की प्रयोगशील मानसिकता अमूर्त को मूर्त बनाने की कोशिश करती है यानी मानव जीवन के अमूर्त आवेगों को भी जीवन की वास्तविकता से जोड़कर देखती है। अज्ञेय के लिए प्रेमिका इसी दुनिया की जीती जागती स्त्री है। कवि साफ तौर पर कहता है कि–

इसी जमुना के किनारे एक दिन
मैंने सुनी थी दुःख की गाथा तुम्हारी
और सहसा कहा था बेबस:
तुम्हें मैं प्यार करता हूं।

गहे थे दो हाथ मौन समाधि में
स्वीकार की।[32]

अज्ञेय की कविता में भाव आकार लेने लगते हैं इसीलिए वो जीवन को प्रभावित भी करते हैं। अज्ञेय के यहां प्रेम वासना और विवेक का संयोग है जो शुद्ध तात्विक न होकर जीवन के यथार्थ से टकराता है। इसीलिए अज्ञेय की कविता में प्रेम का स्वरूप जीवन की वास्तविक परिस्थितियों को भी व्यक्त करता चलता है यानी अपने पूरे परिवेश को उद्घाटित करता चलता है। अज्ञेय के यहां प्रेम भोग का प्रतीक नहीं है, संघर्ष की स्थिति भी है। इस विषय में अज्ञेय लिखते हैं–"और प्रेम? एक थका-मांदा पक्षी, जो सांझ घिरती देखकर आशंका से भी मरता है और साहस संचित करके लड़ता भी जा रहा है। निराशा और कुण्ठा से धैर्यपूर्वक उड़ता हुआ, किन्तु विश्वास की निष्काम अवस्था से कुछ नीचे–आज के प्रेम का सर्वोत्तम सम्भव रूप यही है। अन्धकार और आलोक का अनुक्रम, धृति और गति का सामंजस्य, वासना और विवेक का संयोग, उदासी और खण्डन के बीच में विश्वास का मुक्त स्वर जो सबल कई बार हो उठता है पर निष्कपट कभी नहीं हो पाता।"32 अज्ञेय का यह वक्तव्य प्रेम को नयी प्रयोगशील दृष्टि से देखने का ही परिणाम है। अज्ञेय की कविता में प्रेम का स्वरूप वह नहीं है जो पुरानी हिन्दी कविता में देखने को मिलता है। भक्ति युग की कविता में प्रेम का आधार कहीं-न-कहीं धर्म है या धर्म से जुड़ी हुई अन्य मान्यताएं हैं। वहां प्रेम या यौन मनुष्य की मूल प्रवृत्ति के रूप में चित्रित नहीं हुआ है। निस्संदेह यह देशकाल का प्रभाव था। यद्यपि उस युग का मनुष्य भी प्रेम और यौन की अनुभूति करता रहा था पर यथार्थ के उस स्तर पर कविता में उसका चित्रण नहीं हुआ। यह चित्रण हुआ आधुनिक युग में। अज्ञेय ने अपनी पूर्व काव्य परम्परा से विद्रोह किया और इस क्षेत्र में नए प्रयोग किए। तथापि यह कहना अनुचित न होगा कि प्रेम और यौन की नयी अवधारणा पर फ्रायड का भरपूर असर रहा है। यौन और प्रेम क्षेत्र में हुए विकास को मार्क्स ने भी माना है और इस विकास का प्रभाव इस काल की सारी कविता पर भी पड़ा है। उन्होंने फायरबाख पर विचार करते हुए लिखा है कि फायरबाख के मतानुसार धर्म मानव-मानव के बीच रागानुरागों पर आधारित, हृदय पर आधारित सम्बन्ध है–ऐसा सम्बन्ध, जिसने अभी तक अपने सत्य की तलाश वास्तविकता के एक काल्पनिक दर्पण-प्रतिबिंब में की है–एक या अनेक देवों के माध्यम द्वारा, मानवीय गुणों की काल्पनिक छायामूर्तियों द्वारा–लेकिन अब वह बिना किसी बिचवई के, उसे सीधे 'मैं' और 'तू' के प्रेम में पा रहा है। अतः फायरबाख के लिए यौन प्रेम, उनके नये धर्म के व्यवहार का यदि सर्वोच्च रूप नहीं, तो उसके सर्वोच्च रूपों में से एक अवश्य बन जाता है।

प्रेम पर आधारित, मानव-मानव के विशेषकर स्त्री-पुरुष के सम्बन्ध तभी से चले आते हैं, जबसे मानव जाति विद्यमान है। यौन प्रेम ने खासतौर से पिछले आठ सौ वर्षों के दौरान विकास करके एक ऐसा महत्त्वपूर्ण स्थान प्राप्त कर लिया है, जिसने उसे इस काल की सारी कविता का अनिवार्य आधार स्तम्भ बना दिया है।[34] प्रेम और यौन की बदलती हुई मान्यताओं के प्रति अज्ञेय सचेत हैं। मांसलता और मूल आवेग को किसी रहस्य या दर्शन का जामा नहीं पहनाते। उनकी कविताएं इस बात की साक्षी हैं। एक कविता प्रस्तुत है–

मैंने तुम्हें छुआ है
मेरी मुट्ठियों में भरी हुई तुम
मेरी उंगलियों बीच छनकर बही हो–
कण प्रतिकण आप्त, स्पृष्ट, मुक्त।
मैंने तुम्हें चूमा है
और हर चुम्बन की तप्त, लाल, अयस्कठोर छाप
मेरा हर रक्त-कण धारे है।[35]

(ग) सामाजिक परिप्रेक्ष्य और यौन सम्बन्ध

यौन और प्रेम की चर्चा करते हुए हम यह नहीं भुला सकते कि प्रत्येक युग और समाज में स्त्री-पुरुष के सम्बन्ध अलग-अलग ढंग से प्रभावित हुए हैं, उनका एक सामाजिक संदर्भ रहा है। स्त्री-पुरुष के इन सम्बन्धों से समाज का ढांचा भी प्रभावित होता रहा है और ये सम्बन्ध हमेशा आर्थिक-सामाजिक स्थितियों से निर्धारित हुए हैं। स्त्री-पुरुष सम्बन्धों के इतिहास से हम काफी हद तक तत्कालीन समाज के ढांचे को समझ सकते हैं और उसकी स्थिति का अनुमान भी लगा सकते हैं। सामाजिक ढांचे में 'सेक्स' बहुत बड़ा भाग अदा करता है, यह दूसरी बात है कि समय-समय पर इसका रूप बदलता रहा है। स्त्री-पुरुष सम्बन्धों ने ही समाज की संस्कृति और सभ्यता को आकार दिया है यानी ये सम्बन्ध समाज के विकास की प्राणधारा के रूप में सदैव विद्यमान रहे हैं और इन्हीं सम्बन्धों से मानव जाति का विकास हुआ है। औद्योगिक सभ्यता से पहले कृषि प्रधान सभ्यता थी। उसमें स्त्री-पुरुष सम्बन्धों का जो रूप था वह आज की औद्योगिक सभ्यता में नहीं है। आज औद्योगिक विकास के दौर में प्रेम और यौन सम्बन्धों का रूप भी बदल गया है। इनके बदलने से नैतिकता के मानदंड भी बदल गए हैं।

हम देखते हैं कि सामाजिक और आर्थिक स्थितियों को यौन सम्बन्ध इतिहास के दौर में बहुत दूर तक प्रभावित करते हैं लेकिन कला के स्तर पर इस सच्चाई को प्रायः नकारा जाता रहा है। आधुनिक कवि इस सच्चाई से मुंह नहीं फेरता वह यौन वर्जना और प्रेम सम्बन्धों को उनके असली रूप में देखता है, उन्हें किसी

रहस्यवादी पर्दे में लपेटने की कोशिश नहीं करता। अज्ञेय समाजशास्त्र के इस अधुनातन पहलू के प्रति सचेत हैं। इसीलिए यौन सम्बन्धों का स्वरूप उनके लिए रहस्यवादी न होकर, वस्तुवादी है। अज्ञेय जानते हैं कि मनुष्य समाज में रहकर ही यौन सम्बन्ध स्थापित करता है और उन सम्बन्धों का एक सिरा समाज से जुड़ा है और इसलिए कविता में उनका जिक्र होना कोई अनैतिक स्थिति नहीं है। अज्ञेय ने यौन और प्रेम सम्बन्धों को न तो अनैतिक माना और न ही उन्हें पुरानी रूढ़ियों से जोड़कर देखा। उन्होंने इसे नर-नारी सम्बन्धों की मुक्त स्थिति के रूप में ही देखा। 'इयान वाट' ने अपनी पुस्तक में उपन्यास और प्रेम का जिक्र करते हुए एक जगह लिखा है कि जिसे अक्सर 'प्रेम' कहा जाता है उसे कुछ और कहा जाना चाहिए और यह सुझाव भी दिया कि इसे भोग लिप्सा कहा जा सकता है भले ही ये शब्द हमें अच्छे न लगें। वह लिखते हैं–

> 'What is generally called love ought (perhaps as generally) to be called by another name; he wrote and bitingly suggested as substitute 'cupidity or a Paphian stimulus... however grating they may be to delicate ears. The need to outlaw the 'Paphians stimulas' involved a redefination of the relations between men and women which excluded the sexual passion, and which stressed making as sensible marriage choice with rational friendship as its eventual aim.[36]

लेकिन अज्ञेय की कविताओं में यौन और प्रेम भोगवादी दृष्टि का प्रतिनिधित्व नहीं करते। अज्ञेय ने यौन और प्रेम को वर्जनाओं और कुंठा के घेरे से निकालकर देखा है जहां मनोवृत्तियों का आवेग तो है लेकिन व्याभिचार नहीं, सेक्स का व्यापारिक इस्तेमाल नहीं है। यहीं पर अज्ञेय की प्रयोगशील दृष्टि परम्परा और आधुनिकता दोनों से टकराती है और दोनों के अगतिशील तत्त्वों को नकारकर प्रगतिशील तत्त्वों को स्वीकार करती है। अज्ञेय की कविता में यौन और प्रेम का स्वरूप प्रगतिशील स्वरूप है जहां स्त्री-पुरुष सम्बन्धों को उनके रूढ़िगत स्वरूप से उबारकर, उन्हें छद्‌म मूल्यों के आवरण से निकालकर देखा है। अज्ञेय कविता में कहते हैं–

रात
एकाएक टूटी मेरी नींद
और सामने आयी एक बात
कि तुम्हारे जिस प्यार में मैं खोया रहा हूं,
जिस लम्बी, मीठी नशीली धुन्ध में
मैं सब भूलकर सोया रहा हूं,

उसकी भीत जो है
वह नहीं है रति:
वह मूलत: है पुरुष के प्रति
नारी की करुणा।
अगाध, अबाध करुणा,
फिर भी–राग नहीं, करुणा।

यहां अज्ञेय प्रेम की पुरानी रागात्मक अवधारणा का विरोध करते हैं। उनके अनुसार प्रेम की रागात्मक अवधारणा की अपेक्षा यौन-तृप्ति का एक क्षण अधिक सार्थक है, अधिक अच्छा है क्योंकि इसमें छद्‌म मूल्यों का छल या कोई आवरण नहीं है। यहां अज्ञेय यौन की पुरानी मान्यता से विरोध करते हैं लेकिन आधुनिकता के संदर्भ में यौन के व्यापारिक इस्तेमाल को भी स्वीकार नहीं करते। यही है अज्ञेय की प्रयोगशील दृष्टि।

व्यक्ति और समाज

(क) आधुनिक युग में व्यक्ति और समाज

अज्ञेय की कविता में व्यक्ति और समाज के सम्बन्ध को आधुनिक सन्दर्भ में समझने की कोशिश की गई है। आधुनिक युग में समाज का स्वरूप, उसकी मान्यताएं बदली हैं। और व्यक्ति से उसका सम्बन्ध ऐसा नही है। जैसा कि मध्ययुग में था इसीलिए कविता में भी इन सम्बन्धों के बदलाव की भूमिका देखी जा सकती है। आधुनिक युग की विडम्बना यह भी है कि व्यक्ति पहले की अपेक्षा आज अपनी इयत्ता के प्रति अधिक जागरूक है लेकिन इसके बावजूद इसकी इयत्ता खत्म होती जा रही है। उसका अपना कोई चेहरा नहीं बन पा रहा है। व्यक्ति आज जितना स्वतंत्र होना चाहता है, वह उतना ही परतंत्र होता जा रहा है। इन विरोधी स्थितियों में व्यक्ति और समाज के सम्बन्ध आपस में टकरा रहे हैं। ऐसे में अज्ञेय व्यक्ति और समाज के सम्बन्ध को एक दायित्व की स्थिति मानते हैं। इस अराजकतापूर्ण स्थिति में वह मानते हैं कि व्यक्ति का समाज के प्रति एक दायित्व होता है। समाज जितना कम विकसित होगा, यह दायित्व उतना ही अनिवार्य हो जाएगा। अज्ञेय कहते हैं कि समाज के प्रत्येक व्यक्ति का समाज के प्रति कुछ दायित्व होता है। समाज जितना ही कम विकसित हो, उतना ही वह दायित्व अधिक स्पष्ट और अनिवार्य होता है–अविकसित समाज में विकल्प की गुंजाइश कम रहती है। इसी बात को यों भी कहा जा सकता है कि समाज में प्रत्येक व्यक्ति का एक निश्चित धर्म (फंक्शन) होता है, और जितना ही समाज अविकसित होता है, उतना ही वह धर्म रूढ़ और अनिवार्य।[38] इसका अभिप्राय यह हुआ कि अज्ञेय समाज से काटकर व्यक्ति की स्थिति नहीं मानते बल्कि समाज के साथ उसका एक अनिवार्य सम्बन्ध मानते

हैं। अज्ञेय अपनी प्रयोगशील दृष्टि से यह समझ रहे हैं कि आधुनिक समाज में व्यक्ति की भूमिका तर्कणापरक है यानी समाज के सभी क्षेत्रों में व्यक्ति को वैज्ञानिक दृष्टि से विचार करना होगा तभी व्यक्ति समाज को परिवर्तित कर सकेगा। समाज को बदलने का दृष्टिकोण प्रयोगशील दृष्टिकोण है। बिना प्रयोग किए परिवर्तन सम्भव नहीं है। परिवर्तन की यह पूरी प्रक्रिया व्यक्ति की विवेक बुद्धि पर निर्भर करती है। आज के मशीनी युग में थोड़ी सी विवेकहीनता भी समाज के पूरे ढांचे को दूर तक प्रभावित करती है और बहुत दिनों के लिए समाज को विकलांग बना सकती है। भौतिक दृष्टि से आज का समाज जितना विकसित हो रहा है, व्यक्ति के उतने ही विवेकवान होने की जरूरत महसूस हो रही है। लिहाज़ा व्यक्ति और समाज के सम्बन्ध को हम पहले की तरह नहीं देख सकते। अज्ञेय ने अपनी कविता में इस बदलते रिश्ते को आंकने की पूरी कोशिश की है।

(ख) व्यक्ति की इयत्ता का सवाल

व्यक्ति की इयत्ता का समाज में पूर्ण रूप से विलय हो जाना समाज और व्यक्ति दोनों के लिए अहितकर होगा। समाज का विकास व्यक्ति के जागरूक विवेक के ऊपर ही निर्भर है। विवेकवान व्यक्ति ही समाज को परिवर्तन की दिशा दे सकता है और विवेकवान व्यक्ति अपनी इयत्ता बरकरार रखता है, वह समाज के रूढ़ रूप से टकराता है, उससे असहमत होता है। अज्ञेय भी मानते हैं कि निज की इयत्ता को खत्म करके कोई दिशा तलाश नहीं की जा सकती है। यह बात उनकी इस कविता में देख सकते हैं–

किन्तु हम हैं द्वीप।
हम धारा नही है।
स्थिर समर्पण है हमारा। हम सदा से द्वीप हैं स्रोतस्विनी के
किन्तु हम बहते नहीं हैं क्योंकि बहना रेत होना है।
हम बहेंगे तो रहेगें ही नहीं।
पैर उखड़ेंगे। प्लवन होगा। ढहेंगे। सहेंगे। बह जायेंगें।

और फिर हम चूर्ण होकर भी कभी क्या धार बन सकते?
रेत बनकर हम सलिल को तनिक गंदला ही करेंगे।
अनुपयोगी ही बनायेंगे।[39]

इस कविता में व्यक्ति और समाज के बारे में अज्ञेय की अवधारणा स्पष्ट मालूम हो जाती है। जिस तरह नदी में द्वीप के विलय हो जाने से न तो द्वीप की अर्थवत्ता सिद्ध होती है और न ही नदी का कोई विकास होता है क्योंकि बहना रेत होना है। हम बहेंगे तो रहेंगे ही नहीं। पैर उखड़ेंगे। प्लवन होगा। ढहेंगे। सहेंगे। बह जायेंगे। इसी तरह व्यक्ति की इयत्ता का खत्म होना, सब कुछ का खत्म हो

जाना है। लेकिन इसका अभिप्राय यह नहीं है कि अज्ञेय व्यक्ति को बहुत महान मानते हैं और उसे समाज के परिपार्श्व में रखकर नहीं देखते। असल में अज्ञेय व्यक्ति को इसलिए बड़ा मानते हैं क्योंकि वह नियमित सामाजिक परिपार्श्व में रहता हुआ भी उसे बदलता है और नयी गति देता है। इस पर विचार करते हुए अज्ञेय लिखते हैं कि व्यक्ति महान है तो इसलिए नहीं कि वह सर्वथा अननुमेय स्वच्छन्द और अनियमित है, वरन इसलिए कि वह एक अनुमेय और नियमित सामाजिक परिपार्श्व में रहता हुआ भी उसे परिवर्तित करता है और नयी दिशाएं तथा नयी गति दे सकता है। परिपार्श्व के साथ उसके अन्योन्याश्रय को न देखना व्यक्ति को ऐसी बेल मानना है जोकि अपने आधार को मार ही सकती है, और कुछ नहीं कर सकती। ऐसी कल्पना का परिणाम सम्पूर्ण पराजय और निराशावाद ही हो सकता है।'[40] इसलिए अज्ञेय समाज के ऋण को पूरी तरह स्वीकार करते हैं क्योंकि वह मानते हैं कि व्यक्ति में स्पन्दन समाज का ही दिया हुआ है। उसकी धमनियों में समाज ने ही लहू का संचार किया है। उनकी कविता में भी समाज का यह ऋण पूरी तरह स्वीकार किया गया है। इस विषय में अज्ञेय की यह कविता देखी जा सकती है–

तुम्हीं ने दिया यह स्पन्द
तुम्हीं ने धमनी में बांधा लहू का वेग
यह मैं अनुक्षण जानता हूं।
गति जहां सब कुछ है, तुम धृति पारमिता
जीवन के सहज छन्द
तुम्हें पहचानता हूं।
मांगो तुम चाहो तो : मांगोगे, दूंगा
तुम दोगे जो मैं सहूंगा।[41]

अज्ञेय व्यक्ति के निर्माण में समाज के योगदान को निःसन्देह स्वीकार करते हैं और इसीलिए समाज को विकसित करना व्यक्ति का महत्त्वपूर्ण दायित्व मानते हैं। इसके लिए ही अज्ञेय व्यक्ति के व्यक्तित्व को विकसित और कुंठारहित देखना चाहते हैं। व्यक्ति समाज की एक प्रमुख इकाई है। अज्ञेय इस इकाई को समर्थ और सम्भावनापूर्ण बनते देखना चाहते हैं इसलिए वो उस इकाई की इयत्ता के पक्षधर हैं। अज्ञेय मानते हैं कि व्यक्ति समिधा की तरह समाज के महायज्ञ को प्रज्जवलित करता है। बिना समिधा के आग का सुलगना असम्भव है लेकिन समिधा की अपनी एक इयत्ता है जिसे नकारा नहीं जा सकता भले ही वह यज्ञ अग्नि को प्रज्जवलित करने के काम आए। व्यक्ति एक जन है जिसके बिना जिंदगी का गीत सम्भव नहीं, वह एक ऐसा पनडुब्बा है जो समाज रूपी सागर की मथकर जीवन मूल्यों के मोती लाता है, इसलिए व्यक्ति अद्वितीय है। व्यक्ति ही समाज के रूढ़ रूप से टकराकर नए समाज के अनुरूप नई जीवन पद्धतियों को तलाश करता है। व्यक्ति की तर्कणा

शक्ति ही नए और पुराने से टकराती है। इस टकराहट में व्यक्ति टूटता भी है लेकिन टूटर भी नये जीवन मूल्य के मोती समाज को थमा जाता है। यदि व्यक्ति की तर्कणा शक्ति को मार दिया जाये या सांचों में कैद कर लिया जाए तो वहां एक ढर्रेदार समाज का कंकाल ही मिल सकता है। जब तक समाज व्यक्ति को स्वतन्त्रता देने का खतरा नहीं उठाता तब तक कोई भी समाज जीवन के नये कुलाबे नहीं खोल सकता। इसीलिए अज्ञेय व्यक्ति और समाज का सम्बन्ध अन्योन्याश्रित के रूप में मानते है। यानी व्यक्ति का सम्पूर्ण विकास और फिर समाज के प्रति उसका समर्पण। अज्ञेय की कविता में उनका यह विचार बार-बार हमें देखने को मिलता है। जैसे यह कविता–

यह जन है : गाता गीत जिन्हें फिर और कौन गायेगा?
पनडुब्बा : ये मोती सच्चे फिर कौन कृति लायेगा?
यह समिधा : ऐसी आग हठीला बिरला सुलगायेगा।
यह अद्वितीय : यह मेरा : यह मैं स्वय विसर्जित :
यह दीप, अकेला, स्नेह भरा,
है गर्व भरा मदमाता, पर
इस को भी पंक्ति को दे दो ।

यह मधु है : स्वयं काल की मौना का युग-संचय,
यह गोरस : जीवन-कामधेनु का अमृत-पूत पय,
यह अंकुर : फोड़ धरा को रवि को तकता निर्भय,
यह प्रकृत, स्वयम्भू, ब्रह्म, अयुत :
इसको भी शक्ति को दे दो।
यह दीप, अकेला, स्नेह भरा
है गर्व भरा मदमाता, पर
इसको भी पंक्ति को दे दो।[41]

अज्ञेय के लिए व्यक्ति जन है, जो जीवन के गीत गाता है, पनडुब्बा है जो मूल्यों के मोती निकालकर लाता है, समिधा है जो विरल अग्नि को सुलगाता है, वह मधु है जो अपने युग का संचय है, वह गोरस है जो जीवन कामधेनु का अमृत पय, वह एक अंकुर है जो धरा को फोड़ रवि को तकता है, वह अद्वितीय है और समाज को अद्वितीय बनाने के लिए समर्पित है और सही है।

(ग) व्यक्ति सामाजिक संस्कारों का पुंज भी है

व्यक्ति और समाज का प्रगाढ़ सम्बन्ध एक-दूसरे के पूरक हैं। असल में अज्ञेय व्यक्ति को अपने प्रति भी उत्तरदायित्व मानते हैं और समाज के प्रति भी क्योंकि

वह मानते हैं कि 'व्यक्ति अपने सामाजिक संस्कारों का पुंज भी है, प्रतिबिंब भी, पुतला भी, इसी तरह वह अपनी जैविक परम्पराओं का भी प्रतिबिम्ब और पुतला है–जैविक सामाजिक के विरोध में नहीं, उससे अधिक पुराने और व्यापक और लम्बे संस्कारों को ध्यान में रखते हुए। फिर वह इस दाय पर अपनी छाप भी बैठाता है, क्योंकि जिन परिस्थितियों से वह बनता है उन्हीं को बनाता और बदलता भी चलता है। वह निरा पुतला, निरा जीव नहीं है, वह व्यक्ति है, बुद्धि-विवेक-सम्पन्न व्यक्ति।'[42] अज्ञेय का यह चिंतन समाजशास्त्र और मनोविज्ञान की अधुनातन अवधारणा के ऊपर आधारित है क्योंकि व्यक्ति और समाज के सम्बन्धों को जांचते-परखते समय वो एक ओर तो समाज के विकास के इतिहास पर ध्यान देते हैं और दूसरी ओर व्यक्ति के जैविक विकास की ओर। यह दोनों ही छोर व्यक्ति और समाज के सम्बन्धों के महत्त्वपूर्ण छोर हैं। इसलिए डॉ. रामविलास शर्मा साहित्य को विचारधारा मात्र नहीं मानते। उनका मानना है कि मनुष्य केवल आर्थिक जीवन ही नहीं व्यतीत करता बल्कि एक प्राणी के रूप में भी जीवन व्यतीत करता है जिससे साहित्य में उसकी आदिम भावनाएं भी व्यक्त होती हैं। डॉ. शर्मा ने लिखा है कि साहित्य मनुष्य के सम्पूर्ण जीवन से सम्बद्ध है। आर्थिक जीवन के अलावा मनुष्य एक प्राणी के रूप में भी अपना जीवन बिताता है। साहित्य में उसकी बहुत-सी आदिम भावनाएं प्रतिफलित होती हैं जो उसे प्राणीमात्र से जोड़ती हैं। इस बात को बार-बार कहने में कोई हानि नहीं है कि साहित्य विचारधारा मात्र नहीं है। उसमें मनुष्य का इन्द्रिय-बोध, उसकी भावनाएं, आन्तरिक प्रेरणाएं भी व्यंजित होती हैं। साहित्य का यह पक्ष अपेक्षाकृत स्थायी होता है।'[43] रामविलास शर्मा के इस कथन से स्पष्ट हो जाता है कि साहित्य किसी वाद या विचारधारा के सांचे में ढालकर नहीं लिखा जा सकता, वह तो व्यक्ति की भावनाओं और अन्त:प्रेरणाओं से रचा जाता है। अज्ञेय भी सांचे ढले समाज की अपेक्षा कुंठा रहित इकाई को अधिक महत्त्व देते हैं क्योंकि अन्तत: व्यक्ति ही समाज में परिवर्तन का कारण बनता है और सामाजिक परिस्थितियों से व्यक्ति ही टकराता है और नए जीवन मूल्यों का शोध करता है। अपनी कविता में अज्ञेय लिखते हैं–

अच्छी कुण्ठा-रहित इकाई
सांचे-ढले समाज से,
अच्छा
अपना ठाठ फकीरी
मंगनी के सुख-समाज से
अच्छे
अनुभव की भट्टी में तपे हुए कण-दो कण
अन्तर्दृष्टि के,

झूठे नुस्खे वाद, रूढ़ि, उपलबिध परायी के प्रकाश से
रूप-शिव, रूप-सत्य की सृष्टि को।[44]

अज्ञेय 'अनुभव की भट्ठी' में तपी हुई अन्तर्दृष्टि को महत्त्वपूर्ण मानते हैं क्योंकि अनुभव की तपन ही सर्जन करती है। झूठे वादों के नुस्खे छद्म साहित्य को जन्म देते हैं जिससे साहित्य फतवे और नारों से भर जाता है। झूठे वादों और झूठे नुस्खों के बिना लिखा हुआ साहित्य गैर सामाजिक साहित्य न होकर बल्कि वास्तविक अर्थों में साहित्य होता है। अनुभव की भट्ठी की आंच से ही व्यक्ति तैयार होता है यह अनुभव समाज का संचित अनुभव भी होता है और व्यक्ति का उपलब्ध किया हुआ भी। पर समाज का संचित अनुभव भी अन्ततः व्यक्ति का अनुभव ही होता है और व्यक्ति ही उस संचित अनुभव से टकराकर, प्रयोग द्वारा उसे नया आयाम और नई जमीन देता है इसलिए अज्ञेय व्यक्ति और समाज दोनों के अनुभव को महत्त्वपूर्ण मानते हुए भी व्यक्ति की इयत्ता के मिटने के हामी नहीं है। कवि और साहित्यकार होने के नाते अज्ञेय साहित्य और कविता को व्यक्ति के अन्तःकरण से जोड़कर देखते हैं। वह साहित्य को नारे और फतवे न मानकर उसे मानव मन की अभिव्यक्ति का एक सशक्त जरिया मानते हैं और मानते हैं कि अगर कोई नया रहस्यपूर्ण सत्य आविर्भूत होता है तो यह पहले व्यक्ति-चेतना के माध्यम से ही प्रकाश में आता है।[45] इस बात से स्पष्ट हो जाता है कि व्यक्ति और उसकी चेतना अज्ञेय के लिए सर्वाधिक महत्त्वपूर्ण है। इसी मुद्दे पर हम चर्चित लेखक क्रिस्टोफर काडवेल का जिक्र भी कर सकते हैं। काडवेल समाज को महत्त्व देनेवाला अग्रणी लेखक है लेकिन जब उसने कविता पर बात की तो उसने साफ शब्दों में व्यक्ति की इयत्ता को अधिक महत्त्वपूर्ण बताया। उसने कहा कि–

> 'The Phantasy of art, by the constant changes in organisation which it produces in man's ego, makes man conscious of the necessity of his instincts and therefore free.'[46]

इसी के साथ-साथ काडवेल कला को आत्म-साक्षात्कार का भी एक जरिया मानता है बल्कि आत्म-साक्षात्कार को साहित्य की महत्त्वपूर्ण शर्त मानता है। उसने लिखा है–

> 'Art is one of the conditions of man's realisation of himself, and in its turn is one of the realities of man.'[47]

काडवैल के इन वक्तव्यों से जो बात उभरकर आती है, वह यह है कि साहित्य व्यक्ति के आन्तरिक मूल्यों से जुड़ा हुआ है और इसीलिए वह सिर्फ सामाजिक परिवर्तन का एक हथियार नहीं माना जा सकता वह उससे कहीं ऊपर की चीज है। जो लोग साहित्य का इस्तेमाल क्रांति भर के लिए करना चाहते हैं

उनसे काडवैल सहमत नहीं हैं। इसी बात पर टिप्पणी करते हुए काडवैल के चर्चित समीक्षक 'सैमुअल हैनेस' ने कहा है कि–

> Caudwell's intention in this line of argument seems to have been to find a way of treating literature in Marxist terms that would preserve the idea that literature was intrinsically valuable to the individual, and would make art more than an instrument of social change. Particularly in the second half of 'Illusion and Reality', where he discusses the relation of poetry to dream, pahnatasy and illusion, the affect is to separate poetry from direct contact with the objective world of action and to relate it to personal, subjective experience,"the inner world of feelings". There is Little here about art's role in changing the world; Caudwell did not see the revolutionary function of art as crucial and many of his most direct statements about the relation of art to the individual seem ambiguous on the point of action.[48]

इस पूरी चर्चा का अभिप्राय यह है कि व्यक्ति ही मूल्यों का निर्माता है, वही परिवर्तन का कारण है। सम्पूर्ण मानव जाति के शोध से पहले आवश्यक है व्यक्ति का शोध क्योंकि सम्पूर्ण मानव जाति व्यष्टि इकाइयों से अधिक और कुछ नहीं है। यदि व्यक्ति के शोध को नकार दिया जाएगा तो फिर उसके बाद मानवता का शोध सम्भव नहीं रह जाएगा क्योंकि व्यक्ति एक वस्तुगत सत्य है और मानवता तो केवल एक उद्‌भावना है। इसीलिए अज्ञेय समाज की परिपूर्णता और उसके विकास के लिए व्यक्ति को प्राथमिकता देते हैं और उसे सर्वाधिक महत्त्वपूर्ण मानते हैं। अज्ञेय की कविता में उनकी यह अवधारणा गुंथी हुई दिखाई देती है। इसके लिए उनकी यह कविता देखी जा सकती है–

मैं नहीं जानता किसकी वे आंखें थीं,
नहीं समझता फिर उनको देखूंगा
(परिचय मन ही मन चाहा हो, उद्यम कोई नहीं किया),
किन्तु उसी की कौंध
मुझे फिर-फिर दिखलाती है
चेहरे असंख्य,
आंखें असंख्य,
जिनमें सबमें दर्द भरा है
पर जिनको मैं पहले नहीं देख पाया था।
वही अपरिचित दो आंखें ही चिर-माध्यम हैं
सब आंखों से, सब दर्दों से
मेरे चिर-परिचय का।[49]

अज्ञेय के लिए 'सब आंखों से, सब दर्दों से' परिचित होने के लिए 'दो आंखें ही चिरमाध्यम हैं' यानी पूरी मानव-जाति और पूरे समाज के अनुभव को जानने का माध्यम व्यक्ति ही है। व्यक्ति के विवेक की कौंध ही कवि को 'फिर-फिर दिखलाती है चेहरे असंख्य, आंखें असंख्य, जिन सबमें दर्द भरा है।' अज्ञेय समाज के दर्द को और उसके बहुरूपिये चेहरे को व्यक्ति की 'दो आंखों के बिना नहीं समझ सकते हैं। यह स्वाभाविक भी है क्योंकि किसी भी कला में व्यक्ति ही समाज के अनुभव को पेश करता है। यह बात ठीक है कि व्यक्ति के आरंभिक निर्माण में समाज भारी योगदान देता है पर एक स्थिति पर आकर व्यक्ति का विवेक उसी समजा से विद्रोह भी करता है और यहीं से व्यक्ति परिवर्तन का कारण बनता है। समाज के संचित अनुभव से व्यक्ति प्रयोग करता है। प्रयोग की इस प्रक्रिया के दौरान बहुत कुछ टूटता है, बेशक इससे समाज के रूढ़ ढांचे में भी दरार पड़ती है पर प्रयोग की पूरी प्रक्रिया के दौरान व्यक्ति एक नया समाज देख रहा होता है, नई संभावनाओं को तलाश कर रहा होता है।'

यहीं पर व्यक्ति और समाज को लेकर सवाल उठ सकता है कि क्या असाधारण व्यक्ति (एक्सेप्शन) के आचरण और व्यवहार से समाज के नियमों को प्रमाणित किया जा सकता है? क्योंकि समाज के नियम एक-दो दिन में बने नहीं होते हैं। उनके बनने में शताब्दियां लग जाती हैं। फिर शताब्दियों के नियमों को कोई चुनौती कैसे दे सकता है? असल में समाज के हजारों साल पुराने ढांचे को असाधारण विवेक का व्यक्ति ही चुनौती देता है, वही प्रयोग करने का साहस करता है। लेकिन वह विशंष व्यक्ति समाज के नियम-कानून को चुनौती दे डालता है। और समाज को नई दिशा देता है। हो सकता है हमारी यह बात किस्सों की सी बात लगे पर आज वैज्ञानिको ने इस बात की वैज्ञानिकता को पूरी तरह स्वीकार कर लिया है इस विषय में समाजशास्त्रियों का कहना है कि"

> Does the exception prove the rule ? If you throw a ball into the air and it stays up in the air, does this exception prove the rule of gravity ? If not where does the conception come from? Curiously, the idea that the exception proves the rule has been a wholly scientific one—not as it is popularly interpreted, however, the dictionary tells us that the term 'prove' implies testing as well as verification. And it is in this sence of inquiry rather than conclusion that 'prove' has used in the past. Hence, to say that the exception proves the rule is to say that the exception tests the rule. In fact, we may even contend that the expression implies that the exception disproves the rule.[50]

जब हम व्यक्ति के विवेक की बात करते हैं तो हम विवेक की ऐसी असाधारण क्षमता की बात करते हैं जो पूरे समाज को नयी दिशा दें सके। यह विवेक प्रयोगशील होता है। समाज के ढर्रेदार नियम-कानून से असहमत होकर उसे अवैज्ञानिक और अगतिशील सिद्ध करता है।

अज्ञेय ने व्यक्ति और समाज की अवधारणा को प्रयोगशील मानसिकता से समझने की कोशिश की है। समाजशास्त्र की नयी अवधारणाओं के तहत अज्ञेय ने अपने समय के समाज और व्यक्ति को जांचा और परखा है। अज्ञेय का समाज पुराने ढंग का समाज है। ऐसे समाज में व्यक्ति की मानसिकता और उसकी समस्याओं का बदलना भी स्वाभाविक है। अज्ञेय के समाज में व्यक्ति की स्थिति भी बदली है। उसके सामने नये और पुराने का भारी द्वंद्व है। वैज्ञानिक उपलब्धियां जहां एक ओर व्यक्ति को सुविधा प्रदान कर रही हैं तो दूसरी ओर उसे नये प्रकार के तनाव भी दे रही हैं। अज्ञेय ने अपनी कविता और साहित्य में व्यक्ति और समाज के बदलते हुए रूप को, उसके द्वंद्व और तनाव को प्रस्तुत किया है। व्यक्ति और समाज के विभिन्न पक्षों को अज्ञेय कविता में जांचते हैं, उनसे प्रयोग करते हैं और उसके विकास की दिशाएं खोजते हैं। अज्ञेय की प्रयोगशील मानसिकता समाज के पुराने ढांचे से टकराती है। उसे रद्द करती है जीवन की वर्तमान परिस्थितियों के अनुकूल समाज का नया ढांचा खोजती है। अज्ञेय की प्रयोगशील मानसिकता ही कहती है कि 'अच्छी कुंठारहित इकाई, सांचे ढले समाज से।' उनकी कविताओं में हमें आधुनिक समाज की मान्यताएं भी दिखाई देती हैं। उन्हें जांचते-परखते हैं और फिर स्वीकार करके किसी निष्कर्ष पर पहुंचते हैं। यही वह बिन्दु है, जहां अज्ञेय में परम्परा और प्रयोग की टकराहट दिखाई देती है। अज्ञेय का 'व्यक्ति' मध्ययुगीन व्यक्ति नहीं है जो अंधानुकरण करे और समाज के दबाव में आकर रूढ़ मान्यताओं को चुपचाप स्वीकार कर ले। अज्ञेय यदि व्यक्ति की इयत्ता को महत्त्वपूर्ण मानते हैं तो इसलिए कि अज्ञेय का 'व्यक्ति' प्रयोगशील मानसिकता और वैज्ञानिक दृष्टि का व्यक्ति है जो अपनी आवश्यकता के लिए प्रयोग करता है। उनकी कविताओं को ध्यान से पढ़ने पर समझ आ सकता है कि अज्ञेय का परम्परा के प्रति कोई मोह नहीं है। अज्ञेय के लिए जहां परम्परा आवश्यक होती है, वहीं वह उसे स्वीकार कर लेते हैं। ऐसे स्थलों की भी कमी नहीं है जहां भावुकता के खिलाफ पुरानी चीजों को बिना मोह के छोड़ने को कहते हैं। उन्होंने अपनी कविता में लिखा है–

कुछ भूख, कुछ अज्ञान, कुछ लोभ में
अपनी सम्पदा हम रहे हैं खोते।
जिन्दगी में जो रहा नहीं
याद उसकी

बिसूरते लोक गीतों में
कहां तक रहेंगे संजोते![51]

अज्ञेय का यह मानना कि जो जिदगी के लिए अनावश्यक है उसे संजोकर रखना भी अनावश्यक है प्रयोगशील मानसिकता का ही द्योतक है। व्यक्ति और समाज की अवधारणा को भी अज्ञेय ने प्रयोगशील दृष्टि से ही जांचा है इसलिए उनकी कविता आधुनिक कविता है। क्योंकि उनकी कसौटी मौजूदा जिन्दगी है।

बदलते परिवेश की समस्या

अज्ञेय ने अपनी कविता में वस्तु के स्तर पर भी प्रयोग किए हैं। अज्ञेय हिन्दी कविता की पुरानी भावभूमि से आगे बढ़कर जीवन की नयी भावभूमि तक पहुंचते हैं। उनकी प्रयोगशील मानसिकता आधुनिक जीवन की भी पड़ताल करती है। अज्ञेय ने जहां आधुनिक मनोविज्ञान के सत्यों को अपनी कविता का विषय बनाया है। वहीं समाजशास्त्रीय अवधारणाओं का दबाव भी उनकी कविता में है क्योंकि समाजशास्त्र समाज के विभिन्न पक्षों का आधुनिक संदर्भ में अध्ययन करता है। इसलिए वह एक आधुनिक विषय है। अज्ञेय भी अपनी कविता में कवि होने के नाते आधुनिक परिवेश को उतारते हैं। उनकी कविताओं में बदलते हुए परिवेश की समस्याएं और उससे निपटने की जद्दोजहद साफतौर पर दिखाई देती है। छायावादी कवियों ने समाजशास्त्र के मुहावरे को अपनीं कविता में ज्यादा तरजीह नहीं दी। लेकिन अज्ञेय की प्रयोगशील दृष्टि बदलते हुए समाज के अन्तर्द्वन्द्वों को पहचानती है। और उनके साथ विभिन्न प्रयोग करती है। इस प्रयोगशील दृष्टि से अज्ञेय बदलते हुए परिवेश को जीवन के लिए अनुकूल बनाने की कोशिश करते हैं। उसके उपयोगी तत्त्वों को ग्रहण करते हैं क्योंकि प्रयोगशील मानसिकता का व्यक्ति सदैव मनुष्य के जीवन को सुखी बनाने के लिए वैज्ञानिक दृष्टिकोण का इस्तेमाल करता है। प्रयोग का यह चरित्र मनुष्य के लिए सक्षम साधन है । बात्र बर्टन ब्राउन ने इस विषय में लिखा है कि–

> Perhaps the most revolutionary characteristic of expermentalism is its belief that the use of the scientific method can be extended to solve the problems of men in the area of values and moral judgements—to open these traditionally 'closed' regions of human experience to expermental inquiry.[52]

इस कसौटी पर अज्ञेय की प्रयोगशील दृष्टि कविता में प्रमाणित होती है। यहां हम अज्ञेय की उन कविताओं पर चर्चा करेंगे जिनमें नए परिवेश के साथ उनकी प्रयोगशील मानसिकता टकराती है। अज्ञेय ने परिवेश के स्तर पर अपनी कविता में जो प्रयोग किए वह हिन्दी कविता की एक विकासशील स्थिति है। आज के बदलते

मूल्य और बदलती जीवन पद्धति का बोध हमें अज्ञेय की कविता में मिलता है। यहां हम उसकी चर्चा करेगे।

(क) सामाजिक अतंर्द्वन्द्वों को पहचानती प्रयोगशील दृष्टि

अज्ञेय की दृष्टि अपने व्यापक परिवेश को देखती है। इस परिवेश में टूटते हुए मानवीय मूल्य, बढ़ता हुआ शोषण विगलित होती हुई राजसत्ता सभी कुछ कवि की चेतना पर दबाव डालती है और इन सारी परिस्थितियों का असर कवि की कविता पर पड़ता है। जहां अधिकांश छायावादी कविता निजि मन के गहवरों में घुसकर एक रहस्य लोक का निर्माण करती रही वहीं अज्ञेय ने उस समाज की वस्तुगत परिस्थितियों को पहचाना और शोषण करने वाली शक्तियों को बिना किसी लागलपेट के ललकारा भी। जिस समय छायावादी कविता ने रहस्यलोक खड़ा कर दिया था उस समय अज्ञेय की कविता उस रहस्यलोक को तोड़कर समाज की शोषण करने वाली स्थितियों का सामना कर रही थी, अपने परिवेश का प्रामाणिक दस्तावेज बन रही थी। इसका उदाहरण उनकी कविता 'घृणा का गान' है। यह कविता उनके 'बंदी स्वप्न' नामक कविता खंड में छपी जिसमें अज्ञेय की 1933 से 1936 तक की कविताएं हैं। यह काल छायावाद का चरमकाल है। इस युग में नये परिवेश को कविता में आंकना बेशक एक प्रयोगशील मानासिकता का परिचायक है, कविता इस प्रकार है–

तुम, जो बड़े-बड़े गद्दों पर ऊंची दूकानों में,
उन्हे कोसते हो जो भूखे मरते है खानों में
तुम जो रक्त चूस ठठरी को देते हो जल-दान–
सुनो, तुम्हें ललकार रहा हूं, सुनो घृणा का गान!

तुम, सत्ताधारी, मानवता के शव पर आसीन,
जीवन के चिर-रिपु विकास के प्रतिद्वन्द्वी प्राचीन,
तुम, श्मशान के देव! सुनो यह रण भेरी तान–
आज तुम्हें ललकार रहा हूं, सुनो घृणा का गान![53]

इस कविता में हमें बदलते हुए सामाजिक सम्बन्धों की भूमिका का ज्ञान होता है। समाज के बदलने के साथ-साथ सामाजिक सम्बन्ध भी बदल रहे थे। उनका बोध कवि की चेतना को प्रभावित करता है। और कविता की भावभूमि बदलने लगती है। शोषण और अगतिशील तत्त्व तो समाज में पहले भी थे लेकिन कविता के विषय वे कभी नहीं बन पाए। कविता के लिए विषय वो आधुनिक युग में ही बने। अज्ञेय ने अपनी कविता का सम्बन्ध अपने परिवेश के साथ जोड़ा, उसमें सामाजिक स्थितियों और सामाजिक सम्बन्धों का खुलासा हमें देखने को मिलता है। अज्ञेय की

कविता का परिवेश पहले की कविता से बहुत बड़ा है इसलिए उनकी संवेदना का विस्तार भी बहुत बड़ा है। परिवेश का बड़ा होना जहां अज्ञेय के लेखन कर्म को चुनौती है, यही उनकी सम्भाव्य उपलब्धि भी है। अज्ञेय ने स्वंय इस बात को माना है। वह कहते हैं कि 'मेरा परिवेश बहुत बड़ा है। यह बात आपेक्षिक रूप से भी सच है और आत्यान्तिक रूप से भी। मेरा परिवेश प्राचीन लेखक के परिवेश की तुलना में भी बहुत बड़ा और अपने आप में भी बहुत बड़ा है। उसमें एटम बम है और भूदान है, ई.ई.सी. है और नाटो है, पी.एल. 480 है और विएततनाम है, हिन्दी-चीनी भाई-भाई हैं। यूरी गगारिन है, अफ्रो एशियाई एकता है और कांगो और अंगोला है। भारत एक स्वाधीन राष्ट्र है और पीलू मोदी है, हाईथालामस ग्रन्थि है और शतदल पद्म है—सभी कुछ है। जो बहुत से लोगों के लिए था, हो गया है, वह भी है, जो बहुत से लोगों के लिए होगा की कोटि का है वह भी है, और जो भी है वह तो है ही और निरन्तर फैलता जा रहा है।'[54] जैसेकि यह विश्व ब्रह्मांड भी फैलता जा रहा है। जब कवि अज्ञेय का परिवेश बड़ा हो गया तो जाहिर है कि उनकी कविता का परिवेश भी व्यापक हो जाएगा। ऐसी स्थिति में अज्ञेय का कवि अपने परिवेश के साथ विभिन्न प्रकार के प्रयोग करता है। और परिवेशजन्य बहुविध स्थितियां उनकी कविता में आने लगती हैं। अज्ञेय के सामने उसका पुराना परिवेश तो है ही यानी जो बहुत से लोगों के लिए 'था' हो गया है, वह भी है, जो है वह तो है ही, यानी अज्ञेय की कविता को प्राचीन परिवेश ओर वर्तमान दोनों का सामना करना पड़ता है। उनके परिवेश में अगर मन्दिर शिखर है तो कारखाने की चिमनियां भी हैं। मोंटरो का धुआं है तो तारघर की बेडौल इमारत भी है। उनकी कविता परिवेश की सम्पूर्णता को समेटती है। इस व्यापक परिवेश की सम्पूर्णता को समोहित करना अज्ञेय की प्रयोंगशील मानसिकता का परिचय देती है और ऐतिहासिक दृष्टि का प्रमाण भी। इस विषय में अज्ञेय की यह कविता हम देख सकते है—

भोर का बावरा अहेरी
पहले बिछाता है आलोक की
लाल कनियां
पर जब खींचता है जाल को
बांध लेता है सभी को साथ
छोटी-छोटी चिड़ियां
मंझोले परेवे
बड़े-बड़े पंखी
डैनों वाले डील वाले
डौल के बेडौल
उड़ने जहाज

कलस-तिसूल वाले मन्दिर-शिखर से ले
तारघर की नाटी मोटी चिपटी गोल घुस्सों वाली
उपयोग सुन्दरी
बेपनाह काया को :
गोधूली की धूल को, मोटरों के धुएं को भी
पार्क के किनारे पुष्पिताग्र कर्णिकार की आलोक-खची तन्वि
रूप-रेखा को
और दूर कचरा जलाने वाली कल की उद्दंड चिमनियों को, जो
धुआं यों उगलती हैं मानो उसी मात्र से अहेरी को
हरा देगी![55]

इस कविता में अज्ञेय का कवि (अहेरी) अपनी सृजन प्रक्रिया में व्यापक परिवेश के साथ प्रयोग करता है। प्रयोग की मानसिकता के ही कारणवश वह पहले बिछाता है आलोक की कनियां इसी आलोक में वह सम्पूर्ण परिवेश को देखता है और उसके विरोधाभास को भी महसूस करता है। नए और पुराने जीवन मूल्यों की टकराहट और समाज में उनकी अवस्थिति को जानने की कोशिश करता है। अज्ञेय का कवि अपनी कविता में परिवेश को लेकर जब प्रयोग करते हैं तो प्रयोग के प्रकाश से उन्हें एक ही समाज में प्रचलित विभिन्न जीवन पद्धतियां दिखाई देती हैं। जब कवि सृजन प्रक्रिया के जाल को खींचकर समेटता है तो पाता है कि बहुत कुछ सिमट आया है। बहुत कुछ सृजित हुआ है। उसमे चिड़ियां हैं बेडौल उड़नेवाले जहाज हैं, मन्दिर शिखर हैं, तारघर हैं, गोधूली की धूल है, मोटर का धुआं है। कचरा जलाने के कारखाने की चिमनी है यानी बहुत कुछ है। इसमें प्रकृति भी है, मन्दिर शिखर के रूप में धर्म और अध्यात्म की चेतना भी है और जहाज और कारखाने की चिमनी के रूप में अधुनातन विज्ञान भी है। इस तरह अज्ञेय की कविता एक साथ धर्म, अध्यात्म प्रकृति और विज्ञान को अपना विषय बना लेती है। अज्ञेय से पहले शायद ही किसी कवि ने परिवेश के स्तर पर इतने व्यापक प्रयोग किए होंगे। चेतना और अवधारणा के स्तर पर कविता में जो वैविध्य अज्ञेय में दिखाई देता है वह उनकी प्रयोगशील मानसिकता के ही कारण है क्योंकि प्रयोगशील मानसिकता ही परम्परा और नवीनता से एक साथ निबट सकती है। चिड़ियों का और मन्दिर का वर्णन तो पुरानी हिन्दी कविता में भी मिल जायेगा लेकिन अज्ञेय ने पुराने जीवन प्रतीकों को नये सन्दर्भ में रखकर देखा है, यही अज्ञेय की प्रयोगशीलता है। टी.एस. एलियट ने रूडयार्ड किपलिंग की कविता पर बात करते हुए लिखा है कि–

'The word 'experimentation' may be applied, and honourably applied to the work of many poets who develop and change

> in maturity.As a man grows older he may turn to new subject matter, or he may treat the same material in a different way; as we age we both live in a different world, and become different men in the same world.[56]

(ख) मशीन और मनुष्य का रिश्ता

अज्ञेय भी यह समझते हैं कि आज हम एक नयी दुनिया का सामना कर रहे हैं जहां मध्ययुगीन जीवन पद्धति नहीं है बल्कि उसका स्थान विज्ञान ने ले लिया है जहां मनुष्य की बुद्धि को अत्यान्तिक माना जाता है। इसमें कोई सन्देह नहीं कि वैज्ञानिक आविष्कारों ने हमारे परिवेश को बदला है जिससे हमारी मान्यताओं में और उनके आधारों में मूलभूत परिवर्तन आए हैं लेकिन परेशानी की बात यह है कि जितनी तेजी से हमारे जीवन में परिवर्तन आ रहा है उतनी ही तेजी से हम उसे स्वीकार नहीं कर पा रहे हैं, जीवन और आचार में आत्मसात करना तो दूर की बात है। अज्ञेय का मानना है कि यांत्रिक उन्नति आत्मा को प्रेरणा नहीं देती जबकि यह प्रेरणा मानव जीवन के लिए आवश्यक है। वह लिखते हैं कि 'यान्त्रिक उन्नति इसे क्रमशः सुगमतर बनाती जाती है कि मानव अधिकाधिक काम बिना आत्मदान के कर सके। अर्थात् वह क्रमशः अधिकाधिक मानवों का अकेला होना अधाकाधिक सम्भव बनाती जा रही है, यदि वे यान्त्रिक उन्नति पर ही निर्भर करते हैं। यान्त्रिक उन्नति अपने-आपमें दूषित नहीं है। वह मृत्यु सुगमतर बनाती है, इसका अर्थ यह नहीं कि वह जीवन को असम्भव बनाती है। किन्तु यान्त्रिक उन्नति आत्मा को प्रेरणा नहीं देती, और वह प्रेरणा आवश्यक है। उस प्रेरणा के स्रोत की खोज आधुनिक मानव की खोज है।'[57] इस प्रकार यान्त्रिक उन्नति से जो परिवेश बना है उसने मानव के सामने एक ऐसे संकट को पैदा किया है जो पहले नहीं था। अज्ञेय का कवि भी परिवेश की इस घुमड़न और त्रास को महसूस करता है जहां मशीनों की गड़गड़ाहट में आत्माएं प्यासी हैं। कवि अज्ञेय महसूस करते हैं–

किन्तु यहां आसपास
घुमड़न है, त्रास है
मशीनों की गड़गड़ाहट में
भोली (कितनी भोली) आत्माओं की
अनुरणन की मोहमयी प्यास है।

यन्त्र हमें दलते हैं
और हम अपने को छलते हैं
थोड़ा और खट लो थोड़ा और पिस लो–
यन्त्र का उदेश्य तो बस शीघ्र अवकास है।

और अवकाश मात्र एक अवकाश है।

बाहर हैं वे–वही तारे, वही एक शुक्र तारा
वही सूनी ममता से भरा आकाश है।[57]

इस कविता में अज्ञेय नये सन्दर्भ में पुराने और नये परिवेश को देखते हैं। जहां यन्त्र का आविष्कार हमें ब़दलता है वहीं कविता के पुराने उपादान 'वही तारे, वही एक शुक्र तारा, वही सूनी ममता से भरा आकाश' आज एक सूनेपन को जन्म देता है। यानी जिस ढंग से पहले का व्यक्ति आकाश और तारों की छाया में मानसिक शान्ति और भरा-पूरा मन महसूस करता था आज विज्ञानजन्य परिवेश में वह शेष नहीं रहा है। प्रकृति के सम्पर्क से व्यक्ति लगातार कटता जा रहा है और यान्त्रिकता के सम्पर्क में अधिक-से-अधिक आता जा रहा है और इसका कारण है बदलता हुआ परिवेश। कविता में इस अनुभव को लेकर अज्ञेय प्रयोग करते हैं और बदलते परिवेश के सत्य को उद्‌घाटित करते हैं। अज्ञेय की कविता में परिवेश का वर्णन नहीं है बल्कि उसका द्वन्द्वात्मक सम्बन्ध देखने को मिलता है। इसी से अज्ञेय की कविता जीवन की बारीक से बारीक वास्तविकता को पकड़ती है। असल में अज्ञेय की कविता जब यन्त्र युग के खतरे को व्यक्त करती तब वह केवल मशीन का खतरा नहीं है बल्कि वह आधुनिक युग में होनेवाली जीवन की दुर्गति का खतरा है जहां जीवन अभूतपूर्व ढंग से खत्म हो रहा है। जहां 'आसपास घुमड़न है त्रास है' और 'आत्माओं की अनुरणन की मोहमयी प्यास है।' यानी जीवन का अभूतपूर्व संकट। आधुनिक युग पर विचार करते हुए सी.ई. ब्लैक ने लिखा है–

> 'The modern age, more than any other, has been an age of assassinations, of civil, religious, and international wars, of mass slaughter in many forms, and of concentration camps. Never before has human life been disposed of so lightly as the price for immediate goals.'[58]

अज्ञेय आधुनिक युग की इस विसंगति और मानव जीवन पर मंडराते संकट को चेतना के स्तर पर महसूस करते हैं। अज्ञेय चाहते हैं कि मानव और मशीन का रिश्ता मनुष्य की विषमता को दूर करे उसके सुख-दुख में काम आए लेकिन ऐसा न होकर शासक वर्ग ने मशीन या विज्ञान का प्रयोग व्यक्ति को खत्म करने के लिए कर दिया, कन्सनट्रेशन कैंप बने जहां जीवन को खत्म किया गया। मारने वाले को कठिनाई न हो इसके लिए विज्ञान का उपयोग किया गया यानी आधुनिक युग में संवेदना के स्तर पर एक रेतीलापन आ गया। इसके अलावा पूंजीपतियों ने विज्ञान पर एकाधिकार करके आम आदमी को मशीन का ही एक पुर्जा बना दिया। परिवेशजन्य इस पूरी विसंगति को अज्ञेय की कविता झेलती है और हिन्दी कविता

छायावादी रंगीन जिंदगी से अलग होकर एकाएक धुआं उगलती चिमनियों को और पिसते हुए कामगारों के पास आ खड़ी होती है। ऐसे प्रयोग अज्ञेय की कविता में साफ दिखाई देते हैं। जहां मानव और मशीन के रिश्ते को कविता का विषय बनाया गया है। प्रस्तुत कविता में कारखानों और उसमें उबलते हुए आदमी की पीड़ा को अज्ञेय ने महसूस किया है–

पहाड़ियों से घिरी हुई इस छोटी-सी घाटी में
ये मुंह झोंसी चिमनियां बराबर
धुआं उगलती जाती हैं।
भीतर जलते लाल धातु के साथ
कमकरों की दुस्साध्य विषमताएं भी
तप्त उबलती जाती हैं।
बंधी लीक पर रेले लादे माल
चिहुंकती और रंभाती अफराये डांगर-सी
ठिलती चलती जाती हैं।
उद्यम की कड़ी-कड़ी में बंधते जाते मुक्तिकाम
मानव की आशाएं ही पल-पल
उस को छलती जाती हैं।[59]

अज्ञेय महसूस करते हैं कि जिस उद्यम से मानव की मुक्ति सम्भव थी, बदलते हुए परिवेश में वही मानव उद्यम निरर्थक सिद्ध हुआ जिससे मुक्त और शोषण विहीन समाज के निर्माण की आशा पर पानी फिर गया, हर पल उसकी आशाएं उसे छलती जाती हैं। कारखाने की भट्ठी में 'जलते लाल धातु के साथ कमकरों की दुस्साध्य विषमताएं भी तप्त उबलती जाती हैं।' यानी नए परिवेश में आम आदमी की विषमताएं बढ़ी हैं। इन विषमताओं को अज्ञेय की कविता सीधा सामना करती है। अज्ञेय की कविता की विशेषता ही यह है कि वह अपने परिवेश के बहुत-से क्षेत्रों में प्रयोग करती है और ऐसा करके वह वर्तमान जीवन की विषमताओं को सामने लाती है और बहुत से नए सत्य और तथ्य को उद्घाटित करती है।

(ग) विनाशकारी युद्ध की परिस्थितियां

वर्तमान परिवेश की युद्ध भी एक बड़ी समस्या है। आज हम अपने चारों ओर विनाशकारी युद्ध की परिस्थितियों को खड़ा पाते हैं जिसमें मानव की जिजीविषा सहम कर अवरुद्ध हो गयी है और पूरी धरती पर बैर की गहरी लीकें पड़ती जा रही हैं। अज्ञेय की प्रयोगशील कवि मानसिकता अपने परिवेश की इस विसंगति को पहचानती है और मानती है कि आज भी अमानवीयता हमारे परिवेश के लिए एक चुनौती है। अज्ञेय लिखते हैं–

नहीं, अभी कुछ नहीं बदला:
कुछ नहीं रुका है
अब भी हमारी धरती पर
बैर की जलती पगडण्डियां दिख जाती हैं,
अब भी हमारे आकाश पर
धुएं की रेखाएं अन्धी
चुनौती लिख जाती हैं:
अभी कुछ नहीं चुका है।[60]

अज्ञेय की कविता अभी भी युद्ध के खतरे को भांप रही है क्योंकि आधुनिक कवि होने के नाते अज्ञेय राष्ट्रीय और अन्तर्राष्ट्रीय सत्ता की स्थितियों से परिचित हैं। विश्व में महाशक्तियां किस प्रकार हिंसक प्रतियोगिता में जुटी हुई हैं इन सबका असर अज्ञेय की चेतना पर है। हम कह सकते हैं कि अज्ञेय की कविता ऐतिहासिक जागरूकता की कविता है, तभी वह अन्तर्राष्ट्रीय स्तर पर पनपने वाली हिंस्र मनोवृत्ति को पहचानती है। असल में हर प्रयोगशील मानसिकता का व्यक्ति मानव में पनपने वाली हिंस्र मनोवृत्ति को अपने ढंग से पहचानने की कोशिश करता है क्योंकि मानव में निवास करने वाली यह आक्रामक मूलवृत्ति सम्पूर्ण समाज को प्रभावित करती है। इस बात को एल्बर्ट आइन्सटाइन और सिग्मंड फ्रायड जैसे प्रयोगशील मानसिकता के व्यक्तियों ने भी स्वीकारा है। तीस जुलाई सन् 1932 में एल्बर्ट आइन्सटाइन ने फ्रायड को एक पत्र लिखा जिसमें उन्होंने युद्ध से घिरे हुए अपने परिवेश पर चिंता जाहिर की और मानव मन में निवास करने वाली इस आक्रामक मूल वृत्ति के दूरगामी प्रभाव की सम्भावना पर बल दिया। यहां हम उस पत्र से ही यह उद्धरण दे रहे हैं। आइंसटाइन लिखते हैं–

> 'To conclude: I have so far been speaking only of wars between nations; what are known as international conflicts. But I am well aware that the aggressive instinct operates under other forms and in other circumstances. (I am thinking of civil wars, for instance, due in earlier days to religious zeal, but now-a-days to social factors; or, again, the persecution of recial minorities). But my insistencee on what in the most typical, most cruel and exteravagant form of conflict between man and man was deliberate, for here we have the best occasions of discovering ways and means to render all armed conflicts imposible.;[61]

जिस युद्ध को आइंस्टाइन और फ्रायड 1932 में महसूस कर रहे थे और जिसके समाधान ढूंढ रहे थे वही युद्ध 'द्वितीय विश्वयुद्ध' के रूप में घटित हुआ

और इसमें एटमबम का विनाशक प्रयोग हुआ। 'हिरोशिमा' में जो कुछ घटित हुआ वह पूरी मानव ज़ाति के लिए अपशकुन है। कवि अज्ञेय की मानसिकता भी इससे प्रभावित हुई क्योंकि हिरोशिमा अब पूरी मानव जाति का परिवेश बन गया था और इस विश्व परिवेश को अज्ञेय की कविता व्यक्त किए बिना नहीं रहती। एटमबम के विस्फोट से मानव छायाएं पिघल गईं। इस मानवीय त्रासदी के बारे में अज्ञेय लिखते हैं–

फिर?
छायाएं मानव-जन की
नहीं मिटी लम्बी हो-हो कर:
मानव ही सब भाप हो गये।
छायाएं तो अभी लिखी हैं
झुलसे हुए पत्थरों पर
उजड़ी सड़कों की गच पर।

मानव का रचा हुआ सूरज
मानव को भाप बना कर सोख गया।
पत्थर पर लिखी हुई यह
जली हुई छाया
मानव की साखी है।[62]

अज्ञेय की कविता में युद्ध यदि एक समस्या बनता है तो इसलिए कि युद्ध आज के मानव के लिए एक बड़ी समस्या है क्योंकि वह हिंस्त्र मनोवृत्ति का परिणाम है। आज के परिवेश में मानव की हिंस्त्र मनोवृत्ति विज्ञान और यंत्र का अनैतिक प्रयोग कर रही है। जिस प्रकार मध्यकाल में अध्यात्मक रूढ़ियों में पड़कर गतिरोधक और विनाशक हो गया था उसी प्रकार आज विज्ञान के विनाशकारी प्रयोग का खतरा पैदा हो गया है। अणु-शक्ति से मनुष्य को सुविधा दी जा सकती है लेकिन अणु-विस्फोट घातक बनता जा रहा है और द्वितीय विश्वयुद्ध इसका प्रमाण है। हीरोशिमा पर एटमबम का गिरना निःसन्देह विज्ञान का अनैतिक प्रयोग है जो पूरे परिवेश की अनैतिकता को जाहिर करता है। अज्ञेय की अपर्युक्त कविता परिवेश की इस अनैतिक प्रवृत्ति का त्रासद अहसासं है।

(घ) जीवन में छद्म और शोषण की स्थिति

अज्ञेय की कविता पश्चिम के अंधानुकरण पर भी व्यंग्य करती है और भारतीयों के नकली व्यवहार पर भी। आज देश में नकली जीवन की छायाएं हमें अपने आस-पास दिखाई देती हैं। यह नकलीपन आज के परिवेश की एक विशेषता बन गई है जहां प्रेम भी एक छल है और मुस्कराती मुस्कान के पीछे घृणा छिपी

हुई है। यानी पूरे मानवीय सम्बन्धों में एक नकलीपन उतर आया है। यह आज के परिवेश की कटु वास्तविकता है और कवि का परिवेश की इस वास्तविकता से गहरा सम्बन्ध है। सम्बन्ध का यही रूप कवि अज्ञेय की चेतना को छूता है, झकझोरता है। यही सम्बन्ध कवि का परिवेश बनता है। जिंदगी का यह नकलीपन अज्ञेय कविता में भी उभरकर आता है। अज्ञेय लिखते हैं–

नहीं, ये मेरे देश की आंखें नहीं हैं
पुते गालों के ऊपर
नकली भवों के नीचे
छाया प्यार के छलावे बिछाती
मुकुर से उठायी हुई
मुस्कान मुस्कुराती
ये आंखें–
नहीं, ये मेरे देश की नहीं हैं–

तनाव से झुर्रियां पड़ी कोरों की दरार से
शरारे छोड़ती घृणा से सिकुड़ी पुतलियां–
नहीं, ये मेरे देश की आंखें नहीं हैं–[63]

अज्ञेय की यह कविता परम्परा और प्रयोग दोनों से जुड़ जाती है। कवि जब कहता है कि 'नहीं, ये मेरे देश की आंखें नहीं हैं' इसका मतलब है कि वह अपने देश की वास्तविक आंखों को पहचानता है यानी अपनी जातिगत अस्मिता और जीवन व्यवहार की पहचान उसे है इसीलिए वह वर्तमान में उधार लिए जीवन को नकारता है। आज अपने समाज में कवि को एक छलावा और सम्बन्धों में घृणा महसूस होती है जो हमारी परम्परा के अनुकूल नहीं है। यह पश्चिमी सभ्यता का नकारात्मक असर है। अज्ञेय नकलीयत की इस प्रवृत्ति से वर्तमान जीवन को प्रभावित हुआ देखते हैं, लेकिन इसे स्वीकार नहीं कर पाते इसीलिए कहते हैं कि 'ये मेरे देश की आंखें नहीं हैं–' यहीं हम अज्ञेय की परम्परा और नवीनता में फ़र्क करने की क्षमता को देखते हैं। यह क्षमता उनकी प्रयोगशील मानसिकता का द्योतक है जहां वह नए जीवन व्यवहार को भी प्रयोग की कसौटी पर कसकर परखते हैं और उसकी असलियत पर फैसला देते हैं। सम्बन्धों में जहां अज्ञेय को आज नकलीपन दिखाई दे रहा है। वहीं वह समाज में चलती आ रही शोषण की लम्बी प्रक्रिया को भी महसूस करते हैं। इतिहास में शोषण की जो प्रक्रिया चली आ रही है, वह आज भी बदस्तूर चल रही है। जाने-अनजाने आज भी शोषण चक्र जारी है। सामाजिक सम्बन्ध आज भी पूरे तरीके से मानवीय नहीं बन पाये हैं। अज्ञेय की कविता में परिवेश का यह पक्ष भी उजागर होता है। वह लिखते हैं–

उस के बाप का खून
तुम्हारे बाप ने चूसा है
उस के बाप के बाप का
तुम्हारे बाप के बाप ने,
और यों सदियों से होता चला आया है।
हो सकता है तुम्हारे बाप ने
अभी तुम्हें यह नहीं बताया है
और निश्चय ही
रूप-रक्षा के नुस्खों वाली तुम्हारी
रंगीली पत्रिका ने यह तुम्हें नहीं पढ़ाया है

बात यह है कि वह
खून देती हुई भी
अपने खून पर पली है
और तुम
अनजानते भी
उस के खून पर–[64]

अज्ञेय अपनी कविता में पहले से चली आ रही शोषण प्रक्रिया को पहचानते हैं और जानते हैं कि आज भी 'रंगीली पत्रिका' सम्बन्धों के इस मानवीय पहलू पर प्रकाश नहीं डालती है। वह तो केवल 'रूप-रक्षा के नुस्खों वाली' है जो इतिहास की इस कड़वी सच्चाई को छिपाती है।

इस प्रकार हम देखते हैं कि अज्ञेय की कविता पूरे परिवेश को व्यक्त करती है। परिवेश के विभिन्न पहलुओं पर उनकी कविता एक संवाद स्थापित करती है और पूरे परिवेश के साथ प्रयोग करती है। एक आधुनिक कवि के लिए यह स्वाभाविक भी है क्योंकि वह स्वयं उस परिवेश का एक अंग है। इस बारे में ट्रिलिंग लिखते हैं–

> ' The poet, it is true, is an effect of environment, but we must not remenber that he is no less a cause. He may be used as the berometer, but let us not forget that he is also part of the weather.'[65]

अज्ञेय कविता में परिवेश को सिर्फ उतारते ही नहीं हैं, बल्कि उसे परम्परा की टक्कर पर रख कर विभिन्न प्रकार के प्रयोग करते हैं। उसके अच्छे और बुरे सभी पहलुओं पर रोशनी डालते हैं इसलिए अज्ञेय की कविता आधुनिक कविता है और प्रयोगशील मानसिकता की उदाहरण भी।

प्रकृति और नया कवि

(क) तर्कयुक्त सर्जनात्मकता पर बल

अज्ञेय की कविता में पहले की हिन्दी कविता की तरह प्रकृति का एकछत्र वर्णन नहीं है। यहां नयी वैज्ञानिक व्यवस्था में प्रकृति का सम्बन्ध व्यक्ति से किस तरह बना है उसका वर्णन हमें देखने को मिलता है। जिस प्रकार छायावादी कविता में प्रकृति के साथ मानव का एक अमूर्त और रहस्यमय रिश्ता बना हुआ था वैसा अज्ञेय की कविता में नहीं है। अज्ञेय की आरम्भिक कविता पर छायावाद का प्रभाव अवश्य है लेकिन वहां भी छायावादी भावबोध से अलग होने की ही कोशिश है। प्रयोगशील मानसिकता के कवि होने के नाते अज्ञेय ने प्रकृति के साथ व्यक्ति के सम्बन्ध को लेकर बहुत-से प्रयोग किए हैं। प्रकृति के प्रति कवि की पुरानी दृष्टि को तोड़कर प्रकृति को यथार्थ के प्रति नये उन्मेष के उपादान के रूप में अज्ञेय ने देखा है। वर्तमान नयी व्यवस्था में प्रकृति, प्रविधि और मानव के बीच सानुपात सम्बन्ध विकसित करने की कोशिश अज्ञेय की कविता में हमें देखने को मिलती है। अज्ञेय प्रकृति-चित्रण में भी तथ्य ज्ञान की अवहेलना नहीं करते। उनका प्रकृति-परिचय व्यापक है इसलिए उनकी कविता में प्रकृति तथ्य और सत्य के समन्वित रूप को पेश करती है। यही करण है कि नंददुलारे वाजपेयी जैसे आलोचक ने भी इस बारे में उनकी तारीफ की है। वाजपेयी जी स्वीकारते हैं कि 'अज्ञेय जी की नयी काव्य सृष्टि में दो-तीन बातें हमारा ध्यान विशेष रूप से आकर्षित करती हैं। एक है, इस काव्य सृष्टि में प्रकृति की गतियों, रूपों एवं मुद्राओं का साफ अंकन। यद्यपि ये रूप, गतियां और मुद्राएं लेखक की आंतरिक भावना से संपृक्त हैं पर उनमें यथार्थता का पक्ष भी पूरी तरह से भास्कर होता है।'[66] कहने का अभिप्राय यह है कि अज्ञेय प्रकृति को वैज्ञानिक दृष्टि से देखते हैं। इसीलिए प्रकृति भी अज्ञेय को तर्कयुक्त और विज्ञान संगत सृजनात्मकता प्रदान करती है। यही कारण है कि अज्ञेय की कविता प्रचलित सौन्दर्यबोध को तोड़ती है और स्थापित मान्यताओं पर व्यंग्य करती है। जिस प्रकार पुराना कवि क्रौंच को बोलता हुआ सुनकर यही मान लेता था कि क्रौंच अपनी संगिनी के स्मरण के अनुष्टुप बांचता है लेकिन अज्ञेय का कवि इस बात को स्वीकार नहीं करता। वह प्रकृति के सम्पर्क में आकर वास्तविकता तक पहुंचने की कोशिश करता है और कविता में प्रकृति के साथ नए ढंग से प्रयोग करता है। और कहता है कि–

क्रौंच बैठा हो कभी वल्मीक पर
तो मत समझ
वह अनुष्टुप बांचता है संगिनी के स्मरण के–

जान ले, वह दीमकों की टोह में है।
कवि जनोचित न हो चाहे, यही सच्चा साक्ष्य है।[67]

जहां पुराना कवि क्रौंच, कोयल, मोर और कपोत आदि के बोलने को प्रेम की गुहार समझता था वहीं आधुनिक कवि अज्ञेय नए प्रयोग करते हैं और प्रयोग करके प्रकृति और कविता के रिश्ते को वास्तविकता की जमीन पर टिकाते हैं। प्रकृति और कवि के रिश्ते को व्याख्यायित करना भी अज्ञेय के लिए एक कविता है। यानी इस प्रयोगशील मानसिकता के कारण ही पुराने कवि और आधुनिक कवि के बीच संवेदनात्मक अंतर हमें साफ दिखाई देने लगता है। उक्त कविता के संदर्भ में ही डॉ. रामस्वरूप चतुर्वेदी ने लिखा है कि 'आदि कवि और आधुनिक कवि के बीच के संवेदनात्मक अन्तर को स्वचेतन रूप से शायद यहां पहली बार अंकित करने की चेष्टा हुई है। भावना के 'कविजनोचित' आवेग और आवेश पर नहीं उसकी तर्कयुक्त और विज्ञानसंगत सृजनात्मकता पर अज्ञेय बल देते हैं।'[68] असल में अज्ञेय में प्रकृति के तटस्थ, निर्लिप्त, दृश्य चित्र खींचने की प्रवृत्ति कम है, क्योंकि वह कला को 'फोटोग्राफिक' होने से बचाना चाहते हैं, और यथार्थ का केवल वस्तुलक्षी रूप साहित्य का विषय है–ऐसा वे नहीं मानते। अत्यन्त अल्प शब्दों में विशाल कथ्य को समाविष्ट करने का अज्ञेय का प्रयत्न शिल्पगत उपलब्धि तो है ही, छायावादी कवियों की स्फीति से भी उन्हें अलग करता है। उनकी कविता का अध्ययन करने पर महसूस होता है कि जीवन के उत्कट आत्मलीन एवं मूल्यवान क्षण वह प्रकृति के परिपार्श्व में अनुभव करते हैं और जीवन की नई परिभाषाएं भी वह प्रकृति के सम्पर्क में आकर महसूस करते हैं। जैसे इस कविता को हम देख सकते हैं–

पर अब झर-झर
स्मृति–
शेफाली,
यह युग–सरि का
अप्रतिहत स्वर
झर-झर-स्मृति के पत्ते सूखे
जीवन के अन्धड़ में पिटते
मरुस्थल के रेणुक-कण रूखे!
भर-जीवन-गति आनी-जानी
उठती-गिरती सूनी सांसे
लोचन अन्तस् प्यासे-भूखे
अलमस्त चल दिये छलिया से
ये मेघ साहसिक सैलानी![69]

यहां हम देखते हैं कि कवि अज्ञेय प्रकृति के सम्पर्क में आकर जीवन की

एक स्थिति विशेष को महसूस करते हैं। 'सूखे पत्ते' कवि की चेतना में 'जीवन के अन्धड़ में पिटते' व्यक्ति को कौंधा जाते हैं। इसी तरह युग की सरिता का स्वर कवि 'स्मृति शेफाली' में झरता है। यानी युग और जीवन के नए अर्थ प्रकृति के सम्पर्क में आने से कवि के सामने उद्घाटित होने लगते हैं। प्रकृति के सम्पर्क में आने पर ही अज्ञेय की संवेदना का विस्तार और उसका प्रसार होता है। अज्ञेय प्रकृति का सिर्फ वर्णन ही नहीं करते बल्कि उसके साथ प्रयोग करके उसे नयी अर्थवत्ता भी प्रदान करते हैं, नए सत्यों को उससे प्राप्त करते हैं। सागर को देखकर कवि को लगता है जैसे सागर कुछ कह रहा है। भला क्या?–

कहा सागर ने: चुप रहो!
मैं अपनी अबाधता जैसे
सहता हूं, अपनी मर्यादा
तुम सहो।
जिसे बांध तुम नहीं सकते
उस में अखिन्न मन
बहो।[70]

इसी तरह कवि को नदी और आकाश भी कुछ कहते हुए-से लगते हैं और अज्ञेय इन सबकी बातें सुनते हैं और एक जीवन दर्शन की तह तक पहुंचने की कोशिश करते हैं, जीवन के रहस्यों पर से पर्दा उठता हुआ-सा लगता है। नदी और आकाश की आवाज सुनकर अज्ञेय को लगता है–

कहा नदी ने भी: नहीं, मत बोलो,
तुम्हारी आंखों की ज्योति से
अधिक है चौंध जिस रूप की
उस का अवगुण्ठन
मत खोलो।
दीठ से टोह कर नहीं, मन के उन्मेष से,
उसे जानो: उसे पकड़ो मत।
उसी के हो लो।
कहा आकाश ने भी: नहीं, शब्द
मत चाहो।
दाता की स्पर्द्धा हो जहां, मन होता है मंगते का।
दे सकते हैं वही जो चुप, झुक कर ले लेते हैं
आकांक्षा इतनी है, साधना भी लाये हो?
तुम नहीं व्याप सकते, तुम में जो व्यापा है
उसी को निबाहो।[71]

(ख) प्रकृति के प्रति अन्वेषणात्मक मानसिकता

प्रकृति के सम्पर्क में आकर अज्ञेय अपनी प्रयोगशील दृष्टि के कारण मूर्त और अमूर्त दोनों सत्ताओं के रहस्य को जानने की कोशिश करते और प्रकृति के विराट तत्त्वों से जीवन का दर्शन बुनते हैं, उसमें बेशक आत्मलीनता की स्थिति भी होती है। अज्ञेय की कविता प्रकृति के राग-बोध रहित चित्र प्रायः नहीं देती। उनकी कविता में प्रकृति के सुन्दर प्रभाव चित्र मिलते हैं। अज्ञेय की वैज्ञानिक चेतना प्रकृति से टकराती है और चिंतन के स्तर पर विभिन्न प्रयोग करती है। कभी-कभी तो प्रकृति से कवि का संवाद भी होता है और ऐसा लगता है कि प्रकृति व्यक्ति को जीवन का गूढ़ रहस्य और दर्शन बताती चलती है। कवि सभी दृश्यों को देखकर उनमें गहन तल्लीनता का बोध करता है, कभी दृश्यों का चैतन्यीकरण करता है। विशेषता यह है कि यह चैतन्यीकरण यांत्रिक और कोरा कल्पनात्मक न होकर भावों और अनुभूतियों के रस से सिंचित रहता है। प्रकृति में आत्मलीन कवि अज्ञेय कहीं चिन्तनशील होता है और कहीं प्रतीकों को उपलब्ध करता है। ये प्रतीक जीवन-दर्शन का बोध कराने में समर्थ हैं। प्रायः कवि के सौन्दर्य बोध में प्रकृति के शान्त, सौम्य और सुखद परन्तु गतिशील रूप ही अधिक समाविष्ट हैं। अज्ञेय की प्रकृति की कविताओं में जहां संवाद-तत्त्व हैं वहां प्रायः कविता को प्रकृति के उपादानों के व्यापारों से प्रतीकात्मक रूप देकर अर्थ गहनता उत्पन्न हुई दिखाई देती है। यह सब अज्ञेय की प्रयोगशील मानसिकता का ही परिणाम है कि अज्ञेय की कविता में प्रकृति मानव जीवन के बहुत से सवालों का जवाब प्रस्तुत करती है। असल में अज्ञेय के जिज्ञासु मन में जीवन और जगत को लेकर बहुत-से सवाल उठते हैं, उन सवालों से अज्ञेय का कवि टकराता है और इसीलिए वह प्रकृति और परिवेश के साथ विभिन्न प्रयोग करता है। हमें यहां कहना होगा कि अज्ञेय ने परिवेश से काटकर प्रकृति को नहीं देखा। जहां लगता है कि अज्ञेय निर्जन प्रकृति में विचरण कर रहे हैं, वहां भी वह परिवेशजन्य समस्याओं से टकरा रहे होते हैं, आज के सवालों का हल ढूंढ रहे होते हैं। उपवन में जब वसन्त आता है या नभ की छाती से तारा फूटता है तो कवि ने मन में एक भाव जागता है। वह भाव व्यक्ति की कर्म प्रेरणा और उसके परस्पर सम्बन्ध को जांचता है। यही है कवि की प्रयोगशील मानसिकता जहां प्रकृति के सम्पर्क में आकर परिवेशजन्य सम्बन्धों को भी महसूस किया जाता है। इसका उदाहरण अज्ञेय की 'वर्षान्त' कविता में देखने को मिल सकता है-

जिस दिन आया था वसन्त, उपवन में जागी हंसी अतर्कित,
हम सोच रहे थे,
ऋतुओं के अनुक्रम में पहली मधु है, शीत, शरद् या वर्षा।
जिस दिन फूटा तारा-नभ की छाती मानो कंटकित-
हमें यही चिन्ता थी

तारों की किरणें किस कारण कंपती है?
जिस दिन जागा भाव, उलझते बैठे थे हम
जांच रहे थे भावन, चिन्तन, कर्म प्रेरणा के सम्बन्ध परस्पर।[72]

यहां हमें प्रकृति के प्रति एक अन्वेषणात्मक मानसिकता दिखाई देती है जहां विराट् प्रकृति के पीछे छिपे कार्य-कारण सम्बन्ध को जानने की जिज्ञासा है और प्रकृति के परिवेश में व्यक्ति सम्बन्धों को भी जानने की इच्छा है। यानी जांचने-परखने की मानसिकता अज्ञेय के पूरे काव्य में देखने को मिलती है।

(ग) रीतिसम्मत प्रकृति-चित्रण का विरोध

अज्ञेय की कविता में प्रकृति के चित्र रीति-सम्मत और यथातथ्य नहीं है जैसे रीतिकाल के कवि प्रस्तुत करते थे। उनकी कविता में तो व्यक्तिगत दर्शन या निजी अनुभूति की तीव्रता है जो प्रकृति या वस्तुओं के रूप को स्पष्ट या स्फुट करती है। अज्ञेय का कवि पुराने आरण्य कवियों की भांति केवल निर्जन प्रकृति के सम्पर्क में ही नहीं आता बल्कि अपने आस-पास के जीवन के सम्पर्क में रहकर भी प्रकृति को महसूस करता है, यथातथ्य का वर्णन नहीं करता। उनको चांदनी में फैला हुआ आम जन-जीवन भी दिखाई देता है जिसमें जीवन के बहुत-से रूप कुलबुलाते दिखाई देते हैं। इस विषय में अज्ञेय की यह कविता देखी जा सकती है–

झरोखे में से बहती हवा का एक झोंका
इतराता आता है
और इतिहास के पन्नों को उड़ाता हुआ चला जाता है।
दिक्चक्रवाल से सिमट कर चांदनी
झरोखे से झरती हुई
बिल्लौर-सी जम जाती है।

जमी हुई चांदनी के झलमलाते ताजमहल के नीचे
बागड़ियों के झोंपड़ों के छप्पर उभर आते हैं
जिनके खर के आरी सरीखे किनारे मानों आंखों की कोरों को
चीर जाते हैं–
और छप्पर की छत पर बैठी एक भैंस पागुर कर रही है।[73]

यहां अज्ञेय की कविता में प्रकृति निरपेक्ष रूप में चित्रित नहीं हुई है, वह सापेक्ष रूप में ही आयी है। इसीलिए अज्ञेय को 'चांदनी के झलमलाते ताजमहल के नीचे बागड़ियों के 'झोंपड़े' दिखाई देते हैं जिनके 'आरी सरीखे किनारे मानो आंखों की कोरों को चीर जाते हैं।' हम कह सकते हैं कि आधुनिक कवि अज्ञेय का परिवेश जितना व्यापक हुआ है, प्रकृति के साथ उसका रिश्ता भी उसी अनुपात

में बदला है। दूसरे शब्दों में कह सकते हैं कि मानवीय दृष्टि का विकास हमें उनकी कविता में देखने को मिलता है। शास्त्रीय शब्दावली में कहा जाए कि प्रकृति काव्य का आलम्बन न रहकर क्रमशः उद्दीपन होती जाती है और उसका फलक भी व्यापक होता जा रहा है। पहले चांदनी को कवि अकेले में जीता था पर अब चांदनी के साथ झोंपड़ी और पागुर करती हुई भैंस भी शामिल है जिससे प्रकृति का मानव जीवन से सम्बन्ध अब पहले की अपेक्षा दूसरे ढंग का होता जा रहा है। अब कवि प्रकृति की स्निग्धता और कोमलता पर ही मुग्ध नहीं है। अब वह प्रकृति में होने वाली विराट् हलचल, उद्वेलन और टूटन को भी देख रहा है और यह भी महसूस कर रहा है कि प्रकृति की हर टूटन में भी एक जीवन है जो थपेड़ों में आहत होकर भी संघर्षशील है। अज्ञेय की प्रयोगशीलता इस बात में है कि वह वर्तमान परिवेश में मानव जीवन की टूटन महसूस करते हैं पर उस टूटन से हताशा जन्म नहीं लेती है क्योंकि वह विराट् प्रकृति की टूटन से प्रेरणा लेकर जीवन और परिवेश को समझते हैं। उन्हें लगता है कि टूटन कोई अनहोनी नहीं है यह एक स्वाभाविक स्थिति है। इसे वह प्रकृति का नियम मानते हैं। यानी जीवन और मानवेतर प्रकृति दोनों में द्वन्द्वात्मकता का रिश्ता है। दोनों में संघर्ष है, परिवर्तन है और फिर नवजीवन है। प्रकृति और जीवन को इस ढंग से देखना वैज्ञानिक दृष्टिकोण है। इस ढंग से प्रयोगशील मानसिकता का कवि ही देख सकता है। यहां वर्णनात्मकता न होकर द्वन्द्वात्मकता है। कविता के लिए निःसन्देह यह एक नयी दृष्टि है जिसका आधार विज्ञान है। अज्ञेय यदि सागर को देखते हैं तो केवल उसके सतही रूप को नहीं देखते बल्कि उसके अन्दर होने वाली हलचल और टूटन को भी देखते हैं और इस ढंग से प्रकृति के नियम को समझने की चेष्टा करते हैं। यह बात उनकी इस कविता में देखी जा सकती है–

बना दे, चितेरे,
मेरे लिए एक चित्र बना दे।
पहले सागर आंक
विस्तीर्ण प्रगाढ़ नीला,
ऊपर हलचल से भरा,
पवन के थपेड़ों से आहत,
शत-शत तरंगों से उद्वेलित,
फेनोर्मियों से टूटा हुआ, किन्तु प्रत्येक टूटने में
अपार शोभा लिये हुए,
चंचल, उत्सृष्ट,
–जैसे जीवन।
हां, पहले सागर आंक:

नीचे अगाध, अथाह,
असंख्य दबावों, तनावों, खींचो और मरोड़ों को
अपनी द्रव एकरूपता में समेटे हुए,
असंख्य गतियों और प्रवाहों को
अपने अखंड स्थैर्य में समाहित किये हुए,
स्वायत्त,
अचंचल
–जैसे जीवन–

यूं तो हिन्दी कविता में असंख्य बार सागर का वर्णन हुआ है पर द्वन्द्वात्मकता के परिप्रेक्ष्य में सागर को अज्ञेय ने ही पहली बार देखा है। सागर अपने 'नीचे अगाध, अथाह' गहराइयों में जिन असंख्य दबावों, खिंचावों और मरोड़ों को झेलता है और इसके बावजूद 'अपनी द्रव एकरूपता' को समेटे हुए है–इस ढंग से 'सागर' को देखना एक प्रयोग है और फिर इसे जीवन के परिप्रेक्ष्य में देखना तो हिन्दी कविता में प्रकृति को नया आयाम देना है। यहां यह नहीं कह सकते कि अज्ञेय प्रकृति को अकेले होकर जीते हैं बल्कि वह तो अपने जीवन के परिवेशजन्य तनावों को, संघर्षों को साथ रखकर ही प्रकृति का अवलोकन करते हैं और इसीलिए उन्हें प्रकृति में चल रही द्वन्द्वात्मक प्रक्रिया दिखाई देती है। अगर कवि के जीवन को अन्तर्द्वन्द्वों, संघर्षों का अहसास न होता तो वह प्रकृति को भी द्वन्द्वात्मक परिप्रेक्ष्य में नहीं देख सकता था। हो सकता है कि अभी हिन्दी कविता के सामान्य पाठक का मन प्रकृति को देखने की इस दृष्टि से तादात्म्य स्थापित न कर सके पर हिन्दी कविता में प्रकृति के ये दृश्य अनुसंधान माने जायेंगे। डॉ. रामविलास शर्मा ने अज्ञेय के प्रकृति चित्रण के बारे में लिखा है कि 'अज्ञेय का प्रकृति से वह रागात्मक सम्बन्ध है जो उनके काव्य की श्रेष्ठ उपलब्धि है। प्रकृति प्रेम उनमें नैसर्गिक है, खेतों–खलिहानों से दूर साधारणत: उनका मन ऐसे प्राकृतिक दृश्यों में रमता है जो सामान्य हिन्दी पाठक के लिए असाधारण होते हैं शब्दों और उपमानों की तरह वह इस तरह के दृश्य भी काफी अनुसंधान के बाद प्राप्त करते हैं।[74] रामविलास जी की इस बात से स्पष्ट हो जाता है कि अज्ञेय प्रकृति के जिन दृश्यों को चुनते हैं वह असाधारण हैं। असाधारण इसलिए है कि हिन्दी कविता में वे इससे पहले नहीं आए हैं। प्रकृति का यह रूप बकौल रामविलास शर्मा के अज्ञेय 'काफी अनुसंधान के बाद प्राप्त करते हैं।' हमारा तर्क भी यही है कि अज्ञेय की कविता में अनुसंधान की दृष्टि प्रमुख है बल्कि कहा जा सकता है कि उनकी प्रयोग और अनुसंधान की यह दृष्टि हिन्दी कविता को नया आयाम देती है। हिन्दी कविता की प्रकृति चित्रण की परम्परा से अज्ञेय की आधुनिक विचारधाराओं वाली दृष्टि प्रयोग करती है और कविता को वैज्ञानिक दृष्टि के पास ले आती है। यह स्वाभाविक भी है क्योंकि वह वैज्ञानिक

चेतना के कवि हैं। जब उनकी वैज्ञानिक चेतना प्रकृति के साथ रागात्मक सम्बन्ध कायम करती हैं तो कविता में व्यक्ति और प्रकृति का एक नया रिश्ता, नया रूप सामने आता है। यही है उनकी प्रयोगशील दृष्टि।

(घ) प्रकृति के उदात्त चरित्र का प्रभाव

अज्ञेय परम्परा के दाय को प्रयोग की कसौटी पर कसकर अपनाते हैं। परंपरा के ऐसे तत्त्वों को वह स्वीकार कर लेते हैं जो जीवन को उदात्त बनाने में सहायक होते हैं। उन्होंने अपनी कविता में प्रकृति को देखने की वह दृष्टि अपनाई है जो जीवन को मुकम्मल बनाये। प्राचीन हिन्दी कविता में भी प्राचीन कवि प्रकृति के सम्पर्क में आकर बहुत कुछ सीखता था और जीवन की नई परिभाषाएं जान पाता था। जैसे एक बहुचर्चित हिन्दी का दोहा है–

बड़ा हुआ तो क्या हुआ जैसे पेड़ खजूर
पंथी को छाय नहीं फल लागे अति दूर।

यहां हम देखते हैं कि पुराना कवि 'खजूर' को देखकर एक अनुभव प्राप्त करता है और मानव जवीन के लिए एक परिभाषा पर पहुंचता है इसी प्रकार तुलसीदास प्रकृति के सम्पर्क में आकर व्यक्ति के चरित्र की बहुत-सी विशेषताओं को महसूस करते हैं। जैसे–

दामिनी दमक रही घन माहीं। खल के प्रीति जथा थिर नाहीं।
बरखहिं जलद भूमि नियराए। जथा नवहिं बुध विद्या पाए।
बूंद अघात सहहिं गिरि कैसे। खल के बचन संत सह जैसे।
छुद्र नदी भरि चली तोराई। जस थोरेहु धन खल इतराई।[75]

यहां हम देखते हैं कि तुलसी अपनी कविता में प्रकृति का चित्रण मानवीय संदर्भ में करते हैं। प्रकृति के सम्पर्क में आकर वह उसके उदात्त तत्त्वों को देखते हैं और उससे मानव व्यक्तित्त्व की पूर्णता की कल्पना करते हैं। यानी प्रकृति से तुलसी सदैव कुछ न कुछ ग्रहण करते चलते हैं। प्रकृति से अनुभव प्राप्त करके वह जीवन में छिपे उदात्त तत्त्वों को उद्घाटित करते हैं। अज्ञेय अपनी इस काव्य परंपरा का विकास करते हैं। वह भी प्रकृति के उदार और उदात्त तत्त्वों को ग्रहण करना चाहते हैं और उससे एक मुकम्मल व्यक्तित्व की कल्पना करते हैं। प्रकृति से निरंतर शिक्षा ग्रहण करते चलते हैं। अपनी कविता में अज्ञेय प्रकृति से उदात्त तत्त्व ग्रहण करके जीवन को प्रकृति की ही तरह खुला और मुक्त बनाना चाहते हैं। इस बारे में उनकी यह कविता देखी जा सकती है–

सवेरे उठा तो धूप खिल कर छा गयी थी
और एक चिड़िया अभी-अभी गा गयी थी।
मैंने धूप से कहा: मुझे थोड़ी गरमाई दोगी उधार?

चिड़िया से कहा: थोड़ी मिठास उधार दोगी?
मैंने घास की पत्ती से पूछा: तनिक हरियाली दोगी–
तिनके की नोक-भर?
शंखपुष्पी से पूछा: उजास दोगी–
किरण की ओक भर?
मैंने हवा से मांगा: थोड़ा खुलापन–बस एक प्रश्वास,
लहर से: एक रोम की सिहरन–भर उल्लास।
मैंने आकाश से मांगी
आंख की झपकी–भर असीमता–उधार।
सब से उधार मांगा, सबने दिया।
यों मैं जिया और जीता हूं
क्योंकि यही सब तो है जीवन–
गरमाई, मिठास, हरियाली, उजाला,
गन्धवाही मुक्त खुलापन,
लोच, उल्लास, लहरिल प्रवाह,
और बोध भव्य निर्व्यास निस्सीम का:
ये सब उधार पाये हुए द्रव्य।[76]

इस कविता में अज्ञेय प्रकृति के सम्पर्क में आकर उसके उदात्त तत्त्वों से प्रभावित होते हैं और उनसे प्रभावित होकर उन तत्त्वों को मानव जीवन में देखना चाहते हैं और एक मुकम्मल जीवन के निर्माण की बात सोचते हैं। यहां हमें प्रकृति और मनुष्य के बीच में एक सम्बन्ध दिखाई देता है। इस सम्बन्ध को अज्ञेय ने अपने पुराने कवि से जाना है क्योंकि पुराना कवि भी प्रकृति के विराट तत्त्वों को देखता था और मानव जीवन से उनका तालमेल बिठाता था। अज्ञेय भी प्रकृति के विराट् तत्त्वों से प्रभावित होते हैं और ग्रहण करने की कामना करते हैं लेकिन अज्ञेय इस सम्बन्ध का विकास भी करते हैं। वो अब प्रकृति को सतही तौर पर नहीं देखते, वह उसके आन्तरिक संघर्ष को भी पहचानने की कोशिश करते हैं, उसके कारणों को जानने की कोशिश करते हैं और इसके लिए वह वैज्ञानिक दृष्टि का उपयोग करते हैं और इस दृष्टि से नए-नए प्रयोग करते हैं। इसलिए अज्ञेय परम्परा के प्रासंगिक तत्त्वों को स्वीकार करके उसको नए संदर्भों में जांचते-परखते हैं। इसीलिए अज्ञेय परम्परा और प्रयोग के कवि हैं।

अनुभूति के स्तर पर अज्ञेय ने कविता में जो प्रयोग किए उसकी चर्चा हमने यहां की। आगे हम अज्ञेय की कविता में शिल्प के स्तर पर होने वाले प्रयोग की चर्चा करेंगे।

सन्दर्भ

1. Ian Watt—The rise of the Novel (Edition-1968, Penguin Books), p.62
2. अज्ञेय–पूर्वा 'भग्नदूत', (1965), पृ. 26
3. Encyclopedia of Psychology—Vo,. One Editors—H.J. Eysenck, W.Arnold, R. Meili, Pub : Search Press, London. p.313
4. अज्ञेय–पूर्वा (हरी घास पर क्षणभर–1967), पृ. 207
5. Psychiatric Dictionary—Third Edition, Pub : New York Oxford University Press, Leland E. Hinsie & Robert Jean Campbell. P. 257
6. अज्ञेय–क्योंकि मैं उसे जानता हूं, प्रथम संस्करण 1970 पृ. 43
7. अज्ञेय–पूर्वा 'बन्दी स्वप्न'–1967, पृ. 48–49
8. निर्मल वर्मा–कला का जोखिम, पृ. 74 (प्र.सं.)
9. Psychiatric Dictionary—Third Edition Pub. New York Oxford Uni. Press, Leland E. Hinsie & Robert Jean Campbell, p. 245-46
10. अज्ञेय–क्योंकि मैं उसे जानता हूं, प्रथम संस्करण 1970, पृ. 25–26
11. अज्ञेय–पूर्वा–(1965), पृ. 63
12. रामविलास शर्मा–नयी कविता और अस्तित्ववाद (प्र.सं) पृ.: 71
13. अज्ञेय–पूर्वा–हरी घास पर क्षण भर (1967), पृ. 237
14. अज्ञेय–आत्मनेपद (द्वितीय संस्करण), पृ. 34–35
15. अज्ञेय–बावरा अहेरी (द्वितीय संस्करण), पृ. 54
16. रामस्वरूप चतुर्वेदी–अज्ञेय और आधुनिक रचना की समस्या (प्रथम संस्करण–1968), पृ. 151–52
17. अज्ञेय–इन्द्रधनु रौंदे हुए ये (प्रथमावृत्ति), पृ. 20–21
18. अज्ञेय–आंगन के पार द्वार (पंचम संस्करण), पृ. 74–75
19. अज्ञेय–क्योंकि मैं उसे जानता हूं (प्रथम संस्करण), पृ. 47
20. अज्ञेय–क्योंकि मैं उसे जानता हूं (प्रथम संस्करण), पृ. 11
21. सच्चिदानन्द वात्स्यायन–आधुनिक हिन्दी साहित्य (प्रथम सं.), पृ. 229
22. जयशंकर 'प्रसाद'–लहर (नवीं आवृत्ति), पृ. 20
23. अज्ञेय–पूर्वा, पृ. 82 (सं. 1965)
24. वही, पृ. 82
25. वही, पृ. 82
26. नारामन एल.मन, अनु. आत्माराम शाह–मनोविज्ञान (साइक्लोजी). (प्रथम संस्करण), पृ. 15
27. जयशंकर प्रसाद–लहर (नवी आवृत्ति), पृ. 19
28. अज्ञेय– पूर्वा, पृ. 132 (सं. 1965)
29. अज्ञेय–पूर्वा, पृ. 216 (सं. 1965)

30. अज्ञेय (सं.)–तार सप्तक में अज्ञेय का कवि वक्तव्य (चतुर्थ संस्करण), पृ. 272
31. जयशंकर प्रसाद–लहर (नवीं आवृत्ति), पृ. 38
32. अज्ञेय–पूर्वा, पृ. 238 (1965)
33. अज्ञेय–तारसप्तक में अज्ञेय का कवि वक्तव्य (चतुर्थ सं.), पृ. 273
34. कार्ल मार्क्स, फ्रेडारक एगेल्स–संकलित रचनाएं (खंड 3, भाग 2), प्रगति प्रकाशन, मास्को-1978, पृ.
35. अज्ञेय–कितनी नावों में कितनी बार, पृ. 32 (द्वितीय सं.)
36. Ian Watt—The Rise of the Novel (1968), p. 165-66
37. अज्ञेय–क्योंकि मैं उसे जानता हूं, पृ. 53 (सं. 1970)
38. सच्चिदानन्द वात्स्यायन-त्रिशंकु (1973), पृ. 27
39. सच्चिदानन्द वात्स्यायन–आधुनिक हिन्दी साहित्य (प्र.सं.), पृ. 97
40. अज्ञेय–बावरा अहेरी (द्वितीय सं.), पृ. 3
41. अज्ञेय–बावरा अहेरी (द्वि. सं.), पृ. 54
42. अज्ञेय–आत्मनेपद (द्वितीय संस्करण), पृ. 74
43. रामविलास शर्मा–परम्परा का मूल्यांकन (प्रथम सं.), पृ. 11
44. अज्ञेय–अरी ओ करुणा प्रभामय (प्रथम सं.), पृ. 16
45. स. वात्स्यायन–आधुनिक हिन्दी साहित्य (प्र.सं.) पृ. 96-97
46. Christopher Caudwell—Illusion and Reality, p.190
47. ibid., p.298
48. Romance and Realism by Christopher Caudwell, Pub: Princeton University Press, 1970, Edited and Introduction by Samuel Hynes, p.17-18.
49. अज्ञेय–अरी ओ करुणा प्रभामय (प्र.सं.), पृ. 39.40
50. Man and Society, Edited by: Jerome G. Manis, Samuel I. Clark, Pub: The Macmillan Co., New York, p.23
51. अज्ञेय–पहले मैं सन्नाटा बुनता हूं (दूसरा सं.), पृ. 61
52. Bob Burton Brown- the Experimental Mind in education, p.58
53. अज्ञेय–पूर्वा, पृ. 48-49 (1965–सं.)
54. स. वात्स्यायन–आलवाल, पृ. 29 (द्वितीय सं.)
55. अज्ञेय–बावरा अहेरी (दूसरा संस्करण), पृ. 8
56. T.S. Eliot—Selected Prose, Edited by John Hayward 1953, Pub:(Penguin Publishers), p.86
57. अज्ञेय–आत्मनेपद, पृ. 263 (द्वितीय सं.)
58. The Dynamics of Modernization (1967)—C. E. Black, Pub% Harper & Row, New York, Evanston and London, p. 27.
59. अज्ञेय–अरी ओ करुणा प्रभामय (प्रथम सं.), पृ. 45
60. अज्ञेय–कितनी नावों में कितनी बार (दूसरा सं.), पृ. 66
61. Jerome G. Manis, Samuel I. Clark (Editors), Man and Society, Pub: The Macmillan, New York, p. 675.
62. अज्ञेय–अरी ओ करुणा प्रभामय (प्रथम सं.), पृ. 155
63. अज्ञेय–नदी की बांक पर छाया (प्रथम सं.), पृ. 11
64. अज्ञेय–नदी की बांक पर छाया (प्रथम सं.), पृ. 28-29
65. Lional Trilling—The Liberal Imagination (1951), p. 190.

66. नंददुहारे वाजपेयी–धर्मयुग (6 अगस्त-1967), पृ. 19
67. अज्ञेय–पूर्वा (दूसरा सं.), पृ. 231
68. रामस्वरूप चतुर्वेदी–अज्ञेय और आधुनिक रचना की समस्या (प्र. सं.), पृ. 9
69. अज्ञेय–बावरा अहेरी (द्वितीय सं.), पृ. 16
70. अज्ञेय–इन्द्रधनु रौंदे हुए ये (प्रथमावृत्ति), पृ. 14
71. अज्ञेय–इन्द्रधनु रौंदे हुए ये (प्रथमावृत्ति), पृ. 14–15
72. अज्ञेय–बावरा अहेरी (द्वितीय संस्करण), पृ. 19
73. अज्ञेय–इन्द्रधनु रौंदे हुए ये (प्रथमावृत्ति), पृ. 31
74. रामविलास शर्मा–नयी कविता और अस्तित्त्ववाद (प्रथम सं.) पृ. 77–78
75. तुलसी ग्रंथावली (प्रथम खंड–रामचरितमानस), नागरी प्रचारिणी सभा, संस्करण वि. सं. 2030, पृ. 311
76. अज्ञेय–कितनी नावों में कितनी बार (द्वितीय सं.), पृ. 13

अज्ञेय का काव्य-शिल्प : प्रयोग की सार्थक दृष्टि

अज्ञेय ने कविता में शिल्प के स्तर पर प्रयोग करने की आवश्यकता को गहराई से महसूस किया है और ऐसा होना स्वाभाविक भी लगता है क्योंकि अज्ञेय आधुनिक चेतना के कवि हैं। कविता में वह अपने नये अनुभव और परिवर्तित संवेदना को व्यक्त करना चाहते हैं। ऐसा करने के लिए वह शिल्प के स्तर पर बहुत-से प्रयोग करते हैं। इसीलिए उनकी कविता में शब्दों का नये ढंग से प्रयोग दिखाई देता है, नये प्रतीकों की तलाश मिलती है, नये बिम्ब नये अर्थ ग्रहण करने की क्षमता रखते हैं, कविता की आन्तरिक लय का आधुनिक स्वरूप दिखायी देता है। डॉ. रघुवंश का मानना है 'अज्ञेय सजग कलाकार हैं। साक्षात्कृत अनुभव की अभिव्यक्ति के लिए उचित शब्द, भाषा, प्रतीक, बिम्ब खोजने की उनमें सूक्ष्म चेतना कार्यशील रही है।'[1] इसका कारण यह है कि अज्ञेय की कविता सामाजिक परिवर्तन की प्रक्रिया से जुड़ी हुई है। हम देखते हैं कि जैसे-जैसे सामाजिक परिवर्तन की प्रक्रिया तेज होती है वैसे-वैसे काव्यवस्तु भी बदल जाती है, इसमें विस्तार आ जाता है। कवि नये-नये सत्यों को देखता है और उन नये सत्यों को कहने के लिए भाषा को नया अर्थ देने की आवश्यकता महसूस करता है। इसी बिन्दु पर कवि को प्रयोग का सहारा लेना पड़ता है।

अज्ञेय नयी काव्य रचना के लिए ही प्रयोग का सहारा नहीं लेते बल्कि पूर्ववर्ती काव्य परम्परा के तत्त्वों की जांच पड़ताल के लिए भी प्रयोग की कसौटी का उपयोग करते हैं। ऐसा करके वह परंपरा की प्रासंगिकता को जांचते हैं। अज्ञेय मानते हैं कि 'कवि का कार्य नये अनुभवों की, नये भावों की खोज नहीं है, प्रत्युत पुराने और परिचित भावों के उपकरण से ही ऐसी नूतन अनुभूतियों की सृष्टि करना जो उन भावों से पहले प्राप्त नहीं की जा चुकी हैं। वह नये धातुओं का शोधक नहीं है, हमारे जाने हुए धातुओं से ही नया योग ढालने में और उससे नया चमत्कार उत्पन्न करने में उसकी सफलता और महानता है। यह स्थापना शंकनीय जान पड़

सकती है। लेकिन विश्व का महान् साहित्य उठाकर देख डालिए—हमारे परिचित भाव ही हमें मिलेंगे, किन्तु नूतन योगों में।'[2] अज्ञेय का यह 'नूतन योग' ही प्रयोग है जिसके माध्यम से पुरानी परिचित धातुओं को संवेदना के नये सांचों में ढाला जा सकता है। अज्ञेय इसीलिए अपनी कविता में परिचित और परंपरागत भावों के उपकरण से ही आधुनिक संवेदना की सृष्टि करते हैं। उनकी कविता में हमें परंपरागत तत्त्व और आधुनिक संवेदना दोनों ही प्रयोग की कसौटी पर कसे हुए दिखाई देते हैं और प्रयोग की छलनी में छनकर ही परम्परा और आधुनिकता अज्ञेय की कविता में आती है। अज्ञेय ने अभिव्यक्ति के भी तमाम साधनों को प्रयोग की कसौटी पर जांचा और परखा है। भाषा के स्तर पर अज्ञेय ने भरपूर प्रयोग किए हैं। यहां हम अज्ञेय की कविता में शब्द, प्रतीक, बिम्ब, छंद और लय के स्तर पर हुए प्रयोगों की सिलसिलेवार चर्चा करेंगे जिससे हम जानेंगे कि उनकी कविता में परंपरा और प्रयोग एक साथ किस प्रकार चलते हैं।

(क) शब्द का सर्जनात्मक प्रयोग

अज्ञेय हिन्दी के उन गिने-चुने कवियों में से हैं जो आधुनिक और मौलिक चिंतन से युक्त होते हुए भी परम्परा से नहीं कटते। क्योंकि वह मानते हैं कि मौलिकता विकास में ही अन्तर्निहित होती है। उनकी कविता में भाषा की मौलिकता भी इसी रूप में दिखाई देती है। नये शब्द की खोज और शब्द को नया संस्कार देना उनकी प्रयोगशील दृष्टि का एक प्रमुख पहलू है लेकिन इस प्रक्रिया में शब्द-धातु की अवहेलना उन्हें संगत नहीं लगती। यह दूसरी बात है कि वह शब्द-धातु का सृजनात्मक प्रयोग खूब करते हैं। असल में अज्ञेय की कविता भाषा के सतर्क और सृजनात्मक प्रयोग का श्रेष्ठ उदाहरण है। इस विषय में डॉ. रामस्वरूप चतुर्वेदी भी मानते हैं कि 'प्रयोगवाद में अज्ञेय के माध्यम से काव्य-भाषा का पुनर्सृजन आरम्भ होता है। भाषा के सम्बन्ध में अज्ञेय जैसी सावधानी कम ही रचनाकारों ने बरती है। अज्ञेय के प्रशंसक कुछ ऐसे पाठक और समीक्षक हैं जो उनके कथ्य से सहमत न होते हुए भी उनकी कला के बहुत बड़े उपासक हैं। सम्भवत: वे नहीं जानते कि भाषा का अधिक-से-अधिक सतर्क और सृजनात्मक प्रयोग करके ही अज्ञेय ने अपनी कला को इतना निखारा है। भाषा जितनी सृजनात्मक होगी, कलाकृति उतनी ही विशुद्ध और प्रामाणिक होगी है।[3] इसी आधार पर जब हम अज्ञेय की कविता को जांचते-परखते हैं तो हम पाते हैं कि उनकी कविता भाषा के सृजनात्मक प्रयोग करके एक प्रकार के सामाजिक दायित्व का निर्वाह करती है क्योंकि भाषा नि:संदेह एक सामाजिक मसला है। भाषा अथवा शब्द से अलग कोई ऐसा सामाजिक अनुभव नहीं है जो कि आत्यंतिक हो। लिहाजा अज्ञेय ने कविता में भाषा के सृजनात्मक प्रयोग के जरिये सामाजिक दायित्व का निर्वाह किया है।

अज्ञेय को शब्द-प्रयोग की आवश्यकता इसलिए महसूस होती रही है क्योंकि कवि महसूस करता है कि भाषा का व्यापकत्व अब उसमें नहीं है। आधुनिक युग में संवेदना का विस्तार हो रहा है, उसका परिवेश लगातार विस्तृत होता जा रहा है लिहाजा शब्दों में साधारण अर्थ से बड़ा अर्थ उनमें भरने की आवश्यकता कवि को महसूस होती है पर कवि के पास उस बड़े को अपने पाठक के मन में उतार देने के साधन अपर्याप्त हैं इसलिए कवि शब्द प्रयोग करता है। अज्ञेय ने कवि कर्म की इस समस्या पर विचार करते हुए लिखा है–'यह आज के कवि की सबसे बड़ी समस्या है। यों समस्याएं अनेक हैं–काव्य विषय की, सामाजिक उत्तरदायित्व की, संवेदना के पुनः संस्कार की, आदि–किन्तु उन सबका स्थान इसके पीछे है, क्योंकि यह कवि-कर्म की ही मौलिक समस्या है, साधारणीकरण और कम्यूनिकेशन (सम्प्रेषण) की समस्या है और कवि को प्रयोगशीलता की ओर प्रेरित करने वाली सबसे बड़ी शक्ति यही है। कवि अनुभव करता है कि भाषा का पुराना व्यापकत्व उसमें नहीं है–शब्दों के साधारण अर्थ से बड़ा अर्थ हम उसमें भरना चाहते हैं, पर उस बड़े अर्थ को पाठक के मन में उतार देने के साधन अपर्याप्त हैं। वह या तो अर्थ कम पाता है या कुछ भिन्न पाता है।'[4] इसका अभिप्राय यह हुआ कि अज्ञेय शब्द को सम्प्रेषण का ऐसा साधन मानते हैं जो कवि और पाठक के बीच सेतु का काम करते हैं इसीलिए उनकी कविता में भाषा और संवेदना के बीच का तनाव लगातार चलता है और इस तनाव के अनुभव से ही कवि का सृजन कर्म भी प्रभावित होता है। भाषा और संवेदना का यह तनाव ही अज्ञेय को शब्द प्रयोग की ओर ले जाता है। हिन्दी की छायावादी कविता में अधिकांशतः हमें भाषा और संवदेना का यह तनाव दिखाई नहीं देता इसीलिए छायावादी कविता की भाषा बहुत जल्दी रूढ़ और कृत्रिम हो गई। छायावादी कवि शब्द प्रयोग न करके शब्दों की अपनी अर्जित शक्ति को ज्यादा उपयोग में लाए। रामस्वरूप चतुर्वेदी का कहना है कि 'छायावादी कवियों ने द्विवेद्वी युगीन इतिवृत्तात्मक भाषा में अर्थ क्षमता उत्पन्न करने के लिए अपनी काव्य भाषा को प्रयत्न पूर्वक 'काव्यात्मक' बनाया था। यही कारण था कि छायावादी काव्य-भाषा बड़ी जल्दी रूढ़ और कृत्रिम हो गयी। शब्द प्रयोग की अपेक्षा छायावादी कवियों ने शब्दों की अपनी अर्जित शक्ति को अधिक महत्त्वपूर्ण मान लिया। उनका भाव था कि कविता लिखने में 'काव्यात्मक' शब्दों का अधिकाधिक व्यवहार होना चाहिए–ये काव्यात्मक शब्द कोमल, प्रांजल, श्रुतिमधुर माने गये। पर इस प्रकार की स्वीकृति काव्यात्मक शब्दावली की अपनी सम्भावना अपेक्षतया कम थी, क्योंकि कवि ने अपनी सृजनात्मक शक्ति की अपेक्षा शब्दों की बनी-बनायी सृजनात्मक शक्ति पर अधिक भरोसा किया। फलतः एक सीमा के बाद अश्रु, सजनी, परदा, क्षितिज, तम, दीपक जैसी शब्दावली प्रायः रूढ़ और निरर्थक हो गयी। निराला इस संदर्भ में शेष छायावादी कवियों से अलग रहे।'[5] यह एक ऐतिहासिक तथ्य है

कि छायावादी काव्य की भाषा जल्दी की कृत्रिम सिद्ध हो गयी। छायावाद के बाद प्रगतिवादी काव्य का भी कमोबेश यही हाल हुआ। हालांकि प्रगतिवादी कवियों ने सरल और बोलचाल की भाषा का इस्तेमाल अपनी कविता में किया था लेकिन यह प्रयोग सृजनात्मक ढंग से नहीं किया गया। प्रगतिवादी कवियों ने सरल शब्दों का प्रयोग सपाट ढंग से किया। हम यह भी कह सकते हैं कि इन्होंने शब्द धातु का सृजनात्मक प्रयोग नहीं किया, लिहाजा प्रगतिवादी काव्य में फतवे और नारेबाजी की भरमार दिखाई देती है। हिन्दी में छायावादोत्तर काव्य की भी यही दशा है। डॉ. रामस्वरूप चतुर्वेदी का मानना है कि 'यह स्थिति प्रगतिवादी काव्य की न होकर समस्त छायोवादोत्तर काव्य की है। सीधी-सरल भाषा का गैर-सृजनात्मक या कम-सृजनात्मक प्रयोग नागार्जुन और केदार अग्रवाल भी करते हैं, और बच्चन, दिनकर, भगवतीचरण भी। इस सन्दर्भ में अब आगे वाले रचनाकार के लिए समस्या थी'[6] अज्ञेय के सामने भाषा की यह समस्या थी कि उसका सृजनात्मक प्रयोग कविता में कैसे किया जाय। आरम्भ में तो अज्ञेय की काव्य भाषा भी सादी, रंगहीन, अनाकर्षक और छायावादी कविता जैसी ही है लेकिन धीरे-धीरे अज्ञेय की भाषा-क्षमता बढ़ती जाती है। धीरे-धीरे उनकी कविता में मौलिक सृजन के लिए शब्द का मौलिक अर्थ में प्रयोग शुरू होता है। और यहीं से अज्ञेय की सृजनशीलता की सच्ची पहचान भी शुरू होती है। जैसा कि विजयदेव नारायण साही ने कहा है कि 'सृजनशीलता आसान रास्ता छोड़कर नये रास्ते तैयार करती है। जो शब्दों की परिपाटी ग्रस्त-अभिव्यक्ति और बाजारू अभिव्यक्ति, इन दोनों खतरों से बचाकर जीवित अभिव्यक्ति बनाती है। इसलिए वह सृजनशीलता है।'[7] अज्ञेय सृजनशीलता के इस रूप से भलीभांति परिचित हैं इसीलिए वह भाषा को एक नया संस्कार देना शुरू करते हैं। अपने से पूर्व की कविता-भाषा की चुक गई क्षमता से भी अज्ञेय परिचित थे क्योंकि छायावादी कवियों ने शब्दों को इतना घिस दिया था कि उनकी अर्थ सामर्थ्य खत्म हो गई थी। लिहाजा परिपाटीग्रस्त अभिव्यक्ति से बचकर वह नयी भाषा की खोज शुरू करते हैं। यह बात अज्ञेय की इन पंक्तियों में भी व्यक्त हुई है–

बल्कि केवल यही:
ये उपमान मैले हो गये हैं।
देवता इन प्रतीकों के कर गये हैं कूच।
कभी बासन अधिक घिसने से मुलम्मा छूट जाता

अज्ञेय महसूस कर रहे थे कि भाषा का मुलम्मा छूट गया है जिससे उसकी चमक जाती रही है। फिर आधुनिक कवि होने के नाते आधुनिक परिवेश को कविता में व्यक्त करने की समस्या थी। इसके लिए अज्ञेय ने फिर परम्परा के साथ प्रयोग किए। अज्ञेय ने जहां नये शब्दों का निर्माण किया वहीं अपनी भाषा की विशाल

परम्परा का भी दोहन किया है। हम देखते हैं कि उनकी कविता में तद्भव शब्दों के प्रयोग पर काफी बल है। उनकी शुरू की कविताओं में जरूर तत्सम शब्दावली छायावाद के प्रभाव से आयी है पर बाद में तो तद्भव शब्दों का ही प्रयोग दिखाई देता है। उनके आरम्भिक कविता संग्रह 'भग्नदूत' (1929-1932), 'चिन्ता', 'इत्यलम' की कविता पर छायावाद का प्रभाव काफी है पर 'मिट्टी का ईहा खंड' से भाषा पर अज्ञेय की पकड़ लगातार बढ़ती जाती है। अब अज्ञेय भाषा से भरपूर प्रयोग करते हैं। देशज या तद्भव शब्दों का नये संदर्भ में प्रयोग करते हैं लेकिन ऐसा नहीं है कि अज्ञेय ने अपनी कविता में केवल देशज शब्दों का ही प्रयोग किया है, उन्होंने अपने परिवेश से भी शब्द लिए हैं और उनका कविता में प्रयोग किया है। जैसे यह कविता–

उजड़ा सुनसान पार्क
उदास गीली बेंचे–
दूर-दूर के घरों के झरोखों से
निश्चल, उदास परदों की ओट से झरे हुए
आलोक को
–वत्सल गोदियों से मोद-भरे बालक मचल मानो गये हों–
बेंच पर टेहूनी-सा टिका मैं
आंख भर देखता हूं सब।[9]

अज्ञेय की यह कविता 1941 से 1943 के बीच की है। इस कविता में अज्ञेय 'सुनसान पार्क', 'गीली बेंचे', 'परदा' जैसे शब्दों का प्रयोग करते हैं जिससे नई कविता छायावादी शब्दावली से अलग होने का प्रयास करती है। असल में यह कोशिश सिर्फ छायावादी शब्दावली से ही अलग होने की नहीं है बल्कि अपने परिवेश को कविता में व्यक्त करने की भी कोशिश है। पहले के कवि के परिवेश में 'उद्यान' था पर नये कवि के परिवेश में 'पार्क' था और उसमें 'बेंचे' थीं। इसलिए अज्ञेय के लिए नये परिवेश की शब्दावली को कविता में प्रयुक्त करना आवश्यक था। अज्ञेय की यह कोशिश परिवेश के साथ कविता का रिश्ता कायम करने की कोशिश थी। इसीलिए इस कविता का नाम भी 'पार्क की बेंच' दिया है। इसी तरह शुरू की कविताओं में से एक और उदाहरण लिया जा सकता है–

वह हम हों भी
तो यह हरी घास ही जाने:
(जिस के खुले निमन्त्रण के बल
जग ने सदा उसे रौंदा है
और वह नहीं बोली,)

नहीं सुनें हम वह नगरी के नागरिकों से
जिन की भाषा में
अतिशय चिकनाई है साबुन की
किन्तु नहीं है।
करुण
उठो, चलें, प्रिय।[10]

यहां लोगों की भाषा में 'साबुन की चिकनाई' का प्रयोग आज के परिवेश में जन्म लेने वाली कृत्रिमता को पूर्णतया व्यक्त करता है क्योंकि साबुन की चिकनाई नकली और काम चलाऊ है लेकिन अज्ञेय ने कविता में इसका सार्थक और नया प्रयोग किया है। बदले हुए परिवेश में सम्बन्धों की नकलियत एक सच्चाई है। इस सच्चाई का सम्बन्ध आज की कविता से भी होना चाहिए लेकिन इसे कविता की शर्तों पर कविता में कैसे लाया जाए? यह काम अज्ञेय ने किया है–शब्द प्रयोग से। इस कविता में 'साबुन की चिकनाई' एक ऐसा काव्यात्मक प्रयोग है जो बहुत कुछ व्यक्त कर देता है। जिस प्रकार छायावादी कवि की भाषा इतिवृत्तात्मक भाषा से अलग व विशिष्ट थी उसी प्रकार नये कवि अज्ञेय के लिए भी जरूरी था कि वह अपनी संवेदना का काव्य वस्तु के अनुकूल नयी भाषा की तलाश करे। क्योंकि 'किसी नये शब्द को खोजने का अर्थ ही है किसी नये अनुभव-खंड अथवा वास्तविकता के किसी नये पहलू ही खोज ।"[11] भाषा की खोज का अर्थ अपने कथ्य के अनुकूल मुहावरा तलाश करने से ही है। अज्ञेय की शुरू की कविताओं में यह कोशिश हमें बराबर मिलती है। यानी अज्ञेय शुरू से ही भाषा का नया मुहावरा खोज रहे थे। उनकी शुरू की कविताओं में मुहावरे की यह तलाश दिखाई देती है। अज्ञेय शुरू से ही अपने परिवेश की भाषा को कविता में लाने का प्रयास करते रहे हैं इसके लिए उनकी यह कविता भी देखी जा सकती है–

धीरे धीरे धीरे चली जायेंगी
सभी मोटरें, बुझ जायेंगी
सभी बत्तियां, छा जायेगा
एक तनाव भरा सन्नाटा
जो उस को अपने भारी बूटों से रौंद-रौंद चलने वाले
वर्दीधारी का
प्यारा नहीं, किन्तु वांछित है।[12]

इस कविता में अज्ञेय अपने परिवेश को उतारना चाहते हैं और इसके लिए वह भाषा के स्तर पर मुहावरा भी नया तलाश करते दीखते हैं। परिवेश का 'तनाव' भरा सन्नाटा मोटर की बत्तियों के बुझने से और 'भारी बूटों से रौंद-रौंद चलने वाले वर्दीधारी' से उभरकर आता है। छायावादी कविता और प्रगतिवादी कविता में हमें

यह मुहावरा देखने को नहीं मिलता है। अज्ञेय प्रयोगशील मानसिकता के कवि होने के नाते भाषा के स्तर पर प्रयोग करके कविता में अपने परिवेश को लाना चाहते हैं और उसमें सफल भी होते हैं। अपने परिवेश को कविता में उतारने के लिए अज्ञेय बोलचाल की प्रचलित भाषा का प्रयोग करते हैं। इसी से भाषा के विकास के साथ-साथ कविता के शिल्प का विकास भी हमें अज्ञेय की कविता में देखने को मिलता है। जैसे इस तेवर की यह कविता देखी जा सकती है–

जियो, मेरे आजाद देश के शानदार शासकों
जिन की साहिबी भेजे वाली देसी खोपड़ियों पर
चिट्टी दूधिया टोपियां फब दिखाती हैं,
जिन के बाथरूम की संदली, अंगूरी, चम्पई, फाख्तई
रंग की बेसिनी, नहानी, चौकी, तक की तहजीब
सब में दिखता है अंग्रेजी रईसी ठाठ
लेकिन सफाई का कागज रखने की कंजूस बनिये की तमीज–[13]

अज्ञेय ने कविता में भाषा के स्तर पर जो प्रयोग किए हैं उससे उन्होंने परम्परागत साहित्यिक संवेदना को तोड़ा और उसके लिए उन्होंने सबसे पहले कविता के माध्यम भाषा को तोड़ा और इसके जरिए ही अज्ञेय ने हिन्दी की पूरी काव्य परम्परा को परिष्कृत किया और नया संस्कार दिया, ऐसा संस्कार जो बोलचाल की भाषा का था। डॉ. रामस्वरूप चर्तुवेदी ने लिखा है कि 'परम्परागत साहित्यिक संवेदना को तोड़ने के लिए अज्ञेय ने प्रथमतः कविता के माध्यम को तोड़ा। नवलेखन की स्थिति नयी कविता के माध्यम से ही सम्भव हो सकी। छायावाद का प्रभाव क्षेत्र भी कविता था। छायावादी काव्य-भाषा का तोड़ा जाना इस दृष्टि से सबसे अधिक आवश्यक था किसी भी नये भाव-संचरण के लिए। अज्ञेय ने इस स्थिति को समझा और भाषा का नया संस्कार दिया, ऐसा संस्कार जो बोलचाल की भाषा का था। पर इस मौलिक भाषा को जन भाषा कह-समझ कर ही वे सन्तुष्ट नहीं रहे, वरन् उसके माध्यम से उन्होंने समूची काव्य-संवेदना का परिष्कार किया।'[14]

अज्ञेय की कविता में शब्द प्रयोग के द्वारा ही सामाजिक दायित्व का निर्वाह मिलता है। जैसा कि हमने पहले भी लिखा है कि अज्ञेय की कविता में शब्द सामाजिक उत्तरदायित्व का हल प्रस्तुत करते हैं। वह अपने परिवेश पर, सामाजिक संबंधों पर शब्द प्रयोग से ही व्यंग्य करते हैं। अज्ञेय की बहुत-सी कविताओं में साधारण शब्दों द्वारा व्यंग्य की असाधारण सृजना देखने को मिलती है। मिसाल के तौर पर हम उनकी कविता उद्धृत कर रहे हैं जिसमें नगरबोध पर श्रेष्ठ कोटि का व्यंग्य निर्मित हुआ है–

सांप,
तुम सभ्य तो हुए नहीं

नगर में बसना
भी तुम्हें नहीं आया
एक बात पूछूं–(उत्तर दोगे?)
तब कैसे सीखा डसना–
विष कहां पाया?[15]

इस कविता में कवि ने भाषा की सांकेतिकता से ही अनुभूति की गहराई और तीव्रता को उभारा है। भाषा की यह सांकेतिकता शब्द प्रयोग की क्षमता से ही आई है। यहां प्रत्येक शब्द तीखे व्यंग्य की सृष्टि कर रहा है। इस कविता में अज्ञेय ने बिम्ब निर्माण के बिना ही अभिधात्मक शब्दों में असाधारण अर्थ भर दिया है। इस कविता में कवि की संवेदना की तराश संवादात्मक है, जो कि प्रयोग का ही एक प्रमुख पहलू है। संवादात्मक शैली में अनुभूति का भाषिक रूपान्तरण इस कविता की विशेषता है जिससे व्यंग्य तीखे ढंग से उभरकर आया है। व्यंग्य अपने परिवेश के प्रति कवि की जागरूकता तो प्रमाणित करता है और कवि की यह जागरूकता ही परिवेश के लिए कविता के महत्त्व को सिद्ध करती है। इसी से कवि अन्य सामान्य व्यक्ति से अलग और महत्त्वपूर्ण साबित होता है। एफ.आर. लीविस ने कविता के बारे में लिखा है कि–

'Poetry matters because of the kind of poet who is more alive than other people, more alive in his own age.'[16]

कवि अपनी जागरूकता को अपनी कविता के जरिये ही साबित करता है और कविता में भी व्यंग्य द्वारा खासतौर पर। अज्ञेय ने वर्तमान व्यवस्था के चरित्र को अपनी कविता में व्यंग्य द्वारा उभारा है। जैसे आजादी के बाद नेताओं द्वारा अपने झूठे बलिदानों का ढिंढोरा पीटना। स्वतन्त्रता के बाद लोगों में अपने को मसीहा सिद्ध करने का चलन शुरू हुआ। झूठे मसीहापन को भुनाने की पुरज़ोर कोशिश होने लगी। अपने को पहचनवाने की एक अंधी दौड़ आजादी के बाद शुरू हुई। कवि अज्ञेय ने व्यवस्था के इस झूठे चरित्र को व्यंग्य के जरिये अपनी कविता का हिस्सा बनाया। इस सिलसिले में अज्ञेय की यह कविता देखी जा सकती है–

ओ मेरे मसीहा,
हाय मेरे मसीहा!
आजादी के बीस बरस निकल गये
और तुम्हें कुछ नहीं मिला–
एक कमबख्त कम-से-कम पहचाना जा सकने वाला
जटियल सलीब भी नहीं:
जब कि इतने-इतने मन्दिरों और रथों से इतनी-इतनी काठ-मूर्तियां
तोड़ी-उखाड़ी जा कर रोज बिक रही हैं इतने अच्छे दामों!

हाय मेरे मसीहा!
बिना सलीब के तुम्हें कोई पहचाने भी तो कैसे
और जो तुम्हें नहीं पहचाने
उसकी आजादी क्या?
पहचान तो तुम्हें, फकत तुम्हें, हुई–
आजादी की भी और अपनी भी![17]

इस कविता में भी संवादात्मकता के जरिये कवि ने व्यंग्य की सृष्टि की है और व्यंग्य द्वारा परिवेशगत स्थिति को एक रूप दिया है। आजादी के बाद राजनीतिज्ञों में उभरी एक विशेष प्रकार की फूहड़ और खुदगर्ज मानसिकता को कवि ने उभारा है। इस प्रकार हम देखते हैं कि अज्ञेय भाषा के स्तर पर विभिन्न प्रयोग करके कविता को शिल्प के स्तर पर एक नया आयाम देते हैं। अज्ञेय ने सामाजिक स्थितियों पर सहज बोलचाल की भाषा में व्यंग्य किए हैं। यह व्यंग्य हिन्दी की पुरानी परंपरा की भी याद दिलाते हैं जहां सामाजिक-राजनैतिक हालातों पर व्यंग्य किया जाता था। कबीर ने अपने समय की कुरीतियों पर व्यंग्य किया। जैसे–

कांकर पाथर जोर के मस्जिद लई बनाय।
ता ऊपर चढ़ि मुल्ला बाग दे
क्या बहिरा हुआ खुदाय।

यहां कबीर ने धार्मिक पाखंड पर व्यंग्य करके आदमियत को तलाशने की कोशिश की है। अज्ञेय भी भाषा और व्यंग्य की परंपरा को अपने परिवेश के लिए प्रयोग की कसौटी पर कसते हैं और व्यंग्य का समसामयिक प्रयोग करते हैं। अज्ञेय आज के परिवेश में लुप्त होती हुई फकत आदमियत को ढूंढते हैं। इसी तलाश पर उनकी यह कविता शब्द प्रयोग के जरिये व्यंग्य की सृष्टि करती है–

अरे भैया पंडिज्जी ने पोथी बन्द कर दी है।
पंडिज्जी ने चश्मा उतार लिया है
पंडिज्जी ने आंखें मूद ली हैं ।
पंडिज्जी चुप-से हो गये हैं ।
भैया, इस समय
पंडिज्जी
फकत आदमी है ।[18]

यह कविता भी अज्ञेय के शब्द प्रयोग का कौशल प्रस्तुत करती है ।

अज्ञेय ने जहां नये परिवेश के लिए शब्दों का कविता में प्रयोग किया वहीं तद्भव शब्दों के प्रयोग पर भी खूब बल दिया। अज्ञेय की मानसिकता परम्परा के साथ प्रयोग करने की है इसीलिए उन्होंने अपनी कविता में बने-बनाये काव्यात्मक

शब्दों की बजाय तद्भव शब्दों का सर्जनात्मक प्रयोग किया। यह ठीक है कि अज्ञेय की शुरू की कविताओं में सपाट और रंगहीन भाषा मिलती है और यह भी ठीक है कि अपने से पूर्ववर्ती रचनाकाल की भाषा की छाया भी उनकी कविता में है लेकिन यह भी सत्य है कि आरम्भ से ही अज्ञेय की कविता में भाषा-निर्माण का उपक्रम भी दिखाई देता है। उनकी कविता में क्रमशः तद्भव और देशज शब्दावली का सर्जनात्मक प्रयोग हमें दिखाई देता है। अज्ञेय के 'इत्यलम' नामक कविता संग्रह के अन्तिम खण्ड 'मिट्टी की ईहा' (1946) से हमें शब्द प्रयोग की शुरूआत मिलती है। यहां से भाषा पर कवि की पकड़ लगातार मजबूत होती जाती है और तद्भव और देशज शब्दों का सर्जनात्मक प्रयोग लगातार बढ़ता जाता है। 'हरी घास पर क्षण भर' (1949) में यह प्रयोग और भी समर्थ रूप में हमारे सामने आता हैं यहां हम इन दोनों कविता-संग्रहों से एक-एक उदाहरण देकर अपनी बात सिद्ध करेंगे। 'मिट्टी की ईहा' खण्ड की कविता है–

आया हचकोला फाग का
खग लगे परखने नये-नये सुर
अपने-अपने राग का
(बिसरा कर सुध, कल बन जायेगा
यही बगुला आग का!)
बिगड़ी बयार को ले जाने दो
सूखे पीले पात पुरानी चैत के!
इठलाती आयी फुनगी,
पावस में डोल उठी हरखायी नैया
दिन बदला उनका, जब है काल खेबैया!

सहसा झरा फुल सैमर का
गरिमा –गरिम, अकेला, पहला,
क्या टूट चला सपना बसन्त का
चौबारा, चौमहला
न लाल-रूपहला?
झर-झर-झर लग गयी झड़ी-सी
टहनी पर बस टंगी रह गयी अर्थहीन उखड़ी-सी
टुच्ची-बुच्ची ढौंड़ियां लंढूरी
पर खौसे झुलसे पाखी-सी
खिसियाये मुंह बाये!
पहले ही सकुची-सिमटी

दब गयी पराजय के बोझ से लद
किसान की झुकी मड़ैया![19]

इस कविता में कवि ने अपनी लोक भाषा की परम्परा को एक बार फिर टटोला है और छायावादी कविता की शब्दावली से अलग हटकर देशज शब्दों का सर्जनात्मक प्रयोग किया। यहां कवि ने अब तक प्रायः उपेक्षित इस तद्भव शब्दावली के ईंधन का प्रयोग अपनी अनुभूति को व्यक्त करने के लिए किया है। हिन्दी में ऐसे देशज शब्दों का प्रयोग प्रेमचन्द की भाषा में ही देखने को मिलता है। यद्यपि प्रेमचन्द ने गद्य में ही लोकज मुहावरे को प्रस्तुत किया जबकि लोक भाषा के मुहावरे का कविता में प्रयोग करना कठिन काम है। अज्ञेय ने अपनी प्रयोगशील मानसिकता से इस कठिन काम को भी सम्भव बनाया। चन्द्रकान्त बांदिवड़ेकर कहते हैं–"प्रेमचन्द की भाषा एक ओर सरल, दांव-पेंचहीन, अभिधात्मक और स्पष्ट थी, परन्तु दूसरी ओर लोक जीवन से गहरे स्तर पर संपृक्त थी और उसका एक प्रमाण उनके द्वारा प्रयुक्त लोकभाषा का प्रचलित मुहावरा है। लोक-प्रचलित वाक्य प्रचारों, मुहावरों तथा किंवदन्तियों का प्रयोग लोक-संसक्ति और भाषा प्रभुत्व का परिचायक तो है ही, भाषा के स्पन्दन और जीवन्तता का भी वह प्रमाण है। अज्ञेय की कविता में यह प्रयोग पर्याप्त मिलता है। गद्य, जो बोलचाल और जीवन-व्यवहार के अधिक निकट होता है, में यह प्रयोग काव्य की अपेक्षा अधिक सरल होता है। कविता में बड़ी कठिनाई से कवि इस प्रकार का अंदाज भाषा को दे पाता है।"[20] अज्ञेय ने प्रयोग के जरिए इस कठिन काम को किया। हमें यहां से आगे की हिन्दी कविता के लिए भाषा निर्माण की एक भूमिका भी दिखाई देती है जिसे अज्ञेय क्रमशः और समर्थ बनाते जाते हैं। इसी कविता संग्रह की एक और कविता देखी जा सकती है–

किन्तु बसन्त के उस अल्हढ़ दिन में
एक भिदे हुए, फटे हुए लौंदे के बीच से बढ़कर
अंकुर ने
तुनककर कहा–
'मिट्टी ही ईहा है।'[21]

हम देखते हैं कि दार्शनिक और गम्भीर अनुभूति की अभिव्यक्ति के लिए अज्ञेय देशज और लोकज शब्दावली का प्रयोग करते हैं यानी अपनी परम्परा का दोहन भाषा के स्तर पर भी अज्ञेय भरपूर ढंग से करते हैं। अज्ञेय अचानक छायावाद की तत्सम भाषा से अलग होकर बोलचाल की लोकज भाषा में प्रयोग शुरू कर देते हैं क्योंकि अज्ञेय जानते हैं कि कविता जितनी बोलचाल की भाषा में की जायेगी उतनी ही अपने युग से सम्पृक्त रहेगी और उतनी ही आम आदमी से जुड़ पायेगी

इसलिए उपर्युक्त कविताओं में हमें भाषा और संवेदना का सन्तुलन बढ़ता हुआ दीखता है। 'मिट्टी की ईहा' के बाद उनके अगले कविता संग्रह 'हरी घास पर क्षण भर' में भी लोकज शब्दों का प्रयोग दिखाई देता है। प्रकृति चित्रण के लिए जहां छायावादी कवि ने कृत्रिम भाषा का प्रयोग किया वहीं अज्ञेय ने उसके लिए देशज शब्दावली का प्रयोग शुरू किया। 'हरी घास पर क्षण भर' से एक कविता देखी जा सकती है–

छिटक रही है चांदनी
मदमाती, उन्मादिनी,
कलगी मोर सजाव ले
कास हए हैं बावलै,
पकी ज्वार से निकल शशों की जोडी गयी फलांगती–
सन्नाटे में बांक नदी की जगी चमक कर झाकंती!

क[illegible] झीना और महीन
झर-झर [illegible] अकासनीम,
उजली-लालिम मालती
गन्घ के डोरे डालती,
मन में दुबकी है हुलास ज्यों परछाईं हो चोर की–
तेरी बाट अगोरते ये आंखें हुई चकोर की![22]

अज्ञेय की यह कविताएं अपने-अपने ढंग से भाषा के विकसनशील आधुनिक रूप पर जोर देती हैं और छायावादी रहस्यवाद से छूटने की कोशिश करती भी दिखाई देती हैं। असल में अज्ञेय में अपनी शुरू की काव्य भाषा से (भग्नदूत आदि) अलग हटने में एक पूरी जद्दोजहद दिखाई देती है। यह जद्दोजहद आधुनिक भाव-बोध को व्यक्त करने के लिए नयी भाषा को तलाशने की है। इसीलिए अज्ञेय शुरू की सपाट भाषा से शुरू होकर आखिर तक नयी भाषा की तलाश में दिखाई देते हैं। डॉ. रामस्वरूप चतुर्वेदी का कहना है कि 'अज्ञेय की आरम्भिक कविताओं की सामान्य भाषा को, यत्किंचित अंग्रेजी-उर्दू मिश्रण और अपने से पूर्ववर्ती तीन रचना-कालों की छायाओं के बावजूद, मूलतः सपाट और रंगहीन कहा गया हैं यह भी संकेत किया गया है कि नयी काव्य भाषा के निर्माण की भूमिका में कवि ने सम्भवतः जान-बूझकर पहले के सभी रंगों को विलुप्त कर देना चाहा है। सफरमैना के इस काम के. बाद कवि में अपनी काव्य-भाषा के निर्माण के उपक्रम मिलते हैं। इस निर्माण की प्रक्रिया में आरम्भिक सपाट भाषा के स्थान पर रचनाकार क्रमशः तद्भव और देशज शब्दावली के आधार पर अपनी काव्य भाषा विकसित करने लगता है। अब तक प्रायः उपेक्षित इस तद्भव और देशज शब्दावजी के ईंधन को लेकर कवि

शब्दों की बनी-बनायी, उच्छिष्ट सर्जनात्मकता का सहारा न लेकर अपनी सर्जनात्मक क्षमता पर अधिक निर्भर करता है।'[23]

इस प्रकार अगले कविता संग्रहों में अज्ञेय का तद्भव शब्दों पर बल लगातार बढ़ता चला जाता है। 'बावरा अहेरी' (1954) और 'इन्द्रधनु रौंदे हुए ये' (1957) नामक अपने अगले कविता संग्रहों में अज्ञेय ने देशज शब्दों का प्रयोग सर्जनात्मक रूप से किया है। ऐसा उन्होंने फैशन के तौर पर नहीं किया बल्कि उन्होंने अपनी बोलचाल की भाषा को कविता के नये सन्दर्भों से जोड़ा है। अज्ञेय ने इन भाषागत प्रयोगों के जरिए जहां भाषा के विकास की सम्भावना को खोला है वहीं संस्कृति के विकास को भी अपनी कविता से जोड़ा है क्योंकि भाषा भी संस्कृति का अंग है और भाषा का विकास संस्कृति के विकास से जुड़ा है। भाषा का विकास भी समाज के अन्तर्विरोधों से होता है। यानी भाषा का विकास सामाजिक विकास के प्रक्रिया से जुड़ा है क्योंकि भाषा की विषय-वस्तु समाज-व्यवस्था के बदलने के साथ परिवर्तित होती है। इस विषय में डॉ. रामविलास शर्मा ने लिखा है कि 'भाषा भी संस्कृति का अंग है। उसके विकास का अध्ययन उसे संस्कृति का अंग मानकर ही किया जा सकता है। कुछ लोग परिवर्तन को विकास का पर्याय मानते हैं, जो सही नहीं है, प्रयत्नलाघव, वर्ण-विपर्यय, समीकरण आदि के सिद्धान्तों से भाषा के विकास की व्याख्या नहीं की जा सकती। अर्थ संकोच, अर्थ-विस्तार आदि के नियम भी विकास की व्याख्या करने में असमर्थ सिद्ध होते हैं। सामाजिक विकास बाह्य अन्तर्विरोधों से होता है या समाज के अपने अन्तर्विरोधों से। ये दोनों तरह के अन्तर्विरोध परस्पर मिलकर भी काम करते हैं। भाषा के रूप और उसकी विषय वस्तु पर इनका प्रभव पड़ता है।'[24] अज्ञेय की कविता में भी हमें भाषा के रूप और उसकी विषय-वस्तु का विकास लगातार दिखाई देता है।

छायावादी कविता की भाषा और विषयवस्तु दोनों ही आधुनिक कवि के लिए अप्रासंगिक हो गई थीं। उसे नये परिवेश और बदलते हुए समाज के लिए या तो नयी भाषा की जरूरत थी या पुराने शब्दों की क्षमता का नये सन्दर्भों में प्रयोग करने की आवश्यकता थी। आधुनिक कवि होने के नाते अज्ञेय ने नये शब्दों के साथ-साथ बोलचाल के तद्भव शब्दों की ताकत का नये सन्दर्भों में प्रयोग किया यानी अपनी परम्परा के साथ प्रयोग किया। 'बावरा अहेरी' और 'इन्द्रधनु रौंदे हुए ये' में अज्ञेय की यह प्रयोगशीलता पूरी तरह दिखाई देती है। भाषा और वस्तु का विकास किस तरह आधुनिक कविता में आया इसका उदाहरण अज्ञेय के 'बावरा अहेरी' संकलन की इस कविता से साफ दिखाई दे जायेगा–

भोर का बावरा अहेरी
पहले बिछाता है आलोक की
लाल-लाल कनियां

पर जब खींचता है जाल को
बांध लेता है सभी को साथ :
छोटी-छोटी चिड़ियां
मंझोले परेबे
बड़े-बड़े पंखी
डैनो वाले डील वाले
डौल के बेडौल
उड़ने जहाज
कलस-तिसूल वाले मन्दिर-शिखर से ले
तारघर की नाटी-मोटी-चिपटी-गोल घुस्सोंवाली
उपयोग सुन्दरी
बेपनाह काया को
गोधूली की धूल को, मोटरों के धुएं को भी
पार्क के किनारे पुष्पिताग्र की आलोक-खची तन्वि
रूप रेख को
और दूर कचरा जलानेवाली कल की उद्दंड चिमिनियों को, जो
धुआ यों उगलती हैं मानों उसी मात्र से अहेरी को
हरा देंगी![25]

इस कविता में अज्ञेय ने बदलते हुए परिवेश को उतारा है जैसे कवि के सामने 'तारघर की नाटी-मोटी-चिपटी-गोल घुस्सोंवाली बेपनाह काया' है लेकिन उसे उभारने के लिए 'कलस तिसूलवाले मन्दिर-शिखर' हैं जो प्राचीन जीवन पद्धति और विश्वास के प्रतीक हैं। परम्परा और नवीनता को कविता में व्यक्त करने के लिए जहां उन्होंने नये शब्दों का प्रयोग किया (चिमनियां, कचरा, तारघर, पार्क, जहाज आदि) वहीं तद्भव शब्दों का नये सन्दर्भ में प्रयोग किया है जैसे मोर, बावरा, मंझोले, परेवे, डैनोंवाले, डील, बेडौल, कलस-तिसूल, गोधूली की धूल आदि। अज्ञेय की इसी भाषागत विशेषता को देखते हुए डॉ. रघुवंश ने लिखा है 'अज्ञेय की विशिष्टता है कि उन्होंने भाषा को साधारण, अनगढ़ और लोक-प्रयोग के स्तर से युग-बोध के जटिल और सूक्ष्म संवेदना की अभिव्यक्ति का माध्यम बनाया है। यह कठिन कार्य था, परंतु इस क्रान्तिकारी प्रयोग के बिना काव्य को आधुनिक संवेदनाओं और अनुभवों की अभिव्यक्ति का वाहक बनाया भी नहीं जा सकता था। उसी प्रकार उनके काव्य में प्रयुक्त उपमानों, बिम्बों तथा प्रतीकों में युग-जीवन के नये और ताजे सन्दर्भ गृहित हैं।'[26]

असल में अज्ञेय कविता में भाषा और वस्तु दोनों के साथ इकट्ठा प्रयोग करते हैं जिससे बोलचाल के शब्द नयी अनुभूति को भरपूर व्यक्त करते हैं। 'बेडौल

उड़ने जहाज' एक ऐसा ही प्रयोग है। इसे हवाई जहाज या 'एरोप्लेन' नहीं कहा गया क्योंकि तद्भव शब्दों की ताकत को अज्ञेय एक बार फिर तोलना चाहते हैं। इसी तरह 'इन्द्रधनु रौंदे हुए ये' में भी बहुत-सी कविताओं में तद्भव शब्दों का प्रयोग देखने को मिलता है जहां तद्भव शब्द प्रयोग की कसौटी पर कसे जाने के बाद आधुनिक संवेदना को भरपूर व्यक्त करते हैं। इस विषय में यह कविता देखी जा सकती है जिसमें देशज शब्दावली का प्रयोग किया गया है–

खोज में जब
निकल ही आया
सत्य तो बहुत मिले
कुछ नये कुछ पुराने मिले
कुछ अपने कुछ बिराने मिले
कुछ दिखावे कुछ बहाने मिले
कुछ अकड़ू कुछ मुंह-चुराने मिले
कुछ घुटे-मजे सफेदपोश मिले
कुछ दईमारे खानाबदोश मिले।
कुछ ने लुभाया
कुछ ने डराया
कुछ ने परचाया
कुछ ने भरमाया–
सत्य तो बहुत मिले
खोज में जब
निकल ही आया।[27]

यहां 'बिराने', 'अकड़ू', 'मुंह चुराने', 'घुटे मजे', 'दईमारे', 'खानाबदोश', 'परचाया', 'भरमाया' जैसे तद्भव शब्दों का प्रयोग करके कवि ने अपनी अनुभूति को व्यक्त किया है। असल में अज्ञेय भाषा को सही बनाने के साथ-साथ उसे सहज भाषा भी बनाते हैं और इसी सहजता के कारण वह अपनी अनुभूति के भाषिक रूपान्तरण में सफल भी होते हैं। 'अरी ओ करुणा प्रभामय' (1959) तक पहुंचते-पहुंचते अज्ञेय में प्रायः सभी प्रकार की अनुभूतियों को तद्भव शब्दावली के जरिये व्यक्त करने की कोशिश दिखाई देती है और तत्सम शब्दों से छुटकारा पाने की जद्दोजहद। यहां प्रश्न उठ सकता है कि अज्ञेय द्वारा प्रयुक्त तत्सम शब्दावली का अर्थ लोक शब्दावली ही नहीं है, जिसका चलन छायावादोत्तर कविता से शुरू हुआ था? हमारा उत्तर है कि अज्ञेय द्वारा प्रयुक्त तद्भव शब्दावली का अर्थ लोक शब्दावली नहीं है। छायावादोत्तर कविता में लोक शब्दावली का चलन बतौर फैशन के हुआ था, सर्जनात्मक प्रयोग नहीं हुआ था। सृजनात्मक प्रयोग से हमारा अभिप्राय

है–आधुनिक परिवेश और आधुनिक संवेदन को व्यक्त करने के लिए तद्भव शब्दों की क्षमता का संदर्भयुक्त प्रयोग। लोकजीवन के शब्द किन्हीं विशिष्ट सन्दर्भों से जुड़े होते हैं लिहाजा वो विशिष्ट सन्दर्भों का ही उद्घाटन कर पाते हैं लेकिन तद्भव शब्दावली किसी भी सन्दर्भ में अधुनातन संवेदन को वहन करने की क्षमता रखती है बशर्ते कि उसका सर्जनात्मक प्रयोग किया गया हो। अज्ञेय का मन्तव्य फैशन के लिए शब्दों का प्रयोग करना नहीं है, वह तो आधुनिक भाव-बोध से टकराते हैं और भाषा की अक्षमता का सामना करते हैं लिहाजा अपनी जड़ों को टटोलते हैं, अपनी परम्परा का दोहन करते हैं, लेकिन यह सब वह आधुनिक संवेदन को वयक्त करने के लिए ही करते हैं और उसमें सफल भी होते हैं। रामस्वरूप चतुर्वेदी ने अज्ञेय की काव्य-भाषा पर बात करते हुए लिखा है कि 'यह कहा जा चुका है कि अज्ञेय की कविता-भाषा में अर्थ-क्षमता का मूल स्रोत तद्भव शब्दावली है। पर इस तद्भव शब्दावली का अर्थ लोक शब्दावली नहीं है, जिसका चलन छायावादोत्तर काल से बढ़ता गया है, बहुत कुछ एक फैशन के रूप में। वस्तुतः लोक-जीवन के शब्द किन्हीं विशिष्ट सन्दर्भों से बचे रहते हैं।, जबकि तद्भव शब्द किसी भी सामान्य सन्दर्भ में प्रयुक्त हो सकते हैं। तद्भव शब्दावली एक प्रकार से वह आदर्श सन्तुलन की स्थिति है, जो तत्सम, विदेशी, लोक-प्रचलित या कि देशज शब्दों से भी अलग, पर उनके केन्द्र में से उभरती है। और यहीं अज्ञेय की काव्य-भाषा की सृजनात्मकता का मूल रहस्य छिपा है।'[28]

अज्ञेय की कविता में इस सृजनात्मकता का उदाहरण शुरू से अब तक दिखाई देता है। हमने ऊपर 'इन्दधनु रौंदे हुए ये' तक के कविता संग्रहों से उदाहरण दिए हैं। लेकिन 'अरी ओ करुणा प्रभामय' (1959) से तो भाषा प्रयोग की क्षमता अज्ञेय में और भी मजबूती से दिखाई देती है। अज्ञेय लगातार तद्भव शब्दों से अधुनातन परिवेश को कविता में व्यक्त करते हैं। विज्ञान की नयी-से-नयी उपलब्धियां और उनसे प्रभावित होनेवाला मानव संवेदन तद्भव शब्दावली से अज्ञेय की कविता में उभरकर आता है। मशीनीकरण से जन्म लेनेवाली विषमताएं जब अज्ञेय की कविता का विषय बनती हैं तो अज्ञेय उन विषमताओं को सहज और सरल भाषा में व्यक्त करते हैं। इस सहजता और सरलता के लिए अज्ञेय अपनी भाषा परम्परा का प्रयोग करते हैं क्योंकि अज्ञेय जानते हैं कि मशीनीकरण से जन्म लेनेवाले विषमताओं को आम आदमी तक तभी पहुंचाया जा सकता है जब वो जातिगत भाषा में व्यक्त हों। अपनी जातिगत पुरानी भाषा में नये वैज्ञानिक परिवेश को व्यक्त करना अत्यन्त कठिन है। इस कठिनाई से उबरने के लिए ही अज्ञेय अपनी परम्परागत भाषा से प्रयोग करते हैं और इस प्रयोगशीलता के ही कारण वैज्ञानिक परिवेश से प्रभावित संवेदना को कविता में सफल ढंग से व्यक्त करते हैं। इस प्रयोग की मिसाल इस कविता से मिल सकती है। कविता का नाम है 'औद्योगिक बस्ती'–

पहाड़ियों से घिरी हुई इस छोटी-सी घाटी में
ये मुंह झौंसी चिमनियां बराबर
धुआं उगलती जाती हैं।
भीतर जलते लाल धातु के साथ
कमकरों की दुसाध्य विषमताएं भी
तप्त उबलती जाती हैं।
बंधी लीक पर रेलें लादे माल
चिहुंकती और रंभाती अफराये डांगर-सी
ठिलती चलती जाती हैं।
उद्यम की कड़ी-कड़ी में बंधते जाते मुक्तिकाम
मानव की आशाएं ही पल-पल
उसको छलती जाती हैं।[29]

यहां चिमनियों को 'मुंहझौंसी' कहकर परिवेश को सहज रूप से कवि ने व्यक्त कर दिया है। इसी तरह 'बंधी लीक पर रेले', 'चिहुंकती और रंभाती अफराये डांगर-सी ठिलती चलती' जैसे प्रयोग हिन्दी कविता में भाषा के स्तर पर नये आयाम खोलती है जहां पाठक को चिर-परिचित भाषा में नवीनतम भाव पढ़ने को मिलता है। कविता में यथार्थ को पेश करना और वह भी कविता की शर्तों पर अत्यन्त कठिन कार्य है। इस विषय में शिवकुमार मिश्र का मानना है कि 'कविता का जगत भावों का जगत होता है। उसमें वस्तु चित्रण की अधिक गुंजाइश नहीं रहती। यही कारण है कि कविता के भीतर यथार्थ चित्रों को उकेरना सहज कार्य नहीं है। सक्षम कवि ही इसे स्पन्दित कर पाते हैं।'[30] अज्ञेय ने अपनी प्रयोगशील दृष्टि से कविता में यथार्थ चित्रों को सहज रूप से उकेरा है जिसकी मिसाल उपर्युक्त कविता है।

यहां यह प्रश्न उठ सकता है कि अज्ञेय में तद्भव शब्दों के प्रयोग की यह प्रवृत्ति लगातार क्यों बढ़ती गयी? इसका कारण यह है कि अज्ञेय अपने पाठक का विश्वासभाजन बनना चाहते हैं और उसके सामने पूरी तरह सम्प्रेषित होना चाहते हैं। उनका मानना है कि 'प्रेषणीयता अब भी बुनियादी साहित्यिक मूल्य है और सम्प्रेषण साहित्यकार का बुनियादी काम, किन्तु बदली हुई परिस्थितियों में प्रेष्य वस्तु और प्रेषण के साधन दोनों बदल गये हैं।'[31] अपने पाठक के सामने सम्प्रेषित होने के लिए पाठक की भाषा का ही प्रयोग करना चाहते हैं जिससे अज्ञेय अपने भाव यन्त्र के स्वभाव को समझा सकें। इसके लिए अज्ञेय तद्भव शब्दों का प्रयोग करते हैं जिससे वह कविता और जीवन को निकट ले आने में सफल हो जाते हैं। तद्भव शब्दावली में जातीय संस्कार निहित होता है इसलिए पाठक तद्भव शब्द पर आधारित बिम्ब को ग्रहण करने और उसे पुनर्सृजित करने की प्रक्रिया में वह अधिक सक्रिय हो पाता है और रचनाकार तद्भव शब्द के प्रयोग से अपने सम्प्रेष्य को सही दिशा संकेत दे पाता

है, क्योंकि तत्सम शब्दों का अर्थ-संचरण कोश पर अधिक निर्भर करता है जबकि तद्भवों का लोक व्यवहार पर।[32] इसीलिए अज्ञेय की कविता में लगातार तद्भव शब्दावली का प्रयोग हमें मिलता है। उनके अगले कविता संग्रह 'आंगन के पार द्वार' (1961), 'कितनी नावों में कितनी बार' (1967), 'क्योंकि मैं उसे जानता हूं' (1969), 'सागर मुद्रा' (1970), 'पहले मैं सन्नाटा बुनता हूं' (1973), 'महावृक्ष के नीचे' (1977) और 'नदी की बांक पर छाया' (1981) में तद्भव शब्दों का सर्जनात्मक प्रयोग लगातार मिलता है। उसके नवीनतम कविता संकलन 'नदी की बांक पर छाया' (1981) से इस प्रयोग का एक उदाहरण लिया जा सकता है–

नदी की बांक पर
छाया
सरकती है
कहीं भीतर
पुरानी भीत
धीरज की
दरकती है
कहीं फिर वध्य होता हूं–

दर्द से कोई
नहीं है ओट
जीवन को
व्यर्थ है यों
बाधना मन को
पुरानी लेखनी
जो आंकती है
आंक जाने दो
किन्हीं सूने पपोटों को
अंधेरे विवर में
चुप झांक जाने दो[33]

इस कविता में भी अज्ञेय ठेठ बोलचाल के शब्दों से अपनी अनुभूति को व्यक्त करते हैं जिसमें तद्भव शब्दों के साथ प्रयोग करने की इच्छा स्पष्ट दिखाई देती है। असल में प्रत्येक युग का कवि अपनी परम्परा से प्रयोग करता है क्योंकि आधुनिक भाव-बोध को जांचने की यही प्रक्रिया है। हिन्दी में 'निराला' जैसे कवि ने भी अपनी परम्परा से भरपूर प्रयोग किये। उन्होंने अपनी कविता में तत्सम शब्दों की परम्परा से खूब प्रयोग किये। और इस प्रयोग के जरिए उन्होंने अपनी सृजनाात्मक

शक्ति का परिचय दिया। 'राम की शक्ति पूजा' में निराला द्वारा किये गए यह प्रयोग साफ तौर पर देखे जा सकते हैं। जैसे–

रवि हुआ अस्त : ज्योति के पत्र पर लिखा अमर
रह गया राम-रावण का अपराजेय समर
आज का, तीक्ष्ण-शर-विधृत-क्षिप्र-कर वेग-प्रखर,
शतशेलसम्बरणशील, नील नभ गर्जित-स्वर,
प्रतिपल-परिवर्तित-व्यूह, भेद-कौशल-समूह,
राक्षस-विरुद्ध प्रत्यूह, क्रुद्ध-कपि-विषम-हूह।[34]

यहां हम साफ तौर पर देख सकते हैं कि निराला ने तत्सम शब्दों को ढर्रेदार ढंग से काम में नहीं लिया है बल्कि उनसे नवीनतम बिम्ब, ध्वनि और रूपकों का निर्माण किया जो अन्यत्र दुर्लभ है। इन्हीं शब्दों से निराला मनचाहा वातावरण और परिवेश खड़ा कर देते हैं। बेशक यह उनकी प्रयोगशीलता का ही उदाहरण है बल्कि कह सकते हैं कि परम्परा को दोह लेने की क्षमता है। जिस तरह निराला ने पुनर्जागरण की भावना से प्रेरित होकर तत्सम शब्दों का प्रयोग किया वैसे ही अज्ञेय ने तद्भव शब्दों का प्रयोग किया है। समय की मांग के मुताबिक दोनों की क्योंकि सृजनात्मक पद्धतियों में फरक है और ऐसा होना स्वाभाविक भी है। रामस्वरूप चतुर्वेदी लिखते हैं कि 'अज्ञेय की श्रेष्ठता इसमें है कि अपने नये ढंग से सृजनात्मक शक्ति विकसित करके वे निराला से तुलनीय हो पाते हैं, निराला जिनमें क्लासिकी टक्कर का विधान, रोमाण्टिक का विद्रोह और आधुनिक रचना-पद्धति के बीज सब एक साथ हैं। निराला ने 'शक्ति-पूजा' या 'तुलसीदास' या अपने गीतों में बहुत कुछ पुनर्जागरण की मूल भावना से प्रेरित होकर तत्सम शब्दों का भरपूर और निश्चय ही बड़ा कुशल प्रयोग किया है। और उनकी ये कृतियां अपने रचना-संगठन में बेजोड़ हैं। पर यहां यह भी कहना होगा कि निराला ने भाषा के जिस आधार-रूप का प्रयोग किया वह उनके बाद वैसे सृजनात्मक ढंग से प्रयुक्त नहीं हो सकता था,'[35] इसलिए अज्ञेय ने तद्भव शब्दों के साथ प्रयोग किया हालांकि उनकी कविता में तत्सम शब्दों का प्रयोग भी दिखाई देता है पर अज्ञेय का बल तद्भव और बोलचाल की साधारण भाषा पर ही अधिक रहा है। इसके जरिए ही अज्ञेय ने अपने पाठक में विश्वास भी पैदा किया है और कविता की बुनियादी शर्त (सम्प्रेषण) को भी पूरा किया है। कोई भी कवि नये और पुराने अनुभवों का नये ढंग से संयोजन करता है। अपने जातिगत अनुभव और नये परिवेश को कविता में आकार देता है और अपने कवि कर्म को सिद्ध करता है। इस बारे में एक विदेशी लेखक ने लिखा है–

'The poet, from his own store of felt, observed, or imagined experiences, selects, combines and reorganises. He creates new experiences for the reader, significant because focused and formed, in which the reader can participate and which he may use to give him a greater awarenes and understanding of his world. Literature in other words, can be used as a gear for stepping up in intensity and increasing the range of our experience, and as a glass for clarifying it. This is the literary use of language.'[36]

इस प्रकार हम देखते हैं कि अज्ञेय ने अपनी कविता में शब्दों का सृजनात्मक प्रयोग किया। इस प्रयोगशीलता के जरिए ही उन्होंने शब्द और अर्थ के अन्तराल को दूर करने की कोशिश की और अपने इस उद्देश्य में वह सफल भी हुए। अज्ञेय की कविता में हमें जो भाषा दृष्टि मिलती है उससे हम इस निष्कर्ष पर पहुंचते हैं कि यदि भाषा कवि के अनुभव और ज्ञान का साधन है तो कविता की भाषा को जांच-परखकर हम कवि के अनुभव की शक्ति और क्षमता को भी तोल सकते हैं। क्योंकि हमारे पास कवि की कविता के अलावा उसके अनुभव और ज्ञान को जानने का और कोई साधन नहीं होता। इसीलिए अज्ञेय के शब्दों में 'कविता ही कवि का परम वक्तव्य है' डॉ. नामवर सिंह ने अज्ञेय के इस वक्तव्य को ऐतिहासिक महत्त्व का बताया है। उनका कहना है कि 'कविता ही कवि का परम वक्तव्य है'–'तारसप्तक' में अज्ञेय का यह वक्तव्य इस सन्दर्भ में ऐतिहासिक महत्त्व रखता है। नयी कविता की आलोचना में इस वक्तत्य का निर्वाह दृढ़ता से हुआ होता, तो आज स्थिति कुछ और होती। बहरहाल, इस मान्यता के द्वारा कविता में भाषा की 'सृजनशीलता' अथवा 'सृजनात्मकता' की धारणा का प्रादुर्भाव हुआ।'[37] इसीलिए अज्ञेय के लिए शब्द-ज्ञान और शब्द की अर्थवत्ता की सही पकड़ ही कृतिकार की कृति बनाती है–लेकिन शब्द की अर्थवत्ता की खोज में शब्द की ऐतिहासिकता और अर्थ की सामाजिक परख दोनों निहित हैं और अर्थवान् शब्द का संवेदन (सम्प्रेषण) हो ही नहीं सकता बिना युग सम्पृक्ति के। जो कवि शब्द के संस्कार के प्रति सजग नहीं है (और जैसे जीव का हर कर्म उसके संस्कार को बदलता है वैसे ही शब्द का प्रत्येक उपयोग उसे नया संस्कार देता है) वह अर्थवान शब्द का साधक नहीं है, और मैं कहूंगा कि वह कवि नहीं है, न होगा।[38] अज्ञेय के इस वक्तव्य से स्पष्ट हो जाता है कि वह शब्द प्रयोग की अहमियत के साथ-साथ शब्द प्रयोग के तरीके से भी परिचित हैं। इसीलिए अज्ञेय कविता में शब्द प्रयोग करते वक्त शब्द की ऐतिहासिकता यानी शब्द की जातिगत अस्मिता और अर्थ की सामाजिक परख यानी उसकी प्रासंगिक बनने की क्षमता दोनों का ध्यान रखते हैं। यह बात अज्ञेय ने बार-बार कही है यहां तक अपनी कविता में भी यह बात कही है। 'भाषा-पहचान' नामक कविता में अज्ञेय कहते हैं–

बड़े काम की चीज है भाषा : उसके सहारे
एक से दूसरे तक

जानकारी पहुंचायी जा सकती है।
वह सामाजिक उपकरण है
पर नहीं। उससे भी बड़ी बात है यह
कि भाषा है तो
एक भिखारी जानता है कि वह दूसरे से जुड़ा है
क्योंकि वह उस जानकारी का
साझा करने की स्थिति में है।
वह मानवीय उपलब्धि है।
हम सभी भिखारी हैं।
भाषा की शक्ति
यह नहीं कि उसके सहारे
सम्प्रेषण होता है :
शक्ति इसमें है कि उसके सहारे
पहचान का सम्बन्ध बनता है जिसमें
सम्प्रेषण सार्थक होता है।[39]

यहां हम अज्ञेय के काव्य-भाषा विषयक 'मौन' के विचार पर भी ध्यान देना आवश्यक समझते हैं। अज्ञेय ने 'मौन' को भी अभिव्यक्ति माना है। कविता जगत में यह एक मौलिक अवधारणा है। अज्ञेय कहते हैं–

मौन भी अभिव्यंजना है :
जितना तुम्हारा सच है
उतना ही कहो।[40]

भाषा के रूप में या अभिव्यंजना के रूप में 'मौन' का प्रयोग उन्होंने अपनी कविता 'असाध्य वीणा' में किया है। डॉ. नामवर सिंह ने लिखा है कि 'काव्य-भाषा-विषयक' 'मौन' के चरम दर्शन पर विचार करना अप्रासंगिक न होगा, जिसे अज्ञेय ने 'असाध्य वीणा' जैसी कविता में अत्यन्त सफलता के साथ व्यक्त किया है।'[41] लेकिन सवाल उठता है कि मौन के दर्शन को भी तो व्यक्त करने के लिए भाषा की जरूरत होती है। लगता है ऐसे समय में भाषा जिह्वा पर नहीं, बल्कि दांतों के बीच की जगहों में सटी हुई होती है और इस मौन को व्यक्त करनेवाली काव्य-भाषा में खतरनाक ताकत होती है।

असल में अज्ञेय एक प्रयोगशील कवि हैं। इस नाते उनके लिए सत्य इतना सहज नहीं था। उनके लिए भाषा कवि के लिए प्रयोग का साधन थी। 'दूसरा सप्तक' की भूमिका में अज्ञेय ने प्रयोग को दोहरा साधन माना 'प्रयोग अपने आपमें इष्ट नहीं है, वह साधन है, और दोहरा साधन। क्योंकि एक तो वह उस सत्य को जानने

का साधन है जिसे कवि प्रेषित करता है, दूसरे वह उस प्रेषण की क्रिया को और उसके साधनों को जानने का भी साधन है। अर्थात् प्रयोग द्वारा कवि अपने सत्य को अधिक अच्छी तरह जान सकता है और अधिक अच्छी तरह अभिव्यक्त कर सकता है। नस्तु और शिल्प दोनों के क्षेत्र में प्रयोग फलप्रद होता है।'[42] यहां जब अज्ञेय प्रयोग को 'दोहरा साधन' कहते हैं तो वह एक तरह से भाषा को ही कविता का दोहरा साधन कह रहे हैं। डॉ. नामवर सिंह अज्ञेय की इस मान्यता के बारे में लिखते हैं कि 'इस मान्यता की नवीनता यह है कि इसमें भाषा को जानने का भी साधन माना गया है। इससे पहले भाषा केवल अभिव्यक्ति का ही साधन मानी जाती थी।'[43] असल में किसी भी कवि की भाषा क्षमता उसकी बोध-शक्ति का भी प्रमाण है लेकिन भाषा केवल अनुभव को अभिव्यक्त ही नहीं करती बल्कि यह अनुभव को प्रमाणित भी करती है। किसी कवि की भाषा से हम न केवल उसकी भाषा क्षमता को ही जान पाएंगे बल्कि उसके अनुभव शक्ति को भी जान पाएंगे। इस सिलसिले में डॉ. नामवर सिंह ने एक अमेरिकी भाषा वैज्ञानिक एडवर्ड सपीर को उद्धृत किया है जिसने लिखा है–

> 'The relation between language and experience is often misunderstood. Language is not merely a more or less systematic inventory of the various items of experience which seem relevant to the individual, as is so often naively assumed, but is also self-contained, creative symbolic organisation, which not only refers to experience largely acquired without its help but actually defines experience for us by reason of its formal completeness and because of our unconscious projection of its implicit expectations into the field of experience.'[44]

अज्ञेय ने अपनी कविता में भाषा के स्तर पर जो प्रयोग किये हैं उनमें शिल्प के साथ-साथ वस्तु की प्रमाणिकता भी सिद्ध होती है। यहां अज्ञेय की प्रयोगशीलता भाषा और अनुभव दोनों को जांचती हुई चलती है। इसलिए उनकी कविता में भाषा केवल अभिव्यक्ति का माध्यम भर नहीं है वह तो उनकी बोधशक्ति और भाषा शक्ति दोनों को सिद्ध करती है।

(ख) सार्थक प्रतीकों की तलाश

शुरू से ही अज्ञेय नयी प्रतीक योजना और नये उपमानों की स्थापना पर जोर देते रहे हैं क्योंकि उन्होंने पुराने पड़ गये प्रतीकों की शक्तिहीनता को भांप लिया था। जिस प्रकार भाषा के स्तर पर अज्ञेय ने परम्परा के साथ प्रयोग किये उसी प्रकार उन्होंने कविता में प्रतीक निर्माण के लिए भी प्रयोग किये हैं। इसका कारण था,

बदलता हुआ कविता का संसार। परिवेश के बदलने के साथ-साथ मानव संवेदन भी बदल रहा था और नये संवेदन को व्यक्त करने के लिए नये प्रतीकों की आवश्यकता कवि महसूस कर रहा था। यहां तक कि प्रेम जैसे चिरकालीन भाव को भी व्यक्त करने के लिए अज्ञेय नये प्रतीकों की आवश्यकता महसूस कर रहे थे क्योंकि ढर्रेदार शब्द और प्रतीकों से व्यक्त किया गया प्रेम प्रभावी नहीं लगता था। इसीलिए कवि की यह झटपटाहट इस कविता में उभरकर आयी है–

अगर मैं तुमको
ललाती सांझ के नभ की अकेली तारिका
अब नहीं कहता
या शरद के भोर की निहार-न्हायी कुंई,
टटकी कली चम्पे की
वगैरह, तो
नहीं कारण कि मेरा हृदय उथला या कि सूना है
या कि मेरा प्यार मैला है ।

बल्कि केवल यही:
ये उपमान मैले हो गये हैं
देवता इन प्रतीकों के कर गये हैं कूच
कभी बासन अधिक घिसने से मुलम्मा छूट जाता है।[45]

असल में अज्ञेय महसूस कर रहे थे कि पुराने प्रतीक अब समसामयिक अर्थ देने में असमर्थ हैं लिहाजा मानव संवेदना को व्यक्त करने के लिए नये प्रतीकों की तलाश जरूरी है क्योंकि प्रतीक कोई निजी मसला नहीं है बल्कि व्यक्ति और समाज के बीच होनेवाले सम्प्रेषण का भी प्रमुख सवाल है। प्रतीकों का सम्बन्ध व्यक्ति और समाज के रिश्ते का तो है ही, वह प्रकृति और मानव जाति के सम्बन्धका भी सवाल है। परि कथा और मिथकों तक का जन्म सामाजिक स्थितियों और 'कास्मिक स्थितियों' के दबाव से ही हुआ है। समाजशास्त्रियों का मानना है कि प्रतीक हमें न केवल अपने से जोड़ते हैं बल्कि पूरे संसार से हमें जोड़ते हैं। यानी प्रतीक हमें मानव अनुभव को समझाने में हमारी मदद करते हैं। श्रीमती सुसान के.लैंजर का यही मत है–

> 'Symbolising (in Melanie Klein's words) is the basis of all talents, that is, the basis of those skills by which we related ourselves to the world around us.' The old myths enabled man to take his bearings in relations to conflicts, frustration, the chief events of life, and death; they helped man to

> understand experience. 'The great step from fairy tale to myth is taken, when not only social forces-persons, customs, laws, traditions—but also cosmic forces surrounding mankind, are expressed in the story; when not only relationships of an individual to society, but of mankind to nature, are conceived through the spontaneous metaphor of poetic fantasy.'[46]

अज्ञेय की कविता में जितने भी प्रतीक हैं सभी व्यक्ति और समाज के रिश्तों को व्यक्त करते हैं। दूसरे शब्दों में कह सकते हैं कि अज्ञेय प्रतीक को काव्य में सत्यान्वेषण का साधन मानते हैं। उलझी हुई, अस्पष्ट एवं रहस्यात्मक अनुभूति को प्राय: अज्ञेय प्रतीक योजना के जरिए स्पष्ट करते चलते हैं। अज्ञेय द्वारा सृजित प्रतीक सीधे अवचेतन से नहीं निकलते। वह तो प्रतीक को जीवन और संस्कृति से जोड़कर देखते हैं अत: उनकी कविता में प्रतीक सृष्टि सचेत स्तर पर हुई है।

अज्ञेय का सम्पूर्ण काव्य उनके सृजन-सामर्थ्य की पहचान कराता है क्योंकि उनके काव्य में पारम्परिक प्रतीकों का नये सन्दर्भ में इस्तेमाल तो हुआ ही है, नूतन प्रतीकों का सृजन भी हुआ है। इस विषय में स्वयं अज्ञेय का कहना है कि 'कोई भी स्वस्थ काव्य साहित्य प्रतीकों की, नये प्रतीकों की सृष्टि करता है और जब वैसा करना बंद कर देता है तब जड़ हो जाता है।[47] इसके अतिरिक्त अज्ञेय प्रतीक निर्माण की क्षमता को मनुष्य को पशु से अलगानेवाली क्षमता के रूप में भी मानते हैं। उनका कहना है कि 'पशु और मानव में इतना ही मौलिक अन्तर है कि मानव प्रतीक स्रष्टा प्राणी है–'होमोसिम्बोलिकम'। मानव प्रतीकों की सृष्टि कर सकता है, यह बात उसे पशु से और भी महत्त्वपूर्ण ढंग से अलग करती है और यह उसके सांस्कृतिक और प्रातिम विकास का प्रारम्भ बिन्दु है।'[48] इसका अभिप्राय यह हुआ कि अज्ञेय प्रतीक सृजन को व्यक्ति 'प्रातिम विकास' के रूप में देखते हैं जिससे जाति या समाज का पारम्परिक विकास भी जुड़ा हुआ है। इस समाजशास्त्रीय दृष्टि का प्रयोग अज्ञेय ने अपनी कविता में भरपूर किया है। अज्ञेय की यह अवधारणा मानवीय सभ्यता और मानवीय चेतना के विकास के इतिहास पर उंगली रखती है।

क्योंकि 'प्रतीक' मानवीय चेतना के विकास से जुड़ा हुआ है इसलिए विदेशी और देशी विद्वानों ने इस पर काफी विचार किया है। यूरोप के फ्रांस में तो 'प्रतीकवाद' (Symbolism) के नाम से एक पूरा आन्दोलन ही चला था जिसका प्रभाव दुनिया के साहित्य, चित्रकला एवं अन्य कलाओं पर भी पड़ा। उन्नीसवीं शताब्दी के अन्तिम दशकों में जब स्वच्छन्दतावाद ह्रासोन्मुख था, फ्रांस में प्रतीकवाद एक सशक्त आन्दोलन के रूप में उभरा। स्वच्छन्दतावाद ने मनुष्य को जिस गौरवपूर्ण उच्च पद पर प्रतिष्ठित किया था, उसे नये-नये वैज्ञानिक आविष्कारों तथा डारविन के विकासवाद के सिद्धान्त ने, उसे आसन से नीचे उतारकर एक सामान्य तथा

अत्यधिक लघु प्राणी के रूप में प्रतिष्ठित कर दिया। मनुष्य के प्रति बदली हुई इस धारणा ने यथार्थवाद (Realism) को जन्म दिया जिसकी प्रमुख अभिव्यक्ति जोला तथा फ्लाबेयर आदि के उपन्यासों में मिलती है। बाद में इन लेखकों की अतियथार्थवादी दृष्टि का भी विरोध हुआ और बादलेयर, मलार्मे, रिम्बो और पाल बर्लेन आदि कवियों ने रहस्यमयी अनुभूति की मानवीय भाषा में छन्दोमयी अभिव्यक्ति को महत्त्व दिया तथा साहित्य में प्रतीकवादी दर्शन की धारणा की प्राण-प्रतिष्ठा की। और इस तरह प्रतीकवाद ने एक आन्दोलन की शक्ल उन्नीसवीं शताब्दी के अन्तिम दशकों में अख्तियार की किन्तु इसके बीज उक्त शताब्दी के शुरू में ही पड़ने लगे थे। प्रतीकवादी फ्रेंच कवियों ने इसे 'वाद' के रूप में ग्रहण किया किन्तु अलेक्जेण्डर व्लोक (रूस), रिल्के (जर्मन), येट्स (आयरिश), हत्थार्न तथा ह्विटमैन (अमेरिका) तथा टी.एस. इलीयट (इंगलैंड) आदि ने इसे प्रभाव रूप में ही ग्रहण किया। फ्रांस का यह प्रतीकवादी आन्दोलन यों कोई 1880 ई. के आसपास आरम्भ हुआ और 1898 ई. में मलार्मे की मृत्यु के साथ ही उतार पर आ गया पर इतने कम समय में ही 'प्रतीकवाद' एक सौन्दर्यशास्त्रीय नारा होने के कारण अन्तर्राष्ट्रीय ख्याति पा चुका था। बेल्जियम के प्रतीकवादियों में इमाइल वहर्टने और मारिस मेंटरलिंक का नाम काफी जाना जाता रहा। जर्मनी में स्टीफेन जार्ज के नेतृत्व में इसे काफी महत्त्व मिला। इटली, स्पेन में भी इसका प्रचार हुआ। अमेरिका, इंगलैंड आदि देशों में यह आन्दोलन गुटबाजी के रूप में नहीं पनपा किन्तु वहां भी येट्स, टी.एस. इलियट, एजरा पाउंड, वालेस स्टीवेन्सन आदि कवि इससे प्रभावित रहे।

हिन्दी साहित्य में हिन्दी के कवियों ने भी प्रयोगशील दृष्टि से प्रतीकों का प्रयोग किया। इनमें अज्ञेय, मुक्तिबोध, शमशेर आदि के साहित्य में पारम्परिक और नये प्रतीकों का सर्जनात्मक रूप हमें देखने को मिलता है। कुछ लोगों ने आरोप लगाया है कि ये कवि पश्चिम के प्रतीकवादी आन्दोलन से प्रभावित होकर जबरदस्ती अपनी कविता में अनर्गल प्रतीकों को ला रहे हैं। डॉ. शिवदान सिंह चौहान ने तो 'अज्ञेय' पर 'प्रतीकवाद' को भारत में ले आने का ही आरोप लगा दिया। उनका आरोप है कि 'प्रयोगशीलता की ओट में अज्ञेय 'प्रतीकवादी' विचारधारा को साहित्य में प्रतिष्ठापित करने की चेष्टा करते रहे हैं—उनकी कविता प्रतीकवादी है। यद्यपि वादों से ऊपर सिद्ध करने के लिए वह अपने को 'प्रयोगशील', किसी मंजिल तक पहुंचे हुए, या किसी राह के राही नहीं बल्कि 'राहों के अन्वेषी' ही घोषित करते हैं, जिससे प्रतीकवाद 'प्रयोगशीलता' के छद्म वेश में तरुण प्रतिभाओं को आकर्षक और ग्राह्य लगे। इसलिए 'अज्ञेय' के हाथ में पड़कर 'प्रयोग' सत्य को अभिव्यक्ति देने या 'जानने' का साधन नहीं रहा, बल्कि उसे स्वैरवाद कहने का साधन बनता गया और उनकी देखा-देखी या उनसे प्रभावित होकर प्रतीकवाद की शैली को

अपनानेवाले अन्य तरुण तथा प्रगतिशील चेतना के कवियों के लिए भी वह पाठकों तक पहुंचने के मार्ग में एक बाधा बन गया है।'[49] इसके जवाब में हम कहना चाहते हैं कि 'अज्ञेय' मेलार्मे, बोदलेयर आदि प्रतीकवादियों की उन सभी मान्यताओं से सहमत नहीं हैं जिन्हें पश्चिम के प्रतीकवादी मानते हैं। मिसाल के तौर पर मेलार्मे जैसे प्रतीकवादी घोर अस्पष्ट और आसानी से सम्प्रेषित न होनेवाले प्रतीकों के इस्तेमाल में यकीन करते थे लेकिन अज्ञेय इस बात से कभी सहमत नहीं हुए। उन्होंने तो हमेशा माना है कि 'प्रतीक वास्तव में ज्ञान का एक उपकरण है। जो सीधे-सादे अभिधा में नहीं बंधता, उसे आत्मसात करने या प्रेषित करने के लिए प्रतीक काम देते हैं।'[50] इसका अभिप्राय यह हुआ कि अज्ञेय सम्प्रेषण को सहज और सरल बनाने के लिए प्रतीकों का सृजन करते हैं जबकि पश्चिम के मेलार्मे आदि 'प्रतीकवादी' अस्पष्टता और रहस्यात्मकता में यकीन करते हैं। चार्ल्स चेडविक ने लिखा है कि मेलार्मे आदि प्रतीकवादियों की कविता एक किस्म के भ्रम को रचती है जिससे पाठक यथार्थ से अलग हटकर किसी अन्य चीज को तलाश करने लगता है। वह लिखते हैं–

> 'But although the aim of the transcendental symbolist is to go beyond reality he must obviously, like the human symbolist, use reality as his starting-point and it is in order to make the transition from the real to the ideal that the imagery in symbolist poetry of this kind is so often obsecure of confused. This is a deliberate blurring so that the reader's eye can focus beyond reality on the essential idea (to use the Platonic term much favoured by the symbolists) of which the various symbols are partial and inadequate manifestations. To take just a single example, based on the Mallarme himself used—if the poet wants to present to the reader the ideal flower, he must not draw too clearly the specific image of a rose that the essence of them both may be perceived.'[51]

इस विचार के मुकाबले अज्ञेय की मान्यता मेलार्मे जैसे प्रतीकवादियों से अलग है। अज्ञेय तो प्रतीक को काव्य में सत्यान्वेषण का साधन मानते हैं। उलझी हुई, अस्पष्ट एवं रहस्यात्मक अनुभूति को स्पष्ट करने में अज्ञेय की प्रतीक योजना जितनी सहायक हो सकती है–उतना अन्य काव्यांग नहीं। डॉ. शिवदान सिंह चौहान का यह आरोप कि 'अज्ञेय साहित्य में 'प्रतीकवादी' विचारधारा को साहित्य में प्रतिष्ठापित करने की चेष्टा करते रहे हैं इसलिए भी गलत है क्योंकि प्रतीकों के उपयोग और प्रयोग की सार्थकता की सीख अज्ञेय भारतीय साहित्य की परम्परा से लेते हैं न कि पश्चिम के 'प्रतीकवाद' से। भारतीय साहित्य का अध्ययन करने पर ज्ञात होगा कि भारतीय जन-साहित्य और संस्कृत साहित्य में प्रतीकों के सहारे प्रभाव

उत्पन्न करने की लम्बी परम्परा रही है। हमारे लोक साहित्य की शक्ति का एक प्रमुख कारण उसकी प्रतीक योजना और प्रतीकों की सृजनशीलता भी है। अज्ञेय अपनी इस परम्परा से पूरी तरह परिचित हैं। इस विषय में उन्होंने लिखा भी है कि 'जन साहित्य सदा से और सबसे अधिक प्रतीकों व अन्धोक्तियों के सहारे ही अपना प्रभाव उत्पन्न करता है। यह चीज हम संस्कृत में पाते हैं–फिर नहीं पाते तो हिन्दी के उस काल में जब उसका काव्य सामन्तों का मुखापेक्षी था। उसके बाद क्या हुआ? यही कि संस्कृत से वह शक्ति अपभ्रंशों में और फिर लोक-साहित्य में चली गई, और सामन्ती साहित्य अधर में रह गया। रीति-काव्य में प्रतीक सबसे कम हैं, लोक-काव्य और लोक-गाथा में सबसे अधिक।'[52] इससे स्पष्ट हो जाता है कि अज्ञेय के काव्य में जो प्रतीक योजना हमें मिलती है वह 'पश्चिम के प्रतीकवाद' से प्रभावित नहीं है अगर उसकी जड़ें कहीं हैं तो भारतीय जन-साहित्य की परम्परा में ही हैं। असल में अज्ञेय के काव्य में प्रतीक साधन हैं, साध्य नहीं। वह कविता के लिए प्रतीक चुनते हैं, प्रतीक के लिए कविता नहीं लिखते जैसा कि यूरोपियन 'प्रतीकवादी' कर रहे थे। अज्ञेय की कविताओं को सामने रखकर हम उनकी प्रतीक योजना की जांच कर सकते हैं। अब इस सिलसिले में हम उनकी कविताओं को उद्धृत कर रहे हैं जिनमें अज्ञेय की प्रतीक चेतना को समझा जा सकता है।

अज्ञेय की कविता में प्रयुक्त प्रतीकों को हम मोटे तौर पर तीन वर्गों में विभक्त कर सकते हैं–

(1) परम्परा से लिए गये प्रतीक

(2) निजी प्रतीक

(3) आधुनिक प्रतीक।

1. परम्परागत प्रतीकों का नया प्रयोग

अज्ञेय ने अपनी कविता में प्रतीकों के स्तर पर भी अपनी परम्परा के साथ प्रयोग किये हैं। उन्होंले परम्परागत प्रतीकों का प्रयोग नये सन्दर्भों में किया है जिससे पुराने प्रतीक नये भाव-बोध को व्यक्त करने में सफल हुए हैं। दूसरे शब्दों में कह सकते हैं कि अज्ञेय ने पारम्परिक प्रतीकों का सर्जनात्मक प्रयोग किया है। इस विषय में यहां यह बताना हम आवश्यक समझते हैं कि अज्ञेय ने परम्परागत प्रतीकों का प्रयोग रूढ़ ढंग से नहीं किया है बल्कि उन्होंने पुराने प्रतीकों में निहित अवधारणा या चिन्तन को आधुनिकता की कसौटी पर कसकर देखा है, पुराने प्रतीकों में निहित चिंतन को प्रयोग के जरिये जांचा-परखा है, तब उन प्रतीकों का प्रयोग किया है बल्कि कई बार तो अज्ञेय ने अपनी कविता में भी इस बात का खुलासा किया है। जैसे 'क्रौंच' पक्षी का प्रयोग कविता में प्रेम और वियोग के रूप में किया है

क्योंकि आदि कवि वाल्मीकि ने 'क्रौंच वध' को एक खास सन्दर्भ में स्थापित कर दिया था लिहाजा 'क्रौंच' मर्माहत बिछोह का प्रतीक बन गया। अज्ञेय ने पहली बार इस सन्दर्भ को तोड़ा और कहा–

क्रौंच बैठा हो कभी वल्मीक पर
तो मत समझ
वह अनुष्टुप बांचता है संगिनी के स्मरण के–
जान ले, वह दीमकों की टोह में है ।[53]

इस कविता में क्रौंच के परम्परागत स्वरूप पर अज्ञेय ने प्रश्नचिह्न लगा दिया और उसे आधुनिक दृष्टि से देखने की कोशिश की। यहीं पर हम अज्ञेय की 'परम्परा और प्रयोग' की अवधारणा को पहचान सकते हैं। इसी तरह 'स्रोतस्विनी नदी' हिन्दी कविता में प्रतीक के रूप में खूब प्रयुक्त हुई है। अज्ञेय ने नदी के इस परम्परागत प्रतीक का प्रयोग अपनी नयी अवधारणा को व्यक्त करने के लिए किया है। व्यक्ति और समाज के आधुनिक रिश्ते की अवधारणा को व्यक्त करने के लिए अज्ञेय ने 'नदी' और 'द्वीप' के परम्परागत प्रतीक को लिया बल्कि कहना चाहिए कि इस परम्परागत प्रतीक के साथ प्रयोग किया और अपनी नयी अवधारणा को अभिव्यक्ति दी। नदी को उन्होंने विशाल समाज के प्रतीक के रूप में प्रयोग किया और द्वीप को अपनी अस्मिता से परिपूर्ण व्यक्ति के प्रतीक के रूप में। इस अवधारणा को लेकर उनकी यह कविता प्रस्तुत है–

हम नदी के द्वीप हैं ,
हम नहीं कहते कि हम को छोड़कर स्रोतस्विनी बह जाए ।
वह हमें आकर देती है ।
हमारे कोण, गलियां, अन्तरीप, उभार, सैकत कूल,
सब गोलाइयां उसकी गढ़ी हैं ।
मां है वह । है, इसी से हम बने हैं ।

किन्तु हम हैं द्वीप ।
हम धारा नहीं हैं ।
स्थिर समर्पण है हमारा । हम सदा से द्वीप हैं स्रोतस्विनी के ।
किन्तु हम बहते नहीं हैं । क्योंकि बहना रेत होना है
हम बहेंगे तो रहेंगे ही नहीं ।
पैर उखड़ेंगे। प्लवन होगा। ढहेंगे । सहेंगे बह जायेंगें ।[54]

अज्ञेय नदी और द्वीप के प्रतीक के जरिये स्पष्ट करते हैं कि बेशक समाज व्यक्ति को आकार देता है, उसे गढ़ता है लेकिन फिर भी व्यक्ति व्यक्ति है, उसकी अपनी एक इयत्ता है जिसे नकारा नहीं जा सकता। वह सम्पूर्ण होकर अपनी इयत्ता

बरकरार रखकर ही समाज के लिए सार्थक हो सकता है। व्यक्ति अपनी पहचान खोकर समाज के लिए सार्थक नहीं हो सकता जैसे द्वीप का आकार नदी ही गढ़ती है लेकिन द्वीप नदी में रेत होकर सार्थक नहीं हो सकते। यहां हम यह भी स्पष्ट कर देना चाहते हैं कि अज्ञेय नदी और द्वीप को प्रतीक के रूप में ही प्रयोग करते हैं, रूढ़ि के रूप में नहीं। प्रतीक और रूढ़ि का विवेक अज्ञेय को सदैव बना रहता है। इसीलिए अज्ञेय के द्वारा प्रयुक्त परम्परागत प्रतीक तत्त्व चिंतनरहित होकर नहीं आते। इस विषय में आ. हजारीप्रसाद द्विवेदी का कहना है कि 'साहित्यकार जब प्रतीक और रूढ़ि का विवेक खो देता है तो वह कुंठाग्रस्त हो जाता है। प्रत्येक शब्द, प्रत्येक मूर्ति, प्रत्येक रेखा और प्रत्येक चिह्न जब तक अपने पीछे के तत्त्व चिन्तन के साथ आते हैं तो प्रतीक होते हैं, परन्तु जब उनके पीछे काम करनेवाले तत्त्व चिन्तन भुला दिए जाते हैं तो वे रूढ़ हो जाते हैं।'[55] इस कविता में नदी चिन्तन धारा से परिपूर्ण प्रतीक है। हमारी परम्परा में नदी प्रवाह और गति के चिन्तन का प्रतीक है। इसी चिन्तन क्षमता के साथ अज्ञेय ने प्रयोग किया और उसे परिवर्तित होते हुए समाज के प्रतीक चिन्तन क्षमता के साथ अज्ञेय ने प्रयोग किया और उसे परिवर्तित होते हुए समाज के प्रतीक के रूप में (नदी का) प्रयोग किया। अज्ञेय अपने काव्य प्रतीकों का इस्तेमाल अपनी काव्य दृष्टि को व्यक्त करने के लिए करते हैं उनके प्रतीक रूढ़ हो गए अर्थ से अलग नये अर्थ देने की क्षमता रखते हैं। प्रतीकों पर बात करते हुए सुसान लैंजर भी कुछ ऐसा ही मानती है–

> 'The artistic symbol, qua artistic, negotiates insight, not reference; it does not rest upon convention, but motivates and dictates conventions.'[56]

असल में अज्ञेय प्रतीक का मात्र विधान ही नहीं करते बल्कि वह उसका अन्त तक निर्वाह करना जानते हैं। परम्परागत प्रतीकों में 'दीपक' भी एक ऐसा ही प्रतीक है जिसका हिन्दी काव्य परम्परा में भरपूर प्रयोग हुआ है। हिन्दी के छायावादी काव्य में 'दीपक' का बहुत ही प्रयोग हुआ है। अज्ञेय ने 'दीप' का प्रयोग आधुनिक सन्दर्भ में करके उसे एक नया अर्थ भी प्रदान किया है। जिस प्रकार 'नदी' और 'द्वीप' व्यक्ति और समाज की चेतना को परिभाषित करते हैं उसी प्रकार अज्ञेय की कविता में 'दीप' भी व्यक्ति की इयत्ता और पहचान का प्रतीक बनकर आता है। उनकी कविता में इसे महसूस किया जा सकता है–

यह दीप अकेला स्नेह भरा
है गर्व भरा मदमाता, पर
इसको भी पंक्ति को दे दो।
यह वह विश्वास, नहीं जो अपनी लघुता में भी कांपा,
वह पीड़ा, जिसकी गहराई को स्वयं उसी ने नापा,

कुत्सा, अपमान, अवज्ञा के धुंधुआते कड़ुवे तम में
यह सदा-द्रवित, चिर-जागरूक, अनुरक्त-नेत्र,
उल्लम्ब-बाहु, यह चिर-अखण्ड अपनापा।
जिज्ञासु, प्रबुद्ध, सदा श्रद्धामय
इसको भक्ति को दे दो:
यह दीप, अकेला, स्नेह भरा
है गर्व भरा मदमाता, पर
इसको भी पंक्ति को दे दो।[57]

असल में अज्ञेय की कविता में 'व्यक्ति और समाज' एक प्रमुख मुद्दा है। अज्ञेय समाज में पूरी तरह विश्वास करके भी व्यक्ति की पहचान बने रहने में विश्वास करते हैं। इस चिन्तनधारा के लिए अज्ञेय ने अपनी काव्य परम्परा से प्रतीक लिए हैं और प्रयोग के माध्यम से उन्होंने जहां एक ओर उन प्रतीकों की क्षमता का इस्तेमाल किया है वहीं उन्हें नयी अर्थवत्ता भी प्रदान की है। चन्द्रकान्त बांदिवडेकर ने लिखा है कि 'व्यक्ति और समाज के सम्बन्धों का प्रश्न आज के युग का बहुत ही जटिल एवं उलझा हुआ प्रश्न बन गया है। अज्ञेय ने स्वस्थ व्यक्तिवाद का झण्ड उठाया और तब से प्रखर आलोचना का शिकार भी उन्हें होना पड़ा। इस विषय के सम्बन्ध में अपनी मान्यता उन्होंने 'दीप' के प्रतीक से व्यक्त की है।'[58]

इसी प्रकार 'सांप' विषैलेपन का प्राचीन प्रतीक है। प्राचीन कविता और लोकोक्तियों में चहुं ओर इसका प्रयोग हम देख सकते हैं लेकिन अज्ञेय ने 'सांप' का प्रयोग नितान्त समसामयिक सन्दर्भ में किया जिससे महानगर की वर्तमान धोखाधड़ी और मूल्यविहीन जिन्दगी और उसका परिवेश उजागर हो उठा है–

सांप!
तुम सभ्य तो हुए नहीं
नगर में बसना
भी तुम्हें नहीं आया।
एक बात पूछूं–(उत्तर दोगे?)
तब कैसे सीखा डसना–
विष कहां पाया?[59]

असल में अज्ञेय पारम्परिक प्रतीकों की परीक्षा करते चलते हैं और नये संदर्भ में उनसे अपने आपको जोड़ते चलते हैं लेकिन अज्ञेय कभी भी रूढ़ अर्थ में पुराने प्रतीकों का प्रयोग नहीं करते। यदि वह ऐसा करते तो उनकी कविता आधुनिक भाव-बोध और नये परिवेश से कट जाती है। दूरूरी ओर नये संदर्भ में जब अज्ञेय

पुराने प्रतीकों का प्रयोग करते हैं तो वे अपनी अर्थ क्षमता को भी बरकरार रखते हैं। यानी प्रतीक अपने मूल चिंतन को नहीं छोड़ता, वह पूरी तरह स्पष्ट और मन्तव्य को व्यक्त करने वाला होता है। यदि ऐसा न हो तो प्रतीक प्रतीक नहीं रहेगा। सी.एम. बावरा ने इसीलिए प्रतीक की स्पष्टता पर काफी जोर दिया है–

> 'The symbols may very in their contexts, but their meaning is always clear, they save much explanation, and they give a concrete form to ideas that would otherwise dim.[60]

अज्ञेय जब भी पुराने प्रतीकों का कविता में प्रयोग करते हैं तो उन्हें नया संदर्भ देते हुए भी स्पष्ट रूप से रखते हैं जो अपने तत्त्वचिंतन को नहीं छोड़ते। उनकी कविता में हमें ऐसे प्रतीकों का भरपूर प्रयोग मिलता है जो पुरानी हिन्दी कविता में भी प्रयुक्त हुए हैं लेकिन अज्ञेय ने उन पुराने प्रतीकों के चिंतन को प्रयोग की कसौटी पर कसकर नया संदर्भ दे दिया है। जैसे आकाश, नदी, द्वीप, दीपक, वीणा, सागर, मछली, वृक्ष, महावृक्ष, द्वार, घास, चिड़िया, पक्षी (वनपाखी) तारा, बूंद, तरी (नाव), पुल, खेत, लीक आदि ऐसे प्राचीन प्रतीक हैं जिनका अज्ञेय ने नये संदर्भ में प्रयोग किया है। इसीलिए ये प्रतीक पुराने होकर भी हमें समसामयिक अर्थ ग्रहण कराते हैं। मिसाल के तौर पर 'आकाश' हिन्दी कविता में खूब प्रयुक्त हुए हैं लेकिन अज्ञेय ने उसी 'आकाश' का आधुनिक ढंग से प्रयोग किया है–

यह ऊपर आकाश नहीं है,
रूपहीन आलोक मात्र। हम अचल-पंख
तिरते जाते हैं
भार-मुक्त।
नीचे यह ताजी धुनी रूई की उजली
बादल-सेज बिछी है।
स्वप्न-मसृण :
या यहां हमीं अपना सपना है?[61]

यहां अज्ञेय ने पहली बार 'आकाश' को आकाश मानने से इंकार कर दिया, उसे उन्होंने मात्र रूपहीन आलोक ही माना। इससे 'आकाश' की पुरानी अवधारणा टूट गई और एक नया वैज्ञानिक तथ्य कविता के जरिए उद्‌घाटित हुआ। इससे पहले की काव्य परम्परा में इस वैज्ञानिक तथ्य से हम अवगत नहीं हो पाते हैं। इसी तरह एक अन्य कविता में 'दीप' और 'आकाश' के प्रतीकों का विचारों की आधुनिक कश-म-कश के रूप में प्रयोग किया गया है–

मेरे विचार हैं दीप
मेरा प्यार? वह आकाश है।

वे नहीं देते उसे आलोक
वह भी स्नेह उन को नहीं देता।
अलग दोनों की इयत्ता है।
किन्तु उनकी ओट ही
गहराइयां उसकी झलकती हैं
और उसके सामने ही सत्य उनका रूप
दिखता है विशद
सहसा अनिर्वचनीय!
मेरा प्यार? वह आकाश है।[62]

इस कविता में 'दीप' विचार ज्योति का प्रतीक है और 'आकाश' भाव की अथाह गहराई और व्यापकता का प्रतीक है। आज के वैज्ञानिक युग में विचार और भाव यानी बुद्धि और हृदय पक्ष का विचित्र द्वंद्व है। आज के मशीनी युग में मनुष्य के सभी कार्य मशीनी ढंग से होने के लिए बाध्य हैं, भावुकता के लिए ज्यादा गुंजाइश नहीं है। प्रेम जैसा पक्ष भी आर्थिक, सामाजिक और राजनैतिक दबावों से प्रभावित हुए बिना नहीं रह सका है। लिहाजा कवि महसूस करता है कि 'दीप' रूपी विचार 'वे नहीं देते उसे आलोक' और आकाश रूपी प्यार–'वह भी स्नेह उनको नहीं देता।' यानी अब हालत यह है कि न तो विचार भावना को संतुलन और स्थिरता दे पा रहे हैं और न ही भावना विचारों को उर्वरता और स्निग्धता प्रदान कर पा रही है। विचार और भावना में आज एक तनाव है। लेकिन कवि दोनों की इयत्ता को जरूरी मानते हुए दोनों को एक-दूसरे का पूरक भी मानता है। कवि मानता है कि 'किन्तु उनकी (विचारों की) ओट ही गहराइयां उसकी (प्यार की) झलकती हैं' इस प्रकार हम देखते हैं कि अज्ञेय ने 'आकाश' और 'दीप' जैसे प्राचीन प्रतीकों का प्रयोग आधुनिक चिन्तन की उलझन को सुलझाने के लिए किया यानी बदलते भाव-बोध और जीवन-मूल्यों के तईं इन प्रतीकों का सफल और सार्थक प्रयोग किया जिसे हम प्रतीक का सृजनात्मक प्रयोग कह सकते हैं। असल में प्रतीक केवल अतीत ही नहीं बल्कि वर्तमान की प्रतीति भी कराने की क्षमता रखता है, इसीलिए वह सृजनात्मक भी है। प्रभाकर श्रोत्रिय का कहना है कि 'साहित्य में प्रतीक न तो बौद्धों की संधा भाषा है और न भाषाविज्ञान या तत्त्वज्ञान का चिह्न या संकेत। वह अपने साथ केवल मूल वस्तु या विचार नहीं लाता, एक भावात्मक प्रेरणा और अनुभूति-संसार लाता है और काव्य में जिस रूप में नियोजित होता है, उसमें केवल अतीत ही नहीं, वर्तमान प्रतीति भी संपूर्ण लाघव में उपस्थित और जीवंत हो उठती है। इस माने में प्रतीक की जगह कविता में मात्र प्रतिरूपपरक नहीं, भावात्मक और सृजनात्मक भी है।'[63]

'वृक्ष', 'महावृक्ष' भी अज्ञेय की कविता में ऐसे प्रतीक हैं जिनका प्रयोग हिन्दी या अन्य भारतीय भाषाओं की कविता में अत्यधिक मिलता है। अज्ञेय ने इन प्राचीन प्रतीकों को अपने चिन्तन को अभिव्यक्ति देने के लिए प्रयोग किया है और यह प्रयोग उनकी कविता में अनेक जगह मिलता है। उनकी कविता में महावृक्ष, पेड़, रूख परम्परा की विशालता और उसके विकास के प्रतीक के रूप में आते हैं। जिस प्रकार महावृक्ष में से शाखाएं, कोंपलें, फूल और फल निकलकर नित नवीनता को धारण करते हैं उसी प्रकार परम्परा विकास की प्रक्रिया में विभिन्न प्रकार के परिवर्तन में से गुजरती है। इस परम्परा के साथ व्यक्ति का क्या सम्बन्ध है—यह अज्ञेय वृक्ष, रूख के प्रतीक से व्यक्त करते हैं। अज्ञेय की कविता 'महावृक्ष के नीचे' में यह देखा जा सकता है—

जंगल में चले हो?
चलो, चलते रहो?
महारूख के साथ अपना नाता बदलते रहो।
उसका आयाम
उसका है बहुत बड़ा है।
पर वह वहां खड़ा है।
और तुम चलते हो, चलते हुए ही भले हो।[64]

यहां 'महारूख' विशाल जातिगत अनुभव का प्रतीक है। 'उसका आयाम उसका है बहुत बड़ा है।' लेकिन इस जातिगत अनुभव यानी परम्परा का जड़ होकर अनुकरण नहीं करना चाहिए। देश, काल, परिस्थिति के अनुसार परम्परा का दोहन करना चाहिए। परम्परा के 'महारूख के साथ अपना नाता बदलते रहो।' क्योंकि वह विशाल जातिगत अनुभव 'वहां खड़ा है। और तुम चलते हो, चलते हुए ही भले हो।' यह 'महारूख' अज्ञेय की परम्परा की अवधारणा को व्यक्त करने वाला प्रमुख प्रतीक है जो परम्परा और आधुनिकता के चिन्तन को नये सन्दर्भ में व्यक्त करता है। यह कहना अनुचित न होगा कि परम्परा और आधुनिक स्वीकार के स्तर पर अधुनातन मुद्दे हैं जिनमें आज का व्यक्ति सीधे टकरा रहा है। परम्परा के प्रति समझ क्या हो? यह एक नया सवाल है जिसे अज्ञेय ने अपनी कविता में बार-बार उठाया है। इसके लिए 'विशाल तरू' या 'महावृक्ष' उनकी कविता में प्रमुख प्रतीक के रूप में आया है। एक अन्य कविता इस विषय में हम देख सकते हैं—

'ओ विशाल तरू!
शत-सहस्र पल्लवन-पतझरों से जिस का नित रूप संवारा,
कितनी बरसातों, कितने खद्योतों ने आरती उतारी,
दिन भौंरे कर गये गुंजरित,

रातों में झिल्ली ने
अनथक मंगल-गान सुनाये,
सांझ-सबेरे अनगिन
अनचीन्हे खग-कुल की मोद-भरी क्रीड़ा काकली
डाली-डाली को कंपा गयी–
ओ दीर्घकाय!
ओ पूरे झारखंड के अग्रज,
तात, सखा, गुरू, आश्रय,
त्राता महच्छाय,
ओ व्याकुल मुखरित वन-ध्वनियों के
वृन्दगान के मूर्त रूप,
मैं तुझे सुनूं,
देखूं, ध्याऊं
अनिमेष, स्तब्ध, संयत, संयुत, निर्वाक्
कहां साहस पाऊं
छू सकूं तुझे![65]

यहां भी जो 'विशाल तरू' है वह विशाल परम्परा के प्रतीक के रूप में प्रयुक्त हुआ है। इसीलिए कवि उसे 'झारखंड का अग्रज' मानता है। परम्परा के इस विविध स्वरूप से ही 'असाध्य वीणा' बनी है जिसे परम्परा के प्रति समर्पण के बिना साधा नहीं जा सकता। इसी अवधारणा की स्थापना करता है 'महारूख' का प्रतीक। परम्परा एक ऐसी अवधारणा है जिसे कविता में व्यक्त करना आसान नहीं है। लिहाजा अज्ञेय इसे व्यक्त करने के लिए 'विशाल तरू', 'महावृक्ष' जैसे प्रतीक का प्रयोग करते हैं। विद्वानों ने इसीलिए प्रतीक को अमूर्त विचार का प्रतिरूप या स्थानापन्न मात्र न मानकर उसे व्यापक अवधारणा को साकार कर देने का साधन माना है। विल्बर मार्शल अर्बन ने इस बारे में लिखा है–

> On the other hand, to make, as Croce does, the aesthetic symbol merely a synonym for the aesthetic intuition itself is to make impossible any distinction between aesthttic expression as a whole and specifically symbolic expression and representation...The symbol, while not a mere surrogate for the abstract concept, nevertheless by its very nature, embodies an ideal content, a non-aesthetic meaning which cannot be expressed in any other way.[66]

परम्परागत प्रतीकों में अज्ञेय ने अपनी कविता में पक्षी संसार को भी लिया है। उन्होंने पक्षियों के माध्यम से आधुनिक चेतना के उन बिंदुओं को छुआ है जिन्हें

पहले अनुचित या वर्जित माना जाता रहा। उनकी कविता में 'वन-पारावत', 'चिड़िया', 'कीर', 'बन-पाखी' बहुत बार आए हैं। ये सब अज्ञेय से पूर्व की कविता में भी मिलते हैं लेकिन अज्ञेय ने इन्हें नये संदर्भों में प्रयोग किया है। इसीलिए ये पक्षी उन कविताओं में रूढ़ ढंग से प्रयुक्त किए हुए नहीं लगते। उनकी कुछ ऐसी कविताओं की जांच की जा सकती है। पहली कविता है 'वन पारावत'–

भग्नावशेष पर मन्दिर के,
नभ पृष्ठ भूमि पर चित्रित-से,
दो वन-पारावत बैठे हैं।
मधु आगम से उन में जागी कोई दुर्निवार झंकार–
क्योंकि प्रकृति-लय से हैं मिले हुए उनके प्राणों के तार!

खग-युगल! करो सम्पन्न प्रणय,
क्षण के जीवन में हो तन्मय।
हो अखिल अवनि ही निभृत निलय।
हाय तुम्हारी नैसर्गिकता! मानव नियम निराला है–
वह तो अपने ही से अपना प्रणय छिपाने वाला है।'[67]

यहां अज्ञेय ने यौन चेतना की उस मनोवैज्ञानिक अवधारणा को व्यक्त किया है जो आधुनिक मनोविज्ञान की देन है। प्रणय जैसे आदिम मनोवेग पर समाज द्वारा जकड़ी हुई वर्जनाओं के खिलाफ इस कविता में एक आवाज है जो पुरानी किन्तु अस्वस्थ नैतिकता को चुनौती देती है। 'वन-पारावत' वर्जनारहित सहज रूप से मनोवेगों को जीने वाले प्राणी के प्रतीक हैं जिनके माध्यम से कवि वर्जना और तज्जन्य विसंगतियों से भरे समाज पर प्रहार करता है जहां यौन जैसे प्राकृतिक आवेग पर भी ताला डाल दिया गया है। यहां पुराने नैतिक मानदंडों को नकारने की कोशिश है और आधुनिक मनोविज्ञान की आधुनिक अवधारणा को स्वीकारने की इच्छा है जिसे कवि ने परम्परागत प्रतीक 'वन-पारावत' के माध्यम से व्यक्त किया है। इसी तरह 'चिड़िया' के माध्यम से अज्ञेय ने एक स्थान पर सृजन और व्यक्ति के अहं के संबंध को दिखाया है–

मैंने कहा
कि 'चिड़िया' :
मैं देखता रहा–
चिड़िया चिड़िया ही रही।
फिर-फिर देखा
फिर फिर बोला,
'चिड़िया।

चिड़िया चिड़िया ही रही।
फिर-जाने कब-
मैंने देखा नहीं :
भूल गया मैं क्षण भर को तकना!-
मैं कुछ बोला नहीं-
खो गयी थी क्षण-भर को स्तब्ध-चकित-सी वाणी,
शब्द गये थे बिखर, फटी छीमी से जैसे
फटकर खो जाते हैं बीच
अनयना रवहीना धरती में
होने को अंकुरित अजाने-
तब-जाने कब-
चिड़िया ने ही कहा
कि 'चिड़िया'।
चिड़िया ने ही देखा
वह चिड़िया थी।
चिड़िया
चिड़िया नहीं रही है तब से :
मैं भी नहीं रहा मैं।
कवि हूं
कहना सब सुनना है, स्वर केवल सन्नाटा।
कहीं बड़े गहरे में
सभी स्वैर है नियम,
सभी सृजन केवल
आंचल पसार कर लेना।'[68]

यहां कवि ने 'चिड़िया' को ऐसे सृजन का प्रतीक माना है कि जो अहं के सम्पूर्ण समर्पण के बाद स्वतः सहज रूप से होता है। और 'अहं आधुनिक मनोविज्ञान का विषय है जो व्यक्ति के सम्पूर्ण क्रिया-कलाप में अहम् भूमिका अदा करता है। इसीलिए कवि का मानना है कि 'सभी सृजन केवल आंचल पसार कर लेना' है। यानी सर्जक होने के अभिमान से मुक्त होने की बात है। असल में अज्ञेय की कविता में 'वन-पारावत', 'चिड़िया', 'बन-पाखी' ये सब मानव चेतना को परिभाषित करने वाले प्रतीक हैं। इसे स्पष्ट करने के लिए एक और कविता प्रस्तुत है-

'चौंक कहीं पर
छिपा
मुदित

बन-पाखी
बोला
दिन है
जय है
यह बहुजन की :

वह बन-पाखी
जाने गरिमा
महिमा
मेरे छोटे
चेतन
छन की![69]

यहां यह स्पष्ट करना आवश्यक है कि अज्ञेय की कविता में 'बन-पाखी' पुरानी चेतना का प्रतीक नहीं है। नये समाज में बदलती हुई मानवीय चेतना को व्यक्त करने वाला है—कवि का बन-पाखी। इसीलिए वह 'बहुजन की जय' की बात करता है। 'बहुजन की जय' सामाजिक चेतना को व्यक्त करती है जो पुराने सामंतवादी मूल्यों के खिलाफ तो है ही, वह आज के पूंजीवादी युग में शोषण के खिलाफ भी एक आवाज है यानी सामाजिक धरातल पर प्रगतिशील चेतना का 'बन-पाखी' अज्ञेय की कविता में आता है। इस प्रकार हम देखते हैं कि अज्ञेय की कविता में 'बन-पाखी', 'चिड़िया', 'वन-पारावत' आदि आधुनिक सामाजिक, मनोवैज्ञानिक चेतना के प्रतीक बनकर कविता में आते हैं। परम्परागत प्रतीकों का आधुनिक संदर्भ में प्रयोग करना परम्परा और प्रयोग के लिए उनके वैज्ञानिक दृष्टिकोण को ही सिद्ध करता है।

अज्ञेय की कविता में 'तारा' कई स्थानों पर आता है। यह 'तारा' अज्ञेय से पूर्व की कविता में भी खूब मिलता है लेकिन अज्ञेय की कविता में 'तारा' मात्र प्रकृति चित्रण या प्रकृति अवलोकन के लिए नहीं आया है। यहां 'तारा' व्यक्ति की संपूर्णता उसकी इयत्ता और अस्मिता के प्रतीक के रूप में आया है। अज्ञेय महसूस करते हैं कि आकाश में फैले हुए सूर्य के लाल आलोक में भी तारे की क्षमता बरकरार है। शाम को पूरे आकाश में जब सूर्य की लालिमा हार जाती है और हार कर बुझ जाती है तो उस विदा होती लालिमा में 'तारा शुक्र' अपनी अस्मिता को परिभाषित करता हुआ दिखाई देता है। असल में अज्ञेय की पूरी काव्य चेतना में व्यक्ति और समूह के रिश्ते को स्पष्ट करने की भरपूर कोशिश है। व्यक्ति और समाज की यह अवधारणा आधुनिक समाजशास्त्र के अध्ययन का प्रमुख विषय है। अज्ञेय समाज को स्वीकार करके भी व्यक्ति की इयत्ता को नहीं नकारते बल्कि उसके

महत्त्व को मानते हैं। इस अवधारणा को अपनी कविता में व्यक्त करने के लिए विभिन्न प्रतीक़ों का प्रयोग करते हैं जिसमें 'तारा' भी एक ऐसा ही प्रतीक है। इसके लिए उनकी यह कविता देखी जा सकती है—

उगा तारा :
मैंने देखा नहीं कि- कब
बुझ गया
लाल आलोक सूर्य का। पर जब देखा
देखा यही :
कि पेड़ों-चट्टानों में उलझी
हारी हुई
लालिमा में द्योतित है शुक्र
अकेला तारा।

शुक्र अकेला
तारा
तब से चमक रहा है
कितने हार चुके हैं सूरज
कितनी
हेरा गयी लालियां, कितने पत्रहीन सूखे पेड़ों में।
लो, प्रणाम लो, तारे
आंखों के, प्राणों के,
सूनी सध्याओं के एक सहारे![1]

असल में अज्ञेय व्यक्ति की आस्था में बहुत विश्वास रखते हैं और व्यक्ति की इयत्ता में भी उनकी भरपूर आस्था है। इसीलिए आकाश के व्यापक फैलाव में चमकता हुआ तारा स्वतः सम्पूर्ण दिखाई देता है। जब भी आकाश तारा चमकता हुआ दिखाई देता है तो वह महसूस करते हैं—

कभी आंगन में अकेले सद्य जागे मुग्ध शिशु जैसा
स्वतः सम्पूर्ण
तारा चमक आता है।[70]

अज्ञेय का चिंतन मूलतः आशा और आस्थावादी है जिसमें सदैव सम्भावना बनी रहती है। उन्हें तमाम प्रतिकूल परिस्थितियों में आशा की एक किरण अवश्य दिखाई देती है। ऐसा अनायास नहीं है। क्या कारण है? अज्ञेय वर्तमान समाज में व्याप्त मूल्यहीनता और टूटते हुए जीवन को देखते हैं समाज में शोषण का प्रसार

और व्यक्ति का संवेदनाहीन होते जाना काली परछाईं की तरह लगता है लेकिन इस काली परछाईं में भी उत्थान और विकास की सम्भावना अज्ञेय देखते हैं। इसीलिए अज्ञेय हताशा और निराशा के कवि नहीं हैं बल्कि जिजीविषा के कवि हैं जो सदा आशा और सम्भवना के टिमटिमाते तारे पर निगाह रखते हैं। इसीलिए तारे का प्रतीक अज्ञेय की कविता में बहुत है। इसी धारणा को पुष्ट करने वाली है उनकी यह कविता–

साझं। बुझता क्षितिज।
मन की टूट-टूट पछाड़ खाती लहर।
काली उमड़ती परछाइयां।
तब एक
तारा भर गया आकाश की गहराइयां।[1]

अज्ञेय की कविता में 'नदी', 'नाव' और 'पुल' भी प्रतीक के रूप में बहुत आए हैं ये भी अन्य प्रतीकों की तरह अज्ञेय की मूल चिंतनधारा को व्यक्त करते हैं। हालांकि 'नदी', 'नाव' और 'पुल' कोई नये प्रतीक नहीं हैं हिन्दी काव्य परंपरा में इनका प्रयोग प्रचुर मात्रा में हुआ है लेकिन अज्ञेय ने इनका आधुनिक संदर्भ में नयी अवधारणा को व्यक्त करने के लिए प्रयोग किया है। 'नदी' का जिक्र हम पहले भी कर चुके हैं और स्पष्ट कर चुके हैं कि 'नदी' अज्ञेय की कविताओं में एक प्रवाह के प्रतीक के रूप में आती है। यह प्रवाह या तो समाज का है या परम्परा का। व्यक्ति को दोनों प्रकार के प्रवाह से टकराना पड़ता है। समाज में रहकर भी व्यक्ति को अपनी इयत्ता को बरकरार रखने के लिए जद्दोजहद करनी पड़ती है और समाज को दिशा देने के लिए व्यक्ति को सबसे पहले समाज के विरोध का ही सामना करना पड़ता है। अज्ञेय का मानना है कि समाज को दिशा देने के लिए ही व्यक्ति को अपनी पहचान बनाये रखनी चाहिए इसीलिए 'नदी के द्वीप' नाम की कविता में वह 'नदी' और 'द्वीप' के जरिए समाज और व्यक्ति के रिश्ते को पारिभाषित करते हैं जिसका जिक्र प्रतीक पर बात करते हुए शुरू में ही हमने किया। दूसरी तरफ 'नदी' परम्परा के प्रवाह के प्रतीक के रूप में भी उनकी कविता में आती है। इस विषय में हम यह कविता प्रस्तुत कर रहे हैं–

चुप-चाप
सरकती है नदी,
चुप-चाप
झरती है बरफ,
नदी के जल में
गल जाती है।

लटकी है छायाएं
निष्कम्प
पानी में।
और एक मेरे भीतर नदी है स्मृतियों की
जो निरंतर टकराती है मेरी दुरन्त वासनाओं की चट्टानों से
जिस नदी की जिन चट्टानों से जिस
टकराहट से
कोई शब्द नहीं होता
और जिस के प्रवाह में
बरफ की लड़ी की
छाया-सा
लटका हूं मैं।[80]

असल में अज्ञेय की चेतना में परम्परा का प्रवाह प्रवाहित हो रहा है। परम्परा की यह नदी उनकी चेतना में अनायास ही सरक रही है जिसमें पुराने ढहते हुए जीवन मूल्यों की छायाएं निष्कम्प और जड़ होकर लटकी हुई हैं। स्मृतियों की इस नदी से कवि का वर्तमान अनुभव टकरा रहा है। यानी जातिगत अनुभव कवि के वर्तमान से टकरा रहा है। यह बात अज्ञेय स्पष्ट रूप से कहते हैं कि 'एक मेरे भीतर नदी है स्मृतियों की, जो निरंतन टकराती है। मेरी दुरन्त वासनाओं की चट्टानों से कवि की यह वासनाओं की चट्टानें उसके वर्तमान परिवेश और वर्तमान अनुभव से निर्मित हुई हैं यानी अतीत का अनुभव और वर्तमान का अनुभव अज्ञेय को विभिन्न स्तरों पर प्रयोग करने के लिए बाध्य करता है। इस तरह अज्ञेय की कविता परम्परा और प्रयोग का उदाहरण बन जाती है। असल में अज्ञेय की चेतना में जब नये अनुभव (वैज्ञानिक आविष्कारों से जन्य) का प्रवाह टकराता है तो पुरानी जीवन पद्धतियों की दीवार उनके अन्दर कहीं टूटती है और टूटन से कवि मन भी कहीं-न-कहीं वध्य होता है, हताहत होता है पर परंपरा की नदी पर आधुनिक मन की छाया पड़े बिना नहीं रहती। इस बारे में एक और कविता उद्धृत कर रहे हैं-

नदी की बांक पर
छाया
सरकती है
कहीं भीतर
पुरानी भीत
धीरज की
दरकती है
कहीं फिर बध्य होता हूं-[74]

जिस प्रकार 'नदी' अज्ञेय की कविता में प्रवाह के प्रतीक के रूप में आयी है उसी तरह परम्परागत प्रतीक है 'नाव' या 'तरी' जो अज्ञेय के आधुनिक चिंतन को व्यक्त करती है। वैसे 'नाव' या 'तरी' से छायावादी कविता भरी पड़ी है लेकिन अज्ञेय ने इसे बिल्कुल नये संदर्भ में जोड़ लिया है। अज्ञेय की कविता में 'नाव' वर्तमान जीवन की परिस्थितियों से जूझते और लड़ते हुए व्यक्ति का प्रतीक है। अज्ञेय के चिंतन पक्ष पर बात करते हुए हमने बताया है कि अज्ञेय स्वातन्त्र्य को बहुत महत्त्व देते हैं लेकिन वह जानते हैं कि व्यक्ति स्वातंत्र्य कोई आसान चीज़ नहीं है। उसे प्राप्त करने के लिए व्यक्ति को बहुत-सी जिम्मेदारियों को स्वीकारना होगा क्योंकि स्वतंत्रता दायित्व और जिम्मेदारियों से कटी हुई नहीं है बल्कि स्वतंत्रता अपने आप में एक बहुत बड़ी जिम्मेदारी है। अज्ञेय का 'व्यक्ति स्वातंत्र्य' समाज से कटी हुई स्थिति नहीं है बल्कि समाज के प्रति जिम्मेदारी का भाव है। उनका मानना है कि 'व्यक्ति महान् है तो इसलिए नहीं कि वह सर्वथा अननुमेय, स्वच्छंद और अनियमित है, वरन् इसलिए कि वह एक अननुमेय और नियमित सामाजिक परिपार्श्व में रहता हुआ भी उसे परिवर्तित करता है और नयी दिशाएं तथा नयी गति दे सकता है।[75] व्यक्ति का यह उत्तरदायित्वपूर्ण स्वरूप हमें उनकी कविता में भरपूर दिखाई देता है। इसके लिए अज्ञेय ने कई पारम्परिक प्रतीकों का प्रयोग किया है जिनमें से एक 'नाव' या 'तरी' भी है। जैसा कि हमने कहा कि अज्ञेय की 'तरी' वर्तमान परिस्थितियों से टकराती है। ये परिस्थितियां पुराने जीवन मूल्यों के टूटने और आधुनिक मूल्यहीनता की स्थितियों से बनती हैं। लेकिन अज्ञेय की 'तरी' परिस्थितियों की लहर से रू-ब-रू होती है। यानी जिधर से लहर आती है अज्ञेय अपनी 'तरी' का रुख उसी तरफ को मोड़ते हैं, उस लहर से टकराते हैं, उसका सामना करते हैं। लहर के प्रवाह के अनुकूल उनकी 'तरी' नहीं बहती। यानी प्राचीनता और नवीनता के द्वंद्व से जो परिस्थिति निर्मित होती है अज्ञेय का 'व्यक्ति' उसका सामना करता है, समर्पण नहीं करता। अज्ञेय की इस कविता में इस विचार को आकार लेते हम देख सकते हैं–

जिधर से आ रही है लहर
अपना रुख
उधर को मोड़ दो:
तरी
सागर की सुता है
संगिनी है पवन की,
उसे मिलने दो ललक कर
लहर से:
वहीं उस को जय

मिलेगी तो मिलेगी
या मिलेगी लय,
असंशय
तुम तरी को छोड़ दो
बढ़ती लहर पर![76]

यहां ध्यान देने की बात यह है कि अज्ञेय की 'तरी' 'सागर की सुता है' यहां सागर और तरी का रिश्ता व्यक्ति और समाज का ही रिश्ता है। समाज भी सागर की तरह व्यापक, विशाल और गहरा है और व्यक्ति विशाल समाज की एक इकाई है लिहाजा परिस्थितियों के बवंडरों का सामना इकाई को ही करना पड़ता है। व्यक्ति आजीवन बवंडरों का ही संगी-साथी बना रहता है। आजीवन घटना और परिस्थितियां व्यक्ति को प्रभावित करती हैं और व्यक्ति परिस्थितियों को प्रभावित करता है। इसलिए अज्ञेय की 'तरी' 'संगिनी है पवन की।' अज्ञेय की 'नाव' न 'सागर' से भयभीत है और न परिस्थितियों की आंधी से क्योंकि वह जानते हैं कि व्यक्ति अत्यन्त सक्षम प्राणी है। वह परिस्थितियों को न केवल बर्दाश्त कर सकता है अपितु उन्हें बदल भी सकता है। लिहाजा उनका मानना है बेझिझक नाव को परिस्थितियों के प्रवाह में उतार दो और वह जिधर बहती है, बहने दो। यानी उसे अपनी नियति खुद बनाने दो। उनकी एक अन्य कविता में यह बात देखी जा सकती है–

चलो, खोल दो नाव
चुपचाप
जिधर बहती है
बहने दो
नहीं, मुझे सागर से
कभी डर नहीं लगा।
नहीं, मुझ में आंधियों का
आतंक नहीं जगा।[77]

परंपरागत प्रतीकों का आधुनिक संदर्भ में प्रयोग करना अज्ञेय की प्रयोगशील दृष्टि का परिचायक है। ऐसा करके अज्ञेय ने यह सिद्ध कर दिया कि परम्परा समसामयिक संदर्भ में जांची जा सकती है और इस तरह परम्परा का नवीकरण हो सकता है।

अज्ञेय ने कई स्थानों पर हिन्दी के संत कवियों के प्रतीकों का भी नये ढंग से प्रयोग किया है। संतों के यहां 'सूली' और 'सेज' उनकी रहस्यानुभूति को व्यक्त करने वाले प्रतीक हैं। यह जानकर आश्चर्य होता है कि अज्ञेय जैसे आधुनिक कवि ने भी 'सूली' और 'सेज' का प्रयोग किया लेकिन संतों की तरह नहीं बल्कि अपने

उस परिवेश को व्यक्त करने के लिए जिसमें अज्ञेय रह रहे हैं। 'सूली' और 'सेज' अज्ञेय के यहां इस ढंग से आते हैं–

आज स्वप्न-वीथी से मेरे पैर अटपटे भटक गये हैं–
तो वह क्यों? इस लिए कि आज
प्रत्येक स्वप्नदर्शी के आगे
गति से अलग नहीं पथ की यति कोई!
अपने से बाहर आने को छोड़
नहीं आवास दूसरा।
भीतर–भले स्वयं साईं बसते हों।
पिया-पिया की रटना!
पिया न जाने आज कहां हैं:
सूली पर जो सेज बिछी है, वह
वह मेरी है![78]

इस कविता में गौर से देखें तो पाएंगे कि 'सांई', 'पिया', 'सूली' और 'सेज' ये सारे प्रतीक संत कवियों के हैं लेकिन अज्ञेय ने इन प्रतीकों का प्रयोग अपनी कविता में आधुनिक भाव-बोध और आधुनिक मानसिकता को व्यक्त करने के लिए किया है। पहला कवि कहता था कि–

तेरा साईं तुज्झ में, ज्यों पुहुपन में बास।
कस्तूरी का मिरग ज्यों, फिर फिर ढूंढे घास।।

इसका अभिप्राय यह हुआ कि पहला कवि (कबीर) सांई को अपने भीतर ढूंढने की कोशिश में था। वह बाहर की तलाश को महत्त्वपूर्ण न मानकर भीतर की यात्रा को महत्त्वपूर्ण मानता है। यानी बाहर से भीतर की यात्रा करता है लेकिन अज्ञेय का कहना है कि 'अपने से बाहर आने को छोड़ नहीं आवास दूसरा। भीतर-भले स्वयं सांई बसते हों।' आधुनिक कवि अज्ञेय का यह मानना उनकी प्रयोगशील मानसिकता का परिचायक है। वह परंपरा को ज्यों का त्यों स्वीकार नहीं करते। देश, काल, परिस्थिति में उसे जांचते हैं और आवश्यक होने पर उससे असहमत भी होते हैं। अज्ञेय महसूस करते हैं कि आज सांई की तलाश भीतर नहीं बाहर करनी होगी क्योंकि आज का युग गति का युग है। उनके अनुसार 'गति से अलग नहीं पथ की यति कोई!' असल में अज्ञेय का विरोध मध्ययुगीन मूल्यों से है। मध्ययुग स्वत: प्रमाण माने जाने वाले आप्त वाक्यों का अनुयायी था जिसमें सामूहिक रूप से मनुष्य एक जबदी हुई स्तब्ध मनोवृत्ति का शिकार था। आ. हजारी प्रसाद द्विवेदी ने लिखा है कि 'मध्ययुग शब्द का प्रयोग काल के अर्थ में उतना नहीं होता, जितना एक खास प्रकार की 'पत्नोन्मुख और जबदी हुई मनोवृत्ति' के

अर्थ में होता है। ऐसा माना जाता है कि मध्ययुग का मनुष्य धीरे-धीरे विशाल और असीम ज्ञान के प्रति जिज्ञासा का भाव छोड़ता जाता है तथा धार्मिक आचारों और स्वतः प्रमाण माने जानेवाले आप्त वाक्यों का अनुयायी होता जाता है।"[1] आ. द्विवेदी के इस कथन से स्पष्ट है कि मध्ययुगीन बोध गति का पक्षधर नहीं था लेकिन अज्ञेय 'गति से अलग पथ की' कोई यति नहीं मानते। कुल अभिप्रायः यह है कि अज्ञेय ने पुराने प्रतीकों से नई बात कहने की कोशिश की है। इसी तरह मध्य युग का कवि कहता है–

सूली ऊपर सेज पिया की
किस बिध मिलना होय

लेकिन अज्ञेय का कहना है आज के युग में 'सूली पर जो सेज बिछी है, वह-वह मेरी है।' यानी आज का कवि किसी रहस्यात्मक पिया से मिलने का इच्छुक नहीं है। वह तो अपने समय के राजनैतिक, सामाजिक, आर्थिक और व्यक्तिगत दबावों को खुद झेल रहा है लिहाजा सूली पर तो खुद उसे ही सोना है, उसके किसी अमूर्त, अनजाने पिया को नहीं। इसी तरह अज्ञेय ने कुछ और संत कवियों के प्रतीकों को अपनी धारणा को व्यक्त करने के लिए प्रयोग किया है। प्रतीक संतों का है पर बात अज्ञेय ने उससे अपनी कही है। जैसे–

ना, नाः
फेर नहीं आती ये सुन्दर रातें
ना ये सुन्दर दिन
नहीं बांध कर रक्खा जाता
छोटा-सा पल छिन।
चढ़ डोले पर चली जा रही
काल की दुलहिन।[80]

यहां अज्ञेय की 'क्षण' विषयक अवधारणा व्यक्त होती है। जिसे व्यक्त करने के लिए 'डोले पर चली जा रही काल की दुलहिन' जैसे मध्ययुगीन प्रतीकों का प्रयोग किया है। यहां यह बता दें कि अज्ञेय क्षण में तो विश्वास करते हैं पर क्षणिकता में नहीं। उनका क्षण काल की व्यापकता लिए हुए है जिसमें जीवन का प्रसार है। डॉ. विद्यानिवास मिश्र ने अज्ञेय के क्षण के बारे में लिखा है कि 'अज्ञेय क्षण के आग्रही हैं पर क्षणिकता के नहीं।' उनकी दृष्टि के क्षणभाव जीवन की अखण्डता का प्रत्याख्यान नहीं बल्कि समर्थन है। अज्ञेय की कविता वस्तुतः मृत्यु का ही प्रत्याख्यान है।'[81] इन प्रतीकों के प्रयोग से लगता है कि अज्ञेय ने अपनी परंपरा को खूब मथा है और उसे समसामयिकता से जोड़ा है–चिंतन के धरातल पर भी और शिल्प के धरातल पर भी।

2. निजी प्रतीक

(सागर-बूंद और मछली)

'सागर', 'बूंद' और 'मछली' यद्यपि अज्ञेय से पूर्व हिन्दी कविता में खूब आए हैं लेकिन अज्ञेय ने जिस तरह और जिस हद तक इनका प्रयोग अपनी कविता में किया है उससे ये प्रतीक उनके निजी प्रतीक से लगने लगे हैं। ऐसा होना स्वाभाविक भी है क्योंकि अज्ञेय की मानसिकता और उनका चिंतन आधुनिक विज्ञान के परिवेश से निर्मित हुआ है और इस वैज्ञानिक चिंतन को व्यक्त करने के लिए जिन प्रतीकों का प्रयोग वह बार-बार करते हैं उससे वह उनकी अनुभूति की पहचान कराने वाले प्रमुख प्रतीक बन गए हैं। 'सागर', 'बूंद' और 'मछली' उनकी कविता में बार-बार आते हैं और इन प्रतीकों के तत्त्व चिंतन (निहितार्थ) को उन्होंने इस हद तक निचोड़ लिया है कि अब वे अज्ञेय के ही निजी प्रतीक बन गए हैं। ये प्रतीक अज्ञेय की कविता में पुरातन की व्याख्या प्रस्तुत नहीं करते बल्कि नये जीवन सत्यों को प्रकट करते हैं। अज्ञेय द्वारा इन प्रतीकों के प्रयोग के पीछे आधुनिक मनोविज्ञान और समाजशास्त्र की अवधारणाएं काम कर रही हैं। ये प्रतीक निजी होने के बावजूद भी नितांत वैयक्तिक नहीं जो समझे ही न जा सकें। इन प्रतीकों के सामने समाज है, समाज जिसने प्रतीक को अर्थ दिया है। इस विषय में प्रभाकर श्रोत्रिय का कहना है कि "'प्रतीक' का अर्थ समाज निश्चित करता है। या जो नया अर्थ उसमें से कवि उत्पन्न करता है उसकी भी किसी न किसी अंश में सामाजिक स्वीकृति रहती है। मसलन अज्ञेय के द्वारा 'मछली' का बिंब 'जिजीविषा' 'मछली की तरह तड़पना' जैसे मुहावरों से समर्थित है।"[82] असल में कोई भी प्रतीक किसी कवि का निजी प्रतीक तब बनता है जब वह उसका निजी ढंग से प्रयोग करे। अज्ञेय ने इन प्रतीकों का प्रयोग निजी ढंग से ही किया है। उनकी कविताओं से यह बात प्रमाणित हो जाती है। उनकी कविता में 'सागर' ऐसा प्रतीक है जो बहुत बार आया है। और अलग-अलग ढंग से आया है। इतना अवश्य है कि 'सागर' अज्ञेय की व्यापक और अतल गहराइयों में डूबी चेतना से जुड़कर आता है। 'सागर' के सम्पर्क में आकर अज्ञेय की चेतना कभी आंदोलित हो जाती है, कभी एकदम शांत और स्थिर कभी जीवन के अनजाने रहस्यों की गहराई मापने लगती तो कभी उनके भीतर सब कुछ समो लेने की लालसा जागृत होती है। अभिप्राय यह कि उनके चेतन-अचेतन के बहुत-से भाव 'सागर' में प्रतीकित होकर कविता में आते हैं। जैसे यह कविता है—

लहर पर लहर पर लहर पर लहर:
सागर, क्या तुम जानते हो कि तुम
क्या कहना चाहते हो?
टकराहट, टकराहट, टकराहट:
पर तुम

तुम से नहीं टकराते;
कुछ ही तुम से टकराता है
और टूट जाता है जिसे तुमने नहीं
तोड़ा।[83]

यहां 'सागर' व्यक्ति के उस अन्तर्मन का प्रतीक है जो पस्थितियों की लहरों का सामना कर रहा है और अन्दर ही अन्दर कोई चीज़ उससे टकरा रही है। टकराने वाली यह चीज़ बहुत-सी हो सकती हैं–पुरानी रूढ़ियां, बदलते मानवीय सम्बन्ध, सामाजिक विसंगतियां, व्यक्ति की चेतना को जकड़नेवाले सामाजिक सांचे और विभिन्न प्रकार की भावनाएं आदि। 'सागर' इन तमाम चीज़ों से अपनी अतल गहराइयों में कहीं टकरा रहा है लेकिन उसका विशाल आत्मविश्वास उसे टूटने नहीं देता बल्कि ये तमाम चीज़ें, तमाम परिस्थितियां ही उससे टकराकर टूट जाती हैं। अज्ञेय को 'सागर' में भयंकर आंदोलन के बावजूद अपार आत्मविश्वास भी दिखाई देता है। यह विशालता और काल को भी पार करने वाली जिजीविषा 'सागर' के प्रतीक के रूप में आती है। देखिए इसे कविता में–

सागर:
पर पक्षी ऊपर ही ऊपर उड़ जाते हैं
सागर
पर मछलियां नीचे ही नीचे तैरती हैं,
नावें, जहाज
पर वे सतह को ही चीरते हुए चले जाते हैं–
वह भी घाट से घाट तक।
सागर
देश और देश और देश, लहराता देश,
काल और काल और काल, उमड़ता काल:
कहां है तुम्हारी पहचान, सागर, कहां?

जहां धरा और आकाश मिलते हैं
जहां देश और काल
जहां सागर तल की मछली छटपटा कर उछल कर
वायु मांगती है।[84]

यहां 'सागर' की जिजीविषा देश और काल के बीच लहराने वाले जीवन के रूप में हमारे सामने आती है। ऐसा जीवन जिसके चेतन और अवचेतन में बहुत कुछ घटित हो रहा है और जीवन का प्रवाह अनादि काल से चल रहा है। अज्ञेय की जिज्ञासा है कि 'कहां है तुम्हारी पहचान, सागर, कहां?' असल में अज्ञेय सागर

को प्रतीक बनाकर जीवन की असल पहचान जानना चाहते हैं कि जीवन की असली कसौटी क्या है, किस बिंदु पर उसकी वास्तविक पहचान हो सकती है? अज्ञेय की यह जिज्ञासा एक ओर उपनिषद के सवालों जैसी लगती है दूसरी ओर आधुनिक मनोविज्ञान के मानव मन के रहस्यों से जुड़ी लगती है। 'अस्ति का यह प्रश्न 'सागर' को प्रतीक बनाकर अज्ञेय बार-बार उठाते हैं जैसे–

जहां आकाश का पक्षी सनसनाता गिर कर
नीर को चीरता है
जहां नौका पतवार खोकर पलट कर तल की ओर
डूबने लगती है
वहां, तब, देश और काल और अस्ति के उस
त्रितय सन्निपात की धार पर
तुम्हारी पहचान कौंधती है
और लय हो जाती है
कि तुम प्राण हो
कि तुम अन्न हो
कि तुम मृत्यु हो
कि तुम होते हो तो खो जाते हो, क्योंकि हम खोते हैं तो होते हैं।
लहर पर लहर पर लहर पर लहर:
सागर, तुम कुछ कहना नहीं चाहते
तुम होना चाहते हो–[85]

अज्ञेय मनोविज्ञान और दर्शन के जरिए जीवन की पहचान ढूंढना चाहते हैं। मनोविज्ञान की आधुनिक दृष्टि मानव मन के अभूतपूर्व उद्‌घाटित रहस्यों के द्वारा बताती है कि मानस के कई पक्ष होते हैं और ये सभी पक्ष मनुष्य के व्यक्तित्व को प्रभावित करते हैं। फ्रायड एवं उसके अनुयायियों के मुताबिक 'मानस के कई पक्ष होते हैं–चेतन पक्ष उनमें से एक है। इससे हम सबसे अधिक परिचित भी होते हैं, पर मानस के अन्य पक्ष भी हैं, जैसे, अचेतन, अवचेतन या अर्द्धचेतन आदि। ये सभी पक्ष किसी न किसी प्रकार मनुष्य के व्यक्तित्व को प्रभावित करते हैं और उसके व्यवहार में व्यक्त होते हैं। फ्रायड के बाद उसके अनुयायियों और अन्य दार्शनिकों-मनोवैज्ञानिकों ने भी मानस के विभिन्न क्षेत्रों अथवा स्तरों का विवेचन विश्लेषण किया। इस प्रकार आधुनिक साहित्य में मानस से कई पक्षों की धारणा ही प्रचलित हैं।[86]

अज्ञेय 'सागर' को प्रतीक बनाकर मनुष्य के इन्हीं चेतन, अचेतन, अवचेतन, अर्द्धचेतन को पहचानने की कोशिश करते हैं जिनसे आदि काल से मानव जीवन प्रभावित होता रहा और अलग-अलग ढंग से अपनी पहचान कराता रहा है। इसीलिए

वह सवाल करते हैं कि सागर तुम्हारी पहचान कहां है? क्या वहां, 'जहां आकाश का पक्षी सनसनाता गिर कर नीर को चीरता है' या 'जहां नौका पतवार खोकर पलटकर तल की ओर डूबने लगती है' यानी क्या चेतना के ऊपरी सतह पर जो कुछ है, वह जीवन है या तल में उठते बवंडर जीवन की वास्तविक पहचान कराते हैं। जीवन के और अस्ति के इन सारे सवालों से अज्ञेय निपटना चाहते हैं क्योंकि जीवन जितना प्राचीन काल में समझने का विषय था उससे ज्यादा आधुनिक युग में है क्योंकि आज विज्ञान जैसे-जैसे जीवन के रहस्यों को खोल रहा है, वैसे-वैसे जीवन के प्रति जिज्ञासा और बढ़ रही है। सागर को जीवन के प्रतीक के रूप में अज्ञेय यदि लेते हैं तो उसे वह वैज्ञानिक ढंग से समझते हैं और उसके बारे में प्रचलित पुरा कथाओं पर प्रश्नचिह्न लगाते हैं और उसके वैज्ञानिक स्वरूप को समझने की कोशिश करते हैं यानी अब 'सागर' छायावादी कवि या अन्य पूर्व कवि की भांति कविता में नहीं आता बल्कि अपने नये परिभाषित रूप के साथ कविता में आता है। अज्ञेय 'सागर' से संवाद करते हैं–

कहां है वह संगीत
जिसके लिए प्रजापति की वीणा कांपी
वह अमृत
जिस के लिए सुरों-असुरों ने तुझे मथा?
चुक गयी क्या
पुराण की रूप कथा:
तू क्या सदा से केवल भाप से जमता हुआ जल का कोष रहा
तू क्या अग्नि की, रत्नों की, सुखों की, प्रकाश के रहस्यों की
खनि, देवत्व की योनि,
कभी न था, न था?[87]

असल में अज्ञेय आधुनिक जीवन के घात-प्रतिघातों को सह रहे हैं। टूटते मानवीय सम्बन्ध, नवीनता और प्राचीनता की कशमकश अज्ञेय के जीवन को सागर में आए तूफान की तरह मथती है जिसमें ठोस भौतिक समस्याएं हैं, तरल और वायवी भावनात्मक समस्याएं हैं। इन टकराहटों में भी कवि बनने और मिटने की अनुभूति को महसूस कर रहा है। इन सारे तनावों को अज्ञेय सागर में भी देखते हैं और जीवन के प्रतीक के रूप में उसे कविता में प्रयुक्त करते हैं। देखिए–

रात होगी
जब तूफान तुझे मथेगा
जब ऊपर और नीचे
ठोस और तरल और वायव

आग और पानी
बनते और मिटने के भेद लय हो जायेंगे:
तो क्या हुआ? वहीं तो अस्ति है।
तूफान ने मुझे भी मथा है और वह लय
मैंने भी पहचानी है।
छोटी ही है, पर, सागर,
मेरी भी एक कहानी है–[88]

अज्ञेय जब जीवन को लेकर बहुत से सवाल करते हैं तो उसमें मृत्यु को जानना भी निहित है। जीवन और मृत्यु आधुनिक युग के अत्यंत महत्त्वपूर्ण सवाल हैं। इन दोनों से आज का विज्ञान निपटना चाहता है। आधुनिक कवि होने के नाते चेतना के स्तर पर अज्ञेय भी निपटना चाहते हैं और सागर जो कि जीवन और मृत्यु का संगठित रूप है उनकी कविता में अद्‌भुत ढंग से उभरता है और वह लिखते हैं–

सागर को प्रेम करना
मरण की प्रच्छन्न कामना है
तो क्या ?
मरण अनिवार्य है:
प्रेम
स्वच्छन्द वरण है:
प्रच्छन्न ही सही, सागर, मुझे कोई लज्जा नहीं–
न अपने रहस्य की न अपनी स्वच्छन्दता की:
आ तु, दोनों का साझा कर:
लहर पर लहर पर लहर पर लहर–[89]

अज्ञेय के सम्पूर्ण साहित्य के केन्द्र में जीवन है। जीवन से ही हर चीज़ की शुरुआत होती है। यहां तक कि काल के तीनों आयाम भूत, वर्तमान और भविष्य का उत्स भी जीवन ही है। यह जीवन जो आदिम रस है, कवि इसी को अपनी धमनियों में महसूस करता है और कविता में सागर इसी जीवन का प्रतीक बनकर आता है। यह कविता इसे स्पष्ट करती है–

ओ सागर
ओ मेरी धमनियों की आग,
मेरे लहू के स्पन्दित राज-रोग,
सागर
ओ महाकाल
ओ जीवन[10]

अज्ञेय की कविता में सागर जीवन की नश्वरता का प्रतीक नहीं है वह तो सनातन है जिसमें आवर्तन की प्रक्रिया है। उसमें निरन्तरता का भाव है इसीलिए अज्ञेय सागर को ऐसे जीवन का प्रतीक मानते हैं जिसमें 'आदिम रस' है। वह लिखते हैं–

सागर, ओ आदिम रस जिस में समस्त रूपाकार
अपने को रचते हैं,
जिसमें जीवन आकार लेता है, बढ़ता है, बदलता है,
ओ सागर, काल-धाराओं के संगम,
काल-वाष्प के उत्स, काल मेघ के लीलाकाश,
काल-विस्फोट की प्रयोग भूमि,
सागर, जीवन द्रव, वज्रवक्ष,
ओ शिलित स्राव, ओ मार्दव,
आदिम जीवन कर्दम
ओ आलोक कमल![91]

अज्ञेय सागर के रूप में जीवन के बनते-मिटते और आंदोलित होते रूप को देखते हैं, जहां जीवन नश्वर नहीं। यहां अज्ञेय जीवन विषयक भारतीय अवधारणा से जुड़ जाते हैं क्योंकि प्राचीन भारतीय मनीषी ने भी जीवन की नश्वरता में नहीं बल्कि जीवन की सनातनता में विश्वास किया। स्वयं अज्ञेय ने अपनी पुस्तक 'सवंत्सर' में इस विषय में लिखा है कि 'पुराने आरण्यक-आश्रमिक भी प्रकृति के निकट रहते थे। वे भी देखते थे कि जो बनता है वह मिटता भी है। लेकिन इस देखने में उन्होंने जीवन की नश्वरता नहीं देखी। मुझे लगता है कि वे लोग देखकर भी देखते रह सके, केवल ध्यान में नहीं खो गये। उन्होंने जीवन को नश्वर नहीं माना, सनातन आवर्तन-प्रक्रिया में योग देने से अपना हाथ नहीं खींचा। ओस की बूंद में धूप की चमक देखकर उन्हें मृत्यु का स्मरण नहीं आया बल्कि उन्होंने उस सविता का स्तवन किया जो सारी प्रक्रिया की गति बढ़ाता है। साथ-साथ हमारी प्रत्यभिज्ञा-सम्पन्न बुद्धि की भी-धियो यो नः प्रचोदयात्। तभी तो वह कह सके-देवस्य पश्य काव्यं न ममार न जार्यति ।'[92] अज्ञेय भी जीवन को नश्वर नहीं मानते। जीवन में परिस्थितियों के थपेड़े तो हैं जिनसे टूटन होती है पर उनके अनुसार इस टूटन में भी सृजन है और वही जीवन है। अपनी कविता में अज्ञेय ऐसे जीवन को ही आंकते हैं और यह जीवन सागर से ही तुलनीय है–

बना दे, चितेरे
मेरे लिए एक चित्र बना दे।
पहले सागर आंक:
विस्तीर्ण प्रगाढ़ नीला,

ऊपर हलचल से भरा,
पवन के थपेड़ों से आहत,
शत-शत तरंगों से उद्वेलित,
फेनोर्मियों से टूटा हुआ, किन्तु प्रत्येक टूटने में
अपार शोभा लिये हुए।
चंचल, उत्सृष्ट,
जैसे जीवन।[93]

अज्ञेय के लिए आधुनिक जीवन असंख्य दबावों और तनावों को झेल रहा है लेकिन इसके बावजूद वह असंख्य गतियों और प्रवाहों को अपने अन्दर समाहित किए हुए है। जीवन में समाहित यह गति और प्रवाह ही उसे स्वायत्त बनाते हैं। यह गति और प्रवाह अज्ञेय को सागर में भी दिखाई देता है। इसीलिए कवि सागर के परम्परागत प्रतीक का प्रयोग करके जीवन की इस अवधारणा को व्यक्त करता है। उनकी कविता में इसीलिए सागर बार-बार आता है—

हां, पहले सागर आंक:
नीचे अगाध, अथाह,
असंख्य दबावों, तनावों, खींचों और मरोड़ों को
अपनी द्रव एकरूपता में समेटे हुए,
असंख्य गतियों और प्रवाहों को
अपने अखण्ड स्थैर्य में समाहित किये हुए,
स्वायत्त
अचंचल,
—जैसे जीवन—[94]

असल में अज्ञेय ने जीवन को अखण्डता और सृजन के परिप्रेक्ष्य में देखा है। जीवन की सनातनता की धारणा अज्ञेय को अपनी परम्परा से मिली है लेकिन आधुनिक मनोविज्ञान ने जीवन के जिन विभिन्न स्तरों का उद्घाटन (चेतन, अचेतन, अवचेतन आदि) किया है, अज्ञेय उस अधुनातन ज्ञान को भी स्वीकार करते हुए इसे अपनी कविता में उभारते हैं। इसीलिए सागर जहां जीवन की निरन्तरता का प्रतीक बनता है वहीं वह 'आदिम रस' की भी व्यंजना करता है 'जिसमें जीवन आकार लेता है, बढ़ता है, बदलता है' लेकिन ध्यान रहे कि अज्ञेय के यहां जीवन कभी नष्ट नहीं होता, मरता नहीं है। यही है अज्ञेय की कविता में प्रयोगशील दृष्टि जहां परम्परा भी प्रयोग की कसौटी पर कसकर ग्रहण की जाती है।

जिस प्रकार अज्ञेय की कविता में 'सागर' उनका निजी प्रतीक बन गया उसी तरह 'मछली' भी उनकी कविता में उनका निजी प्रतीक बन गयी। हालांकि 'मछली'

भी अज्ञेय पूर्व की हिन्दी कविता में ख़ूब प्रयुक्त हुई है लेकिन अज्ञेय ने उसे मनोविज्ञान की नयी अवधारणा को व्यक्त करने के लिए प्रयोग किया है। मछली अज्ञेय की कविता में जिजीविषा की प्रतीक है जिसका सम्बन्ध सागर से है यानी जीवन से। इसीलिए ज्यादातर सागर के साथ उनकी कविता में मछली भी दिखाई देती है। अज्ञेय 'चितेरे' से जहां अपने लिए सागर अंकवाते हैं वहीं वह 'चितेरे' से यह भी कहते हैं–

सागर आंग कर फिर आंक एक उछली हुई मछली:
ऊपर अधर में
जहां ऊपर भी अगाध नीलिमा है
तरंगोर्मियां हैं, हलचल और टूटन है,
द्रव है, दबाव है
और उसे घेरे हुए वह अविकल सूक्ष्मता है
जिसमें सब आन्दोलन स्थिर और समाहित होते हैं,
ऊपर अधर में
हवा का एक बुलबुला-भर पीने को
उछली हुई मछली
जिस की मरोड़ी हुई देह-बल्ली में
उस की जिजीविषा की उत्कट आतुरता मुखर है।

'मछली' अज्ञेय की कविता में एक ऐसी जिजीविषा के रूप में आती है जो जीवन की हलचल, दबाव और टूटन को झेलकर भी अपनी अस्मिता बनाए रखना चाहती है। असल में अज्ञेय में जीवन के प्रति अन्वेषण का भाव बड़ा प्रबल है। उसके विभिन्न स्तरों के प्रति जिज्ञासा है। अन्वेषण की उनकी यह दृष्टि जीवन की बाह्य रूपाकार से भी टकराती है और रूप के प्रति यह आकर्षण जीवन के ही प्रति आकर्षण है। दूसरी ओर जिजीविषा भी जीवन को मानने की उत्कट लालसा है। इसीलिए अज्ञेय जीवन और जिजीविषा के प्रतीक के रूप में 'सागर' और 'मछली' को कविता में लाते हैं। इस विषय में अज्ञेय का कहना है कि 'जीवन-स्वप्नों और आकारों का एक रंगीन और विस्मय भरा पुंज। हम चाहें तो उस रूप से ही उलझे रह सकते हैं, पर रूप का यह आकर्षण भी वास्तव में जीवन के प्रति हमारे आकर्षण का ही प्रतिबिम्ब है। जीवन को सीधे न देखकर हम एक कांच में से देखते हैं, तो हम उन रूपों में ही अटक जाते हैं जिनके द्वारा जीवन अभिव्यक्ति पाता है। कांच की टंकी में पाली हुई सोन-मछली पर एक छोटी-सी कविता में यही कहा गया है–

हम निहारते रूप:
कांच के पीछे हाफ़ रही है मछली।

रूप-तृषा भी
(और कांच के पीछे) है जिजीविषा।[96]

जिस तरह़ जिजीविषा के प्रतीक के रूप में अज्ञेय ने 'मछली' का प्रयोग किया है उसी तरह अस्तित्व के प्रतीक के रूप में भी उन्होंने 'मछली' का प्रयोग किया है। उनके लिए व्यक्ति का अस्तित्व भी एक अहम सवाल है जो बार-बार उनकी कविता में आता है। वैसे बारीकी से देखने पर स्पष्ट हो जाएगा कि अस्तित्व और जिजीविषा बहुत अलग चीज़ नहीं हैं। अज्ञेय की कविता की मछली बार-बार जिजीविषा के लिए तड़पती है, उछलती है क्योंकि सागर यानी जीवन का दबाव उसे चारों ओर से घेरता है और मछली जीवनेच्छा के लिए तड़पती है। इसीलिए अज्ञेय के लिए 'सागर' से ज्यादा अर्थ 'मछली' में है। वह कहते हैं–

अर्थ हमारा
जितना है, सागर में नहीं
हमारी मछली में है
सभी दिशा में सागर जिसको घेर रहा है
हम उसे नहीं
वह हमको टेर रहा है।[97]

अज्ञेय को 'सागर' से ज्यादा 'मछली' में अर्थ इसलिए भी लगता है क्योंकि 'मछली' सागर की अनजानी गहराई और उसके अज्ञात रहस्य की माप भी है। कवि मछली से ही जीवन के अनजाने सत्य का अन्वेषण करता है इसीलिए कवि साफ शब्दों में कहता है–

जब-जब सागर में
मछली तड़पी–,
तब-तब हमने उस की गहराई को जाना।[98]

इस बात को अज्ञेय ने भी अपने इन शब्दों में स्वीकारा है। यदि हम सागर को हमारे न जाने हुए सब कुछ का प्रतीक मान लें, तो मछली उस प्रतीक का प्रतीक हो जाती है जिसके द्वारा कवि अज्ञात सत्य का अन्वेषण करता है।[99]

'सागर' और 'मछली' की ही तरह 'बूंद' भी अज्ञेय की कविता में उनकी मूल चेतना को व्यक्त करने वाला प्रतीक है। जिस प्रकार 'सागर' व्यापक प्रसार का प्रतीक है 'बूंद' लघुता के प्रति आदर और सम्मान का प्रतीक है। अज्ञेय विशाल और विराट को स्वीकार करते हुए भी लघु को किसी भी प्रकार कम सम्मान नहीं देते। वह लघु इकाई की अस्मिता को बरकरार रखने में विश्वास करते हैं। चाहे समाज की टक्कर पर व्यक्ति हो या सागर के मुकाबले बूंद हो वह लघुता को पूरा

महत्त्व और सम्मान देकर चलते। 'बूंद' उनकी कविता में लघु इकाई का प्रतीक है जो सागर की विशाल राशि के सम्मुख भी अपनी अस्मिता की पहचान करा देती है और नश्वरता से उन्मोचन होने के सत्य को उद्‌घाटित कर जाती है। इसीलिए बूंद कई बार अज्ञेय की कविता में आती है। इस विषय में उनकी यह कविता देखिए–

मैंने देखा
एक बूंद सहसा
उछली सागर के झाग से:
रंग गयी क्षण भर
ढलते सूरज की आग से।
मुझ को दीख गया:
सूने विराट के सम्मुख
हर आलोक-छुआ अपनापन
है उन्मोचन
नश्वरता के दाग से।[100]

अज्ञेय विराट और विशाल से प्रभावित जरूर होते हैं पर उससे आतंकित बिल्कुल नहीं होते और न ही विराट से आतंकित होकर लघुता को तुच्छ या हेय समझते हैं बल्कि उनका चिंतन तो यह है कि लघुता विशाल और विराट से रत्ती भर भी कम नहीं है। इसीलिए उनकी कविता में अंधेरे की गहनता में 'दीप अकेला' गर्व भरा मदमाता है। अंधेरे की व्यापकता से रत्ती भर भयभीत नहीं है। इसी प्रकार नदी के विशाल प्रवाह में उनका 'द्वीप' अपनी अस्मिता पर जरा भी शंकित नहीं और 'बूंद' सागर के अपरमित विशाल जल राशि के सामने अपनापन बनाए रखती है। इसीलिए कवि को 'दीख गया: सूने विराट के सम्मुख हर आलोक-छुआ अपनापन' और इसे देखकर उन्हें यह सत्य कौंध गया है कि 'है उन्मोचन नश्वरता के दाग से।' अज्ञेय जानते हैं कि विशाल और विराट के निर्माण में लघु का अत्यंत महत्त्व है। बिना लघु के विशाल नामुमकिन है। प्रकृति के इस नियम से परिचित होने के कारण अज्ञेय इकाई को श्रद्धेय मानते हैं। वह स्पष्ट कहते हैं–

तू जहां कहीं जी करे
घड़े के घड़े अमृत बरसाया कर
मैं उस की बूंद-बूंद के संचय के हित
सौ-सौ बार मरूं।[101]

अज्ञेय लघुता के इस सत्य को सृजन के लिए भी सत्य मानते हैं। उनका मानना है कि सर्जना के क्षण भी लम्बे नहीं होते। जिस तरह स्वाती की बूंद सीपी का मर्म भेदकर मोती तैयार करती है वैसे ही सृजन के क्षण भी लघु होते हैं। सर्जना

के इस चिंतन को स्पष्ट करने के लिए भी अज्ञेय ने 'बूंद' का प्रतीक लिया है। वह कहते हैं–

एक क्षण भर और:
लम्बे सर्जना के क्षण कभी भी हो नहीं सकते।
बूंद स्वाती की भले हो
बेधती है मर्म सीपी का उसी निर्मम त्वरा से
बज्र जिस से फोड़ता चट्टान को
भले ही फिर व्यथा के तम में
बरस पर बरस बीतें
एक मुक्ता-रूप को पकते।[102]

अज्ञेय लघुता में विराटता के दर्शन करते हैं क्योंकि इकाई ही समूह को प्रतिबिम्बित करती है, उसका प्रतिनिधित्व करती है। अज्ञेय के लिए 'बूंद' इसलिए महत्त्वपूर्ण है क्योंकि वह सारे समुद्र को प्रतिबिम्बित करती है यानि एक बूंद सारे समुद्र को अपने भीतर समो लेती है। एक अणु सम्पूर्ण सृष्टि को अपने भीतर समा लेने की इच्छा रखता है। अज्ञेय कहते हैं–

शक्ति असीम है,
मैं शक्ति का एक अणु हूं,
मैं भी असीम हूं।
एक असीम बूंद–
असीम समुद्र को अपने भीतर प्रतिबिम्बित करती है,
एक असीम अणु
उस असीम शक्ति को जो उसे प्रेरित करती है
अपने भीतर समा लेना चाहता है।[103]

इस तरह अज्ञेय 'असीम शक्ति' की माप तलाश करते हैं जिससे असीम शक्ति को समझा जा सके। वह 'मछली' से सागर की असीमता को नापते हैं और बूंद से भी सागर की अथाह जलराशि को समझने की कोशिश कराते हैं। इस प्रकार हम देखते हैं कि सागर, मछली और बूंद अज्ञेय के निजि प्रतीक बन गए हैं क्योंकि इन प्रतीकों में अज्ञेय ने नया अर्थ भरा है। यह नया अर्थ उनकी मौलिक चिन्तनधारा का ही परिणाम है।

अज्ञेय की कविता में 'हारिल' भी उनका निजि प्रतीक बन गया है क्योंकि अज्ञेय ने इसका प्रयोग आधुनिक परिस्थितियों से टकराने वाली व्यक्ति की मन:शक्ति के लिए किया है। अज्ञेय का कवि सृजन की चाह रखता है और उसके लिए नई राह भी बनाता है। इस नई राह को बनाने में उसे आत्मविश्वास से ही शक्ति मिलती

है। यह नई राह अज्ञेय की प्रयोगशील मानसिकता ही है जो उन्हें गति प्रदान करती है। नये और पुराने से जूझने वाला कवि मन अकेला तो पड़ जाता है लेकिन सृजन की गति नहीं रुकने देता। इसी मनःशक्ति का प्रतीक है 'हारिल' जिसे सम्बोधित करते हुए कवि कहता है–

उड़ चल, हारिल, लिए हाथ में
यही अकेला ओछा तिनका–
ऊषा जाग उठी प्राची में
कैसी बाट भरोसा किन का!
शक्ति रहे तेरे हाथों में–
छूट न जाय यह चाह सृजन की,
शक्ति रहे तेरे हाथों में–
रुक न जाय यह गति जीवन की![104]

'हारिल' अज्ञेय का निजी प्रतीक इसलिए भी लगता है क्योंकि अज्ञेय यथास्थितिवादी चेतना के कवि नहीं हैं। अपनी परिस्थितियों से निपटने के लिए उद्यम करना उनकी मानसिकता है और 'हारिल' अपने लक्ष और अपनी अभीष्ट वस्तु को प्राप्त करने के लिए लगातार उड़ान भरता रहता है और नई परिस्थितियों का सामना करता है। 'हारिल' उद्यमशीलता का प्रतीक है। इसीलिए अज्ञेय की उद्यमशील चेतना अपनी कविता में 'हारिल' के प्रतीक के रूप में व्यक्त हुई है। लिखते हैं–

चातक–तापस तरू पर बैठा
स्वाती–बूंद में ध्यान रमाये,
स्वप्न–तृप्ति का देखा करता
'पी! पी! पी!' की टेर लगाये,
हारिल को यह सह्य नहीं है
वह पौरुष का मदमाता है:[105]

अज्ञेय गतिशील चेतना के कवि हैं इसीलिए उन्होंने 'हारिल' को चुना 'चातक' को नहीं, क्योंकि अज्ञेय वर्तमान युग की जटिलता और उसकी रफ्तार दोनों से परिचित हैं। आज विज्ञान के युग में 'तापस' भाव की जरूरत नहीं बल्कि जीवन के नये-नये क्षेत्रों का अनुसंधान ही आज के मनुष्य का धर्म है। इस धर्म के प्रति अज्ञेय का कवि जागरूक है। वह कहता है–

'बैठो, रहो, पुकारो-गाओ,
मेरा वैसा धर्म नहीं है,
मैं हारिल हूं, बैठे रहना
मेरे कुल का कर्म नहीं है।[106]

'बैठे रहना, पुकारना और गाना' आधुनिक जीवन पद्धति नहीं हो सकती। ऐसा कहकर अज्ञेय मध्ययुग की जबदी मानसिकता पर प्रहार करते हैं और नये गतिशील जीवन से निपटने के लिए 'हारिल' को प्रतीक बनाते हैं।

'पुल' और 'द्वार' भी अज्ञेय की कविता में नये ढंग से आए हैं। 'पुल' अज्ञेय की कविता में एक ऐसे माध्यम के रूप में आया है जो अतीत और वर्तमान के बीच संवाद की स्थिति पैदा करता है, जो मौजूदा समाज से बीते हुए समाज का संवाद कराता है और अपने वक्त का प्रतिनिधित्व करता है। यह संवाद किसी एकाकी व्यक्ति का किसी अमूर्त या अलौकिक सत्ता के साथ संवाद नहीं है बल्कि व्यक्ति का अपने परिवेश को मथ कर उपलब्ध किए गए अनुभव के साथ संवाद है। अज्ञेय माध्यम के रौंदे जाने पर सवालिया चिह्न लगाते हुए 'नदी का पुल' कवि में कहते हैं–

ऐसा क्यों हो
कि मेरे नीचे सदा खाई हो
जिसमें मैं जहां भी पैर टेकना चाहूं
भंवर उठें, क्रुद्ध
कि मैं किनारों को मिटाऊं
पर जिनके आवागमन के लिए राह बनाऊं
उनके द्वारा निरन्तर
दोनों ओर से रौंदा जाऊं?[107]

यहां कवि का सर्जक मन जिन द्वंद्वों और आघातों को सहकर आने वाले समाज के लिए एक जीवन पद्धति विकसित करता है, अज्ञेय उसकी नियति और स्थिति पर रौशनी डालते हैं और व्यक्ति के उपकरण बन जाने की आशंका भी महसूस करते हैं। 'नदी का पुलः 2' में अज्ञेय लिखते हैं–

इसलिए
कि मैं कोई नहीं हूं
मैं उपकरण हूं
जिन के काम आया हूं
उन्हीं का बनाया हूं
नदी से ही उनका सीधा नाता है।
वही उन की सच्चाई है
जो मेरे लिए खाई है।[108]

यहां अज्ञेय व्यक्ति को समाज का उत्पाद्य तो मानते हैं पर इसका इस्तेमाल एक उपकरण की तरह उन्हें खलता है। वह जानते हैं कि निर्माता इतिहास के चक्र में दबकर

या तो खत्म हो जाता है या उसका मूल्य नहीं आंका जाता इसीलिए अज्ञेय कहते हैं–

जो पुल बनायेंगे
वे अनिवार्यत:
पीछे रह जायेंगे।
सेनाएं हो जायेंगी पार
मारे जायेंगे रावण
जयी होंगे राम,
जो निर्माता रहे
इतिहास में
बन्दर कहलायेंगे।[109]

'द्वार' अज्ञेय की कविता में जीवन की खुलती नई संभावनाओं का प्रतीक है। आज मनुष्य के सम्मुख जीवन और जगत के जो रहस्य हैं वे विकास के क्रम में कवि को खुलते हुए दिखाई देते हैं। इसीलिए अज्ञेय के 'आंगन के पार द्वार खुले' दिखाई देते हैं और 'द्वार के पार फिर आंगन' दिखाई देता है। यानी एक रहस्य उद्घाटित हो जाने के बाद फिर नये जीवन और जगत के और नये रहस्य मौजूद हो जाते हैं। इन रहस्यों को खोलने में ही मानव चेतना लय हो जाती है। इसीलिए अज्ञेय कहते हैं–

आंगन के पार
द्वार खुले
द्वार के पार आंगन।
भवन के ओर-छोर
सभी मिले–
उन्हीं में कहीं खो गया भवन।[110]

3. आधुनिक प्रतीक

अज्ञेय ने जहां परम्परागत प्रतीकों का नये संदर्भ में प्रयोग किया है वहीं उन्होंने आधुनिक जीवन से भी अपनी कविता के लिए प्रतीक चुने हैं। जिनसे वर्तमान राजनैतिक, सामाजिक और आर्थिक परिस्थितियों को व्यक्त किया है। आधुनिक चेतना के कवि होने के नाते अज्ञेय अपने परिवेश के प्रति पूरी तरह जागरूक हैं और यह जागरूकता उनकी कविता में उनके द्वारा प्रयुक्त प्रतीकों से पता चलती है। अज्ञेय आधुनिक जीवन के लिए प्रतीकों की आवश्यकता को महसूस करते हैं। यह जरूरी भी है, क्योंकि आज के वैज्ञानिक जीवन के नये प्रतीकों से कविता को अलग नहीं रखा जा सकता। पश्चिम में भी मध्ययुग के प्रतीकों को आज नाकाफी

मानकर नई अवधारणाओं को व्यक्त करने के लिए एक कशमकश दिखाई देती है। वहां के लेखक का भी यह मानना है।

> In medival Europe symbolism combined nature, history and religion in a vigorous unity that is inconceivable in a scientific age, and offered men a conception of the world that satisfied their needs. By contrast we suffer now a days from the making of artificial distinction between various modes of experience: and the valuable poets are those who bring out the wholeness of our being.
>
> Below the cosmic level symbolism can supply the small change of daily living and make for harmony between people, it has been called the glue which holds together societies and culture.[111]

अज्ञेय ने भी परिवेश के लिए नये-नये प्रतीकों का अपनी कविता में प्रयोग किया। मिसाल के तौर पर उनकी 'जनपथ राजपथ' कविता देखी जा सकती है–

राष्ट्रीय राजमार्ग के बीचों-बीच बैठ
पछाही भैंस
जुगाली कर रही है,
तेज दौड़ती मोटरें, लारियां,
पास आते सकपका जाती हैं,
भैंस की आंखों की स्थिर चितवन के आगे
मानो इंजनों की बोलती बंद हो जाती है।[112]

यहां 'राष्ट्रीय राजमार्ग' राष्ट्र की उन योजनाओं का प्रतीक हैं जिन्हें सरकार विदेशी ढंग से तैयार करती है। अज्ञेय जानते हैं कि पश्चिम की नकल पर तैयार की गई योजनाएं भारत और भारत के विभिन्न प्रदेशों के लिए बेकार सिद्ध हो रही हैं जबकि आवश्यकता है अपने देश और गांवों को ध्यान में रखकर योजनाएं बनाने की। इसीलिए अज्ञेय को लगता है कि 'राष्ट्रीय राजमार्ग के बीचों-बीच पछाही भैंस जुगाली कर रही है।' यह 'पछाही भैंस' पश्चिम से आयातित तकनीकी और दृष्टि की प्रतीक है। वह इस देश के उपयोगी न होकर देश की समस्याओं की जुगाली करती है, दूध नहीं देती। भारतीय सरकार की योजनाओं पर पश्चिमी नकल का हावी होना अज्ञेय के कवि को खलता है इसलिए इसी कविता में वह इसका और खुलासा करते हैं–

राष्ट्रीय राजमार्ग प्रादेशिक पशु :
योजना आयोग वाले करें तो क्या करें?

बिचारे उगाते हैं
आयातित रासायनिक खाद से
अन्तर्राष्ट्रीय करमकल्ले।[113]

इस पूरी कविता में 'राष्ट्रीय राजमार्ग', 'पछाही भैंस', 'आयातित रासायनिक खाद', 'अन्तर्राष्ट्रींय करमकल्ले' हिन्दी कविता में एकदम नये प्रतीक हैं जिनसे अज्ञेय ने देश की पंचवर्षीय योजनाओं का पर्दाफाश किया है और भारत सरकार की योजनाओं पर व्यंग्य किया है। 'आयातित रासायनिक खाद' विदेशी तकनीक और नीति के अनुकरण का प्रतीक है जिससे भारतीय परिस्थितियों से नहीं निपटा जा सकता। उनसे तो 'अन्तर्राष्ट्रीय करमकल्ले' ही पैदा हो सकते हैं। अज्ञेय जानते हैं कि समूचे देश की प्रगति के लिए अपने देश, काल परिस्थितियों को समझना अनिवार्य है। जल्दीबाजी में नकल करके समस्या हल नहीं हो सकती। यह बात कुछ ऐसी ही लगती है जैसे बिना कच्ची धातु प्राप्त किए हथोड़ा बनाने की बात करें।

'हथोड़ा अभी रहने दो' कविता में अज्ञेय कहते हैं–

हथौड़ा अभी रहने दो
अभी तो हन भी हम ने नहीं बनाया।
धरा की अन्ध कन्दराओं में से
अभी तो कच्चा धातु भी हमने नहीं पाया।[2]

यहां 'हथोड़ा' विशाल मशीनरी की स्थापना का प्रतीक है। अज्ञेय का कहना है कि विशाल मशीनरी की स्थापना के लिए एक मानसिक और बौद्धिक तैयारी की आवश्यकता होती है जो 'कच्चा धातु' की तरह है। बिना उसके एकदम विदेशी अनुकरण के आधार पर बड़ी-बड़ी मशीन और कारखानें बुद्धिमानी नहीं। अज्ञेय की यह दृष्टि भोपाल में यूनियन कारबाइड के भयानक गैस कांड से पूर्णतः सिद्ध हो जाती है जहां कई हजार लोग विदेश से आयातित इस कारखाने की वजह से घुटकर मर गए। अभी भारतीय मानसिकता और तकनीकी ज्ञान इतना नहीं है कि 'हथोड़ा' तैयार कर लिया जाय। पहले तो यह सम्भव ही नहीं और अगर विदेशी अनुदान से ऐसा 'हथोड़ा' बना भी लिया गया तो वह अपने सिर पर पड़ सकता है और स्वयं को ही नष्ट कर सकता है जैसे भोपाल के यूनियन कार्बाइड कारखाने ने किया। अज्ञेय की कविता इस आधुनिक समस्या से परिचित है। इसलिए कवि अपनी कविता में आगाह करता है–'हथोड़ा अभी रहने दो।'

अज्ञेय की कविता विश्व के विकराल कारखानों और आणविक विनाश वाले परिवेश से पूरी तरह परिचित है। इनसे पनपती विनाश की सम्भावनाओं को उनकी कविता आधुनिक प्रतीकों के प्रयोग से व्यक्त करती है। अज्ञेय का प्रयोगशील मन

नये प्रतीकों की सृष्टि भी करता है। आज विश्व मानव के सम्मुख जो रासायनिक युद्ध की संभावनाएं लगातार बढ़ रही हैं उनकी कविता जिक्र किए बिना नहीं रहती। जैसे यह कविता–

झुलसते आकाश के
बादलों को जला कर
शून्य में भी रिक्तता का
एक जमुहाता विवर बनाकर
जब वे चले जायेंगे,
तब अन्त में एक दिन
रासायनिक सांपिनें पछाड़ खाकर
धरती पर गिरेंगी,
विषैले धुएं की गुंजलकें खुल जायेंगी[115]

यहां 'रिक्तता का जमुहाता विवर' और 'रासायनिक सांपिने' वैज्ञानिक प्रतीक हैं जो विज्ञान के दुरुपयोग से जन्में विनाश को प्रतीकित करते हैं।

अज्ञेय आज के मामूली आदमी की स्थिति को भी नये-नये प्रतीकों से व्यक्त करते हैं। आज परिस्थितियों ने आदमी को किस तरह तोड़ दिया है और पल-पल जीवन के संघर्ष ने उसे सब-कुछ से कैसे काट दिया है। इसे अज्ञेय ने कविता में 'रिरियाता कुत्ता' के प्रतीक से व्यक्त किया। प्रस्तुत कविता में कुत्ते की यह स्थिति देखकर सहसा इस देश के गरीब का जीवन सामने आ जाता है–

चाबुक खाये
भागा जाता
सागर-तीरे
मुंह लटकाये
मानो धरे लकीर
जमे खारे झागों की–
रिरियाता कुत्ता यह
पूंछ लड़खड़ाती टांगों के बीच दबाये।
कटा हुआ
जाने-पहचाने सब कुछ से
हम सूखी तपती रेत के विस्तार से,
और अजाने-अनपहचाने सब से
दुर्गम, निर्मम, अन्तहीन
उस ठण्डे पारावार से![116]

अज्ञेय की कविता में हमें मनोविज्ञान के प्रभाव से यौन प्रतीक भी मिलते हैं जो मानव मन की आदिम वृत्तियों को व्यक्त करते हैं। यह आदिम वृत्ति यौन का सृजनात्मक रूप ही है। या हम कह सकते हैं कि सृजन के पीछे यौन वृत्ति की क्या भूमिका रही है, अज्ञेय अपनी कविता में प्रतीक के रूप में व्यक्त करते हैं। जैसे यह कविता–

अगाध असीम महासागर में
झुके हुए तालों की ओट में
प्रवाल-कीटों का गढ़ा हुआ
एक छेदों-भरा छल्ला:
वसुन्धरा की नाभि,
आद्य मातृका की योनि[117]

यहां 'आद्य मातृका की योनि' मानव जीवन के ऐसे स्रोत का प्रतीक है जो यौन संबंध से जुड़ा हुआ है जिसमें आदिम इच्छाओं के 'प्रबाल कीट' हैं और इन 'प्रबाल कीटों' का गढ़ा हुआ छेदों भरा छल्ला' वसुन्धरा की नाभि है। इस 'वसुन्धरा की नाभि नाल' से ही सृष्टि का जन्म हुआ। वह तमाम प्रतीक मानव मन की उन आदिम इच्छाओं की ओर संकेत करते हैं जिनसे सृष्टि सम्भव हुई।

इस प्रकार अज्ञेय की कविता में हमें नये और पुराने प्रतीकों की भरमार दिखाई देती है लेकिन सभी प्रतीक प्रयोग की कसौटी पर जांच-परखकर ही कविता में आए हैं, रूढ़ ढंग से नहीं। इसीलिए इन सभी प्रतीकों में परम्परा और प्रयोग का एक करीबी रिश्ता दिखता है जहां दोनों गतिशील हैं परम्परा आधुनिक संदर्भ में प्रयुक्त होकर कवि के लिए सार्थक और सहायक बन जाती है। यदि अज्ञेय की कविता में 'पर्वत', 'नदी', 'पेड़', भी आए हैं तो कवि ने उसे ढर्रेदार ढंग से न लेकर नयी आंखों से देखा है इसीलिए कवि अज्ञेय कहते हैं–

आज मैंने पर्वत को नयी आंखों से देखा।
आज मैंने नदी को नयी आंखों से देखा।
आज मैंने पेड़ को नयी आंखों से देखा।[1]

यह नयी आंख कवि की प्रयोगशील दृष्टि वाली ही आंख है जो परम्परा को रूढ़ ढंग से प्रयोग में न लाकर नवीनतम और प्रासंगिक ढंग से देखती है।

(ग) मिथक का नये संदर्भ में प्रयोग

अज्ञेय ने अपनी कविता में मिथकीय चरित्रों, अवधारणाओं तथा घटनाओं का नये संदर्भ में प्रयोग किया है क्योंकि चेतना के स्तर पर कुछ ऐसे सवाल अज्ञेय के सामने आते हैं जिनका समाधान ढूंढने के लिए वह अपनी मिथक परम्परा को

आधुनिक संदर्भ में जांचते-परखते हैं और उनकी गतिशील अवधारणा का आधुनिक सवालों को हल करने के लिए प्रयोग करते हैं। वह मिथक के बाह्य आवरण को भेद कर उनके आतंरिक सत्य तक पहुंचना चाहते हैं, उनकी सूक्ष्म व्यंजनाओं को पकड़ना चाहते हैं और सबसे बड़ी बात तो यह है कि अज्ञेय मिथक के द्वारा स्वयं अपनी अनुभूति के काल-सन्दर्भ को अनुशासनीय बनाते हैं। वह एक कृतिकार होने के नाते अपनी अनुभूति को ग्रहण करने के लिए उसे काल में प्रतिष्ठित करते हैं। ऐसा करना बेशक उनके लिए कुछ समस्याएं पैदा करता है। ऐसी स्थिति में उनके सामने कालगत यथार्थ की सृष्टि करने की समस्या होती है। अज्ञेय मिथक के द्वारा कालगत यथार्थ की सृष्टि करते हैं। वह काल को दिक् और दिक् को काल में निरंतर बदलने की कोशिश करते हैं और दोनों की परम्परा नियंत्रण-क्षमता का उपयोग करते हैं। इसकी चर्चा करते हुए उन्होंने लिखा है कि 'मिथक यहीं कारगर होता है। दिक्काल का प्रस्तार जब मुट्ठी से फिसलने लगता है, तब उसको पकड़ में आने लायक बनाने के लिए (या हमें उसे पकड़ने लायक बनाने के लिए) हमें खास मगर लचकीली दूरी की आवश्यकता होती है। वह दूरी, और दूरी की वह नमनीयता, हमें मिथक देती है। मिथक से ही वस्तु को वह लचकीलापन, वह ईहारूपित्व, वह सिद्धि (अणिमा-गरिमा-लघिमा-महिमा आदि जिस के अंग हैं) मिलती है जो उसे कलाकार--कृतिकार की वश्य और उपयोज्य बनाती है।[119]'

क्योंकि अज्ञेय की कविताएं परम्परा और प्रयोग की सर्वश्रेष्ठ उदाहरण हैं इसलिए उनकी कविताएं मिथकों का उपयोग किये बिना नहीं रह सकी हैं। क्योंकि मिथक का रूप निर्धारण किसी भी जाति के अनुभव संचय से होता है इसलिए उस जाति की पूरी परम्परा और संस्कृति की अस्मिता की पहचान हमें उसके द्वारा गढ़े गए मिथकों से ही होती है और अज्ञेय अपने जातिगत अनुभव की जांच-पड़ताल करने वाले प्रयोगशील मानसिकता के कवि हैं। इसलिए उनकी कविता में हमें मिथकों का प्रयोग देखने को मिलता है लेकिन यह प्रयोग पुरातन और अधुनातन में एक सतत समान्तरता दिखाने की कोशिश बिल्कुल नहीं है। अज्ञेय तो मिथक प्रयोग के द्वारा अपनी अर्थवत्ता की और अपनी ऐतिहासिक अर्थवत्ता की पहचान करना चाहते हैं। 'इतिहास की हवा' कविता में एकलव्य और द्रोणाचार्य के मिथक का प्रयोग उन्होंने इसी ढंग से किया है–

इतिहास के पन्नों पर पगुराती हुई भैंस की आंखों में
इतिहास के और पन्ने हैं।
और उनमें इतराती हुई बहकी हवाओं के दूसरे झोंके।

बागड़ियों के झोंपड़ों से झांकते हैं जाने कितनी चापहीन एकलव्य :

भैंस की आंखें मानो द्रोण की मिट्टी की मूरतें हैं।
ताजमहल के शिल्पियों के हाथ कटवा दिये गये थे,

द्रोणाचार्य ने एकलव्य का अंगूठा मांग लिया था,
अभिनव द्रोण किन्तु कहता है :
'वत्स, वीर,
धरो चाप, साधो तीर,
धरती को विद्ध करो–
अमृत-सा कूप जल यहीं फूट निकले!'
और फिर चुपके से एकलव्य के नये कुएं में भांग डाल देता है।
(एकलव्य एक है
और आज आस्था भी उसमें क्या जाने कहीं कम हो–
क्या जाने वह अंगूठा भी दे, न दे–
पर कुएं का पानी तो सारा समाज पियेगा!)[120]

एकलव्य और द्रोणाचार्य के मिथक का प्रयोग करके अज्ञेय आज के नैतिक मूल्यों पर प्रश्नचिह्न लगा देते हैं। उन्हें लगता है कि आधुनिकता के विस्फोट ने किस प्रकार शिक्षक मनोवृत्ति को पतनशील और समाजघाती बना दिया है। पहले का द्रोण तो अकेले एकलव्य से ही अंगूठा मांगता था पर आज का द्रोण तो आधुनिक एकलव्य के द्वारा खोदे हुए कुएं में ही भांग मिला देता है क्योंकि 'कुएं का पानी तो सारा समाज पियेगा' यानी आज का द्रोणाचार्य तो पूरे समाज का ही पतन करने पर तुला हुआ है। इस मिथक के प्रयोग से अज्ञेय अपने समय को ही पहचानना चाहते हैं और इस बात की ओर इशारा करते हैं कि हमारी अपनी पहचान किस प्रकार बदलती जा रही है। इस बदलाव के पीछे अज्ञेय ऐतिहासिक परिवर्तन को पहचानने की कोशिश करते हैं और व्यक्ति को इतिहास के प्रति उत्तरदायी ठहराते हैं। इसी कविता के अंत में वह यह सवाल उठाते हैं–

मैं, मैं, क्या मैं भी उत्तरदायी नहीं हूं?
इतिहास के प्रति
चेहरे के प्रति
परम्परा के प्रति
मुकुर के प्रति
बालकों के भवितव्य के भोले विश्वास के प्रति
क्या मैं उत्तरदायी नहीं हूं?[121]

अज्ञेय कविता में मिथक प्रयोग के द्वारा कथ्य की पुनर्निमिति करते हैं और इस तरह वह मिथक से रिएलिटी की पहचान कराने का काम लेते हैं। अज्ञेय मिथक का प्रयोग किसी आदिम प्रक्रिया को सिर्फ दोहराने के लिए नहीं करते बल्कि उसके जरिये फिर से उत्सृष्ट होना, नया होना चाहते हैं। मिथक के जरिये उत्सृष्ट होने की यह प्रक्रिया परम्परा और संस्कृति के नवीकरण की प्रक्रिया है। इसीलिए अज्ञेय

के लिए मिथक शक्ति का प्रबल स्रोत है। आवश्यकता के मुताबिक इस शक्ति का उपयोग किया जा सकता है। अज्ञेय का कहना है कि 'सभी मिथक, वे उस समय जीवित हों या मृत उस समय महत्त्व रखते जान पड़ते हों, जीर्ण मालूम पड़ते हों, सदैव एक दुर्दम शक्ति का स्रोत होते हैं–किसी भी संस्कृति के लिए वह शक्ति हमेशा रहती है। आवश्यकतानुसार कभी हम एक प्रकार की शक्ति का उपयोग करते हैं और कभी दूसरी प्रकार की शक्ति का।'[122] अज्ञेय की यह बात इसलिए तर्कसंगत है क्योंकि मिथक किसी भी जाति के विश्वास और आस्था की शक्ति से बनते हैं। यह शक्ति मात्र सिद्धांतों से नहीं बनी होती बल्कि किसी भी जाति की सक्रिय आचरण और व्यवहार की क्षमता से निर्मित होती है। मिथक पर बात करते हुए मैलिनोवस्की ने भी इस शक्ति का जिक्र किया है–

> It express, enhances and codifies belief : it safeguards and enforces morality: it vouches for the efficiency of ritual and contains practical rules for the guidance of man. Myth if thus a vital ingredient of human civilization: it is not an idle tale, but a hard worked active force: it is not an intellectual explanation or an artistic imagery, but a pragmatic charter of primitiv faith and moral wisdom.[123]

अज्ञेय ने अपनी कविता में मिथक की इसी शक्ति का प्रयोग किया है। यह शक्ति आधुनिक परिवेश में जीवन मूल्यों को पारिभाषित करने में कवि को दृष्टि देती है। नर और नारायण के मिथक का प्रयोग अज्ञेय ने अपनी कविता में कई जगह किया है और नर और नारायण के सम्बन्ध को आधुनिक सन्दर्भ में जांचने-परखने का प्रयास किया है। इस विषय में उनकी यह कविता देखी जा सकती है–

प्यासी है, प्यासी है गागर यह
मानव के प्यार की
जिस का न पाना पर्याप्त है,
न देना यथेष्ट है,
पर जिस की दर्द की अतर्कित पहचान
पाना है, देना है, समाना है–
ओ मेरे क्रूर देवता, पुरुष,
ओ नर, अकेले, समूहगत,
ओ न कुछ, विराट में रूपायमान! मुझे दे वही पहचान
उसी अन्तहीन खड्गधार का सही संधान मुझे
जिस से परिणय ही
हो सकती है परिणति उस पात्र की।
मेरे हर मुख में,

हर दर्द, हर यत्न, हर हार में
हर साहस, हर आघात के हर प्रतिकार में
धड़के, नारायण! तेरी वेदना
जो गति है मनुष्य मात्र की![?]

अज्ञेय नर और नारायण की अवधारणा का प्रयोग करते हुए वेदना के वहन करने को महत्त्व देते हैं। नारायण जहां सृष्टि का रचियता है वहीं वह सृजन के अतर्कित दर्द को भी वहन करता है। ऐसे नारायण से ही अज्ञेय नर का मिलन कराते हैं। अज्ञेय का नर जो अकेले और समूहगत दोनों ही रूप में पीड़ा को वहन करना चाहता है। परिस्थितियों के घात-प्रतिघात से समर्थ बनने की इच्छा रखता है क्योंकि वेदना को ही अज्ञेय मनुष्य की गति मानते हैं। अज्ञेय का यह मानना है कि 'हर साहस, हर आघात के हर प्रतिकार में धड़के, नारायण! तेरी वेदना जो गति है मनुष्य मात्र की! 'नारायण को आधुनिक सन्दर्भ में देखना है जहां नर नारायण बनने की प्रक्रिया में से गुजरता है। अज्ञेय की कविता का जरा व्याध नारायण के अंत को एक नई ट्रैजिक स्थिति में ही देखता है जहां नर के वाण से नारायण विद्ध होते हैं। उनकी 'जरा व्याध' कविता नर और नारायण के एक नये सम्बन्ध को उभारती है जहां नर मुक्त होकर भी एक विचित्र त्रासद भाव को जीने के लिए बाध्य है–

मर्माहत ही मिले मुझे
फिर जालिक के ही पाश काट
पापी को करते पाप मुक्त
वह चले गये।
नर में ही बार-बार नारायण
मरते हैं। भरते हैं उस में
व्यथा बोध, उस का ही काम अधूरा है।
नारायण? उनका तो खाता सदा शुद्ध है, पूरा है।
दे चुके कर्मफल मुक्ति, पाप से मुक्ति,
स्वयं वह मुक्त हुये।
नारायण! नहीं! व्याध को ऐसे मुक्ति-
बोध से मुक्त करो![125]

अज्ञेय के नारायण मुक्त हो पाते हैं लेकिन जरा व्याध (नर) के लिए यह मुक्ति विषम पीड़ादायक है इसीलिए वह मुक्त होना नहीं चाहता। मुक्ति की कामना और स्वतंत्रता का विचार आधुनिक युग का महत्त्वपूर्ण विचार है। पश्चिम में व्यक्ति स्वातंत्र्य का एक पूरा आंदोलन ही चला लेकिन अज्ञेय का मान्ना है कि व्यक्ति पूरी तरह मुक्त नहीं हो सकता। पूरी तरह मुक्ति पाना तो एक विचित्र प्रकार की पीड़ा को ग्रहण कर लेना है। इसलिए अज्ञेय का नर नारायण से पूरी तरह मुक्त

होना नहीं चाहता वह तो अपने कर्म फल का भोक्ता बनना चाहता है। अज्ञेय की यह दृष्टि भारतीय परम्परा से ही पनपती है जहां कर्मफल की प्राप्ति एक धर्म है और व्यक्ति उसे सहर्ष स्वीकार करता है जबकि पश्चिम में ईसाई धर्मावलम्बी अपने कर्मफल को भोगना नहीं चाहता, कहना चाहिए कि कर्मफल भोगने से कतराता है और कर्मफल से मुक्ति चाहता है। अज्ञेय का 'जरा व्याध' तो कहता है–

न दो क्षमा! उसके बन्धन मत खोलो!
बंधा हुआ ही वह कितना समीप है,
कितना डूबा
साइं की छाया में![126]

असल में अज्ञेय कृष्ण (नारायण) के अन्त को एक विराट ट्रैजिक स्थिति मानते हैं। जहां नर के बाण से नारायण विद्ध होते हैं। अज्ञेय मानते हैं कि 'यह जो सम्बन्ध है नारायण का और इकाई नर का–नर के वाण से विद्ध नारायण का उससे बड़ी ट्रैजिक स्थिति की कल्पना भी कठिन है।[2]' ट्रैजिक स्थिति का यह मिथक अज्ञेय की प्रयोगशील मानसिकता के कारण एक नया अर्थ देने लगता है। इस मिथक प्रयोग से अज्ञेय के अहं की धारणा भी पुष्ट होती है। अज्ञेय के 'नर' का अहं नारायण द्वारा प्रदत्त क्षमा से आहत होता है। वह 'नारायण' से क्षमा नहीं चाहता क्योंकि क्षमा पाकर अज्ञेय का 'नर' हीन महसूस करने लगता है। क्षमा उसके लिए बोझ है। अज्ञेय का अहं अपने कर्म का फल (कितना ही कष्टकर क्यों न हो) भोगने के लिए तैयार है पर क्षमा के बोझ तले दबना नहीं चाहता। इसीलिए अज्ञेय का 'जरा व्याध' कृष्ण (नारायण) से पूछता है–

कौन शरविद्ध हुआ, कृष्ण?
तुम, मेरे नारायण, कि मैं
नियति का अभागा आखेट, अहेरी मैं!
नहीं, नहीं, नहीं सहा जाता यह बोझ
क्षमा का! क्यों नहीं यह भी नियति है
कि व्याध का भी
तत्काल वध हो घातीवत्!
जरा तो देवघाती है![128]

यह कहना अनुचित न होगा कि 'जरा व्याध', 'नर', और नारायण' के मिथक का प्रयोग अज्ञेय ने अहं जैसी अत्याधुनिक मनोवैज्ञानिक अवधारणा की व्याख्या के लिए भी किया है। यह परम्परा से प्रयोग करने की उनकी क्षमता का ही परिचायक है।

मनोविज्ञान की आधुनिक धारणाओं और अवधारणाओं की पुष्टि के लिए और भी कई मिथकों का प्रयोग किया है जिनमें 'दिति कन्या' महत्त्वपूर्ण मिथक है।

'दिति' राक्षसों को जन्म देने वाली है। अज्ञेय के भीतर भी एक असुर है जो वर्जनाओं की वजह से रुंधा हुआ छटपटाता है। अज्ञेय ने 'दिति कन्या' को आदिम (जिन्हें आसुरी मनोवृत्ति भी कहा जा सकता है) मनोवृत्तियों की जननी के रूप में लिया है लेकिन मनुष्य में यह आदिम वृत्तियां स्वाभाविक स्थिति है जिसे आज का मनोविज्ञान एक बहुत बड़ा सत्य मानता है। इस मनोवैज्ञानिक सत्य के कारण माना गया है कि मिथक का जन्म सामूहिक अवचेतना से हुआ है और हम सब इसकी गिरफ्त में हैं। डेविड बिडने ने मिथक का जन्म अवचेतन की ही एक स्थिति से माना है। वह कहते हैं–

> Our myths are rooted in the collective unconscious, and we are most in their power when we are unconcious of their origin.[2]

अज्ञेय ने आधुनिक मनोविज्ञान की अवधारणा को व्यक्त करने के लिए कविता में 'दिति कन्या' मिथक का प्रयोग किया–

कौंध में
मैंने पहचाना
मेरे भीतर जो असुर है
रुंधा, छटपटाता
प्रबल, पर भोला
क्या ठीक उसी क्षण
तुमने भी
ओ दिति-कन्या
अपने मन की
धधकती गुहा का
द्वार खोला?
अपने को माना?'[130]

अज्ञेय का कवि अपने अन्दर एक प्रबल, भोले असुर को महसूस करता है। यह असुर 'अवचेन' है जिसमें 'दिति कन्या' द्वारा जन्य आदि भाव, आदि बिम्ब धधक रहे हैं। इन आदिम भावों की प्रामाणिकता के लिए अज्ञेय 'दिति कन्या' के मिथक का प्रयोग करते हैं। इस प्रयोग से यह मिथक आधुनिक संदर्भ में एकदम प्रासंगिक हो उठता है। अज्ञेय ने स्वयं मनोविज्ञान और मिथक के रिश्ते की चर्चा करते हुए लिखा है 'मनोविज्ञान की देहरी पर जहां हम हैं वहां ऐसे प्राक रूपों की, प्राग्बिंबों या आर्किटाइप की चर्चा करता है। समूची मानव जाति में ऐसे कुछ आदिम बिम्ब या चित्र रहे हैं जिनका मिथक से संबंध रहा है और ये बिम्ब ही लौट-लौटकर आते हैं। यह आवर्तन भी अन्वेषण की एक दिशा है।'[131] अन्वेषण की यही दिशा

अज्ञेय के द्वारा प्रयुक्त मिथकों में हमें देखने को मिलती है। आधुनिक कवि होने के नाते अज्ञेय ने अपनी कविता में मिथकों की सत्ता का प्रयोग किया है। अपनी कविता में मिथक प्रयोग के द्वारा अपनी सत्ता, अपने होने को और यथार्थ प्रकट करने को ही उन्होंने प्रमाणित किया है। उनकी कविता में देशी और विदेशी दोनों ही मिथकों का प्रयोग हुआ है। चाहे वे 'इन्द्र', 'कर्मनाशा', 'हिरण्यनाभ', 'ऐल', 'मनु', 'प्रजापति', 'वासुकी', असाध्य वीणा', हो या 'इदीपस' हो। सभी मिथक आधुनिकता के सवालों से निपटने के लिए आए हैं।

(घ) अज्ञेय की कविता में बिम्ब-निर्माण की प्रक्रिया

अज्ञेय की कविता में मानव मन के सहज, अकृत्रिम, तथा जटिल संवेगों का भाषा के जीवन्त माध्यम के द्वारा शब्दिक पुनर्निर्माण देखने को मिलता है। यह पुनर्निर्माण बिम्ब निर्माण के रूप में ही सामने आता है। इस प्रक्रिया के पीछे ज्ञात या अज्ञात रूप से एक सतत अन्वेषणशील रचनातुर मानव-मन की गहरी पीड़ा और आत्मशोध की भावना दिखाई देती है। अज्ञेय की कविता में जब भी बिम्ब निर्माण होता है, वह किसी गहरे विचार या जीवन दृष्टि का संवाहक बनकर आता है यानी वह जीवन के प्रत्यक्षात्मक तथा धारणात्मक दोनों ही गुणों से संयुक्त होता है इसलिए वह मन तथा बुद्धि दोनों को एक ही साथ तृप्त तथा समृद्ध करता है। अज्ञेय के यहां विचार शून्य बिम्ब नहीं मिलते क्योंकि 'विचार शून्य बिम्ब केवल यथार्थ के स्थूल पक्षों का उद्घाटन करता है, जिनकी व्याप्ति प्रत्यक्ष इन्द्रिय-ग्राह्य वस्तुओं तक ही सीमित होती है। पर इन्द्रियों की शक्ति की भी अपनी सीमा होती है। हम बाह्य यथार्थ को एक सीमा तक ही देख सकते हैं और उसके बाद या उसके परे देखने के लिए कल्पना अथवा विचारशक्ति ही शेष रह जाती है। पर यथार्थ जीवन केवल उतना ही नहीं होता जितनी दूर तक इन्द्रियां पहुंचती हैं। वह उसके बाहर अनेक दिशाओं में दूर-दूर तक फैला रहता है। ऐन्द्रिय संवेदना की सीमा को अतिक्रान्त करते ही हम विचार क्षेत्र में पहुंच जाते हैं।[132]' इसीलिए अज्ञेय की कविता में बिम्ब जीवन के किसी गहरे सत्य अथवा मूल्य का मूर्त प्रस्तुतीकरण है। उनको सम्प्रेषित करने के लिए वह शब्दों को, उनके सम्पूर्ण जटिल अनुषंगों के साथ, प्रयुक्त करते हैं। अज्ञेय का शब्द भंडार बड़ा विशाल है, इसीलिए उनका शब्द ज्ञान बिम्ब की खोज में सहायक होता है। शब्द भण्डार विशाल होने की वजह से ही उनकी कविता में प्रत्यक्षीकरण का विस्तार और कल्पना व्यापार की व्याप्ति भी अधिक है। इस कल्पना व्यापार की व्याप्ति के कारण ही अज्ञेय की बिम्ब निर्माण प्रक्रिया में अनुभूति और विचार अलग-अलग न आकर संश्लिष्ट रूप से आते हैं और ये 'अनुभूत विचार' अज्ञेय की संवेदना शक्ति का सबसे बड़ा प्रमाण हैं। उनकी कविता में विचारों के निष्कर्ष न आकर उनके पीछे की चिन्तन-प्रक्रिया प्रतिबिम्बत होती है। इसीलिए

उनके बिम्ब के द्वारा जो भी विचार आता है, वह क्रियात्मक अनुभव के रूप में होता है। वह बुद्धिगम्य न होकर 'दृश्य' यानी बिम्ब होता है। बिम्ब निर्माण की यह प्रक्रिया अज्ञेय की कविता की एक विशेषता है। आधुनिक कवि टी.एस. इलियट ने भी 'अनुभूत विचारों' की अभिव्यक्ति को कवि की संवेदना का सबसे बड़ा प्रमाण माना है। रोमेंटिक कविता के प्रति इलियट की सबसे बड़ी आपत्ति यही है कि वह अनुभूति तथा विचार को अलग-अलग व्यक्त करती है।

> The difference is not a simple difference of degree between poets. It is something which has happened to the mind of England between the time of Donne or Lord Herbert of Cherbury and the time of Tennyson and Browning: it is the difference between the intellectual poet and the reflective poet. Tennyson and Browning are poets, and they think: but they do not feel their thought as immediately as the odour of a rose. A thought to Donne was an experience: it modified his sensibility.[133]

अज्ञेय की बिम्ब निर्माण प्रक्रिया भी अनुभूति और विचार दोनों को साथ लेकर चलती है। आधुनिक और प्रयोगशील कवि होने के नाते उनकी अनुभूति और विचार नये जीवन और परिवेश से जन्म लेते हैं। वह अपनी परम्परा से प्रयोग करते हुए अपने वक्त के समसामयिक और प्रासंगिक अनुभवों को काव्य बिम्ब के जरिए अभिव्यक्त करते हैं। अज्ञेय ने अपनी परम्परा से जो विशाल शब्द भंडार पाया है उसका प्रयोग उन्होंने कई अनुभूति और नये विचारों की अभिव्यक्ति के लिए किया है। उनके बिम्ब परम्परागत शब्दों से निर्मित होकर भी नये जीवन सत्यों का उद्‌घाटन करते हैं। अज्ञेय की कविता में अस्पष्ट और सम्प्रेषित न होने वाले बिम्ब बिल्कुल नहीं मिलते। इसका कारण यह है कि अज्ञेय बिम्ब निर्माण के लिए जन-जीवन में प्रचलित शब्दों का प्रयोग करते हैं। उन्होंने अपनी काव्य परम्परा से भी शब्द लिए लेकिन उनका प्रयोग अधुनातन विचार और भावों को व्यक्त करते के लिए किया जैसे सूरज, क्षितिज, नगर, चौक जैसे परम्परागत शब्दों से अत्यन्त आधुनिक और वैज्ञानिक विचार और भाव वाले बिम्ब का निर्माण किया जिससे हिरोशिमा में अणु विस्फोट से होने वाली त्रासदी स्पष्ट रूप से उभरी है–

एक दिन सहसा
सूरज निकला
अरे क्षितिज पर नहीं,
नगर के चौक:
धूप बरसी
पर अन्तरिक्ष से नहीं,

फटी मिट्टी से।
छायाएं मानव-जन की
दिशाहीन
सब ओर पड़ीं–वह सूरज
नहीं उगा था पूरब में, वह
बरसा सहसा
बीचों बीच नगर के:
काल-सूर्य के रथ के
पहियों के ज्यों अरे टूट कर
बिखर गये हों
दसो दिशा में[134]

यहां एक भी शब्द ऐसा नहीं है जिससे पाठक पहले से परिचित न हो लेकिन ये शब्द एक नया दृश्य प्रस्तुत करके पाठक की चेतना को आज के नये वैज्ञानिक अनुभव और विचार से जोड़ देते हैं। यही है अज्ञेय की परम्परा के प्रति प्रयोगशील दृष्टि जो परम्परा को उसकी प्रासंगिकता से जोड़कर देखती है। अज्ञेय की बिम्ब निर्माण प्रक्रिया में प्राय: हमें परम्परा और प्रयोग एक साथ देखने को मिलते हैं जिससे उनकी कविता के बिम्ब अपनी जमीन के लगते हैं, विदेशी परिवेश से आयात किए हुए नहीं लगते। अज्ञेय की बिम्ब निर्माण प्रक्रिया की यह एक विशेषता है। अज्ञेय के बिम्ब में काव्यगत विचार जीवित, ठोस वस्तु के रूप में उभरकर आता है जिससे वह न केवल बुद्धि अथवा मन का विषय बनता है बल्कि ऐन्द्रिय बोध के स्तर पर भी अनुभव किया जा सकता है। संवेदना तथा विचार का यह द्वंद्व अज्ञेय के बिम्ब निर्माण में सदैव दिखाई देता है। इस विषय में उनकी यह कविता देखी जा सकती है–

मैंने देखा
एक बूंद सहसा
उछली सागर के झाग से:
रंग गयी क्षण भर
ढलते सूरज की आग से।
मुझ को दीख गया:
सूने विराट के सम्मुख
हर आलोक-छुआ अपनापन
है उन्मोचन
नश्वरता के दाग से।[135]

इस बिम्ब निर्माण के पीछे अज्ञेय की संवेदना और विचार का द्वंद्व है। बूंद जैसी अत्यंत लघु इकाई की नश्वरता पर प्रश्नचिह्न लगाते हुए कवि इस विचार का प्रतिपादन करता है कि इस विराट सृष्टि में छोटी-से-छोटी इकाई की अपनी इयत्ता है। उसे नकारा नहीं जा सकता। कवि का यह विचार इस बिम्ब में अनुभूति प्रेरित, मूर्त और स्वतःस्फूर्त है। इस बिम्ब में प्रत्यक्षात्मक और धारणात्मक दोनों ही गुण संयुक्त रूप से मौजूद हैं। इसके अलावा सागर, बूंद, सूरज जैसे पारम्परिक शब्दों से 'व्यक्ति और समाज' जैसी अवधारणा को व्यक्त करने के लिए उन्होंने बिम्ब सृष्टि की है। यानी 'बूंद' और 'विराट' काव्य में 'व्यक्ति और समाज' जैसे समाजशास्त्रीय मुद्दे को ही व्यक्त करते हैं और इस विचार को कविता में बिम्ब निर्माण के द्वारा प्रस्तुत किया है और यह बिम्ब पुराने शब्दों से ही बना है जिससे अज्ञेय भाषा परम्परा की सक्षमता को नये प्रयोग के जरिए सिद्ध करते हैं। अज्ञेय की यह प्रयोगशील मानसिकता और भी कई ढंग से कविता में उभरकर आती है।

अज्ञेय की कविता में बिम्ब की सार्थकता यह है कि वह पुरानी और व्यावहारिक भाषा के मृत रूपकों को एक नये स्तर पर पुनर्जीवित करता है और अमूर्त विचारों की परिधि से बाहर ले जाकर जीवित ठोस वस्तु से हमारा साक्षात्कार कराता है। वह पुरानी भाषा में मृत रूपकों को प्रयोग के जरिए ही उन्हें नये स्तर पर जीवित करते हैं। पुरानी पड़ गई भाषा के प्रति अज्ञेय की यह दृष्टि एक प्रकार का रचनात्मक विद्रोह है जो उन्हें बार-बार अपनी भाषा-परम्परा के साथ प्रयोग करने के लिए प्रेरित करता है। इसीलिए अज्ञेय की कविताओं में तद्भव शब्दों के प्रयोग से बिम्ब निर्माण करने की प्रवृत्ति देखने को मिलती है। क्योंकि 'तद्भव शब्द में पाठक का अपना जातीय संस्कार अधिक निहित होने के कारण उस पर आधारित बिम्ब को ग्रहण करने और उसे पुनर्सृजित करने की प्रक्रिया में वह अधिक सक्रिय हो पाता है और रचनाकार तद्भव शब्द के प्रयोग से अपने सम्प्रेष्य को सही दिशा संकेत दे पाता है, क्योंकि तत्सम शब्दों का अर्थ-संचरण कोश पर अधिक निर्भर करता है जबकि तद्भवों का लोक व्यवहार पर[136]' इसीलिए अज्ञेय अपने 'भाव यंत्र' की प्रकृति को समझाने के लिए 'मचिया' का बिम्ब उपस्थित करते हैं–

मेरा भाव-यन्त्र?
एक मचिया है सूखी घास-फूस की
उस में छिपेगा नहीं औघड़ तुम्हारा दान–
साध्य नहीं मुझसे, किसी से चाहे सधा हो।[137]

इस कविता में 'मचिया' का बिम्ब जहां एक ओर कवि की संवेदना की बनावट को प्रेषित करता है वहीं अपनी परम्परा के प्रति अहं का समर्पण भी व्यक्त करता है। अहं का समर्पण अज्ञेय के चिन्तन का एक प्रमुख मुद्दा है जो आधुनिक मनोविज्ञान की विचारधारा है। अज्ञेय इस अहं का सृजनात्मक प्रयोग करने में विश्वास

रखते हैं। इसीलिए अपनी परम्परा से विद्रोह करते हुए उसके प्रति अवज्ञा या अपमान का भाव नहीं रखते। अपने विशाल जातिगत अनुभव (जिसमें निश्चय ही गतिशील तत्त्व भी हैं) के सम्मुख अहं को समर्पित करते हुए यही कहते हैं कि 'साध्य नहीं मुझसे, किसी से चाहे सधा हो।' अब यहां यह अज्ञेय की कविताओं में आये कुछ और ऐसे बिम्ब प्रस्तुत करते हैं जिनमें कवि ने तद्भव भाषा के साथ प्रयोग किया है और इन तदभव शब्दों से निर्मित बिम्बों से उसने अपने विचारों को भी व्यक्त किया है। इस सिलसिले में 'पत्थर का घोड़ा' कविता लेते हैं जिसमें अज्ञेय ने एक विचार को बिम्ब निर्माण के जरिए व्यक्त किया है–

आन-बान
मौर-पेंच
धनुष-बाण,
यानी वीर-सूरमा भी कभी
रहा होगा।
अब तो टूटी समाधि के समाने
साबुत
खड़ा है
सिर्फ पत्थर का घोड़ा।
ओ भीतर के छटपटाते प्राण!
पहचान,
सच-सच बता,
जो कुछ हमें याद है
उसमें कितनी ही परम्परा
और कितना बस अर्से से पड़ा
रास्ते का रोड़ा?[138]

इस कविता में 'आन-बान', 'मौर-पेंच', 'धनुष-बाण', 'सूरमा' जैसे तद्भव या लोकज शब्दों से एक चित्र बनाया है। यह चित्र किसी प्राचीन परम्परा को चित्रित करता है। पर कवि यह भी जानता है कि अब वह टूटी समाधि के सामने खड़ा एक पत्थर का घोड़ा मात्र है यानी अब वह वर्तमान स्थिति में जड़ है, वह अब पुरातनता की समाधि मात्र है। इस बिम्ब से कवि परम्परा की जीवन्तता को जांचने की इच्छा व्यक्त करता है। इसीलिए वह जानना चाहता है कि 'उसमें कितना है परम्परा और कितना बस अर्से से पड़ा रास्ते का रोड़ा' यह विचार अज्ञेय के चिन्तन का प्रमुख मुद्दा है क्योंकि आधुनिक कवि होने के नाते परम्परा उनके सामने एक समस्या के रूप में आती है और वह उससे निपटना चाहते हैं। इस बिम्ब में मात्र चित्रात्मकता या दृश्यात्मकता ही नहीं है बल्कि अनुभूति और विचार का संश्लिष्ट

रूप है जो कवि की काव्य दृष्टि का संवाहक बनकर आता है। इसी प्रकार अज्ञेय अपने देश की नियति को दर्शाने के लिए भी बिम्ब का सहारा लेते हैं और यह बिम्ब भी सीधी-सादी बोलचाल की भाषा से ही बना है–

देस रे देस
तेरे सिर पर कोल्हू
इस का भार तू कैसे ढोयेगा
जिसे पेरेंगे जाट, बाम्हन, बनिया, तेली, खत्री,
मौलवी, कायथ, मसीही, जाटव, सरदार, भुमिहार, अहीर
और वे सारे घेरे के बाहर के बेचारे
जो नहीं पहचानते अपनी तकदीर:
तू किस-किस को रोयेगा?
कब बनेगा तू राष्ट्र
कब तू अपनी नियति को पकड़ पा कर
तकिया लगा कर सोयेगा?[139]

यहां कवि ने अपने 'देस' का बिम्ब खींचा है जिसके सिर पर जातिवाद और साम्प्रदायिकता का कोल्हू 'पेरा' जा रहा है, जो बीसवीं शताब्दी के खत्म होने पर भी 'राष्ट्र' नहीं बन पा रहा है और जिसकी नियति उसकी पकड़ से बाहर है। यहां अज्ञेय राजनीति शास्त्र के किसी विचार का प्रतिपादन नहीं कर रहे हैं। वह किसी 'राष्ट्रवाद' की परिभाषा भी नहीं कर रहे बल्कि कवि होने के नाते अपने देश के एक जीवित सत्य का उद्घाटन कर रहे हैं। इसलिए यह एक मूर्त तथा स्वतःस्फूर्त हुआ काव्यगत विचार है जिसका उद्देश्य एक स्थिति को मूर्त करना है। यहीं हम काव्यगत विचार और दार्शनिक विचारों में भी मूलभूत अंतर देख सकते हैं। जो विचार दार्शनिक के लिए अमूर्त तथा स्वतःपूर्ण होता है। वह कवि के यहां बिम्बात्मक सांचे में ढलकर आता है। पश्चिम के एक लेखक ने बीसवीं शताब्दी की अंग्रेजी कविता में विचार के स्वरूप पर बात करते हुए भी दोनों में एक अंतर माना है।

> The difference between philosophical and poetical thought consists precisely in this difference of purpose, whether ideas are used to create a poetical state of mind or to expound a philosophy.[140]

अज्ञेय के बिम्ब जहां किसी के विचार के संवाहक बनकर आते हैं वहीं वे उनकी सच्ची और गहरी अनुभूतियों को मूर्त करने में भी सक्षम हैं। उनकी ये अनुभूतियां भी जीवन और परिवेश से ही बनती हैं जो एक गहरी अन्तर्दृष्टि का निर्माण करती हैं। यह अन्तर्दृष्टि ही प्रत्यक्ष दीखनेवाली वस्तुओं के आरपार देखती

है। इसी से कवि एक सार्थक बिम्ब का निर्माण करता है। असल में बिम्ब निर्माण की पद्धति हमेशा एक-सी नहीं रहती और न ही उसके संघटन के कोई ठोस नियम हैं लेकिन कवि की अनुभूति बिम्ब निर्माण की बुनियाद है। अज्ञेय की कविता में भी अत्यन्त सूक्ष्म अनुभूतियां बिम्ब में झलकती हुई दीखती हैं। प्राकृतिक परिवेश यां मानव निर्मित परिवेश, जिसके भी सम्पर्क में अज्ञेय जाते हैं, वह उनके संवेदन को प्रभावित किये बिना नहीं रहता। यह संवेदन ही उनके बिम्बों को अनुभूतिपरक बनाते हें। डॉ. केदारनाथ सिंह ने बिम्ब और अनुभूति के रिश्ते पर विचार करते हुए लिखा है 'बिम्ब कहां से आते हैं? कवि की सच्ची और गहरी अनुभूतियों से। अनुभूतियों के भी दो मुख्य स्रोत होते हैं : जीवन तथा परिवेश। और गहरे जाने पर इन दोनों के भी दो उपभेद किये जा सकते हैं। जीवन के अन्तर्गत कवि का एकान्त आन्तरिक जीवन और बाह्य सामाजिक सम्बन्ध, दोनों ही आते हैं। इसी प्रकार परिवेश भी दो भागों में विभक्त होतें हैं : देश तथा काल। कवि की अनुभूतियों का सम्बन्ध इन सबके साथ होता है और उसकी कल्पना-शक्ति इन सबके जटिल समबन्धों के भीतर से बिम्ब के बारीक सूत्रों को एकत्र करती है। पर इसके लिए कवि के पास उस गहरी अन्तर्दृष्टि का होना आवश्यक है जो प्रत्यक्ष दीखनेवाली वस्तुओं को आर-पार देख सकती है।'[141] निःसन्देह अज्ञेय के पास वह अन्तर्दृष्टि है जो वस्तुओं के आरपार देख सकती हैं यह वस्तु चाहे सागर, बूंद, वृक्ष, नदी, पर्बत, क्षितिज, सूरज, तारा फूल हो या पक्षी, पशु, नाव, द्वार, मछली, खेत, सूप, वीणा, रेल, जहाज, खण्डहर हो। अज्ञेय के प्रत्येक बिम्ब-सृष्टि के पीछे कोई-न-कोई तीव्र अनुभूति होती है। यह अनुभूति व्यक्तिगत भी हो सकती है लेकिन व्यक्तिगत इसी अर्थ में, क्योंकि वह व्यक्ति के भीतर उत्पन्न होती है। इस विषय में पश्चिम के एक आलोचक का मानना है कि व्यक्ति के भीतर जन्म लेने के कारण ही अनुभूति व्यक्तिगत हो जाती है–

> 'Feeling is personal only in the sense that it is generated in a person.[142]

अज्ञेय की कविता में ऐसी गहन अनुभूतियों के अनेक बिम्ब निर्मित हुए हैं। कुछ बिम्ब यहां प्रस्तुत किये जा रहे हैं। सबसे पहले अज्ञेय के चर्चित बिम्ब 'आंगन के पार द्वार' को देखते हैं–

आगंन के पार
द्वार खुले
द्वार के पार आंगन ।
भवन के ओर छोर
सभी मिले–
उन्ही में कहीं खो गया भवन ।

इस बिम्ब में जीवन और जगत के रहस्यों को जान लेने की अनुभूति को कवि ने व्यक्त किया हैं जीवन और जगत के रहस्य की सूक्ष्म अनुभूति को मूर्त करने की कोशिश अज्ञेय ने की है। इस बिम्ब में अनुभूति की ऐसी छायाएं दिखाई देती हैं जो संश्लिष्ट हैं लेकिन कवि की अन्तर्दृष्टि 'आंगन के पार' खुले द्वार को भेदती हुई अनजानी चीजों को जान लेने की कोशिश करती है। ऐसी सूक्ष्म अनुभूतियों से अज्ञेय की कविता में बहुत-से बिम्ब बने हैं जो उनके बिम्ब निर्माण के कौशल का परिचय देते हैं। ऐसी ही एक महीन अनुभूति से यह बिम्ब बना है–

सांस का पुतला हूं मैं:
जरा से बंधा हूं और
मरण को दे दिया गया हूं:
पर एक जो प्यार है न, उसी के द्वारा
जीवन्मुक्त मैं किया गया हूं
काल की दुर्वह गदा को एक
कौतुक-भरा बाल क्षण तोलता है।[143]

प्रेम के एक क्षण की अनुभूति और मृत्यु का बोध दोनों ने मिलकर इस बिम्ब को बनाया है । असल में विशुद्ध अनुभूति की ऐसी निर्वैयक्तिक दशा कभी-कभी ही उपलब्ध होती है। जब कभी वह अवस्था आती है तो एक क्षणिक विद्युत प्रकाश की तरह दूर-पास की सारी वस्तुओं के आकार सहसा स्पष्ट हो जाते हैं। ऐसे बिम्बों को देखकर लगता है कि बिम्ब निर्माण की पूरी क्रिया मन के अवचेतन-स्तर पर घटित होती है। उस समय मन की सारी शक्तियां उस सूक्ष्म क्रिया को संचालित करने में लगी रहती हैं लिहाजा अलग से उसका कोई स्पष्ट बोध नहीं हो पाता। अज्ञेय का कवि मन जब भी प्रकृति परिवेश के सम्पर्क में आता है तो उनकी अनुभूति दृश्य विधान प्रस्तुत करने के लिए आतुर हो जाती है और यह दृश्य विधान अज्ञेय की घनीभूत अनुभूति के प्रस्फुटन का ही परिणाम होती हैं। संध्या के समय सागर में डूबते सूरज को देखकर अज्ञेय की अनुभूति बिम्ब निर्माण करने के लिए तत्पर हो जाती है और फिर कवि कहता है–

यह सूरज का जपा-फूल
नैवेद्य चढ़ चला
सागर हाथों
अम्बा तिमिरमयी को :
रुको सांस भर,
फिर मैं यह पूजा-क्षण
तुमको दे दूंगा ।[144]

इस बिम्ब को बिम्ब के प्रचलित वर्गीकरण के अनुसार चाक्षुष या दृश्य बिम्ब कह सकते हैं। जहां प्रकृति का एक विराट किन्तु शान्त और सौम्य दृश्य कवि ने उपस्थित किया है। यहां अज्ञेय ने परम्परागत शब्दों से एक नया बिम्ब बनाया है जिसकी प्रकृति और स्वरूप भारतीय धर्म और उपासना के अनुकूल है। यह कहना अनुचित न होगा कि अज्ञेय की कविता के ऐसे बिम्ब उन्हें कालिदास जैसे कवि की परम्परा से जोड़ देते हैं। सागर के बिम्ब अज्ञेय की कविता में भी बहुत हैं और कालिदास में भी। 'रघुवंश' में कालिदास ने सागर का दृश्य विविध प्रकार से आंका है। एक स्थान पर कालिदास लिखते हैं–

गर्भ दघत्यर्कमरीचयो स्माद्विवृद्धिमत्राश्नुवते वसूनि।
अबिन्धनं बह्निमसो बिभर्ति प्रह्लादनं ज्योतिरजन्यनेन।

यहां कालिदास को ऐसे लगता है जैसे सूर्य की किरणें समुद्र से जलमय गर्भ धारण कर रही हों। ऐसे ही अज्ञेय को लगता है कि 'सूरज का जपा फूल' नेवैद्य के रूप में 'सागर हाथों' चढ़ चला है। असल में प्रकृति-चित्रण में अज्ञेय ने एक ओर परम्परा का निर्वाह किया है तो दूसरी ओर आधुनिक परिवेश में भी प्रकृति को देखा है। अज्ञेय की कविता में प्रकृति एक ओर वैज्ञानिक सन्दर्भ में चित्रित हुई है तो दूसरी ओर वैदिक सन्दर्भ में। उनकी कविता में बिम्ब निर्माण भी इसी प्रकार से होता है। उनकी बिम्ब निर्माण प्रक्रिया में परम्परा के जीवन्त संस्कार भी हैं और आधुनिक परिवेश के प्रति जागरूकता भी। बचपन से अज्ञेय के संवेदनशील जीवन ने जो संस्कार प्राप्त किये हैं, वह भी उनके बिम्ब निर्माण में प्रस्फुटित होते हैं। टी.एस.इलियट भी मानते हैं कि बिम्ब निर्माण बचपन से लेकर प्रौढ़ वय तक के सम्पूर्ण संवेदनशील जीवन के भीतर से होता है।

> 'Only a part of an author's imagery comes from his reading. It comes from the whole of the his sensitive life since early childhood. Why, for all of us, out of all that we have heard, seem, felt, in a life time, do certain images recur, changed with emotion, rather than others.'[145]

अज्ञेय की बिम्ब निर्माण प्रक्रिया में परम्परा और नवीनता दोनों की महत्त्वपूर्ण स्थिति है। इसीलिए उनकी कविता में ऐसे बिम्बों की कमी नहीं है जिनका स्वरूप पुरानी जीवन पद्धति से मिलता हुआ लगता है लेकिन अवधारणा उनमें नये जीवन की है। जैसे विस्तृत आंगन और दिया पुराने होते हुए भी इकाई और समूह जैसे एक मुद्दे को सामने लाते हैं–

मेरे छोटे घर-कुटीर का दिया
तुम्हारे मन्दिर के विस्तृत आंगन में
सहमा-सा रख दिया गया।[146]

एक छोटी-सी इकाई समाज की व्यापक मान्यताओं, नियमों और रूढ़ियों के समपर्क में आकर कैसे सहम जाती है, इस विचार को अज्ञेय ने परम्परागत शब्दों के जरिए व्यक्त किया है। भारतीय पाठक की चिर-परिचित भाषा से एक नई अनुभूति, नये विचार को व्यक्त करनेवाला बिम्ब बनाए हैं जिससे औद्योगिकरण की विषमताएं पाठकों को बेचैन कर देती हैं। जैसे यह कविता–

पहाड़ियों से घिरी हुई इस छोटी-सी घाटी में
ये मुंहझौंसी चिमनियां बराबर
घुआं उगलती जाती हैं ।
भीतर जलते लाल घातु के साथ
कमकरों की दुस्साध्य विषमताएं भी
तप्त उबलती जाती है ।
बंधी लीक पर रेलें लादे माल
चिहुंकती और रंभाती अफराये डागरं सी
ठिलती चलती जाती है।
उद्यम की कड़ी-कड़ी में बंधते जाते मुक्तिकाम
मानव की आशाएं ही पल-पल
उस को छलती जाती है ।[147]

इस कविता में जो बिम्ब कवि ने प्रस्तुत किये हैं, उनसे स्पष्ट अर्थ यह निकलता है कि मनुष्य न यन्त्र से क्षरित हो और न मनुष्य से ही। विज्ञान की उपलब्धियों की भट्टी में 'कमकरों की दुसाध्य विषमताएं भी तप्त उबलती जाती हैं। कवि को विज्ञान 'मुक्तिकाम मानव की आशाओं' को पूरा करने के लिए तो स्वीकार है पर कवि को यह देखकर मलाल है कि विज्ञान के इस पूरे उद्यम में 'मानव की आशाएं ही पल-पल उसको छलती जाती हैं।' अज्ञेय ने इतने सामयिक विचार को व्यक्त करने के लिए भाषा के साथ अद्‌भुत प्रयोग किया है। तद्‌भव शब्दों से एकदम टटका बिम्ब निर्मित किया जिससे बिम्ब ग्रहण करते वक्त पाठक को उसमें अपना एक जातीय संस्कार मिलता है लिहाजा आसानी से बोधगम्य हो जाता है। विज्ञान के द्वारा छली जा रही मानव की आशाएं कवि की अनुभूति को आन्दोलित करती हैं। यह आन्दोलित अनुभूति ही बिम्ब की बुनियाद बनती है। अज्ञेय के बिम्ब निर्माण में तद्‌भव शब्दावली के प्रयोग पर बात करते हुए रामस्वरूप चतुर्वेदी लिखते हैं–'अज्ञेय जब अपने भाव यंत्र की प्रकृति को समझाते समय 'मचिया' का चित्र उपस्थित करते हैं, या कि 'रंग-बिरंगी' जाजम पर फैलाकर सपनों की मनियारी' को हमारे सामने लाते हैं तो सबसे पहले उनकी दृष्टि अधिक-से-अधिक सही और कुशल बिम्ब को ढूंढने पर होती है और फिर इस तद्‌भव शब्दावली और बिम्ब-प्रयोग से वे अपने भावक वर्ग का अधिक-से-अधिक विश्वासभाजन बनना चाहते हैं

जिससे सम्प्रेषण की पद्धति पूरी तरह दक्ष हो सके।"[148] कहने का अभिप्राय यह है कि अज्ञेय के बिम्ब निर्माण में परम्परा और नवीनता उनकी अनुभूति की नोक पर इस ढंग से आते हैं कि वह पाठक को एक ओर तो नये-से-नये अनुभव से परिचित कराते हैं, दूसरी ओर जातीय संस्कार का अहसास भी जगा जाते हैं।

मेरे घोड़े की टाप
चौखटा जड़ती जाती है।
आगे के नदी-व्योम, घाटी-पर्वत के आस-पास:
मैं एक चित्र में
लिखा गया-सा आगे बढ़ता जाता हूं।[149]

यहां घोड़े के 'टाप' की आवाज और उसके दौड़ने की गति इस ढंग से कवि ने बिम्ब में बांधी है कि पाठक दोनों को महसूस किये बिना नहीं रहता। यह कौशल अज्ञेय की सूक्ष्म शब्द चेतना के कारण ही पैदा होता है। प्रस्तुत कविता (पहाड़ी यात्रा) में बिम्ब प्रयोग की चर्चा करते हुए डॉ. रामस्वरूप चतुर्वेदी लिखते हैं-'अज्ञेय के बिम्ब-विधान की एक बड़ी विशेषता यह है कि उनकी कविताओं में वर्ण्य स्थिति और उसके बिम्ब अनायास एक-दूसरे पर आरोपित होकर एक सम्पृक्त रूप उपस्थित करते हैं। यह एक प्रकार से बिम्ब का सफलतम प्रयोग है, जहां वह कविता-भाषा के सामान्य अंग के रूप में पर्यवसित हो जाता है। उदाहरण के लिए एक छोटी-सी कविता प्रस्तुत की जा सकती है-'पहाड़ी यात्रा'।"[150] इस प्रकार हम देखते हैं कि इस कविता में अज्ञेय सामान्य और लोकभाषा से घोड़े की टाप की ध्वनि के चहुंमुखी विस्तार में घिरे घुड़सवार के बढ़ने का भाव अपनी ध्वनि एवं गति के साथ इस बिम्ब में मूर्त हो जाता है। ध्वनि और गति को सफल ढंग से बांधनेवाले बिम्बों की एक और कविता हम लेते हैं-

उड़ गया गरजता यन्त्र गरुड़
बन बिन्दु, शून्य में पिघल गया।
पर सांप? लोटता डंसता छोड़ गया वह उसे यहीं पर।
आंखों के आगे धीरे-धीरे सब धुंधला होता जाता है-
मैदान, पेड़, पानी, गिरि, घर, जन संकुल।[151]

इस कविता में भी गति और ध्वनि को बिम्ब में बांधकर पाठक के सामने प्रस्तुत किया गया है। गति की यह अनुभूति आधुनिक परिवेश से कवि के मन में जन्म लेती है। आज के वैज्ञानिक युग में ध्वनि से भी तेज गति के विमान और रॉकेट हमारे जीवन में आ गए हैं। इन अत्यन्त गतिवान उपकरणों से अज्ञेय की चेतना प्रभावित हुए बिना नहीं रहती लिहाजा अज्ञेय इस गति को बिम्ब में बांधकर जगह-जगह अपनी कविता में प्रस्तुत करते हैं। अज्ञेय का भाव यंत्र हर तरीके की

गतिं और ध्वनि को विभिन्न आयामों में पकड़ता है। यह गति विज्ञान की भी हो सकती है, प्रकृति में भी हो सकती है और कवि की स्वयं की चेतना में भी हो सकती है। हर प्रकार की गति कवि की चेतना को नए-नए बिम्ब प्रदान करती है। यदि 'गरजता यंत्र गरुड़' कवि की चेतना को प्रभावित करता है तो सागर में भयंकर गति से उठनेवाली लहरें भी अज्ञेय को विचित्र अनुभूति प्रदान करती हैं। इस भयंकर गति और ध्वनि को अज्ञेय अनुभूति के स्तर पर कितने सफल ढंग से बिम्ब में बांध पाते हैं, यह देखने योग्य है–

लहर पर लहर पर लहर पर लहर:
सागर, तुम कुछ कहना नहीं चाहते
तुम होना चाहते हो–
हर लहर
टकरायी और टूट गयी
लहर पर लहर पर लहर
अन्त नहीं, अन्त नहीं, अन्त नहीं
चट्टान
सहती रही, रहती रही
फिर ढही तो
निःशेष–निःशेष–निःशेष
लहर पर लहर पर लहर–[152]

असल में अज्ञेय की कविता में प्रयुक्त सभी बिम्ब उनकी चेतना के अनुभव को व्यक्त करते हैं। उनका अनुभव जगत इतना विशाल और व्यापक है कि सूक्ष्म से विराट तक प्रत्येक वस्तु को अपने ढंग से ग्रहण किये बिना नहीं रहता। यही कारण है कि उनकी कविता में रूप, रस, गंध आदि सभी चेतना के बिम्ब देखने को मिलते हें। लेकिन महत्त्वपूर्ण बात यह है कि ये सभी बिम्ब भाषा के नये तेवर और मिजाज को भी सामने लाते हैं। जैसे 'यंत्र गरुड़' यह 'गरुड़' शब्द के पुराने बोध से काटकर आज के यन्त्र-विमान को ही सामने लाता है। बिम्ब निर्माण के लिए भाषा के साथ इस ढंग का प्रयोग अज्ञेय की आधुनिक चेतना का ही परिणाम है। यही चेतना किसी भी कवि की बिम्ब निर्माण शक्ति भी होती है। इस विषय में पश्चिम के एक विचारक का कहना है कि बिम्ब भाषा के माध्यम से कवि की मूल चेतना का ही प्रतिनिधित्व करता है–

> 'Imagery may be defined as the representation through language of sense experience. Poetry appeals directly to our senses, of course, through its music and rythms, which we actually hear when it is read aloud. But indirectly it appeals

> to our senses through imagery, the representation to the imagination of sense experience. The word image perhaps most often suggests a mental picture, something seen in the mind's eye and visual imagery is the most frequently occuring kind of imagery in poetry. But an image may also represent a sound; a smell; a taste; a tactile experience, such as hardness, wetness, or cold; an internal sensation such as hunger, thirst, or nausea; or movement or tension in the muscles or joints.'[153]

अज्ञेय के काव्य का अध्ययन करने पर ज्ञात होता है कि उन्होंने प्रकृति, पदार्थ, विज्ञान और संस्कृति जीवन के अनुभव को बिम्ब में सफलतापूर्वक व्यक्त किया। इन चारों का मोटे तौर पर वर्गीकरण करके उनके बिम्बों का अध्ययन करना यहां अनावश्यक है क्योंकि इस प्रकार के सांचेदार ढंग से उनके बिम्ब निर्माण की अनुभूति तक नहीं पहुंचा जा सकेगा। प्रकृति, पदार्थ, विज्ञान और परम्परा का नवीनतम घोल उनकी चेतना में घुला हुआ है इसीलिए अज्ञेय नवीनता और प्राचीनता दोनों को प्रासंगिकता की तराजू पर तोलकर प्रयोग करते हैं। आधुनिकता और परम्परा के गतिशील तत्त्वों से ही उनकी चेतना का निर्माण हुआ है और यही चेतना उनके अमूर्त भावों को बिम्ब की मूर्तता प्रदान करती है। उनके इस अनुभव जगत को व्यापक बनाने में उनकी यायावरी वृत्ति भी सक्रिय रही है। किसी कवि का दृश्य जगत से जितना ही व्यापक और विस्तारपूर्ण सम्बन्ध होगा उसकी कविता का बिम्ब विधान उतना ही बहुदृश्यी और नाना प्रकार के प्रकृति, पदार्थ तथा मानवीय चित्र छवियों से पूर्ण होगा। गोचर अनुभव की भूमि में जितने ही रूप अधिक-से-अधिक आए होंगे बिम्ब की भूमि उतनी ही व्यापक होगी। अज्ञेय ने कविता की भाव-भूमि (अनुभव भूमि) को भावना, कल्पना और यथार्थ के संयोग से समृद्ध किया, जिसको उन्होंने 'गोचर अनुभव भूमि' कहा है–

क्या हुआ
अगर मेरी यादों की भूमि
वह (कल्पित) भूमि नहीं है जिसे भावभूमि कहतै हैं वरन
वह है जिस पर भावना और कल्पना दोनो टिकते हैं:
गोचर अनुभव की भुमि ?
अगर मेरा घर
वैसा नहीं जिसे सिर्फ सोचा जा सकता है, वरन
वैसा है जिसे देखा, छुआ, सूंघा हो, चखा जा सके?
चाहे सिर्फ मेंरी आंखो से मेरे स्पर्श, मेरी नासा
मेरी चीभ से? क्या हुआ?[154]

लेकिन यह भी सत्य है कि अज्ञेय के बिम्ब वस्तु की प्रतिकृति मात्र नहीं

होते। वह वस्तुनिष्ठ जगत का आत्मनिष्ठ अंकन होते हैं यानी उनके बिम्ब सापेक्ष रूप में प्रस्तुत होते हैं। सापेक्ष रूप का अभिप्राय यह है कि वे भाव और विचार से युक्त होकर कविता में आते हैं। अज्ञेय की चेतना निष्क्रिय दर्पण की तरह वस्तु को प्रतिबम्बित नहीं करती बल्कि वह वस्तु को प्रभावित और परावर्तित भी करती है। इस विषय में डॉ. नन्दकिशोर नवल की यह बात ध्यान देने योग्य है–'सामान्य बिम्ब, जो कि इन्द्रिय-बोध के धरातल पर ही निर्मित और स्थित होते हैं, रूप मात्र होते हैं। उनमें सार-तत्त्व का अभाव होता है। इसके अलावा वे खण्डित और अपूर्ण होते हैं। सामान्य बिम्ब के विपरीत काव्य-बिम्ब रूप के साथ-साथ सार-तत्त्व से भी युक्त होते हैं और वे खण्डित न होकर पूर्ण होते हैं। स्पष्टतः इसका कारण यह है कि वे भाव और विचार के धरातल पर पुनर्निर्मित होते हैं।'[155]

हमने अज्ञेय के बिम्ब विधान को दृश्य, श्रव्य, गन्ध, स्पर्श बिम्ब के आधार पर वर्गीकृत नहीं किया है क्योंकि हमें बिम्ब का यह वर्गीकरण उतना आवश्यक नहीं लगा जितना यह कि अज्ञेय के यहां बिम्ब निर्माण क्या है? अज्ञेय के बिम्ब निर्माण पर बात करते हुए जिन मुद्दों को छुआ है वह है–अज्ञेय की कविता में बिम्ब निर्माण की प्रक्रिया क्या है? उनके बिम्ब विचार शून्य कभी नहीं होते। अनुभूति और विचार संश्लिष्ट रूप से कैसे बिम्ब को जन्म देते हैं? अनुभूति की गहराई उनके बिम्ब निर्माण प्रक्रिया में अज्ञेय ने किस ढंग से प्रयोग किया है? इन सब मुद्दों पर बात करके लगा कि मुख्य बात यह गिनाना नहीं है कि अज्ञेय की कविता में कितने श्रव्य बिम्ब हैं, कितने स्पर्श और कितने चाक्षुष। मुख्य बात यह है कि किसी भी बिम्ब निर्माण के पीछे अज्ञेय की चेतना किस ढंग से काम करती है। हमने इसी बात पर अधिक महत्त्व दिया है।

(ड़) अज्ञेय की कविता में लय का नया स्तर

छन्द के स्तर पर भी अज्ञेय ने प्रयोग किये हैं। उनका योगदान इस क्षेत्र में इसलिए महत्त्वपूर्ण है कि उन्होंने छन्द निर्माण का कार्य भाषा के ही आधार पर किया है। अज्ञेय की कविता में हमें बातचीत की लय दिखाई देती है जिसे 'वाक्-लय' कहा जाए तो अनुचित न होगा। उनकी कविता में बातचीत की यह लय रोजमर्रा की जिन्दगी से ही आयी है इसलिए इसका स्वरूप हमें कहीं-कहीं नाटकीय भी लगने लगता है। लेकिन बातचीत की लय से कविता को जोड़कर अज्ञेय ने उसे हमारी जिन्दगी की मनःस्थितियों के अनुकूल बना दिया यानी अनुभूति के स्वरूप को मौलिक बनाए रखन के लिए उसी के मुताबिक लय का भी निर्वाह अज्ञेय ने अपनी कविता में किया है। बातचीत की यह लय बातचीत की भाषा के प्रयोग से आयी है। हम भाषा का प्रयोग रोजमर्रा की जिन्दगी में जैसे करते हैं वैसे ही अज्ञेय ने उसे कविता में लाने का प्रयोग किया है। यह बोली के शब्दों का

प्रयोग भाषा की जड़ता और उसके नकलीपन को तोड़ता है। सुसान लैंजर के मुताबिक बोली साहित्य के लिए एक महत्त्वपूर्ण औजार है–

> 'Dialect is a valuable tool which may be employed in subtler ways of than straight forward writing in its vocabulary; for it shades impreceptibly into collquiall use of words, turns of phrase that reflect quaint thoughts rather than fixed speech habits.[156]

अज्ञेय भी अपनी कविता में बोलचाल की भाषा और बोलचाल की लय का मुहावरा तलाशते हैं। यही कारण है कि उनकी कविता सूक्ष्म से सूक्ष्म अनुभूति को सम्प्रेषित करने में समर्थ है। दूसरी बड़ी बात यह है कि अज्ञेय की कविता का छन्द और उसकी लय संगीत की लय की मोहताज नहीं है। यह ठीक है कि 'निराला' ने 'छन्द का बन्द' तोड़ दिया था लेकिन उनका मुक्त छन्द भी संगीत से प्रभावित था। लेकिन अज्ञेय की लय-चेतना संगीत का भी बन्धन नहीं मानती। इसीलिए अज्ञेय की छन्द चेतना पर बात करते हुए स्पष्ट रूप से कहा गया है कि 'छन्द के क्षेत्र में भी अज्ञेय की उपलब्धि व्यापक महत्त्व की रही है। उनकी लय-चेतना पारम्परिक छन्दों के आधार पर किये गये प्रयोगों से लेकर नयी भूमि का निर्माण करने तक विस्तृत है। माइकेल मधुसूदन दत्त तथा निराला के प्रयोगों की प्रशंसा अज्ञेय निरन्तर करते रहे हैं। इस क्षेत्र में वे स्वयं भी इसी परम्परा में आते हैं। छन्द को तोड़ने का कार्य प्रथम बार हिन्दी में निराला द्वारा सम्पन्न हुआ और इस दृष्टि से निराला की हिन्दी काव्य को यह बड़ी देन है। लेकिन यदि सूक्ष्म स्तर पर देखा जाए तो वैसा ही महत्त्वपूर्ण कार्य इस क्षेत्र में अज्ञेय ने किया है। 'छन्द का बन्द' भंग करते हुए भी निराला का मुक्त छन्द संगीत के प्रभाव से मुक्त नहीं हो सका था। छन्द पर किये गये उनके प्रयोगों का आधार शास्त्रीय संगीत रहा है और जिस आन्तरिक संयम की चर्चा उनके छन्द के सम्बन्ध में की जाती है, उसका कारण भी यही ही है। निराला की लय संगीत की लय से सदैव प्रभावित है। इस प्रकार निराला भी प्रकारान्तर से एक दूसरे बन्धन का निर्माण कर रहे होते हें। संगीत के इस बन्धन का कारण यह स्वाभाविक ही है कि अनुभूति के भाषिक रूपान्तरण की प्रक्रिया संगीत से बद्ध रहे। यह संगीतात्मकता क्या अनुभूति के स्वरूप को प्रभावित नहीं करेगी?"[157] अज्ञेय ने कविता की लय को संगीतात्मकता से भी मुक्त करते हुए भाषा की अपनी अन्तर्निहित लय को महत्त्व प्रदान किया जिससे कविता जीवन की लय को पकड़ने में समर्थ बनी और कवि अपनी अनुभूति को अधिक सक्षम रूप से सम्प्रेषित कर पाया। जीवन की लय उनकी कविता की 'वाक्-लय' में कितनी सम्प्रेषित होती है, यह हम उनकी कविताओं को पढ़कर ही जान सकते हैं। ऐसी ही उनकी एक कविता प्रस्तुत है–

वहां दूर शहर में
बड़ी भारी सरकार है ।
कल की समृद्धि की योजना का
फैला कारोबार है ।
और यहां
इस पर्वती गांव में
छोटी-से-छोटी चीज की भी दरकार है ।
आज की भूख-बेबसी की
बेमुरव्वत मार है ।[158]

अज्ञेय की कविता में भाषा की अन्तर्निहित लय का जो प्रयोग हमें दिखाई देता है उससे पूरी 'नयी कविता' प्रभावित हुई है। हम कह सकते हैं कि छन्द और लय के स्तर पर अज्ञेय ने निराला से दो कदम आगे बढ़कर प्रयोग किये। इसीलिए डॉ. रामस्वरूप चतुर्वेदी ने लिखा है 'निराला ने भाषा में अन्तर्निहित लय को कविता का कम-से-कम आवश्यक तत्त्व मानकर रचना की, अज्ञेय ने भावना के साथ-साथ विचार को भी कला के सर्जनात्मक स्तर पर प्रतिष्ठित करने का यत्न किया है। निराला में जो विद्रोह था, वह अज्ञेय में प्रयोग के रूप में दिखाई देता है। प्रयोग की पृष्ठभूमि में विद्रोह हो, और विद्रोह की अगली कड़ी प्रयोग हो, यह उचित ही है।'[159] अज्ञेय की कविता में भाव और विचार रूढ़ ढंग से छन्द में व्यक्त नहीं होते। उनकी कविता की पूरी संरचना बोलचाल की लय में ही निबद्ध है। इसीलिए गम्भीर-से-गम्भीर विचार की कविता भी बोलचाल की लय में प्रवाहित होती जाती है और साधारणीकरण को भी अधिक सहज बनाती है। इस विषय में यह कविता भी देखी जा सकती है–

जगंल में खड़े हो?
महारूख के बराबर
थोड़ी देर खड़े रहो।
महारूख ले लेगा तुम्हारी नाप ।
लेने दो।
उसे वह देगा तुम्हारे मन पर छाप
देने दो।
जंगल में चले हो ?
चलो, चलते रहो?
महारूख के साथ अपना नाता बदलते रहो ।
उसका आयाम
उसका है, बहुत बड़ा है।

पर वह वहां खड़ा है।
और तुल चलते हो चलते हुए ही भले हो।[160]

अज्ञेय की बहुत-सी कविताओं में संवाद की शैली भी दिखाई देती है जिससे नाटकीयता पनपती है। यह नाटकीयता भी उनकी 'वाक्-लय' का ही एक विशिष्ट गुण है जहां उनकी कविता प्रश्नांकित मुद्रा अख्तियार कर लेती है। डॉ. चन्द्रकान्त बांदिबड़ेकर ने लिखा है कि 'प्रश्न यह है कि यह प्रश्नांकित मुद्रा क्यों? अज्ञेय की कविता की संरचना में बोलचाल की लय है, संवादों में नाटकीयता है और प्रश्नों का जो व्यवहार व्यावहारिक दुनिया में होता है, उसका काव्य में होना अज्ञेय की कविता के स्वरूप के अनुकूल भी है। अज्ञेय के व्यक्तित्व में जनतन्त्रवादी तत्त्व हैं और आधुनिक जीवन में जनतन्त्रवादी पद्धति में प्रश्नों की उपस्थिति संगत भी है। प्रश्नाकुलता वैज्ञानिक युग की विशेषता है और व्यक्ति के अनाग्रही रूप की परिचायक भी है।'[161] इस प्रश्नाकुल वाली कविता में लय का सार्थक निबाह किस तरह अज्ञेय ने किया है, इस कविता से अन्दाज लगाया जा सकता है–

सांप!
तुम सभ्य तो हुए नहीं
नगर में बसना
भी तुम्हें नही आया
एक बात पूछूं – (उत्तर दोगे?)
तब कैसे सीखा डसना–
विष कहां पाया?[162]

इसी तरह संवाद और नाटकीय स्थिति उनकी 'मरू और खेत' कविता में मिलती है जहां एकदम बोलचाल की लय में जीवन की एक दृष्टि को व्यक्त किया गया है।

मरू बोला:
हाय यह हास्यास्पद ममता!
ओ रे खेत, किस हेतु यह यत्न, यह उथल-पुथल
यह–कह ही डालूं–आडम्बर?
देखना
जब बहेगी लू
जब पड़ेगा पाला
जब आयेगी बर्फ की बर्छियों से हाड़ों को भेदती-सी
उत्तर को निष्ठुर हवा,
झुलसेंगे, पाले से मरेंगे तुम्हारे पात-पात

अंकुर,
तब कैसा दर्द होगा!
मेरी–मुझ अचंचल की ओर देखो (मेरी यह सीख है:
ममता ही सर्व-दुख-मूल है
बीज-मात्र वेदना का बीज है!
हंसा खेत : मरू काका, ठीक है
होगा वही
लू बहेगी
पाला भी पड़ेगा
दुख होगा ही।
किन्तु जब मेरी छाती फोड़कर अंकुर एक फूटेगा
और भोली गर्व-भरी आस्था से निहारेगा,
तब–उस एकमात्र क्षण में–
किन्तु काका, आपसे क्या कहूं और–
नव-सर्जना में जो
अपने को होम कर होते हैं आनन्दमग्न
उनकी तो दृष्टि और होती है![163]

इस लय निर्माण में अज्ञेय कई बार तुक का फायदा भी उठाते हैं लेकिन उससे अनकी अनुभूति की मौलिकता बिल्कुल नहीं छीजती बल्कि 'वाक्-लय' का सौन्दर्य और बढ़ जाता है। इस विषय में उनकी यह कविता देखी जा सकती है–

अच्छा
खण्डित सत्य
सुघर नीरन्ध्र मृषा से,
अच्छा
पीड़ित प्यार सहिष्णु
अकम्पित निर्ममता से।
अच्छी कुण्ठा-रहित इकाई
सांचे-ढले समाज से,
अच्छा
अपना ठाठ फकीरी
मंगनी के सुख-साज से।
अच्छा
सार्थक मौन
व्यर्थ के श्रवण-मधुर भी छन्द से।

अच्छा
निर्धन दानी का उघड़ा उर्वर दुख
धनी सूम के बंझर धुआं-घुटे आनन्द से।
अच्छे
अनुभव की भट्टी में तपे हुए कण—दो कण
अन्तर्दृष्टि के।
झूठे नुस्खे वाद, रूढ़ि, उपलब्धि परायी के प्रकाश से
रूप शिव, रूप सत्य की सृष्टि के।[164]

असल में अज्ञेय की कविता में तुक, ताल और लय स्वाभाविक ढंग से आते हैं, सायास प्रयास करके नहीं। अनुभूति का आवेग कविता में स्वयं ही अपनी लय बना लेता है क्योंकि अज्ञेय का अनुभव कवि मन का अनुभव बनकर भाषा के साथ नये-नये प्रयोग करता है और अपने अनुभवों को व्यक्त करने के लिए भाषा की लय का इस्तेमाल करता है। इसीलिए एक अंगरेजी लेखक ने छन्द को कविता के लिए अनावश्यक बताते हुए कहा है–

> We must not forget, of course, that poetry need not be metrical at all. Like alliteration and rime, like metaphor and irony, like oven imagery, meter is simply one resource which the poet may or may not use. His job is to employ his resources to the best advantage for the object he has in mind—the kind of experience he wishes to express.[165]

अज्ञेय भी अपने अनुभव को कविता में व्यक्त करने के लिए भाषा का विभिन्न ढंग से प्रयोग करते हैं और इस प्रयोग के जरिए ही भाषा से विशिष्ट अर्थ ध्वनित करते हैं। अज्ञेय की कविता में यह अर्थ भाव और विचार दोनों से मिलकर आता है। इसी से अज्ञेय की कविता में अर्थ की लय बनती है। कविता में शब्द और अर्थ के पारस्परिक तथा लय की समस्या पर आलोचक आई.ए. रिचर्ड्स ने विचार करते हुए लिखा है कि 'काव्य' में लय केवल शब्द तक सीमित नहीं है। पढ़नेवाले पर उसका प्रभाव अर्थ के साथ संयुक्त होकर पड़ता है। रिचर्ड्स कहते हैं–

> 'The difference between good rhythm and bad is not simply a difference certain sequence of sounds, it goes deeper, and to understand it we have to take note of the meanings of the words as well—The rhythm which we admire, which we seem to respond to, is something which we only decribe to them and is, actually, a rhythm of the mental activity through which we apprehend not only the sound of the words but their sense and feeling.[166]

अज्ञेय की कविता में भी लय शब्द तक ही सीमित नहीं है। पढ़ने वाले पर उनकी कविता का प्रभाव अर्थ के साथ संयुक्त होकर पड़ता है। डॉ. जगदीश गुप्त ने अज्ञेय की एक ऐसी ही (अर्थ की लय से युक्त) कविता का उदाहरण देकर यह बात सिद्ध की है। उसी कविता को हम यहां उद्धृत कर रहे हैं–

आज तुम शब्द न दो, न दो
कल भी मैं कहूंगा।
तुम पर्वत हो अभ्र-भेदी शिला-खण्डों के गरिष्ठ पुंज
चापे इस निर्झर को रहो, रहो
तुम्हारे रन्ध्र-रन्ध्र से
तुम्हीं को रस देता हुआ
फूट कर मैं बहूंगा।[167]

(बावरा अहेरी, पृ. 3)

इस प्रकार हम देखते हैं कि बातचीत की लय ही मूलतः अज्ञेय की काव्य-लय का आधार है यद्यपि इस लय को बरकरार रखने के लिए कई बार वह तुक, ताल और संगीतात्मकता का भी इस्तेमाल करते हैं–पर मूल आधार की उपेक्षा कहीं नहीं की है। अज्ञेय इस बात के प्रति सजग रहे हैं कि लय का आधार भाषा हो, संगीत नहीं। नयी कविता में आगे चलकर हमें लगातार संगीत की लय से छुटकारा पाने की यह कोशिश दिखाई देती है। इस बारे में डॉ. चन्द्रकान्त बांदिवड़ेकर ने लिखा है कि 'निराला ने छंद-बंधन को तोड़कर मुक्त-छंद में कविता लिखी, परन्तु वहां भी मात्राओं की गणना करके कुछ नियम बताए जा सकते हैं। निराला पर लिखे हुए शोध-प्रबंधों में मात्राओं की गणना की गई है। नयी कविता में मात्राओं के गणितीय अंकन की भी आवश्यकता नहीं रही। इसलिए यह माना जाता है कि नयी कविता में मुक्त छंद भी नहीं है–गद्य है, क्योंकि लय नहीं है। यह गलत धारणा है। छंद-युक्त छंद की मात्राएं संगीत की मात्राओं से साम्य रखती हैं। नयी कविता की विशेषता यह है कि संगीत से पूर्णतया छुटकारा प्राप्त कर उसने बोलचाल की सूक्ष्म लय को पकड़ा है। गद्य में बोलते समय की भावावेग में एक लय–कथ्य की अपनी लय–उत्पन्न हो जाती है। अज्ञेय की कविताएं ठीक ढंग से पढ़ी जाएं, तो बोलचाल की लय पकड़ में आएगी और कविता की रचना-भूमि पर भी प्रकाश पड़ सकेगा।'[168]

जैसा कि हम बताते आए हैं कि अज्ञेय प्रयोगशील मानसिकता के कवि हैं। अपने से पूर्व की काव्य परम्परा वह सदैव जांचते-परखते हुए हैं। छंद और लय के स्तर पर भी उन्होंने अपनी परम्परा के साथ प्रयोग किए हैं। कविता में जहां उन्होंने बोलचाल की लय को प्रतिष्ठित किया वहीं कई जगह लोकगीतात्मकता के

आधार पर कविताएं लिखीं जिसमें अपने ढंग से उन्होंने संगीतात्मकता का भी प्रयोग किया है। जैसे यह कविता–

छिटक रही है चांदनी,
मदमाती, उन्मादिनी,
कलगी-मौर सजाव ले
कास हुए हैं बावले,
पकी ज्वार से निकल शशों की जोड़ी गयी फलांगती–
सन्नाटे में बांक नदी की जगह चमक पर झांकती!
कुहरा झीना और महीन,
झर-झर पड़े अकासनीम,
उजली-लालिम मालती
गंध के डोरे डालती,
मन में दुबकी है हुलास ज्यों परछाईं हो चोर की–
तेरी बाट अगोरते ये आंखें हुईं चकोर की![169]

लेकिन यह प्रयोग संगीत के आग्रह से नहीं किए हैं बल्कि अनुभूति के वैसे ही मिजाज के कारण यह प्रयोग किए हैं। उनकी ऐसी कविताओं में लय की तरंगमय गत्यात्मकता दिखाई देती है जहां अर्थ की लय को बरकरार रखकर ही ध्वनि की लय का प्रयोग हुआ है। टी.एस. इलियट ने 'संगीतात्मक कविता' पर विचार करते हुए कहा है कि कविता में ध्वनि लय ही सब कुछ नहीं बल्कि अर्थ लय भी आवश्यक है। उन्होंने लिखा है–

> My purpose here is to insist that a `Musical poem' is a poem which has a musical patterns of sound and a musical pattern of the secondary meanings of the words which compose it, and that these two patterns are indissoluble and one.[170]

ध्वनि लय और अर्थ-लय के संयुक्त रूप का प्रयोग अज्ञेय कैसे करते हैं इसके लिए उनकी इस ढंग की कविताएं देखी जा सकती हैं–

नदी की बांक पर छाया
छाया
सरकती है
कहीं भीतर
पुरानी भीत
धीरज की
दरकती है
कहीं फिर बध्य होता हूं–[171]

इस कविता में शब्द की लय के समानान्तर भावना की लय भी चल रही है। कविता में भावना की यह लय ही प्रकारांतर से व्यक्त होकर 'अर्थ की लय' बन जाती है। जी.एच. लीविस ने भावना और शब्द की समानान्तर लय के बारे में लिखा है–

> Rhythm then is not a thing invented by men but a thing evolved from him, and is not merely the accidental form, but the only possible form of poetry: for there is a rhythm of feeling correspondent in the human soul.[172]

लय और छंद के धरातल पर यह सारे प्रयोग अज्ञेय की कविता को सम्प्रेषणीय बनाते हैं। इसीलिए गंभीर से गंभीर चिंतन की अनुभूति की कविता भी पाठक को सहज रूप से सम्प्रेषित हो जाती है और यह सम्प्रेषण कविता की शर्त पर ही होता है।

संन्दर्भ

1. रघुवंश–समसामयिकता और आधुनिक हिन्दी कविता (1972), पृ. 21
2. सच्चिदानन्द वात्स्यायन–त्रिशंकु (सं. 1973), पृ. 42-43
3. डॉ. रामस्वरूप चतुर्वेदी–भाषा और संवेदना (प्रथम संस्करण), पृ. 8-9
4. अज्ञेय–संपादक–तार सप्तक (चतुर्थ सं.) (वक्तव्य), पृ. 270
5. रामस्वरूप चतुर्वेदी–अज्ञेय और आधुनिक रचना की समस्या (प्र. सं.), पृ. 38-39
6. रामस्वरूप चतुर्वेदी–अज्ञेय और आधुनिक रचना की समस्या (प्र. सं.), पृ. 39
7. विजयदेव नारायण साही का वक्तव्य-उद्धृत : डॉ0 नामवर सिंह-कविता के नये प्रतिमान, पृ. 118 (सं. 1974)
8. अज्ञेय–पूर्वा, पृ. 244 (सं. 1965)
9. अज्ञेय–पूर्वा, पृ. 143 (सं. 1965)
10. अज्ञेय–पूर्वा, पृ. 250 (सं. 1965)
11. डॉ. नामवर सिंह–कविता के नये प्रतिमान (द्वि. सं.), पृ. 113। (सं. 1974।
12. अज्ञेय–इन्द्रधनु रौंदे हुए ये (प्रथमावृत्ति), पृ. 58
13. अज्ञेय–महावृक्ष के नीचे (प्रथम सं.), पृ. 42
14. डॉ. रामस्वरूप चतुर्वेदी–भाषा और संवेदना (प्रथम सं.), पृ. 18।
15. अज्ञेय–इन्द्र धनु रौंदे हुए ये, पृ. 29 (प्रथम संस्करण)
16. F. R. Leave-NewBearings in Enlish Poetry (1961) Page-13
17. अज्ञेय–क्योंकि मैं उसे जानता हूं, पृ. 12-13 (प्र.सं.)
18. अज्ञेय–नदी की बांक पर छाया, पृ. 33 (प्र.सं.)
19. अज्ञेय–पूर्वा (मिट्टी का ईहा) (1965), पृ, 180-81
20. चन्द्रकान्त महादेव बांदिबड़ेकर–अज्ञेय की कविता : एक मूल्यांकन (1971), पृ. 197
21. अज्ञेय–पूर्वा (1965), पृ. 169
22. अज्ञेय–पूर्वा (हरी घास पर क्षण भर), पृ. 223 (सं. 1995)
23. रामस्वरूप चतुर्वेदी–अज्ञेय और आधुनिक रचना की समस्या, पृ. 45(प्र.सं.)
24. रामविलास शर्मा–भाषा और समाज (दूसरा सं. 1977), पृ. 12
25. अज्ञेय–बावरा अहेरी (द्वितीय सं.), पृ. 8
26. रघुवंश–समसामयिकता और आधुनिक हिन्दी कविता (1972), पृ. 22-23
27. अज्ञेय–इन्द्रधनु रौंदे हुए ये, पृ. 17 (प्रथमावृत्ति)
28. रामस्वरूप चतुर्वेदी–अज्ञेय और आधुनिक रचना की समस्या (प्र.सं.), पृ. 53-54
29. अज्ञेय–अरी ओ करुणा प्रभामय, पृ. 45 (प्र.सं.)
30. शिवकुमार मिश्र-यथार्थवाद (द्वितीय सं.), पृ. 182-83

31. सच्चिदानन्द वात्स्यायन–आधुनिक हिन्दी साहित्य (प्रथम सं.), पृ. 25
32. रामस्वरूप चतुर्वेदी–अज्ञेय और आधुनिक रचना की समस्या, पृ. 54 (प्र.स.)
33. अज्ञेय–नदी की बांक पर छाया (प्र.सं.) पृ. 37
34. निराला–राग-विराग (सम्पादन-रामबिलास शर्मा) (पेपर बेक), पृ. 92
35. रामस्वरूप चतुर्वेदी–अज्ञेय और आधुनिक रचना की समस्या, पृ. 59 (प्र. सं.)
36. Lauernce Perrine—Sound and Sense (1956), (Pub: Harcourt, Brace & World, INC.) p. 4
37. डॉ. नामवर सिह–कविता के नये प्रतिमान (द्वि. सं.) पृ. 112
38. अज्ञेय–तार सप्तक (चतुर्थ संस्करण) पृ. 301-302
39. अज्ञेय–नदी की बांक पर छाया, पृ. 43 (प्र.स.)
40. अज्ञेय–इन्द्रधनु रौंदे हुए ये, पृ. 14 (प्रथमावृत्ति)
41. डॉ. नामवर सिंह–कविता के नये प्रतिमान, पृ. 119 (द्वितीय सं.)
42. अज्ञेय–दूसरा सप्तक (सम्पादन दूसरा संस्करण), भूमिका, पृ. 7
43. डॉ. नामवर सिंह–कविता के नये प्रतिमान (द्वि. सं.), पृ. 111
44. 'Conceptual Categories of Primitive Lauguages'—Science-1931 (उद्धृत–कविता के नये प्रतिमान, पृ. 112) (द्वितीय सं.)–नामवर सिंह
45. अज्ञेय–पूर्वा, पृ. 244 (सं. 1965)
46. Langer, Susanne—Philosophy in a New Key (1948), New York, p.155
47. अज्ञेय–आत्मनेपद, पृ. 41 (द्वितीय सं.)
48. स. वात्स्यायन–आलवाल, पृ. 92 (द्वितीय सं.)
49. आलोचना–अंक दो, सपांदकीय
50. अज्ञेय–आत्मनेपद पृ. 45 (द्वितीय सं.)
51. Charles Chadwick—Symbolism (1973) Published: Mathuen & Co. London, p. 4
52. अज्ञेय–आत्मनेपद, पृ. 41 (द्वितीय सं.)
53. अज्ञेय–पूर्वा (सं. 1965), पृ. 231
54. अज्ञेय–पूर्वा (1965), पृ. 251
55. हजारी प्रसाद द्विवेदी–मध्यकालीन बोध का स्वरूप (प्र.सं.) पृ. 19
56. Susane K. Langer—Feeling and Form (1953—Paper Beck), p.22
57. अज्ञेय–बावरा अहेरी (द्वितीय सं.), पृ. 54-55
58. चंद्रकांत महादेव बांदिवड़ेकर–अज्ञेय की कविता एक मूल्याकंन (प्र. सं.), पृ. 170
59. अज्ञेय–इन्द्रधनु रौंदे हुए ये, पृ. 29 (प्रथमावृत्ति)
60. C.M. Bowra—The Heritage of Symbolism (1947), Pub : Macmillan & Co. London, p. 212
61. अज्ञेय–इन्द्रधनु रौंदे हुए ये (1957), पृ 61
62. अज्ञेय–इन्द्रधनु रौंदे हुए ये (1957), पृ. 45
63. प्रभाकर श्रोत्रिय–कविता की तीसरी आंख (1980), पृ. 37
64. अज्ञेय–महावृक्ष के नीचे (प्रथम सं.), पृ. 32
65. अज्ञेय–आंगन के पार द्वार (1975), पृ. 70 (पंचम संस्करण)
66. W.M. Urban—Language & Reality (1951), Part II, The Principles of Symbolism, Pub : George Allen & Union, London, p.468
67. अज्ञेय–पूर्वा (1965), पृ. 82
68. अज्ञेय–आंगन के पार द्वार (पंचम सं.), पृ. 26-27

69. अज्ञेय–बावरा अहेरी (द्वितीय सं.) पृ. 7
70. अज्ञेय–बावरा अहेरी (द्वितीय सं.), पृ. 23-24
71. वही, पृ. 22
72. अज्ञेय–अरी ओ करुणा प्रभामय (प्रथम सं.), पृ. 68
73. अज्ञेय–महावृक्ष के नीचे (प्रथम सं.), पृ. 13
74. अज्ञेय–नदी की बांक पर छाया (प्रथम सं.), पृ. 36
75. सच्चिदानंद वात्स्यायन–आधुनिक हिंदी साहित्य (प्र. सं.), पृ. 97
76. अज्ञेय–इन्द्रधनु रौंदे हुए ये (1957), पृ. 66
77. अज्ञेय–सागर मुद्रा (प्रथम सं.), पृ. 20
78. अज्ञेय–पूर्वा (1965), पृ. 224
79. हजारी प्रसाद द्विवेदी–मध्यकालीन बोध का स्वरूप (प्रथम सं.), पृ. 18।
80. अज्ञेय–इन्द्र धनु रौदे हुए ये, (1957), पृ. 48।
81. विद्यानिवास मिश्र–अज्ञेय–आज के लोकप्रिय हिन्दी कवि (सातवां सं.), पृ. 39
82. प्रभाकर श्रोत्रिय–कविता की तीसरी आंख (प्रथम सं.), पृ. 39
83. अज्ञेय–पहले मैं सन्नाटा बुनता हूं–(दूसरा सं.), पृ. 25
84. अज्ञेय–पहले मैं सन्नाटा बुनता हूं (दूसरा सं0), पृ. 25
85. अज्ञेय–पहले मैं सन्नाटा बुनता हूं (दूसरा सं.), पृ. 26
86. साहित्य कोष (प्रथम सं.)–धीरेन्द्र वर्मा–प्रधान संपादक, पृ. 589
87. अज्ञेय–पहले मैं सन्नाटा बुनता हूं (दूसरा सं.), पृ. 27
88. अज्ञेय–पहले मैं सन्नाटा बुनता हूं (दूसरा सं.), पृ. 27
89. अज्ञेय–पहले मैं सन्नाटा बुनता हूं (दूसरा सं.), पृ. 28
90. वही, पृ. 29
91. अज्ञेय–पहले मैं सन्नाटा बुनता हूं (दूसरा सं.), पृ. 30
92. सच्चिदानंद वात्स्यायन–संवत्सर (प्रथम सं.), पृ. 25-26
93. अज्ञेय–आंगन के पार द्वार (पांचवां सं.), पृ. 8
94. वही, पृ. 8
95. अज्ञेय–आंगन के पार द्वार (पंचम सं.), पृ. 8-9
96. अज्ञेय–आत्मनेपद (दूसरा सं.), पृ. 46
97. अज्ञेय–अरी जो करुणा प्रभामय (प्रथम सं.), पृ. 168
98. अज्ञेय–अरी ओ करुणा प्रभामय (प्रथम सं.), पृ. 167
99. अज्ञेय–आत्मनेपद (द्वितीय सं.), पृ. 47
100. अज्ञेय–अरी ओ करुणा प्रभामय (प्रथम सं.), पृ. 1140
101. वही, पृ. 159
102. अज्ञेय–इन्द्र धनु रौदे हुए ये (1957), पृ. 101
103. अज्ञेय–पूर्वा (1965), पृ. 79
104. अज्ञेय–पूर्वा (1965), पृ. 125
105. वही, पृ. 119
106. अज्ञेय–पूर्वा (1965)–पृ. 119
107. अज्ञेय–सागर-मुद्रा (प्रथम सं.), पृ. 55
108. अज्ञेय–सागर मुद्रा (प्रथम सं.), पृ. 56

109. अज्ञेय–पहले मैं सन्नाटा बुनता हूं (दूसरा सं.), पृ. 36
110. अज्ञेय–आंगन के पार द्वार (पंचम सं.), पृ. 64
111. Denys Thompson—The Use of Poetry (1978), Pub : Cambridge University Press, Cambridge, London, p.16
112. अज्ञेय–क्योंकि मैं उसे जानता हूं (प्रथम सं.), पृ. 28
113. अज्ञेय–क्योंकि मैं उसे जानता हूं (प्रथम सं.), पृ. 28
114. वही, पृ. 31
115. अज्ञेय–क्योंकि मैं उसे जानता हूं (प्रथम सं.), पृ. 39
116. अज्ञेय–कितनी नावों में कितनी बार (द्वितीय सं.), पृ. 26
117. अज्ञेय–क्योंकि मैं उसे जानता हूं (प्रथम सं.), 40
118. अज्ञेय–नदी की बांक पर छाया (प्रथम सं.), पृ. 49
119. अज्ञेय–भवन्ती (दूसरा सं.), पृ. 101-102
120. अज्ञेय–इन्द्र धनु रौंदे हुए ये (1857), पृ. 31-32
121. अज्ञेय–इन्द्र धनु रौंदे हुए ये (1957), पृ. 35
122. अज्ञेय–स्रोत और सेतु (प्र.सं.), पृ. 67
123. Malinowski B.—Myth in primitive psychology (1926), London, p.19
124. अज्ञेय–कितनी नावों में कितनी बार (द्वितीय सं.) पृ. 43-44
125. अज्ञेय–नदी की बांक पर छाया (प्रथम सं.), पृ. 20
126. अज्ञेय–नदी की बांक पर छाया (प्रथम सं.), पृ. 20
127. अज्ञेय–स्रोत औरसेतु (प्रथम सं.), पृ. 77
128. अज्ञेय–नदी की बांक पर छाया (प्रथम सं.)–पृ. 23
129. Myth a Symposium—Edited by : Thomas A. Sebeok, Pub : Indiana University Press, London, (1958), p.21
130. अज्ञेय–क्योंकि मैं उसे जानता हूं (प्रथम सं.), पृ. 47-48
131. अज्ञेय–स्रोत और सेतु (प्रथम सं.), पृ. 72
132. डॉ. केदारनाथ सिंह–आधुनिक हिन्दी कविता में बिम्ब विधान, (प्रथम सं.), पृ. 70
133. T.S. Eliot—Selected Prose, p.117.
134. अज्ञेय–अरी ओ करुणा प्रभामय (प्र.सं.), पृ. 154
135. अज्ञेय–अरी ओ करुणा प्रभामय (प्रथम सं.)–पृ. 140
136. रामस्वरूप चतुर्वेदी–अज्ञेय और आधुनिक रचना की समस्या, पृ. 54 (प्रथम सं.)
137. अज्ञेय–बावरा अहेरी, पृ. 4 (द्वितीय सं.)
138. अज्ञेय–क्योंकि मैं जानता हूं, पृ. 11 (प्रथम सं.)
139. अज्ञेय–क्योंकि मैं उसे जानता हूं, पृ. 21 (प्रथम सं.)
140. Raymond Tschumi—Thought in Twentieth Century, English Poetry, p.14
141. डॉ. केदारनाथ सिंह–आधुनिक हिन्दी कविता में बिम्ब विधान, पृ. 75
142. George Whalley—{owtic Process, p.67
143. अज्ञेय–आंगन के पार द्वार (पंचम सं.), पृ. 30
144. अज्ञेय–कितनी नावों में कितनी बार (द्वितीय सं.), पृ. 16
145. T.S. Eliot—Selected Prose, p.95
146. अज्ञेय–आंगन के पार द्वार, पृ. 64 (पंचम सं.)
147. अज्ञेय–अरी ओ करुणा प्रभामय (प्रथम सं.), पृ. 47

148. रामस्वरूप चतुर्वेदी–अज्ञेय और आधुनिक रचना की समस्या (प्र.सं.), पृ. 58
149. अज्ञेय–अरी को अरुणा प्रभामय (प्र.सं.), पृ. 64
150. रामस्वरूप चतुर्वेदी–अज्ञेय और आधुनिक रचना की समस्या (प्र.सं.), पृ. 32
151. अज्ञेय–अरी ओ करुणा प्रभामय (प्र.सं.), पृ. 141
152. अज्ञेय–पहले मैं सन्नाटा बुनता हूं (दूसरा सं.), पृ. 26
153. Laurence Perrine—Sound and Sense (1956), Pub: Harcourt, Brace & World, INC., New York, p.40
154. अज्ञेय–पहले मैं सन्नाटा बुनता हूं (दूसरा सं.), पृ. 50
155. डॉ. नन्दकिशोर नवल–कविता की मुक्ति (1980), पृ. 37
156. Susane K. Langer—Feeling and Form (1953), Pub: Charles Scribner's Sons, New York, p.221 (Paper Back)
157. नन्दकिशोर आचार्य–अज्ञेय की काव्य-तितीर्षा (1970), पृ. 110-11
158. अज्ञेय–पहले मैं सन्नाटा बुनता हूं (दूसरा सं.) पृ. 60
159. डॉ. रामस्वरूप चतुर्वेदी–अज्ञेय और आधुनिक रचना की समस्या (1968), पृ. 2
160. अज्ञेय–महावृक्ष के नीचे (1977), पृ. 32
161. चन्द्रकान्त महादेव बांदिवड़ेकर–अज्ञेय की कविता : एक मूल्यांकन (प्र. सं.) पृ. 186
162. अज्ञेय–इन्द्रधनु रौंदे हुए ये (1957), पृ. 29
163. अज्ञेय–इन्द्रधनु रौंदे हुए ये (1957), पृ. 23-24
164. अज्ञेय–अरी ओ करुणा प्रभामय (प्रथम सं.), पृ. 15-16
165. Laurence Perrine—Sound and Sense (1956), Pub: Harcourt, Brace & World, New York, p.156
166. I.A. Richards—Practical Criticism (1973), Pub: Routledge & Kegan Paul Ltd., London, p.227-229
167. जगदीश गुप्त–नयी कविता स्वरूप और समस्याएं (1971), पृ. 74
168. चन्द्रकान्त महादेव बांदिवड़ेकर–अज्ञेय की कविता : एक मूल्यांकन (1971), पृ. 186
169. अज्ञेय–पूर्वा, पृ. 223 (सं. 1965)
170. T.S. Eliot—Selected Prose, p.60 (1953)
171. अज्ञेय–नदी की बांक पर छाया, पृ. 36 (प्र.सं.)
172. G.H. Liwis—Anthology of Critical Statements, p. 182

आधार ग्रंथ

भग्नदूत (1933)
चिन्ता (1942)
इत्यलम् (1946)
हरी घास पर क्षण भर (1949)
पूर्वा (1965) (भग्नदूत, इत्यलम् एवं हरी घास पर क्षण भर का संकलन)
बावरा अहेरी (सं. 1972)
इन्द्रधनु रौंदे हुए ये (सं. 1957)
अरी ओ करुणा प्रभामय (सं. 1959)
आंगन के पार द्वार, पंचम सं., 1975
सुनहले शैवाल (1965)
कितनी नावों में कितनी बार (मई, 1979)
क्योंकि मैं उसे जानता हूं, 1969
सागर मुद्रा (1970)
पहले मैं सन्नाटा बुनता हूं (1976)
महावृक्ष के नीचे (1977)
नदी की बांक पर छाया (1981)
ऐसा कोई घर आपने देखा है (1986)
मरुथल (अज्ञेय की अन्तिम कविताएं) (1995)

सहायक एवं संदर्भ ग्रंथ

अज्ञेय (प्र.सं.) : संपादक–विश्वनाथ प्रसाद तिवारी, नेशनल पब्लिशिंग हाउस, दिल्ली 'अज्ञेय' आज के लोकप्रिय कवि, विद्यानिवास मिश्र, राजपाल एण्ड सन्ज, दिल्ली, सातवां सं. 1978

'अज्ञेय' कथाकार और विचारक : विजयमोहन सिंह, पारिजात प्रकाशन, पटना–1

अज्ञेय कवि (सं. 1977) : डॉ. ओमप्रकाश अवस्थी, ग्रन्थम प्रकाशन, कानपुर

अज्ञेय कवि और काव्य : राजेन्द्र प्रसाद, तक्षशिला प्रकाशन, दिल्ली–2, प्र.सं. 1978

अज्ञेय का काव्य : सुश्री सुमन झा, अनुसंधान प्रकाशन, कानपुर, प्रकाशन काल जुलाई, 1964

अज्ञेय का रचना संसार : सम्पादक डॉ. गंगाप्रसाद विमल, सुषमा पुस्तकालय प्रकाशन, दिल्ली प्र.सं. 1967

अज्ञेय की कविता एक मूल्यांकन (प्र.सं.) : चन्द्रकांत बांदिवडेकर, सरस्वती प्रेस अज्ञेय की काव्य तितीर्षा (1970), नंदकिशोर आचार्य, सूर्य प्रकाशन मन्दिर, बीकानेर

अज्ञेय की रचना में काम तत्त्व एवं उसकी परिणति (प्र.सं.) : डॉ. ज्वाला प्रसाद खैतान, भारती भंडार प्रकाशन, इलाहाबाद

अज्ञेय के काव्य में क्षण (प्र.सं.) : सुनीता सक्सेना, पांडुलिपि प्रकाशन, शाहदरा

अज्ञेय के उपन्यासों की शिल्प विधि : डॉ. सत्यपाल चुघ, दिल्ली पुस्तक सदन, दिल्ली, पटना, प्र.सं. 1965

अज्ञेय एक अध्ययन (प्र.सं.) : भोलाभाई पटेल, गुजरात यूनिवर्सिटी प्रकाशन

अज्ञेय और आधुनिक रचना की समस्या (प्र.सं.), रामस्वरूप चतुर्वेदी, भारतीय ज्ञानपीठ प्रकाशन

अज्ञेय और नयी कविता (प्र.सं. 1980) : डॉ. चन्द्रकला त्रिपाठी, संजय प्रकाशन, वाराणसी

अज्ञेय और समकालीन काव्य, डॉ. नरेन्द्र देव वर्मा, रचना प्रकाशन, इलाहाबाद–1, प्र.सं. 1979

अज्ञेय-साहित्य : प्रयोग और मूल्यांकन, डॉ. केदार शर्मा, सं. प्रथम : 1969, अनुपम प्रकाशन, चौड़ा रास्ता, जयपुर–3

अज्ञेय सृजन और संघर्ष : रामकमल राय, लोकभारती प्रकाशन, इलाहाबाद–1, प्र. सं. 14 नवम्बर, 1978

अथातो सौंदर्य जिज्ञासा (प्र.सं.) : रमेश कुंतल मेघ, मैकमिलन, दिल्ली

अद्यतन (द्वि.सं.), सच्चिदानंद वात्स्यायन, सरस्वती विहार, दिल्ली

अन्तरा (प्र.सं.), अज्ञेय, राजपाल एण्ड सन्ज़, दिल्ली

अपरोक्ष (प्र.सं.) (अज्ञेय से सात संवाद) : सरस्वती विहार, दिल्ली

अस्तित्ववाद (द्वि.सं.) : योगेन्द्र शाही, मैकमिलन प्रकाशन, दिल्ली

आंगन के पार द्वार (पंचम सं.) : अज्ञेय, भारतीय ज्ञानपीठ प्रकाशन

आज के लोकप्रिय कविता (सातवां सं.) : सम्पादक–विद्यानिवास मिश्र, राजपाल एण्ड सन्ज़

आत्मपरक (प्र.सं.) : सच्चिदानंद वात्स्यायन, नेशनल पब्लिशिंग हाउस

आत्मनेपद (द्वि.सं.) : अज्ञेय, भारतीय ज्ञानपीठ प्रकाशन

आधुनिक हिन्दी साहित्य (प्र.सं.) : सच्चिदानन्द वात्स्यायन, राजपाल एण्ड सन्ज

आधुनिक हिन्दी कविता में बिम्ब विधान (प्र. सं.) : डॉ. केदारनाथ सिह, भारतीय ज्ञानपीठ प्रकाशन

आधुनिक साहित्य और इतिहास बोध : नित्यानंद तिवारी, वाणी प्रकाशन, कमला नगर, दिल्ली (प्र.सं. 1982)

आधुनिकता और सर्जनशीलता (1980) : रघुवंश, मैकमिलन, दिल्ली

आधुनिक भारतीय चिंतन (1966) : विश्वनाथ नरवणे, राजकमल, प्रकाशन

आधुनिकता बोध और आधुनिकीकरण (प्र.सं.) : डॉ. रमेश कुंतल मेघ, अक्षर प्रकाशन, दिल्ली

आलवाल (द्वि.सं.), सच्चिदानन्द वात्स्यायन, नेशनल पब्लिशिंग हाउस, दिल्ली

अरी ओ करुणा प्रभामय (द्वि.सं.), अज्ञेय, भारतीय ज्ञानपीठ प्रकाशन

अरे यायावर रहेगा याद (1975) : अज्ञेय, नेशनल पब्लिशिंग हाउस

इतिहास क्या है (पेपर बैक) (द्वि.सं.) : ई.एच. कार, मैकमिलन प्रकाशन, दिल्ली

इन्द्रधनु रौंदे हुए ये (प्र.सं.) : अज्ञेय, सरस्वती प्रेस, इलाहाबाद

ईशादि नो उपनिषद (नवम सं.) : व्या. हरिकृष्णदास गोयन्दका, गीता प्रेस, गोरखपुर

उपनिषदों की भूमिका : डॉ. राधाकृष्णन, अनु. रमानाथ शास्त्री, जार्ज एलन एण्ड अनविन लंदन तथा राजपाल एण्ड सन्ज़, दिल्ली (चौ.सं. 1981)

एक बूंद सहसा उछली (द्वि.सं.) : अज्ञेय भारतीय ज्ञानपीठ प्रकाशन

एक साहित्यिक की डायरी (द्वि.सं.) : गजानन माधव मुक्तिबोध, भारतीय ज्ञानपीठ प्रकाशन

कथा विवेचना और गद्य शिल्प (प्र.सं.) : रामविलास शर्मा, वाणी प्रकाशन, दिल्ली

कबीर ग्रंथावली (का.सं.)

कला का जोखिम (प्र.सं.) : निर्मल वर्मा, राजकमल प्रकाशन
कवि दृष्टि (प्र.सं.) : अज्ञेय, लोकभारती प्रकाशन, इलाहाबाद
कविता की तीसरी आंख (1980) : प्रभाकर श्रोत्रिय, नेशनल पब्लिशिंग हाउस
कविता की मुक्ति (1980) : डॉ. नन्दकिशोर नवल
कविता की तलाश (प्र.सं.) : चंद्रकांत बांदिवडेकर, विभूति प्रकाशन, नवीन शाहदरा
कविता से साक्षात्कार (प्र.सं.) : मलयज, संभावना प्रकाशन
कहां है द्वारका (प्र.सं.) : अज्ञेय, राजपाल एण्ड सन्ज़
कालिदास की लालित्य योजना (प्र.सं.) : डॉ. हजारीप्रसाद द्विवेदी, राजकमल प्रकाशन
कार्ल मार्क्स, फ्रेडरिक एगेल्स : (संकलित रचनायें भाग 2-3), प्रगति प्रकाशन, मास्को-1978
काव्य और कला तथा अन्य निबंध (संवत् 2015) वि.) : जयशंकर प्रसाद, भारतीय भंडार, इलाहाबाद
केन्द्र और परिधि (प्र.सं.) : अज्ञेय, नेशनल पब्लिशिंग हाउस
ग्रंथावली-हजारीप्रसाद द्विवेदी ग्रंथावली (9,10) (1981) : राजकमल प्रकाशन
चिन्ता, अज्ञेय, राजपाल एण्ड सन्ज़, दिल्ली-6, द्वि.सं. 1970
चिन्तामणि (पहला भाग) (1946) : रामचन्द्र शुक्ल, इंडियन प्रेस, प्रयाग
चौथा सप्तक (प्र.सं.) : सं. अज्ञेय, सरस्वती विहार प्रकाशन, दिल्ली
छाया का जंगल (प्र.सं.) : सच्चिादानंद वात्स्यायन, सरस्वती विहार प्रकाशन
जोग लिखी (प्र.सं.) : अज्ञेय राजपाल एण्ड सन्स, दिल्ली
तार सप्तक (चतुर्थ सं.) : सं. अज्ञेय, ज्ञानपीठ प्रकाशन
त्रिशंकु (सं. 1973) : सच्चिदानंद वात्स्यायन, सूर्य प्रकाशन मन्दिर, बीकानेर
तीसरा सप्तक (1959) : सं. अज्ञेय, भारतीय ज्ञानपीठ प्रकाशन
तीसरा साक्ष्य (प्र.सं.) : सपा. अशोक वाजपेयी, संभावना प्रकाशन
तुम चंदन हम पानी (प्र.सं.) : डॉ. विद्यानिवास मिश्र, नेशनल पब्लिशिंग हाउस
तुलसी ग्रंथावली (भाग 1, सं. 2030), प्रकाशन-नागरी प्रचारिणी सभा
द फिलासफी ऑफ बर्ट्रान्ड रसेल (1946) : रवैस्टन इलियानिंस, द लायब्रेरी आव् लिविंग फिलासफर्स
दर्शन साहित्य और समाज : शिवकुमार मिश्र, पीपुल्स लिटरेसी, 517 मटिया महल, दिल्ली-6, प्र.सं. 1981
दि नावेल एंड दि पीपुल : उपन्यास और लोक जीवन, अनुवादक-नरोत्तम नागर (द्वि.सं.), पीपुल्स पब्लिशिंग हाउस, दिल्ली
दूसरा सप्तक (द्वि.सं.) : अज्ञेय, भारतीय ज्ञानपीठ प्रकाशन
दूसरी परम्परा की खोज (पेपर बैक प्र.सं.) : नामवर सिंह, राजकमल प्रकाशन

धर्म और दर्शन : विष्णुदेव उपाध्याय, नेशनल पब्लिशिंग हाउस, नयी दिल्ली (प्र.सं. 1978)

धर्मशास्त्र का इतिहास : भाग 5, भारतरत्न, महामहोपाध्याय डॉ. पाण्डुरंग वामन काणे, अनु. अर्जुन चौबे काश्यप, हिन्दी समिति, उत्तर प्रदेश शासन, लखनऊ, प्र.सं. 1973

धर्म सम्बन्धी विचार (लेनिन ऑन रिलिजन द्वि.सं.) : व्ला. ई. लेनिन, पीपुल्स पब्लिशिंग हाउस, दिल्ली

ध्यान संप्रदाय : डॉ. भरतसिंह उपाध्याय, नेशनल पब्लिशिंग हाउस, दिल्ली, प्र.सं.

नदी के द्वीप (सं. 1981) : अज्ञेय, सरस्वती प्रेस

नदी के द्वीप की रचना-प्रक्रिया : डॉ. देवेश ठाकुर, वाणी प्रकाशन, कमला नगर, दिल्ली-7, प्रथम सं. मार्च 1975

नयी कविता : आचार्य नन्ददुलारे वाजपेयी, मेकमिलन कंपनी आफ इंडिया लिमिटेड, प्र.सं. 1976

नयी कविता (अंक 5-6) : सम्पादक-विजयदेव नारायण साही, डॉ. जगदीश गुप्त, नयी कविता प्रकाशन

नयी कविता और अस्तित्ववाद (प्र.सं.) : डॉ. रामविलास शर्मा, राजकमल प्रकाशन

नयी कविता : स्वरूप और समस्यायें (1971) : जगदीश गुप्त, भारतीय ज्ञानपीठ प्रकाशन

नयी कविताएं : एक साक्ष्य, रामस्वरूप चतुर्वेदी, लोकभारती प्रकाशन, इलाहाबाद-1, सं. 1976

नयी कविता : विलायती संदर्भ, जगदीश कुमार, सन्मार्ग प्रकाशन, दिल्ली-7, प्र.सं. 1976

नयी कविता की चेतना (1972) : जगदीश कुमार, सन्मार्ग प्रकाशन

नयी कविता का आत्मसंघर्ष तथा अन्य निबन्ध (द्वि.सं.) : गजानन माधव मुक्तिबोध, विश्वभारती प्रकाशन, नागपुर

नयी कविता : एक साक्ष्य (1976), डॉ. रामस्वरूप चतुर्वेदी, लोकभारती प्रकाशन

नयी कविता सीमाएं और सम्भावनाएं (प्र.सं.) : गिरिजाकुमार माथुर

नयी कविता के प्रतिमान, (संवत् 2014 वि.) : लक्ष्मीकांत वर्मा, भारती प्रेस प्रकाशन, इलाहाबाद

नये प्रतिमान : पुराने निकष (1966) : लक्ष्मीकांत वर्मा, भारतीय ज्ञानपीठ, प्रकाशन

नये साहित्य का सौंदर्य शास्त्र (सं. 1971) : गजानन माधव मुक्तिबोध, राधाकृष्ण प्रकाशन

निज मुख मुकुर (प्र.सं.) : विद्यानिवास मिश्र, कल्पना प्रकाशन, मेरठ

परम्परा का मूल्यांकन (प्र.सं.) : रामविलास शर्मा, राजकमल प्रकाशन
परम्परा बंधन नहीं है (प्र.सं.) : विद्यानिवास मिश्र, राजपाल एण्ड सन्ज़
पश्यन्ती (द्वि.सं.), धर्मवीर भारती, भारतीय ज्ञानपीठ प्रकाशन
पूर्व और पश्चिम (सातवां सं.), डॉ. राधाकृष्णन
प्रतिक्रियायें (1966 सं.) : डॉ. देवराज, राजकमल प्रकाशन, दिल्ली
प्रतीक (7, 8, 9, 10, 11, 12) : सं. सच्चिदानंद वात्स्यायन, सरस्वती प्रेस, बनारस
प्रयोगवादी काव्य (प्र.सं.) : पवनकुमार मिश्र, मध्यप्रदेश हिन्दी ग्रन्थ अकादमी, भोपाल
प्रयोगवाद और अज्ञेय, शैल सिन्हा : अशोक प्रकाशन, दिल्ली-6, प्रथम संस्करण : 1969
पाश्चात्य आलोचना की अर्वाचीन प्रवृत्तियां (प्र.सं.) : राजकमल प्रकाशन
फिलहाल (प्र.सं.), अशोक वाजपेयी, राजकमल प्रकाशन, दिल्ली
बदलते परिप्रेक्ष्य (1968 सं.), नेमिचंद्र जैन, राजकमल प्रकाशन, दिल्ली
बीसवीं शताब्दी के अंधेरे में : श्रीकान्त वर्मा, राजकमल प्रकाशन, नयी दिल्ली, पटना, प्र.सं.1982
बौद्ध धर्म दर्शन : आचार्य नरेन्द्र देव, बिहार राष्ट्रभाषा परिषद, पटना-3, प्र.सं. 1959
भगवान बुद्ध, जीवन और दर्शन : धर्मान्द कोसम्बी, लोकभारती प्रकाशन, इलाहाबाद-1 (सं. 1982)
भवंती (दू.सं.) : अज्ञेय, राजपाल एण्ड सन्ज़
भारतीय कला का अध्ययन (प्र.सं.), निहाररंजन राय, प्रका. द मैकमिलन कम्पनी, दिल्ली
भारतीय चिन्तन परम्परा : के. दामोदरन, पीपुल्स पब्लिकेशन हाउस, नई दिल्ली
भारतीय परम्परा के मूल स्वर (प्र.सं.) : डॉ. गोविन्द चन्द्र पाण्डेय, नेशनल पब्लिशिंग हाउस, दिल्ली
भारतीय दर्शन (1976) : आचार्य बलदेव उपाध्याय, चौखम्भा औरियन्टल प्रकाशन, वाराणसी
भारतेन्दु हरिशचन्द्र (प्र.सं.) : डॉ. रामविलास शर्मा, विद्याधाम, दिल्ली
भाषा और संवेदना (प्र.सं.) : डॉ. रामस्वरूप चतुर्वेदी, भारतीय ज्ञानपीठ प्रकाशन
भाषा और समाज (द्वि.सं.) : डॉ. रामविलास शर्मा, राजकमल प्रकाशन
मध्यकालीन बोध का स्वरूप : आचार्य हजारी प्रसाद द्विवेदी, पब्लिकेशन ब्यूरो पंजाब यूनिवर्सिटी, चंडीगढ़, प्र.सं. 1970
मनोविज्ञान (प्र.सं.) : नारमन एल. मम, अनुवादक–आत्माराम शाह, राजकमल प्रकाशन

महावीरप्रसाद द्विवेदी और हिन्दी नवजागरण (प्र.सं.) : रामविलास शर्मा, राजकमल प्रकाशन

महामानव बुद्ध : राहुल सांकृत्यायन, पायोनियर प्रेस, लखनऊ (द्वि.सं.) 1970

मानव मूल्य और साहित्य (प्र.सं.), धर्मवीर भारती, भारतीय ज्ञानपीठ, काशी

मिथक और यथार्थ (प्र.सं.) : डी.डी. कौसाम्बी, मैकमिलन प्रकाशन, दिल्ली

मिथक और साहित्य (प्र.सं.) : डॉ. नगेन्द्र, नेशनल पब्लिशिंग हाउस, दिल्ली

मूल्य मीमांसा (1973) : गोविन्दचन्द्र पांडेय, राजस्थान हिन्दी ग्रन्थ अकादमी

यथार्थवाद (द्वि.सं.) : शिवकुमार मिश्र, मैकमिलन, दिल्ली

युग सन्धियों पर (प्र.सं.) : सच्चिदानन्द वात्स्यायन, सरस्वती विहार, दिल्ली

रस सिद्धान्त (तृतीय सं.) : डॉ. नगेन्द्र, नेशनल प्रब्लिशिंग हाउस, दिल्ली

रहस्यवाद (प्र.सं.) : आचार्य परशुराम चतुर्वेदी, बिहार राष्ट्रभाषा परिषद

राग-विराग : निराला, सम्पादक–रामविलास शर्मा, प्रकाशन–सरस्वती विहार

रामचन्द्र शुक्ल और हिन्दी आलोचना (1973) : डॉ. रामविलास शर्मा, राजकमल प्रकाशन, दिल्ली

लहर (नवीं आवृत्ति–, जयशंकर प्रसाद, भारती भंडार, इलाहाबाद

लिखि कागद कोरे (प्र.सं.) : अज्ञेय, राजपाल एण्ड सन्ज़

लिखने का कारण (प्र.सं.) : रघुवीर सहाय, राजपाल एण्ड सन्ज, दिल्ली

लेखन कला और रचना शिल्प (1977) : गोर्की, मयाकोवस्की, अ. तोलस्ताय, फेदिन, प्रगति प्रकाशन, मास्को

वसंत आ गया पर कोई उत्कंठा नहीं (तृ.सं.) विद्यानिवास मिश्र, लोकभारती प्रकाशन, इलाहाबाद

विवेक के रंग (प्र.सं.) : सं. डॉ. देवीशंकर अवस्थी, भारतीय ज्ञानपीठ प्रकाशन

शब्द और स्मृति (प्र.सं.) : निर्मल वर्मा, राजकमल प्रकाशन

शाश्वती (प्र.सं.) : अज्ञेय, राजपाल एण्ड सन्ज़

शेखर एक जीवनी (भाग 1-2) : अज्ञेय, नेशनल पब्लिशिंग हाउस

श्रीमद्भगवतगीता रहस्य अथवा कर्मयोग शास्त्र (1950) (नवम मुद्रण), बालगंगाधर तिलक, तिलक मन्दिर, पुणे

संवत्सर (प्र.सं.) : सच्चिदानन्द वात्स्यायन, नेशनल पब्लिशिंग हाउस, दिल्ली

संस्कृति के चार अध्याय (द्वि.सं.) : रामधारी सिंह दिनकर, राजपाल एण्ड सन्स, दिल्ली

संस्कृति का दार्शनिक विवेचन (प्र.सं.) : डॉ. देवराज, प्रकाशन ब्यूरो, सूचना विभग, उत्तर प्रदेश

सत्य की ओर : Recovery Of Faith, डॉ. सर्वपल्लि राधाकृष्णन्, अनु. श्रीरामनाथ सुमन, सरस्वती विहार प्रकाशन, दरियागंज, दिल्ली, चौ.सं. 1975

समसामयिकता और आधुनिक हिन्दी कविता (1972) : रघुवंश, केन्द्रीय हिन्दी संस्थान, आगरा

सबरंग और कुछ राग (1982) : अज्ञेय, नेशनल पब्लिशिंग हाउस

स्मृति लेखा (प्र.सं.) : अज्ञेय, नेश्नल पब्लिशिंग हाउस

सर्जन और सम्प्रेषण (प्र.सं.) : सं. सच्चिदानंद वात्स्यायन, नेशनल पब्लिशिंग हाउस

साक्षी हैं सौंदर्य प्राश्निक (प्र.सं.) : रमेश कुंतल मेघ, नेशनल पब्लिशिंग हाउस, दिल्ली

सर्जना और सन्दर्भ (प्र.सं.) : अज्ञेय, नेशनल पब्लिशिंग हाउस

साहित्य सिद्धांत (सं. 1963) : डॉ. रामअवध द्विवेदी, बिहार राष्ट्रभाषा परिषद, पटना

साहित्य का इतिहास दर्शन (प्र.सं.) : नलिन विलोचन शर्मा, बिहार राष्ट्रभाषा परिषद, पटना

साहित्य का नया परिप्रेक्ष्य (द्वि.सं.) : डॉ. रघुवंश, भारतीय ज्ञानपीठ प्रकाशन

साहित्य और समाज परिवर्तन की प्रक्रिया (प्र.सं.) : सं. सच्चिदानन्द वात्स्यायन, नेशनल पब्लिशिंग हाउस, दिल्ली

साहित्य तथा कला : मार्क्स एंगेल्स (प्रगति प्रकाशन) सोवियत संघ मास्को)

साहित्यकार की आस्था तथा अन्य निबंध (तृ.सं.) : महादेवी वर्मा, लोकभारती प्रकाशन, इलाहबाद

स्रोत और सेतु (प्र.सं.) : अज्ञेय, राजपाल एण्ड सन्स, प्रकाशन

हजारी प्रसाद द्विवेदी ग्रंथावली (भाग 9) : हजारीप्रसाद द्विवेदी, राजकमल प्रकाशन

हिन्दी कविता : आधुनिक आयाम, प्र.सं. 1979 (प्र.सं. 1987), डॉ. रामदरश मिश्र, वाणी प्रकाशन, दिल्ली-6

हिन्दी की प्रयोगशील कविता और उसके प्रेरणा स्रोत, डॉ. श्रीराम नागर, सरदार बल्लभ भाई विद्यापीठ, बल्लभ विद्यानगर गुजरात (प्र.सं.)

हिन्दी नवलेखन (प्र.सं.) : रामस्वरूप चतुर्वेदी, भारतीय ज्ञानपीठ प्रकाशन

हिन्दी साहित्य का आदिकाल (तृ.सं.) : डॉ. हजारीप्रसाद द्विवेदी, बिहार राष्ट्रभाषा परिषद, पटना

हिन्दी साहित्य का इतिहास (प्र.सं.) : सम्पादक–डॉ. नगेन्द्र, नेशनल पब्लिशिंग हाउस, दिल्ली

हिन्दी साहित्य का इतिहास (17वां मुद्रण) : रामचन्द्र शुक्ल, नागरी प्रचारिणी सभा, काशी

हिन्दी साहित्य का वृहद इतिहास (द्वादश भाग, प्र.सं.) : नागरी प्रचारिणी सभा, काशी

हिन्दी साहित्य की भूमिका (चौथा सं.) : डॉ. हजारीप्रसाद द्विवेदी, हिन्दी ग्रन्थ रत्नाकर कार्यालय, बम्बई

हिन्दू धर्म : जीवन में सनातन की खोज (1979), विद्यानिवास, मिश्र, राधाकृष्ण प्रकाशन

कोश

हिन्दी साहित्य कोश, भाग दो (प्र.सं.), प्रधान सं. धीरेन्द्र वर्मा, ज्ञानमण्डल प्रकाशन वाराणसी

हिन्दी साहित्य कोश, भाग 1 (द्वि.सं.), प्रधान सम्पादक–धीरेन्द्र वर्मा, ज्ञानमण्डल, काशी

अंगरेजी-हिन्दी कोश (द्वि.सं.) 1971, फादर कामिल बुल्के, काथलिक प्रेस, रांची

संक्षिप्त हिन्दी शब्द सागर (अष्टम सं. 1981), रामचन्द्र-वर्मा, नागरी प्रचारिणी सभा, काशी

आप्टे संस्कृत अंग्रेजी कोश (1963), दिल्ली

आप्टे संस्कृत हिन्दी कोश (1966), दिल्ली

पत्रिकाएं

आलोचना : अंक 14, 31, 37, 2

क ख ग (अंक 13)

कल्पना (जुलाई 1960)

पूर्वग्रह (अंक 39-40)

प्रतीक, अंक 9, 10, 11, 12

भारती (मार्च-1962)

नयी कविता (संयुक्तांक 5-6)

नयी धारा (अप्रैल, 1967)

नया प्रतीक–सं. अज्ञेय (नवम्बर-1976)

नागरी पत्रिका–मार्च-अप्रैल, 1968

अंग्रेजी ग्रंथ

Abstraction and Empathy (1953), Worriger William, Routledge and Kegan Paul, London

Aesthetic (1922 IInd Edition), By-CROCE, Beneditto, Pub : Macmillan, London

Aesthetik (1903), Lipps The ODOR, Voss, Hamburg

Aesthetics and Philosophy of Art Criticism (1960), STOOLNITZ

Jerome K., Houghton Mifflin, Boston

Aesthetic Measure (1933), By-birkhoff, George D., Harvard University Press, Mass Cambridge

Aesthetics and History (1950), BERENSON, BERNARD, Constable, London

Aesthetics and Criticism (1955), Osborne, Harold, Routledge and Kegan Paul, London

Aesthetics Today (1961), Philipson, MORRIS, Meridian Books, New York

A History of Aesthetics (1939), Gilbert & Kuhn, Macmillen, New York

A History of Aesthetic (IInd Edition 1914), By-BOSANQUET BERNARD, George Allen & Unwin, London

A History of Indian Literature (IInd Edition Vol.II), Maurice Winternitz, Oriental Books Reprint Corporation

Allegory, Myth and Symbol (1981), Edited by Morton W. Bloomfield, Pub : Harvard University Press, London

Animal Nature and Human Nature (London 1974), By Thorepe W.H.

An Historical Introduction to Modern Philosophy (1958), Hugh Miller, The Macmillen Company, New York

Anthology of Critical Statements, G.H. Lewis

An Essay on Criticism (1966), Hough, Graham, Duckworth, London

Art as Experience (1934), By-Dewy, John, Pub : Minton Balch, New York

A History of Aesthetics (1939), Gilbert & Kuhn, Macmillen, New York

A History of Aesthetic (II Edition 1914), By—Bosanquet Bernard, George Allen & Unwin, London

A History of Indian Literature (II Edition Vol. II) Maurice Winternitz, Oriental Books Reprint Corporation

Allegory, Myth and Symbol (1981), Edited by Morton W. Bloomfield, Pub. Harvard University Press, London

Animal Nature and Human Nature (London 1974), By Thorepe W.H.

An Historical Introduction to Modern Philosophy (1958), Hugh Miller, The Macmillen Company, New York

Anthology of Critical Statements, G.H. Lewis

An Essay on Criticism (1966), Hough, Graham, Duckworth, London

Art as Experience (1934), By-Dewy, John, Pub. Minton Balch New York

Art, Chatto and Windus (1914), By—Bell Clive, London

Art and Visual Perception (1954), By—Arnheim, Rodolf, University of California, Press, Berkeley

Art and Illusion (1960), Gombrich, E.H. Pantheon Books, New York

Beauty and Other Forms of Value (1933), By—Alexanders, Pub. Clarendon Press, Oxford

Between Past and Future (1961), By—Arendt, Hanna, Faber and Faber, London

Beauty and Ugliness (1911), Lee, Vernon, Lane, London

Biographia Litereria (Ed. 1907), Coleridge S.T., J.Shaweross, Clarendon Press, Oxford

A Collection of Critical Essays (Ed. 1962), Camks, Edited—Germaine Bree, Pub. Prentice Hall, INC, Englewood, Cliffs, NJF

Complete Works of Swami Vivekananda (Vol. 4, 1980), Advaita Ashram, Calcutta

Creation and Discovery (1955), Vivas, Eliseo, Noonday Press, New York

Creative Intution in Art and Poetry (1955), Maritain, Jacaues, Meridian Books, New York

Critique of Judgement (1911), Tr. J.C. Meredihn Kant, Immanuel, Clarendon Press

Critical Approaches to Literature (1956), By—Daiches, David, Pub. Longmans, London

Culture and Society (1780-1950), Williams, Raymond, Chatto and Windus, London 1958

English Literature (An Introduction for Foreign Readers, R.J. Rees, Edition 1973, Macmillan, London)

Experience and Art (1932), Krotch, Joseph Wood, Smith and Hass, New York

Feeling and Form (1953), Susanne K. Lange, Pub. Charles Scribner's Sons, New York

Forces in Modern British Literature (1885-1946), Pub. Alfred A. Khop, New York

Heidegger and Modern Philosophy, Ed. By—Michel Murray, New Hawn and London, Yule University Press

Illusion and Reality (Edition 1947), Christopher Candwell, Lowrence & Winstart, London

Imagery and Movement, Scrutiny, Vol. XIII, No. 2, Sept. 1945. F.R. Leavis

Imitation and Design (1953), Maccallium H.R., University of Toronto Press, Toronto

In Defence of Reason (1962), Winters YVOR, Routledge and Kegan Paul, London

Indian Literature (No. 104—Nov. De.—1984). Pub. Sahitry Akademi, Delhi

Introduction to Aesthetic (1949), Carritt, E.F., Hutchinson, London

Is Psycology Relevant to Aesthetics, The Philosophical Review (1962), By—Dickie, George

Laokoon Trans: William A Steel, Lessing G.E., Everyman's Library, London

Language & Reality (1951), (Part II—The Principales of Symbolism), Pub. George Allen & Union, London

Language and Myth (1960), Translated by—Susame K. Langer, Dover Publication INC. New York

Literature and Belief (1958), Edites M.H. Abrams, Oxford University Press

Literature and Sincerity (1963), Peyre, Henri, Yale University Press

Literature of Symbolism (1947), C.M. Bowra, Pub. Macmillan & Co., London

Literary Criticism—A Short History (1957), Wimsatt, W.K. & Brooks, Alfred A. Knopf, New York

Loughter (1956), Bergson, Henri, Double day Anehor Books, New York

Man and Society, Edited by—Jerome G, Manis Samuel T. Clark, Pub. The Macmillan Co., New York

Man and Society—Karl Mannheim, Pub. Routledge & Kegan Paul Ltd. (London—1954)

Mimesis and Catharsis Re-examined 'The Journal of Aesthetics and Art Criticism,' Summer 1966, Gomhrich

Methodology of the Social Sciences (1949), Felix Kaufmann, Pub. Oxford University Press, New York

Modern Literary Criticism (1958), Howe, Irving, Beacon Press, Boston

Modern Man in Search of Soul (1962), Tr. By—W.S. Del and Cary F. Baznes, Routledge and Kegan Paul, Jung C.C., London

Modern Poets (1959), Winters, Yvor, Meridian Books, New York

Modernism (Paper back 1977), Peter Faulkner, Methven & Co. Ltd. London

Moral Problems in Contemporary Society (1969), Paul Kurtz, Prentice Hall, Inc. Brglewood, Cliffs, New Jersey

Myth (Paper Back—1976), K.K. Ruthven, Pub. Methew & Co. Ltd., London

Myth a Symposium (1958), Edited by—Thomas A. Sebeok, Pub. Indian University Press

Myth and Method—Modern Theories of Fiction (1960), By James E. Miller, A Bison Book Original, University of Nebraska Press

Myth and Reality (Ist Edition 1968), Translated from French by Willard R. Trask, Harper & Row, Publishers in Corporated, New York

New Bearings in English Poetry (1961), Pub. Chatto & Windus, London

Notes Toward the Definition of Culture (1948), Pub. Faber and Faber

On Poetry and Poets (1957), T.S. Eliot, Faber and Faber, London

Oxford Lectures on Poetry (1909), By—Bradley, A.C., Pub. Macmillen, London

Philosophy of Rhetoric (1936), Richards I.A., Oxfored University Press

Philosophical and Literary Places, By—Samuel Alexander, O.M., Pub. Macmillan and Co., London

Philosophy in a New Key (1948), Pub. New York

Philosophy of Art, Prentice Hall (1963), Back to Aesthetic Experience, The Journal of Aesthetics and Art Criticism, Spring (1960), By Aldrich, Virgilc

Phoenix II (Edited by Waren Boberts and Harry T. Moore), Pub. Heinemam, London

Poetic Discourse (1958), Hungerland Isabel, University of California Press, Burkeley

Poetry and Experience (1961), Macleish Archibald, The Bodley Head, London

Poetry and Morality (1959), Buckley Vincent, Chatto and Windus, London

Poetic Process (1953), Whalley, George, Routledge and Kegan Paul, London

Practical Criticism (1973), Pub. Routledge & Kegan Paul Ltd., London

Problem in Aestietics (1959), Weitz, Mooris, New York

Progress & Human Value, Peter M. Schuller, Pub. Advocate Publishing Group, Ohio

Problem of Art (1957), Langer, Susane K., Scribners, New York

Psyciatric Dictionary (3rd Edition), Pub. Oxford University Press, New York

Psychical Distance as a Factore in Art and as an Aesthetic Principal, Bullough Edward, British Journal of Psychology (Vol. V, 1912)

Renovation of Tradition, M. Parkhomentko, Progress Publishers, Moscow

Roger Fry (1940), Woolf, Virginia, Harcourt, Brace, New York (1970), Christopher Caudwell, Ed. Samuel Hynes, Princeton University Press, Princeton, New Jersey

Selected Essays RE-printed in 1976 July, T.S. Eliot, Faber and Faber, London

Selected Prose, T.S. Eliot, Edited by Johan Hayward, Pub. Penguin Books

Selected Prose, Poems, Essays and Letters, Trans. Bradford Cook (1956), Mallarmie Jacques, John Hopkins Press, Baltimore

Seven Types of Ambeguity (Edition IInd 1947), Empson, William, Meridian Books, New York

Social and Culture Dynamics, Vol. I (1937), Pitirim A. Sorokin, Pub. American Book Company, New York

Sound and Sense (1956) Pub. Harcourt, Brace & World, New York

Sound and Sense, Laurence Perrine, Pub. Harcourt, Brace and World, Inc. New York

Some Notes Concerning the Aesthetic and the Cognitive, The Journal of Aesthetics and Art Criticism (Vol. XIII, No. , 1955), By Aiken, Henry David

Spiritual Problem in Contemporary Literature (1957), Hopper, Stanley, R., Haber, New York

Studies in European Realism (1950), Lukacs, Georg, Hillway

Symbolism, Myth and Culture (1935-45), Ed. by Ponald Phillip Verene, New Haven and London Yale University Press

Symbolism its Meaning and Effect (6th Impression), By Alfred North Whitehead, Barbour page Lectures, University of Virginia, Capricom Books, New york

Symbolism (1973), Charles Chadwick, Pub. Matheun & Co. London

The Aesthetic Attitude (1920), Longfeld, Herbert S., Harcourt Brace, New York

The Aesthetic Experience, 1953, Lechner, Robert, Chicago

The Arts and The Art of Criticism (1960), Greene, T.M., Princton University Press, 1940

The Basic Writings of Bertrand Russell (1903-1959), Ed. Robert E. Egner, Lester, E. Denonn, Geroge Allen & Unwin Ltd. London

The Beautiful Music (1957), Hanslick, Edward, Liberal Art Press, New York

The Burning Fountain (1954), Wheel Wright, Philip, Bloomington

The Charted Mirror (1960), Holloway, John, Routledge and Kegan Paul, London

The Common Pursuit (1952), F.R. Leavis, Chatto and Windus, London

The Creative Process (1955), Cheselin Brewster, Mentor Books, New York

The Dynamics of Modernization (1967), Pub. Harper & Row, New York, Eyanston and London

The Emotion—Qutline of as Theory (1948), Sartre Jean Paul, Philosophical Library, London

The Experimental Mind in Education (Paper Back) (Ed. 1968), Bob Burton Brown, Pub. University of Florida, New York, Harper & Row Publishers, New York, Evanston and London

The Foundation of Aesthetics, (1925), Ogden C.K., Richard S.I.A. and Wood James, International Publishers, New York

The Forms of Things Unknown (1960), Read, Herbert, Faber and Faber, London

The Historical Novel (4th Impression 1978), by George Lukacs, Pub. Merlin Press, London

The Idea of Value (1929), John Laird, Cambridge at the University Press

The Ideal Reader Trans. Blanch A. Prince, 1960, Riviere, Jacques, Harvill Press, London

The Greeks and the Irrationals (Berkeley 1951), By—E.R. Dodds

The Historical Novell, George Lukacs

The Idealist View of Life, By—Dr. S. Radhakrishnan

The Heritage of Symbolism (Paper Back) (x1961), By C.M. Bowra, Pub. Schocken Paper Back, New York

The Literary Symbol (1967), William York Tindall, Pub. Indiana University Press, London

The Lion and the Honeycomb (1956), by Biackmur R.P. Methuen, Ondon

The Liberal Imagination (Edition 1949), Lionel Trilling, Seeker and Warburg, London

The Long Revolution (1961), Williams Raymond, Chatto and Windus, London

The Making of Economic Society (1962), New York Robert L. Heilbroner

The Mataphysies of Value (Vol, I 1942), K.R. Sereenivasa Iyengar, University of Mysore

The Meaning of Meaning (1953), Ogden, C.K. and Richards I.A., Routledge and Kegan Paul, London

The Mirror and the Lamp (1958), By Abrams M.H., Pub: Norton

Library, New York

The Modern Tradition (1980), Edited Richard Ellmann, Oxford University Press, New York

The Moment and Other Essays, (IIIrd Edition, 1952), Woolf, Virginia, Hogarth Press, London

The Modern Tradition, Edited by Richard Ellman and Charls Fiedelon J.R., Pub. Oxford University Press, New York

The Nature of Experience (1959), By Brain, Russel, Oxford University Press, London

The Necessity of Art (1963), Fischer, Ernst, Penguin Books, London

The Nature of Drama—Listner, (VIII : 1957), Preistley J.B.

The New Criticism (1941), Ransom, John Crowe, New Directions, New York

Theory of Literature (1956), Wellek, Rene & Warren, Austin, Harcourt, Brace (Harvast Books), New York

Thought in Twentieth Century, English Poetry, Raymond, Tschumi

The Philosophy of the Art (1955), Weitz, Morris, Cambridge, Mass : Harvard University

The Philosophy of Nietzsche (1965), Edited by Geoffrey Clive, Pub. Mentor Book U.S.A. Chicago

The Philosophy of Art (1929), By—Ducasse C.J., Pub. Dial Press, New York

The Philosophy of Fine Art, Tr. By F.P.B. Osmaston, Four Volumes (1920), Hegel G.W.F., Bell, London

The Poetic Image (1947), By Day Lewis, C., Jonathan Cape, London

The Poet in the Poem (1962), Wright, George T., University of California Press, Berkeley

The Poet as Myth Maker (Edition 1982), George G. Grabowiz, Distributed by Harvard University Press for the Ukrainian Research Institute

The Principles of Arts (London 1938), By Collingwood R.G.

The Principle of Literary Criticism (1924), Richards I.A., Routledge and Kegan Paul, London

The Quest of Beauty (1957), Jarret, James L., Prentice Hall, New York

The Renaissance (5th Edition, 1894), Peter Walter, Macmillen, London.

The Rise of the Novel (Edition 1968), Ian Watt, Pub. Penguin Books

The Sacred Wood (IInd Edition 1928), By T.S. Eliot, Pub. Faber and Faber, London

The Sociological Imagination (1961), By C. Wright Mills, Pub : Grove Press, INC, New York